U0504161

무궁화총서
木槿花系列

项目统筹
责任编辑 / 冯立君

东北亚各国关系概论

Introduction to International Relations in Northeast Asia

王晓波 赵立新 等◎著

社会科学文献出版社
SOCIAL SCIENCES ACADEMIC PRESS(CHINA)

前　言

当今东北亚局势纷繁复杂，地区热点让人应接不暇。在东北亚地区，中、美、日、俄、韩、朝等国之间的相互联系和制约，构成了一个复杂的、多面立体几何体的"利益交叉体"（又称为"4＋2"模式）。由于历史和现实等诸多因素的影响，东北亚地区虽然国家数量不多，但大国利益交错，国家关系复杂。由于缺乏制约危机的有效机制，因各国自身利益引发的矛盾、摩擦和冲突，不仅形成了东北亚各国之间的复杂关系，而且进一步引发了众多的东北亚地区的热点问题。在东北亚四大国中，中、美、俄是拥有核武器的国家，也是安理会常任理事国，日本是世界经济强国之一，都具有全球影响力。中、美、日、俄四国从全球的长远战略利益出发，建立起相互信任、相互依托和相互联系的国家关系，不仅符合各自的国家利益，避免各自的经济利益受到损害，政治上遭受重创，而且能够实现让东北亚地区成为21世纪世界经济活动的中心和世界秩序的引领者的目标。反之，如果不能很好地认识与解决彼此之间的国家关系，必将引发大量的地区热点问题，进而影响这一地区乃至世界的稳定与和平发展。

冷战后的朝鲜半岛具有极高的战略价值，已成为东北亚各大国的利益"角逐场"，被称为冷战遗留下来的"活化石"、"冷战的冰块"、"东亚的巴勒斯坦"、"亚洲的巴尔干半岛"、"要害国家"、"大国间冲突或平衡的温度计"等。朝鲜半岛不仅是中、美、日、俄四大国利益的交叉点和汇集点，而且是直接影响四大国之间关系的重要因素之一和世界上最重要、地缘环境最复杂的地区之一。

"朝核问题"成为东北亚地区安全的最大扰动因子。自美国在冷战之初介入东北亚地区事务以来，美国政府的对朝政策与美朝关系的发展就成为影响朝鲜半岛稳定与东北亚地区安全的一根最敏感的神经。而"朝核问题"作为朝鲜半岛问题的主要线索、核心问题和症结所在，由于其解决的钥匙被公认掌握在美国手中，这使得美朝关系引起了国际社会的广泛关注。特别是奥巴马政府连任后，美国政府高调重返东亚并寻求其"再平衡"战略，在"规制"朝鲜的同时，也"规制"东北亚各国，以达到其"双重规制"的目的。因此，无论是从解决朝核问题出发，寻求中国及东北亚地区安全和发展利益着想，还是从妥善处理东北亚各国关系，寻求东北亚和平稳定、繁荣发展的地区环境考虑，认真分析研究东北亚各国关系和地区热点问题都是一个关键环节和重要任务。为此，就必须加大力度培养从事国际及地区问题研究的高素质的专门人才，尤其是要加大力度在广大青年学生中培养从事国际关系及地区问题研究的专家学者、理论工作者和外交工作者。

人才的培养离不开教材，高素质的专门人才培养离不开高水平的教材。我们编写的这部教材，主要是针对国际政治专业的本科生、国际政治学科的研究生以及延边大学通识课程的选课学生，力求对他们关注和研究东北亚各国关系及地区热点问题有所裨益，同时也力图填补学界关于东北亚各国关系及地区热点问题在总体研究上的教材空白。它不仅可以作为国际政治和国际关系的教材和参考书使用，而且对外交工作者和国际关系研究人员而言，特别是对广大国际政治的关注者和院校师生来说都是一本值得一读的新资料。此外，它也可以成为社会各领域进行形势与政策学习、教育的重要参考书籍以及了解、熟悉和系统分析阐述相关知识的理想读物。

以"东北亚地区热点问题"为研究主题，我们撰写了《东北亚各国关系概论》和《东北亚地区热点问题透视》。这两部著作由延边大学国际政治学科硕士研究生导师和相关专家通力合作编写而成。作者分别是：姜龙范，男，1960年5月生，延边大学历史学博士，教授，博士研究生导师；金强一，男，1956年11月生，兰州大学哲学系学士，教授，国际政治硕士研究生导师；金香海，男，1963年4月生，日本中央大学大学院政治学博士，教授，国际政治硕士研究生导师；王晓波，男，1962年11月生，延边大学历史学博士，教授，国际政治硕士研究生导师；赵立新，男，1968年10月生，延边大学历史学博士，副教授，国际政治硕士研究生导师；谢桂娟，女，1966年11月生，延边大学历史学博士在读，副教授，国际政治硕士研究生导师；金红梅，女，1975年7月生，韩国全南大学政治学博士，讲师，国际政治硕士研究生导师；马晶，女，1978年9月生，延边大学历史学博士，讲师，国际政治硕士研究生导师；尹虎，男，1980年7月生，日本法政大学政治学博士，讲师，国际政治硕士研究生导师。

时光飞度，岁月荏苒。曾经朝夕相处的同事，国际政治学科的精英、骨干，现如今，有的天地两分离，有的分赴海内外其他名校高就，继续为国际政治学的发展鞠躬尽瘁。不胜唏嘘，慨叹！在此，以本教材的编写聊表一下心愿，也算作对故人的一点点怀念。

东北亚各国关系及地区热点问题研究是以东北亚各国关系的发展及其一般规律和地区热点为研究对象的社会科学，是一个兼具理论性与实践性的新兴学科。它以东北亚各国相互关系和地区热点问题为主要研究内容，系统、全面地论述了东北亚各国关系及地区热点问题的全貌和一系列基本概念及基本原理，阐明了一些东北亚各国关系的规律并提出相关政策建议，以及解决地区热点问题的基本路径，不仅具有理论性、学术性、系统性、规范性、实用性等教材共有特点，而且具有自己的独到之处，表现在：

1. 视角新颖。这部教材以基本的东北亚国家关系和主要的、人们广泛关注的地区热点问题为研究对象进行了有机的整体研究。不仅选题贴切，切入点精准，而且也符合理论与实际相结合的科学性要求，各讲的选题可谓独具匠心。

2. 结构严谨。这部教材利用历史研究法、比较研究法等社会科学的研究方法，对东北亚地区问题进行了认真的分析和梳理，将理论阐述得尽可能详尽完整。现实与未来的相互呼应，使这部教材骨架丰满，整体感觉浑然天成。

3. 资料翔实。资料是研究赖以进行的基础。这部教材依托延边大学得天独厚的地缘优势和良好的人文、语言环境以及丰富的研究资料，加之编者们治学严谨、勤于笔记，不仅采用了中、美、日、俄、韩、朝等多个国家的资料和大量前人的相关研究成果，还参照了政府正式出版的外交文集、官方声明和领导人讲话等多种文献。特别是绝大多数编者都有出国留学和访问的经历，对相关问题进行过系统的资料整理和专门研究。针对教材的时效性问题，我们力求紧跟时代步伐，充分运用第一手资料，并对相关资料进行系统整理，形成独特的研究体系，充分论证和支撑自己的观点。

这两部著作的具体编写分工如下：

《东北亚各国关系概论》

绪论——《东北亚各国关系及地区热点问题概述》，由王晓波撰写。

第一讲，《中美关系的历史发展、现状与展望》（王晓波）；第二讲，《中俄关系的历史与热点问题》（王晓波）；第三讲，《战后中日关系的历史及影响因素》（尹虎）；第四讲，《中韩战略合作伙伴关系及其战略选择》（金香海）；第五讲，《中朝关系及中国的作用》（巴殿君）；第六讲，《美俄关系的历史、存在问题及发展趋势》（马晶）；第七讲，《战后美日关系的历史发展评述》（尹虎）；第八讲，《美韩关系的历史、影响因素及未来走向》（金红梅）；第九讲，《美朝关系的历史发展特点、实质及展望》（谢桂娟）；第十讲，《俄日关系的历史发展和存在问题的症结分析》（金香海）；第十一讲，《韩俄政治关系的演变及其影响》（姜龙范）；第十二讲，《俄朝关系的演变过程和制约因素》（赵立新）；第十三讲，《若即若离的韩日关系：评估与展望》（姜龙范）；第十四讲，《"后金正日时代"的朝鲜对外政策与朝日关系》（姜龙范）；第十五讲，《朝鲜半岛南北关系的发展过程和主要课题》（王晓波）。

《东北亚地区热点问题透视》

第一讲，《东北亚国际秩序的转型与大国的角色定位》（金强一）；第二讲，《朝核问题：内在逻辑与中国的外交政策选择》（王晓波）；第三讲，《朝核六方会谈的过程、阶段性成果及评价》（李雪威）；第四讲，《朝韩南北合作问题的历程、形式及挑战》（金红梅）；第五讲，《冷战后东亚民族主义的兴起与冲突》（赵立新）；第六讲，《"朝鲜非法越境者"问题与中国外交》（王晓波）；第七讲，《中日东海能源之争问题》（尹虎）；第八讲，《战后日本政治右倾化和军事大国化问题》（尹虎）；第九讲，《中日钓鱼岛争端的实质和解决路径》（王晓波）；第十讲，《韩日"独岛"（"竹岛"）争端及解决路径》（王晓波）；第十一讲，《日俄"北方四岛"争端与中国外交》（王晓波）；第十二讲，《战后日美同盟的形成与演变》（尹虎）；第十三讲，《美韩同盟的形成、调整及未来发展方向》（谢桂娟）；第十四讲，《朝日"绑架问题"及其实质》（姜龙范）；第十五讲，《中美关系中的台湾问题》（王晓波）。其中，王晓波教授负责整个教材的策划、结构安排、统稿和出版等工作。

我们国际政治学科精心组织编写的这部《东北亚各国关系概论》和《东北亚地区热点问题透视》，得到了延边大学相关部门的大力支持，延边大学"求真、至善、融合"的校训和"海纳百川"精神，为我们完成写作提供了动力。国际政治学科的全体同仁所付出的辛劳，社会科学文献出版社各位编辑和我们的学生对本教材的编审、校对和排版等所付出的辛苦工作，至今仍历历在目，令我们念念不忘。特别是这部教材在编写过程中参考了国内外大量的期刊、专著、论文及网络资料，在此，我们对所有编者、参与者及本教材所引用文稿的每一位作者表示诚挚的谢意。如果说本教材算得上是一点点阶段性成果的话，那也是我们站在众多学术巨人的肩膀上获得的。

诚然，由于我们各位编者个人能力和水平所限，以及东北亚国家互动增强，朝鲜半岛问题的复杂性和东北亚地区热点问题的层出不穷，这部教材理论与实践结合的正确与否尚需检验，不妥之处及偏颇观点还敬请各位同行斧正，以期进一步修订和完善。但这毕竟是我们编者的一个阶段性成果，愿它成为我们向真理迈进的一个新起点。本着"学无止境"的原则，我们会鞭策自己，再接再厉，在今后的学术生涯中取得更大成就，为国际政治研究领域做出更多更大的贡献。

王晓波

2014 年 5 月于延边大学

目　录

绪　论
东北亚各国关系及地区热点问题概述

目的和要求：

> 本讲带有绪论的性质，其核心是阐明东北亚各国（中、美、日、俄、韩、朝）之间相互关系和地区热点问题中相应的基本概念及研究对象等基本问题；阐述处理东北亚各国关系和地区热点问题的重要性，并较完整地概述东北亚各国关系和地区热点问题的全貌等。学习这一讲，重点是把握东北亚各国关系和地区热点问题的本质、研究对象和研究范围等基本问题，了解东北亚各国关系和地区热点问题的研究方法等。

重　　点：

> 东北亚各国关系和地区热点问题的研究对象

难　　点：

> 东北亚地缘特点

关　键　词：

> 东北亚各国关系　地区热点问题　地缘特点　研究对象研究范围

长期以来，全世界的目光都聚焦于欧亚大陆的东端，西北太平洋沿岸地带，"东北亚"已成为世人广泛提及的概念。这是因为"东北亚"不仅是中、美、日、俄等大国利益的交叉点和汇集点，而且是直接影响四大国之间关系的重要因素和世界上最重要、地缘环境最复杂的地区之一。这里不仅有中、美、日、俄四大国之间及朝鲜半岛（韩、朝）两国间复杂的国家关系，而且有朝鲜半岛核问题、岛屿争端等诸多地区热点问题。"世界的未来在亚洲"，而亚洲的未来在东北亚。东北亚地区格局与秩序的演变、和平与发展的持续，将在很大程度上对亚太地区，乃至整个世界产生举足轻重的影响。

本讲主要从宏观上概述东北亚各国（中、美、日、俄、韩、朝）之间的相互关系和地区热点问题，阐明相应的基本概念和东北亚各国关系及地区热点问题的研究对象、研究范围等基本问题，力求较完整地概述东北亚各国关系和地区热点问题的全貌。

第一节　东北亚的地域范围和地缘特点

一　东北亚的地域范围

"东北亚"既是一个地理概念，也是一个国际关系和地缘政治概念。"远东—东亚—东北亚"这一概念的形成和演变过程其本身就是一部"东北亚国际关系史"。

"远东（Far East）"是近代以来欧洲国家对西北太平洋沿岸国家和地区带有殖民色彩的称谓。二战前的世界近现代国际关系史就是一部以欧洲为中心的历史。以欧洲为视角，根据与欧洲的远近称呼相关地区为"近东"、"中东"和"远东"。其中，西北太平洋这一位于遥远东方尽头的地区被冠以"远东"的称谓。翻开近现代史册，随处可见"远东"一词，例如：1946 年初期成立的同盟国对日管理机构叫作"远东委员会"；1960 年《新日美安全条约》中的"远东条款"；美国国务院的"远东司"等。二战后，随着民族解放运动的风起云涌，"远东"这一带有欧洲殖民色彩的词其使用频率日趋减少。如今，人们通常把俄罗斯的东端称作"远东地区"，而对其他亚洲部分则很少再称之为"远东"。

"东亚（East Asia）"是从近代开始亚洲国家对该地区的称谓。二战前后，日本就曾以"大东亚"一词称呼整个西太平洋地区，并提出了臭名昭著的"大东亚共荣圈"，使这一概念带上了浓重的负面色彩。至今，人们一提到"大东亚"一词就很容易把它与日本军国主义联系起来。"东亚"一词泛指整个西太平洋地区，是一个广义的"东亚"概念。随着地区性称谓逐渐细化，"东亚"、"东北亚"、"东南亚"等概念逐渐具有专指属性。20 世纪 90 年代前，由于"东北亚"这个称谓使用率并不很高，人们习惯用"东亚"指代西北太平洋地区，包括中、日、韩等国家。

"东北亚（Northeast Asia；North East Asia；CFR）"一词是 20 世纪 90 年代以后，逐步取代"东亚"成为称呼西北太平洋地区的新概念。这一名称衍变已基本为各界所接受，地理意义上也已经基本达成共识。但这并不意味着围绕这一概念的界定和运用已不存在任何差异。相反，从地缘政治、安全与经济方面来看，"东北亚"一词的实际运用强烈地反映着西北太平洋地区的国际关系格局以及地区合作发展的历史阶段。主要的界定方式包括以下几种。

从自然地理角度："东北亚"专指西北太平洋地区，即狭义上的"东亚"和"北亚"两个地理区划单元的统称。前者指中国、蒙古、朝韩双方和日本，后者指俄罗斯位于亚洲部分的西伯利亚和远东地区。这种界定方式基本上是自然地理意义上的划分方式。

从地区安全合作角度："东北亚"是指以中、美、日、俄四大国加朝、韩双方为行为主体，由"4＋2"组成的"六方安全合作机制"。主要特点是：①非东北亚国家——美国在其中占有了重要一席；②与"东盟地区论坛（ARF）"等迄今为止由东盟主导的各种东亚安全合作对话机制区别开来，反映出西北太平洋地区安全问题的特殊性和相对独立性。

从地区局部经济合作的角度："东北亚"的地理范围界定不是以各主权国家的整体为单位，而是以各国实际上参与该地区经济合作的西北太平洋沿岸地区为范围。具体而言，涵盖蒙古、中国东北部、俄罗斯远东地区、朝韩双方以及日本西海岸地区。迄今为止，在这一地区的各国间出现了多种局部经济合作的设想和概念。如日韩分别针锋相对地提出"日本海经济圈"和"东海经济圈"这两个设想；此外还有"西太平洋经济合作"设想、"黄渤海经济圈"设想，以及"图们江区域开发"等局部经济合作方案。

以上各种界定方式是从不同的考察视角、领域出发制定的，有其不同的历史背景和现实基础，因而不能简单地以一种标准对这些不同界定做出笼统的取舍。本课程为了从地缘政治学角度对东北亚进行理论探讨，因而必须事先对"东北亚"这一概念做出明确界定，以免造成概念与所研究问题的脱节。综合考虑各种界定方式，并从地缘政治学学科特性出发，我们将东北亚的地域范围界定为中国、美国、日本、俄罗斯、朝鲜、韩国六国。

二　东北亚的地缘特点

东北亚作为欧亚大陆地缘战略和海洋战略的结合部，历来受到各大国的重视和觊觎。18世纪以前，东北亚的重要国家只有中国和日本，而那时的日本与中国相比弱小得多。19世纪后半叶起，随着西方列强用坚船利炮打开了中国的大门，中国国势日益衰微，尤其是日本在进行具有资本主义性质的"明治维新"后，国势逐渐强盛，东北亚变成了大国势力角逐的竞技场，而其中最重要的格局是中、日、俄三国的利益争夺。二战后，以美国染指东北亚为契机，这一地区形成了"四角（美、日、中、苏）七方（美、日、中、苏、朝、韩、蒙）"的地缘战略格局。近代以来，东北亚先后经历过中日对抗、日美与俄对抗、美苏中与日对抗、中苏与美日对抗（冷战前期）、美中日与苏对抗（冷战后期）等不同类型的对立格局。东北亚地区之所以倍受各国瞩目，其原因在于这一地区拥有具有独特战略意义的地缘环境。早在20世纪初，麦金德就将欧亚大陆和非洲视为"世界岛"，认为"谁统治了世界岛，谁就能主宰全世界"①。第二次世界大战结束前，斯皮克曼以麦金德学说为基础，将欧亚大陆的东北部沿海地区称为"边缘地带"，认为"谁控制边缘地带，谁就统治了欧亚大陆；谁统治欧亚大陆，谁就掌握了世界之命运"②。1997年，布热津斯基把欧亚大陆看作是决定国际胜负的关键地区，"对美国来说，欧亚大陆是最重要的地缘政治目标"③。那么，作为欧亚大陆的重要区域——东北亚地区具有怎样独特的战略意义及地缘环境？

1. 太平洋岛链

太平洋岛链是以美国为首的海洋力量控扼欧亚大陆陆上力量的重要基地。二战后，美国以条约的形式在西太平洋地区构筑起了北起千岛群岛，经日本列岛、琉球群岛、中国台湾、菲律宾至澳大利亚、新西兰的"弧形"防线。

首先，日本是一个引起广泛关注的热点。

日本因为与苏联地理上最接近而成为美国遏制共产主义向外渗透的"防波堤"。随着二战结束，冷战的序幕逐渐拉开，美国与苏联也由战时的盟友变为全球范围内的竞争对手。日本的战略重要性也因此凸显，成为美苏都想施加影响的地区。谁控制了日本，谁就在欧亚大陆的最右端获得了一块斯皮克曼所言的"控制边缘地带"的战略要地。应该说，美国在占领初期按照"非军事

---

① J. Mackinder, *Democratic ideals and Reality*, (New York：Henry Holtand Company, 1942), p. 62.

② N. J. Spykman, *The Geography of the Peace*, (New York：Harcourt Brace Co., 1944), p. 43.

③ 〔美〕布热津斯基：《大棋局——美国的首要地位及其地缘战略》，中国国际问题研究所译，上海人民出版社，2010，第41页。

化"、"民主化"的方向对日本进行的改造是有成绩的。但是，早在 1947 年初，美政府中的一些要人就已开始主张转变当时的对日政策。1948 年初，随着冷战加剧和中国革命节节胜利，美改变了其对日政策，从"以日本的瑞士化为目标"① 转变为在政治、经济、军事上全面、公开地扶植日本，力图使其成为在远东地区遏制共产主义的"防波堤"。当时，美国对日政策主要设计者乔治·凯南有一段名言："面对一个真正友好的日本和一个有名无实的敌对的中国，我们美国又会感到相当安全……但一个有名无实的友好的中国和一个真正敌对的日本对我们的威胁，已为太平洋战争所证实。一个敌对的中国和一个敌对的日本更糟。然而共产主义在大部分中国的胜利必然增强日本共产主义的压力，如果这种压力……获得成功，那我们面临的日本将显然是一个敌对的日本。"② 这意味着美国对亚洲的战略从"以对华关系为轴心"摆向了"以对日关系为核心"。之后，日美双方在 1952 年又签订了《日美安全保障条约》，并于 1960 年修订为《新日美安保条约》，从此美国把日本完全纳入自己的阵营。

对美国这个海上强权来说，获得日本就意味着将"美国利益"这根触角深深地扎入了亚洲地区，"进"可以扩大美国的阵营，向亚洲各国输入美国的价值观与文化，"退"可以防止苏联向太平洋地区扩展。另外，在苏联南面，中国东面建立一个军事基地本身就是对共产主义的一种威慑。对苏联来说，由于在太平洋地区没有优良海港，要想把势力伸向太平洋就必须经过日本，而一个敌对的日本决定了苏联成为一个太平洋强国的梦想很难实现。

其次，台湾是另一个引起广泛关注的热点。

"海权论"鼻祖美国著名的海军史学家阿尔弗雷德·马汉认为："任何地点，无论其面积的大小，是海港还是一个海峡，其战略价值都取决于：它的位置主要是相对于交通线；它的力量是固有的还是后天的；它的资源是天然的或储存的。人们可以在位置合适之处积聚力量和资源，但无力将一个地点本身并不优越的位置予以改变，因而位置成为首先关注所在。力量和资源可以人为地增加，但移动一个位于战略影响范围之外的港口却不是人力可胜任的。若将直布罗陀搁在大洋中间，尽管它的力量也许会四倍于今天，但在军事上它将一无所用。"③

---

① 冯昭奎等：《战后日本外交 1945～1995》，中国社会科学出版社，1996，第 4 页。
② Kennan George, *Memoirs1925 - 1950*, (Vol. 1 Little Brown and Company, 1967), p.36.
③ 〔美〕马汉：《海军战略》，商务印书馆，2003，第 285 页。

地理位置提升和分散海上力量，是控制海权必须具备的条件。

台湾北临东海，东北接琉球群岛，东临太平洋，南接巴士海峡，西隔台湾海峡与中国大陆相望。以台北为中心，2000公里的航空半径范围内，包括了朝鲜半岛、菲律宾、冲绳、九州岛、四国和本州岛的一部分，4000公里的航空半径范围内，囊括了建立在关岛、马里亚纳群岛、加罗林群岛等地的美国在西太平洋的海军基地。从海上看，台湾处于从北起千岛群岛，中经日本群岛、琉球群岛、中国台湾、菲律宾群岛至南部的印度尼西亚群岛西部的西太平洋航道所形成的一条弧线的中枢，成为扼守太平洋航道的中心，是北太平洋与北印度洋之间的战略要冲。根据斯皮克曼"边缘地带"理论：边缘地带介乎陆海之间，而对海洋和大陆两个方面，它既能起到缓冲大陆势力和海上势力冲突的作用，又能方便地通向大陆或海洋。"谁支配了边缘地带，谁就控制了欧亚大陆，谁支配了欧亚大陆，谁就将掌握世界洋地结合部，处在陆权与海权两大地缘政治权力中心的交接部位。"① 布热津斯基在《大棋局》中指出"没有亚洲大陆的地缘战略，美国就不可能有欧亚大陆的地缘战略"，"地理位置仍是规定民族国家对外政策优先目标的出发点"。② 基于台湾优越的地理位置，早在冷战期间美国就从亚太地缘战略，甚至全球的角度来考虑台湾的战略价值，并一直把台湾作为美国在亚太地缘战略链条的中心。一旦链条中断，美国在东亚的战略地位就要受到挑战，南北呼应之势也就难以形成，全球战略受到影响，而美国在西太平洋的新月形防线就不得不退到第二岛链。

由此看来，台湾具有独特的战略价值——既是南北航向的必经之路，又是陆上势力与海上势力发展的必经之路，不愧为战略走廊。因此，美国始终抓住台湾不放。

2. 朝鲜半岛

朝鲜半岛位于亚洲大陆东北部，背靠大陆，三面环水。东临日本海，东南隔朝鲜海峡与日本列岛相对，西濒黄海与中国的辽东半岛和山东半岛相望，北接中国，东北端与俄罗斯接壤，它介于中国、俄罗斯、日本之间，地处东北亚核心位置，具有重要的地缘战略地位。朝鲜半岛地缘战略的特殊性和重要性主要表现在以下三个方面。

---

① 〔美〕斯皮克曼：《和平地理学》，商务印书馆，1965，第47页。
② 〔美〕布热津斯基：《大棋局》，上海人民出版社，1998，第47页。

（1）朝鲜半岛是欧亚大陆与太平洋之间的"边缘地带"。"边缘地带论"是美国著名国际关系理论家斯皮克曼创立的一种地缘政治理论，他认为："欧亚大陆的边缘地区处在大陆心脏地带和边缘海之间，必须将其看作是中间区域，在海上势力和陆上势力冲突中，起到一个广大缓冲地带的作用。……它的水陆两面的特质是它安全问题的基础。"① 并强调只有边缘地带才是世界的振动地带。因此可以看出，欧亚大陆的边缘地带是各强国都想占有和控制，并以此为基础进而控制全世界的核心地带。

朝鲜半岛具有显著的"边缘地带"特征。半岛背靠纵深广阔的欧亚大陆，是"大陆心脏"所在地，半岛前方是浩瀚的太平洋，为海权中心所在。因而，朝鲜半岛位于陆权和海权这两大地缘政治中心相互作用的交换部位，两大势力对其交替影响，相互争夺。百年来的历史充分证明了朝鲜半岛在霸权争夺中的这种地缘战略作用。20世纪初，海洋帝国日本和大陆帝国俄国为了通过争夺中国东北和朝鲜，进而争夺亚太霸权，在中国东北地区和朝鲜半岛进行了一场帝国主义战争。海洋帝国日本最终赢得了战争，控制了包括整个朝鲜半岛和中国东北南部在内的"边缘地带"，加强了其在东北亚的霸权。以后的二战、朝鲜战争如果从地缘政治角度论证，其实质都是海洋势力同大陆势力对这块边缘地区的一场白热化争夺。

（2）朝鲜半岛扼守东北亚海上交通要冲。朝鲜半岛与日本列岛之间是宽度不大的朝鲜海峡，形势险要，其间分布有对马岛等重要岛屿。朝鲜半岛及其附属岛屿扼守海峡北翼，对这一海上要冲具有重要控制作用。海峡以内是东北亚的重要战略性海域日本海，它"是美国太平洋舰队、俄罗斯太平洋舰队、日本海上自卫队的重要活动区域，曾经是紧张程度十分高的、蕴藏着战争危险的海域"。② 朝鲜海峡作为日本海的重要出口，有"东北亚门户"之称，它是联结日本海与黄海的唯一通道，为东北亚海上要冲。冷战期间，"朝鲜海峡是美国及日、韩盟国准备封锁苏联舰队的一道'鬼门关'，美国军方于1986年2月宣布将其列为在全球需要控制的16个海上咽喉之一"③。

（3）朝鲜半岛是亚洲大陆与日本列岛间的"桥梁"。半岛南北狭长，北依

---

① 〔美〕斯皮克曼：《和平地理学》，商务印书馆，1965，第76页。

② 冯昭奎：《日本东亚战略初探》，《日本问题资料》1991年第1期。

③ 王中书：《美苏争霸战略问题》，国防大学出版社，1988，第31页。

大陆，南向太平洋方向延伸，与日本列岛隔朝鲜海峡相望。从日本列岛与大陆的关系来看，半岛承接着两者的交通联系，构成了大陆与日本之间的天然桥梁和跳板。这种交通位置特征在军事战略上极具价值，日本帝国主义利用地理上与朝鲜半岛接近的便利条件，把半岛作为向中国及整个亚洲进军的"军事跳板"和"兵站基地"，这早已为人们所熟知。

然而，朝鲜半岛作为桥梁，客观上具有双向流通的作用和广泛的用途。它既可被日本用作向亚洲大陆扩张的跳板，同时也可以作为由亚洲大陆向日本过渡的桥梁；既可作为军事征进的通道，又可用作和平交往的中介。

历史上，元主忽必烈曾以朝鲜半岛为桥梁和基地两度攻日。在苏联的亚太战略中，朝鲜半岛也被作为向美国的盟国日本进攻的重要根据地。另一方面，作为和平的通道，朝鲜半岛是大陆与日本进行文化交流和经济来往的桥梁。考古发现，日本民族是亚洲大陆居民向东迁徙，经朝鲜半岛渡海至日本，与当地居民混血繁衍形成的。而包括文字、宗教在内的日本文化，最初也是由大陆通过朝鲜半岛传至日本的。可见，朝鲜半岛作为桥梁，除其传统的军事价值外，还有深刻而广泛的政治、经济和文化价值。

综上所述，中国、日本、韩国、朝鲜、俄罗斯等东北亚地区国家，以及美国等与东北亚密切相关的其他各国，构成了唇齿相依、互相制约、共谋合作与发展的复杂地缘关系。与世界范围内不断发展的各种区域合作相比，东北亚地区以强烈的合作渴望和松散的合作现状凸显了东北亚地缘政治的特色。

由于东北亚不仅是世界上几个主要大国的利益交汇地，又曾经是冷战的前沿阵地，因此，各大国之间关系的变化、地缘政治与地缘经济环境的变迁、和平与发展的时代主题和世界的多极化趋势，都将对东北亚地区国际秩序的重构产生重大影响。东北亚国际秩序的重构必将是一个长期、复杂的过程。从冷战后东北亚地区各大国的利益博弈来看，未来东北亚地区国际新秩序必将建立在平衡各方力量、兼顾各国利益、建立约束机制和实现地区经济一体化的基础之上。

美国著名学者布热津斯基曾写道：欧亚大陆是个大棋盘，对世界领导权的争夺在此从未停止过。东北亚地区位于欧亚战略中轴线的东部，是世界主要大国美、中、日、俄势力并存与矛盾交汇的地区。在国际关系的历史上，东北亚局势的任何变动往往都影响整个亚太地区，触及大国敏感的利益神经，从而牵动整个世界。正因如此，今天，东北亚地区仍然无法完全走出冷战阴影，而呈现出合作与冲突并存、缓和与对抗同在的特点。为此，研究该地区国家间关系的现状、分析其发展的动态、预测其战略走势、重构地区秩序、建立有利于持久发展的新机制，不但对域内各国极为重要，而且对全球性新秩序的探索也富有深远的影响。

综上可见，研究东北亚关系和地区热点问题的原因主要有以下几点。

第一，东北亚地区具有重要的战略地位，不仅是当今世界经济发展最快、最活跃的地区，而且在政治、国际安全、国际事务等方面产生着越来越大的影响。

第二，东北亚的和平、稳定直接关系到相关国家，特别是中、日、韩等国的国际环境，以及他们的和平稳定与发展。

第三，东北亚地区有很多问题需要解决，是当今世界一些敏感问题产生的地区之一，如朝核危机问题、六方会谈问题、如何保持中日关系稳定长期的发展、如何实现东亚长效机制的合作等。这些问题的解决不仅需要国家领导人和各国政要的努力，也需要我们各位同学、专家学者的聪明才智，贡献我们宝贵的意见。

第二节　东北亚各国关系和地区热点问题的
研究范围、对象和特点

一　东北亚各国关系及地区热点问题研究范围和研究对象

在东北亚地区，中、美、日、俄、韩、朝等国之间的相互联系构成了一个复杂的、由多个三角组成的多面立体几何体，即东北亚地区各国之间的"利益交叉体"①。通过对这一"利益交叉体"进行分析，我们能更清楚地理解和把握东北亚地区相互制约的国家关系及其未来走向。中、美、日、俄、韩、朝之间多角关系的相互作用，构成了该地区目前相对稳定的利益共同体，但这一共同体由于缺乏制约危机的机制，当危机出现时，中、美、日、俄、韩、朝等国由于各自的利益、矛盾、摩擦和冲突，很难共同应对危机。这种状态如果得不到很好的解决将会危及这一地区的稳定。中国、美国和俄罗斯是拥有核武器的国家，日本是世界经济强国之一，四国都具有全球影响力。如果各国能够暂

---

① 高科：《中美日俄韩五国多角关系结构与东北亚政局》，《黑龙江社会科学》1998 年第 3 期。

时放弃彼此的分歧，在共同利益的基础上，建立多边性地区安全机制，就可能最终化解东北亚地区的安全隐患。如果仅仅以一国友好关系为基础，建立双边同盟关系结构，不仅消除不了该地区的安全隐患，还极易引起新的地区矛盾和冲突。所以，从各自长远战略利益出发，建立起相互依托、相互联系的多边安全机制，符合各国的国家利益。否则，当危机出现的时候，不仅自身经济利益将受到损害，政治上也会遭受重创，东北亚地区成为 21 世纪世界经济活动的中心也就无从谈起。

鉴于上述分析，我们认为东北亚各国关系及地区热点问题的研究范围分为两个部分：一是东北亚主要国家关系，包括中美关系、中俄关系、中日关系、中韩关系、中朝关系、美俄关系、美日关系、美韩关系、美朝关系、俄日关系、俄韩关系、俄朝关系、日韩关系、日朝关系、朝韩关系等十五对双边关系；二是东北亚地区的主要热点问题，包括东北亚安全问题、区域经济合作问题、朝鲜核问题、六方会谈问题、和平统一问题、南北合作问题、冷战后东北亚民族主义问题、东亚经济一体化问题、朝鲜非法越境者问题、中日东海能源之争问题、驻韩驻日美军问题、日本政治右倾化和军事大国化问题、领土纠纷问题、军事同盟问题等，传统和非传统领域的老问题和新问题，以及正在出现和未来将要出现的种种问题。

东北亚地区的热点问题较多，当前主要影响该地区乃至世界局势的有以下几方面：一是朝鲜核问题，该问题已经上升为影响地区稳定的安全问题；二是日本政治右倾化和军事大国化问题，近年来日本社会日趋保守，政治右倾化越来越明显，引起亚洲邻国的担忧；三是东北亚地区的领土纠纷问题，如中日钓鱼岛争端，韩日独岛（日称竹岛）问题、日俄北方四岛问题等，这些领土纠纷如处理不当，随时都有可能危及地区稳定；四是双边同盟问题，如美日同盟和美韩同盟是冷战时期形成的双边军事同盟，如果这种同盟关系的作用超出双边的范畴就会给地区安全带来消极影响。

综上可见，东北亚各国关系及地区热点问题是一门以东北亚各国关系的发展及其一般规律和地区热点问题为研究对象的社会科学，是一门兼具理论性与实践性的新兴学科。本教材以东北亚各国（中、美、日、俄、韩、朝）之间的相互关系和地区热点问题为主要研究内容，系统、全面地论述东北亚各国关系及地区热点问题的全貌和一系列基本概念和基本原理，是解析东北亚各国关系及地区热点问题的一套国际政治教材。

二 研究的特点

1. 战略性。本教材以全球性结构变迁和地区性框架重组为理论依托，从对区域内国家、整个地区乃至世界产生影响的现实性、紧迫性出发，定位各国的战略性选择和地区结构的战略性变革，从而使机遇与挑战、矛盾与摩擦的结构性和制度性要因得以系统地、动态地凸显，具有很强的预测性、前瞻性。

2. 整体性。首先，本教材立足于"东北亚地区"，将区域整体作为一个对各国乃至世界产生影响的单位来看待。其次，它将区域内各国已经形成和正在形成的双边和多边网络视作整体中的单元，将政治、经济、文化等视作不可割舍的整体领域，从而使层次分析和领域探微有效结合。最后，理论与方法虽然因问题的特殊性而各异，但是对地区结构与机制的演绎有整体的内在逻辑性。

3. 综合性。本教材在理论的运用和方法的选择上，体现了多层次、多视角的特点，在宏观与微观、历史与现实的结合中综合地把握地区问题"变"与"不变"的内在和外在特性。

4. 基础性。本教材阐述了大量的基本概念和理论，实事求是地分析了真实的历史及其发展过程，采用了编者和学界大量的代表性成果，诸多富有启发性的探讨为动态研究不断演化中的问题奠定了学理上和政策上的基础。

5. 政策性。本教材从理论上、战略上研究了既存问题的历史与现状。同时，在世界与地区动荡与摸索中立足于新问题、新思路、新方法的研究分析，从而契合现实、解析难题、前瞻远景，提出了许多有价值的政策建言，兼具学术性和政策性。

第三节 东北亚各国关系和地区热点问题的研究方法及意义

进行科学研究需要科学的方法论指导。"人巧不如家什妙"，科学的方法能使我们的研究事半功倍，反之，则事倍功半。进行东北亚各国关系和地区热点问题的研究，要取得一定程度的进展，就必须采用科学的研究方法。否则，就必然事倍功半，甚至误入歧途。那么，东北亚各国关系及地区热点问题的研究应该采用哪些方法呢？

一　研究方法

东北亚各国关系和地区热点问题的研究方法是指人们在从事东北亚各国关系和地区热点问题研究时，为了探求其真相、性质、特征、规律等，而采用的科学方法。实质上就是人们为了了解、把握和推进东北亚各国关系和地区热点问题的研究所进行的理论活动与实践活动的具体方式。当前，人们在从事东北亚各国关系和地区热点问题的具体研究时往往采用多种方式，如定性研究法、经济研究法、比较研究法、案例研究法、定量研究法、系统研究法、综合研究法等就是经常使用的研究方法。而每个研究方法都有各自的一些特点，人们根据自己对研究方法的理解和其作用的大小，具体分析使用，且往往多种方法并用。本教材主要采用的方法如下。

1. 定性研究法

定性研究法又称阶级分析法、阶级研究法。定性研究法是根据国际社会现象或事物所具有的属性和在运动中的矛盾变化，从事物的内在规定性来研究事物的一种方法或角度。也就是说该方法论要求人们在具体进行东北亚各国关系和地区热点问题的研究时，必须善于透过现象看到本质，通过对国际社会事实的分析，从中发现规律，确定它们之间的关系并解释变化的原因，以指导社会实践。研究东北亚各国关系和地区热点问题时，我们也试图将研究重点设为发现其内在规律性。定性研究法是社会主义国家科学研究最主要的方法之一，要特别注意不同国家及其政府所具有的不同阶级性质。在具体运用时，我们也要注意克服研究者在素质、研究的主观性、研究经历的时间和资金投入等方面的不足，防止把此种方法绝对化。

2. 经济研究法

经济研究法，亦称经济分析法。就是要求人们在具体进行东北亚各国关系和地区热点问题的研究时，注意通过表面的、偶然的、混乱的现象，发现经济因素所起的决定性作用。也就是揭示具体事件背后的经济根源。在具体运用时，我们力求避免片面地强调经济因素的决定性作用，而忽略上层建筑等其他因素的反作用。

3. 比较研究法

比较研究法，也叫作比较分析法。它是指人们在进行东北亚各国关系和地区热点问题的具体研究时，采用一定的标准，就两种或两种以上外交行为的异同之处或高低之分进行辨别和分析，探求普遍规律与特殊规律的方法，可按属性的数量、目标的指向、比较的性质、比较的范围和时空的区别等对其进行分类。按时空标准具体可分为两类：其一，纵向比较研究法，即对相关国家及热点问题进行今昔对比。它的着眼点是时间，因此又称历史研究法。其重点是揭示某一国家和热点问题的发展和演变过程。其二，横向比较研究法，即对某一特定的历史时期中的两个或两个以上不同国家及热点问题进行相互对比。它的着眼点是空间，重视的主要是研究对象在相同标准下彼此之间的共同和差异之处。通过比较鉴别，有助于加深对国家关系和热点问题的具体性质、特征的认识。但是，一定要理论联系实际，确立客观标准，实事求是。

4. 案例研究法

所谓案例研究法，又称案例分析法、个案研究法。它是针对单一个体在某种情境下发生的特殊事件，广泛系统地收集有关资料，从而进行系统的分析、解释、推理的研究方法。在进行东北亚各国关系和地区热点问题的具体研究时，将重点放在某一特定案例的剖析之上，通过对具体案例进行分析，从中归纳总结出某些具有普遍性意义的性质、特征和规律，有助于人们鉴古知今，总结历史经验，使人直观而具体地接触问题，不至于无的放矢。但是必须注意不要以偏概全和脱离现实。

5. 定量研究法

所谓定量研究法，又称数理统计法，是指在进行东北亚各国关系和地区热点问题的具体研究时，将一些根据某一特定标准所拟出的重要指标定量化，然后据此进行数学统计，并依据这些统计的结果，或是建立某种模式，或是做出某种推论。它是当代研究中（尤其是西方学者）所推崇、所通行的一种方法。采用定量研究法进行东北亚各国关系和地区热点问题的研究，不仅可以使研究具有更加主动的形象和更具说服力，而且还可以通过提供较大的信息量，帮助研究者开阔视野。但是，不宜滥用、随意乱用数据。

6. 系统研究法

系统研究法，就是在从事东北亚各国关系和地区热点问题的研究时，将其视为一个大系统，然后再将其分成若干个子系统来进行研究的方法。研究时，先从其所处系统的全局、整体着眼，分析它的结构、动力、环境，研究其运行和演变规律，然后研究各个构成系统的具体因素。其中，在研究各个构成系统的具体因素时，既要注意它与整个系统之间的关系，又要注意它与本系统之内其他因素之间所存在的联系。系统研究法不仅注意宏观把握问题，而且兼顾对问题的微观研究，同时又重视多种因素的相互联系、相互制约及相互影响，是一种新兴而备受推崇的研究方法。

7. 综合研究法

综合研究法，就是在进行东北亚各国关系和地区热点问题的具体研究时，综合采用上述各种研究方法，并根据不同的具体需要，博采各种研究方法之长，回避各种研究方法之短，是当前进行东北亚各国关系和地区热点问题研究时值得提倡的一种研究方法。在运用综合研究法研究时，要将定性分析与定量分析并重，要重视"具体问题的阶级性质"与"经济背景和现代科学研究方法的采用"，特别是要学会运用系统分析法和数理统计法；要注意理论联系实际，重视理论升华，反对过分地就事论事，重视运用理论研究成果为实践服务，以实践中的现实问题、迫切问题作为研究的重点；要掌握其他学科的研究成果，积极引进新的研究方法，学会对纷繁复杂的现实问题进行多角度、多层次的观察与分析。

二 研究的意义

对于东北亚各国关系和地区热点问题的研究者而言，不同的视角、需要等会产生不同的感受和影响，其功能或作用就会不同，这些功能或作用一般会从理论与现实意义两个视角进行考查。研究东北亚各国关系和地区热点问题的意义巨大且影响深远，仅从中国、地区和世界的角度看，其意义包括以下三点。

1. 研究东北亚各国关系及地区热点问题关系到中国的和平发展

中国是对世界具有重大影响的国家之一，也是对东北亚具有最重要影响的国家之一。实现中国的和平发展，是中国人民的真诚愿望和不懈追求。改革开放以来，中国成功地走上了一条与本国国情和时代特征相适应的和平发展道路。通过这条道路，中国人民正努力把自己的国家建设成富强、民主、文明、和谐的现代化国家，并通过自身发展不断对东北亚各国关系和地区热点问题的解决和对人类进步事业做出新的更大的贡献。取得这些成就所依赖的诸多有利条件之一就是和平发展的世界、和平发展的亚洲，特别是相对稳定的东北亚环境。争取和平的国际环境来发展自己，又以自身的发展促进世界和平。中国要继续发展，就需要一个更加和平的世界环境，更加安全、稳定的东北亚环境作为重要保障。东北亚各国关系和地区热点问题的解决不仅有利于中国走和平发展道路，更有利于把中国国内发展与对外开放统一起来，把中国的发展与世界的发展联系起来，把中国人民的根本利益与世界人民的共同利益结合起来。二者相互联系、相互作用、构成有机统一的整体，有利于中国的和平发展和建设一个持久和平、共同繁荣的和谐世界。

2. 研究东北亚各国关系及地区热点问题关系到全亚洲的安全和经济发展

冷战结束后，太平洋并不太平，亚洲并不稳定。科威特战争、伊拉克战争、印巴导弹试验问题、伊朗核浓缩问题等，都极大地影响到亚洲的安全。作为亚洲的重要组成部分和处于重要战略地位的东北亚，当前国家关系紧张，地区热点问题不断。美国的重返亚太战略、俄乌矛盾白热化、日本解禁集体自卫权与周边邻国关系紧张，加之朝鲜核问题、岛屿海洋等领土之争等国家关系和地区热点问题层出不穷，大有擦枪走火之势，已严重影响到亚洲的安全和经济发展。由于东北亚地区政治关系、经济关系和军事关系都十分复杂和脆弱，因此，在东北亚区域政治、经济及军事合作的过程中，谨慎处理好东北亚各国关系，解决好地区内的热点问题，不仅可以为我国参与和推进东北亚区域安全和经济合作创造一个良好的合作环境，而且也能为整个亚洲各国关系的发展及区域经济合作创造一个稳定的地区环境。如果东北亚地区能够保持长期的相对安全和稳定，将对整个亚洲的安全和经济发展具有决定性意义。

3. 研究东北亚各国关系及地区热点问题关系到整个世界的安全

东北亚各国关系及地区热点问题是整个世界大格局的全面反映和缩影。由于东北亚地区位于欧亚战略中轴线的东部，是中、美、日、俄等世界主要大国势力并存与矛盾交汇的地区和各大国利益集中体现的重点区域。加之朝鲜半岛这一"冷战的活化石"引发的各大国间的利益角逐，各种军事同盟的存在和军演不断，导致东北亚区域危机四伏。在国际关系的历史上，东北亚局势的任何变动往往都影响整个亚太地区，因其触及大国敏感的利益神经，从而牵动整个世界。一方面，由于东北亚地区这一矛盾特殊性，如果能够抓住东北亚各国关系和地区热点问题这一主要矛盾，并合力加以妥善解决，保证东北亚的安全，就可以为全世界的安全提供一个标准范例，使其他处于从属地位的问题迎刃而解，从而极大地促进整个世界的安全和发展。另一方面，其他地区和领域的合作、国际关系的处理和热点问题的解决也有助于东北亚各国关系的发展和地区热点问题的解决。因此，要妥善处理好主要与次要矛盾、局部与全局的安全与发展，重视东北亚各国关系和地区热点问题这些重中之重。

思考题：

1. 东北亚地域范围和地缘特点是什么？

2. 东北亚主要国家、主要国家关系及地区热点问题有哪些？

3. 东北亚各国关系和地区热点问题的研究对象。

4. 学习东北亚各国关系和地区热点问题的方法及意义。

参考文献

1. 斯皮克曼：《和平地理学》，刘愈之译，商务印书馆，1965。

2. Kennan George, *Memoirs1925－1950*（Vol. 1 Little Brown and Company, 1967）。

3. 王中书：《美苏争霸战略问题》，国防大学出版社，1988。

4. 冯昭奎：《日本东亚战略初探》，《日本问题资料》1991年第1期。

5. 崔丕：《东北亚国际关系史》，吉林人民出版社，1991。

6. 冯昭奎等：《战后日本外交1945～1995》，中国社会科学出版社，1996。

7. 〔美〕布热津斯基：《大棋局》，上海人民出版社，1998。

8. 王逸舟：《西方国际政治学：历史与理论》，上海人民出版社，1998。

9. 金正昆：《现代外交学概论》，中国人民大学出版社，1999。

10. 倪世雄等：《当代西方国际关系理论》，复旦大学出版社，2001。

11. 石源华：《冷战以来的朝鲜半岛问题》，高句丽出版社，2001。

12. 李少军：《国际政治学概论》，上海人民出版社，2002。

13. 李五一：《大国关系与未来中国》，中国社会科学出版社，2002。

14. 张蕴岭：《探求变化中的世界》，社会科学文献出版社，2002。

15. 〔美〕马汉：《海军战略》，商务印书馆，2003。

16. 〔美〕布热津斯基：《大棋局——美国的首要地位及其地缘战略》，中国国际问题研究所译，上海人民出版社，2010。

第一讲
中美关系的历史发展、现状与展望

目的和要求：

中美关系是东北亚各国关系和大国关系中最重要的双边关系之一。世界最大的发展中国家与最大的发达国家、崛起大国和守成大国如何妥善处理分歧，构建中美新型大国关系是当前国家关系的一个主要课题。本讲主要在划分中美关系发展的各个阶段的基础上，回顾其历史发展过程，总结出相应的规律及经验。特别是明确了奥巴马政府执政后的中美关系现状、主要问题及其产生原因，并对未来中美关系进行了展望，提出了中国的应对之策。学习这一讲，重点是把握奥巴马政府执政后的中美关系现状、主要问题及其产生原因，了解中美关系的历史发展过程。

重　　点：

中美关系现状、主要问题及原因

难　　点：

未来中美关系展望及中国的应对之策

关　键　词：

中美关系　历史　现状　展望　应对

在众多国家关系中，中美关系是中国最重要的双边关系之一。未来中国要实现的两个重要目标是国家现代化和祖国统一，而影响中国实现这两大目标最大的外部因素就是美国。因此，深入了解和把握中美关系的历史和现状，特别是两国关系中存在的问题、分歧，并寻找到解决问题的途径，对未来中美关系的发展无疑具有重要的现实意义和学术价值。本讲在中美关系发展的阶段划分的基础上，回顾了中美关系的历史发展过程，分析了奥巴马政府执政后的中美关系现状、主要问题及产生原因，并对未来中美关系发展进行了展望，提出了中国的应对之策。

第一节　中美关系的历史发展过程

1784 年 8 月，美国商船"中国皇后"驶抵中国广州。从那时起到中华人民共和国建立之前的一个半世纪里，美国成为帝国主义列强中侵华时间最长、影响最大的国家。其中，美国通过《中美望厦条约》的签订、"门户开放"政策的提出，以及《辛丑条约》的签订对中国实施了侵略。同时，为了防范、阻止日本独霸中国，在中国人民进行艰苦卓绝的八年抗日战争时期，美国曾向中国提供大量军用物资以支持世界反法西斯战争。抗战胜利后，美蒋矛盾凸显。虽然美国对华政策有过等待观望，例如 1949 年 2 月，美国国务卿艾奇逊针对中国局势提出："当森林中有一棵大树倒下的时候，在飞扬的尘土落地以前，人们无法看清破坏的程度，因此美国不要直接介入中国的内战。"即"等待尘埃落地政策"。① 但最终选择了扶蒋反共，支持国民党打内战。为此，毛泽东专门为当时的美国驻华大使司徒雷登撰文《别了，司徒雷登》。

从 1949 年 10 月 1 日新中国成立至今，中美关系的历史发展过程因依据的标准不同而被划分为不同阶段。笔者主张以中美建交这一重大事件为标志将其分为建交前的中美关系和建交后的中美关系两个阶段。而建交前的中美关系（1949 年 10 月~1979 年 1 月）又分为①相互敌对时期（1949 年 10 月 1 日~1972 年 2 月），②从缓和到建交时期（1972 年 2 月~1979 年 1 月）两个时期；建交后的中美关系（1979 年 1 月至今）分为①加强交往时期（1979 年 1 月~1989 年 6 月），②危机中发展的时期（1989 年 6 月~2001 年 9 月），③相对稳定发展时期（2001 年 9 月~2009 年 1 月），④当前的中美关系，即奥巴马执政后的中美关系（2009 年 1 月至今）四个时期。

一　建交前的中美关系（1949 年 10 月~1979 年 1 月）

1. 相互敌对时期（1949 年 10 月~1972 年 2 月）

新中国成立后，美国采取援蒋反共政策。虽然美国于 1949 年 10 月 3 日宣

---

① 李宝俊：《当代中国外交概论》，中国人民大学出版社，2010，第 73 页。

布继续承认国民党政府，但是美国承认台湾是中国的领土。1950 年 1 月 5 日，杜鲁门发表了关于台湾问题的声明："过去四年来，美国及其他盟国亦承认中国对该岛行使主权，美国对台湾或中国其他领土从无掠夺的野心。现在美国无意在台湾获取特别权利或建立军事基地。美国亦不拟使用武装部队干预其现在的局势。美国政府不拟遵循任何足以把美国卷入中国内争中的途径。同样地，美国政府也不拟对在台湾的中国军队供给军事援助或提供意见。"① 自此美国开始对中国实施封锁、遏制。1949 年 11 月，美国纠集西方国家筹备组建巴黎统筹委员会，专门管制对中国、苏联和东欧国家的贸易，迫使新中国奉行"一边倒"的外交政策并于 1950 年 2 月与苏联签订《中苏友好同盟互助条约》，从而使中国从苏联得到了战略上的支持、经济上的援助、技术上的帮助。美国于 1950 年 6 月 27 日武装入侵台湾，同日，宣布对中国实行"海上封锁"。此时，美国还同中国周边的国家订立了带有军事色彩的安全条约，拼凑针对中国的侵略集团。1951 年 8 月，美菲签订了《共同防御条约》。同年 9 月，美日订立安全条约。1952 年 4 月，在美国的唆使下，日蒋条约签订并"建交"。1953 年 10 月，美韩签订共同防御条约。1954 年 12 月，美蒋签订共同防御条约。1954 年，美国同东南亚国家签订了集体安全防御条约。特别是美国通过出兵朝鲜、侵略台湾、支持法国在印度支那的殖民战争和出兵越南等，对中国形成了一个新月形包围圈，试图以军事手段来封锁新中国。朝鲜战争就是新中国成立后的中美直接冲突对立的重要表现。

1950 年 6 月 25 日，朝鲜战争爆发。从内部看，朝鲜战争是南北双方矛盾积累并不断激化的必然结果。从外部看，朝鲜战争的根源在于美苏划分势力范围的政策。1950 年 6 月 27 日，杜鲁门发表了关于朝鲜半岛局势的声明，正式宣布美国武装干涉朝鲜和使用武力阻止中国人民解放军解放台湾的决定。同日，又操纵联合国安理会在苏联代表缺席的情况下，通过了关于朝鲜战争的决议，号召会员国援助南朝鲜。7 月 7 日，联合国通过了关于组织联合国军统一司令部的决议。美军仁川登陆，朝鲜战局急剧恶化。

朝鲜战争的爆发，立即引起中国政府的关注。1950 年 6 月 28 日，毛泽东发表讲话，谴责了美国的侵略行径。7 月 13 日，中共中央军委做出了《关于

---

① 高民政：《1949～1979：中美围绕台湾问题的军事政治较量及其影响》，《军事历史研究》1999年第 3 期。

保卫东北边防的决定》并正式组建了东北兵团。10 月 1 日，朝鲜政府向中国政府发出求救电，请求中国直接出兵入朝作战。10 月 8 日，由彭德怀任司令员兼政治委员的中国人民志愿军组建成立。10 月 19 日 17 时 30 分，也就是"联合国军"占领平壤的同一天，应朝鲜民主主义人民共和国的邀请，中国人民志愿军雄赳赳，气昂昂，跨过了鸭绿江，开始了抗美援朝战争。10 月 25 日，中国人民志愿军揭开了入朝第一次战役的序幕，首战告捷，歼敌 1.5 万，初步稳定了朝鲜战局。

这里要区分两个概念——抗美援朝与朝鲜战争。抗美援朝是指 1950 年 10 月 19 日中国出兵朝鲜到 1953 年 7 月战争结束这一过程，主要研究的对象是中国的外交、军事、经济等方面的内容。而朝鲜战争则是指 1950 年 6 月 25 日朝鲜半岛爆发战争，到 1953 年 7 月战争结束的整个过程，研究的对象应该包括参战的三国四方。

志愿军入朝后，协同朝鲜人民军作战，经过五次大的战役，边谈边打。南北双方于 1953 年 7 月 27 日，在板门店签订了朝鲜停战协定，至此朝鲜战争结束。正如周恩来所说："朝鲜战争是第二次世界大战以后国际上有特殊意义的事件。"[①] 其伟大意义主要体现在：

朝鲜战争的胜利，粉碎了美国侵吞朝鲜进而侵略中国的计划，保卫了中朝及东北亚的和平与安全。中朝两国军队战胜了资本主义世界最强大的军队，并迫使其停战，这本身就已具有历史意义。

中国人民进行的艰苦卓绝的抗美援朝战争，既体现了无产阶级国际主义精神，也振奋和凝聚了民族精神，同时也显示了中国人民的力量。在新中国同美国的较量中，提高了中国的地位，赢得了"自己的声誉"。

抗美援朝是新中国成立后第一个重大的外交和军事举措，是同美国"遏制"战略的直接较量。这是中华人民共和国与美国历史上第一次，也是唯一一次正面的军事冲突，它使两国在新中国成立之后的尖锐对立状态达到了顶峰。由朝鲜战争引发的台湾问题国际化、复杂化，使台湾问题成为中美关系中一直解不开的疙瘩。

朝鲜战争是美国"遏制"政策的产物。它不是美国某个政治家的决策错

---

① 中华人民共和国外交部、中共中央文献研究室编《周恩来外交文选》，中央文献出版社，1990，第 58 页。

误，而是时代性的错误。

为了进一步打击美国的嚣张气焰和武装挑衅，也为了打破美国"划峡而治"的阴谋，1958 年 8 月 23 日，中国人民解放军福建前线部队对驻守金门等岛屿的蒋介石军队实行炮击，揭开了炮击金门的序幕。其后，炮击金门一直断断续续地持续到 1978 年，美国"划峡而治"的阴谋宣告破产。

而越南战争则是新中国成立后的中美间接冲突对立的重要表现。朝鲜战场的失利，美国并不甘心。1964 年，美国又出兵越南，企图从西南威胁中国的安全。中国被迫进行抗美援越，美国出兵 55 万，中国出兵 32 万，双方又打了 10 年。不过与朝鲜战争不同的是，中国军队没有直接参与对美军的作战，而是做一些后勤物资保障、培训越南军官或工兵等方面的工作，使中国成为越南人民可靠的大后方。经过一次又一次交手，美国在损失数千亿美元、死亡 58209 人、受伤 30 余万人之后，于 1973 年仓皇逃离越南。而越南也于 1976 年实现了国家的统一，又一片土地成了社会主义的天下。

1971 年 9 月 21 日，第 26 届联合国大会开幕。10 月 25 日，大会通过了阿尔巴尼亚等 23 国提出的 2758 号提案：恢复中华人民共和国在联合国的一切合法权利，并立即将蒋介石集团的"代表"从联合国一切机构中驱逐出去。经过 22 年的斗争，中华人民共和国终于恢复了在联合国的合法席位，并成为安理会的常任理事国，挫败了美国在联合国制造"两个中国"的图谋。

诚然，由于朝鲜战争使美国对华军事威胁受到重大打击，使其对华政策出现了同中国"接触"的一面。1954 年，周恩来适时地发表了"中国政府愿意同美国政府坐下来谈判"的声明，构成了中美大使级会谈的大背景。1954 年 9 月 2 日 ~1955 年 7 月 15 日，中美双方在日内瓦先后举行了 17 次领事级谈判。1955 年 8 月 1 日，中美大使级会谈在日内瓦正式举行。中方代表是驻波兰大使王炳南，美方代表是驻捷克斯洛伐克大使约翰逊。根据此前双方商定的协议，会谈有两项议程，一是关于双方平民回国的问题，二是关于双方存在争执的实际问题。

1955 年 8 月 ~1970 年 2 月，中美大使级会谈持续了 15 年之久，共举行了 136 次谈判，时间之长、次数之多、交锋之激烈，在国际关系史上实属罕见。中美在没有外交关系的情况下，举行了十多年的外交官会谈，这是新中国外交的一种创举。特别是关于双方平民回国的协议是中美大使级会谈 15 年中达成的唯一一项协议。周恩来总理在 20 世纪 50 年代末还意味深长地说："中美大使级会谈虽然没有取得实质性成果，但我们毕竟就两国侨民问题进行了具体的建设性的接触，我们要回了一个钱学森。单就这件事来说，会谈也是值得的，有价值的。"① 由于钱学森回国效力，中国导弹、原子弹的发射至少提前了 20 年。

2. 从缓和到建交时期（1972 年 2 月～1979 年 1 月）

早在 20 世纪 60 年代初，美国的肯尼迪和约翰逊两位总统就开始寻求中美关系的改善。特别是到了 60 年代末，尼克松总统终于打开了中美关系的大门。

1967 年 10 月，尼克松在美国《外交季刊》上发表文章，提出要同中国接触。1968 年，他在竞选美国总统时强调，要同中国和好。尼克松在就职演说中说："我们寻求一个开放的世界……在这个世界里，国家无论大小它们的人民都不该生活在愤怒的孤立状态之中。"② 1970 年 10 月，尼克松向美国《时代》周刊的记者表达了访华的愿望。他说："如果在我死之前还有什么事要做的话，那就是到中国去。"之后，"巴基斯坦渠道"建立。1970 年 10 月 27 日，尼克松在欢迎罗马尼亚总统访美的宴会上，第一次使用了"中华人民共和国"的称呼，这被认为是"意味深长的外交信号"，"罗马尼亚渠道"由此建立。1971 年，尼克松在堪萨斯城的讲话中说道："在我们的时代里，我们将看到五个超级经济大国——美国、西欧、苏联、中国大陆，当然还有日本。"并提出了"世界五大力量中心论"。在这种情况下，"美国政府必须首先采取措施来结束大陆中国与世隔绝的状态"③。

对此，中方也十分积极地做出了反应。1969 年 7 月和 10 月，中国分两次释放了四名美国犯人。1970 年 10 月 1 日，毛泽东邀请美国作家埃德加·斯诺登上天安门城楼参加国庆典礼。同年 12 月 18 日，毛泽东会见斯诺时表示："如果尼克松愿意来，我愿意和他谈，谈得成也行，谈不成也行，吵架也行，不吵架也行，当作旅行者来谈也行，当作总统来谈也行，总而言之，都行。"④ 1971 年 4 月，周恩来开展了著名的"乒乓外交"，用小球带动了"大球"。周恩来对来访的美国乒乓球代表团说："你们这次应邀来访，打开了两国人民友

---

① 周恩来用美国战俘交换钱学森回国，http://history. news. 163. com/09/1031/13/5MV4F2SK 00011247. html。

② 亨利·布兰登：《美国力量的收缩》，中译本，三联书店，1974，第 238 页。

③ 冬梅编《中美关系资料选编（1971.7～1981.7）》，时事出版社，1972，第 75～88 页。

④ 《毛泽东外交文选》，中央文献出版社、世界知识出版社，1994，第 593 页。

好往来的大门。我们相信中美两国人民的友好往来将会得到大多数两国人民的赞成和支持。"① 1971 年 5 月 26 日，中共中央召开政治局会议，为中美预备性会议制定对策并确立了打开中美关系大门的主要原则。

在中美双方的精心安排下，1971 年 7 月 9 日中午，基辛格等一行 6 人抵达北京南苑机场。基辛格是 22 年来第一个踏上中国国土的美国高级官员。周恩来同基辛格举行了 3 次会谈，主要内容包括台湾问题和尼克松访华问题。7 月 16 日，双方同时发表了 160 多字的公告。公告说："获悉尼克松总统曾表示希望访问中华人民共和国，周恩来总理代表中华人民共和国政府邀请尼克松总统于 1972 年 5 月以前的适当时间访问中国。尼克松总统愉快地接受了这一邀请。""中美两国领导人的会晤，是为了谋求两国关系的正常化，并就双方关心的问题交换意见。"这为尼克松访华奠定了基础。

1972 年 2 月 21 日，作为第一位踏上中华人民共和国国土的美国总统，尼克松一行在中国外交部副部长乔冠华等外交部官员的陪同下抵达北京首都机场，宣告了美国敌视中国 20 多年的历史的结束。这是一次打破国际惯例的、不同寻常的访问，是一个长期敌视中国的超级大国元首的访问。当尼克松和周恩来的手第一次握在一起时，周恩来说："你的手伸过世界最辽阔的海洋来和我握手——25 年没有交往了啊！"② 这一握标志着两国人民之间友好往来的大门终于打开了。当天，毛泽东接见了尼克松、基辛格等美国客人。毛泽东说："来自美国方面的侵略，或者来自中国方面的侵略，这个问题比较小，也可以说不是大问题，因为现在不存在我们两个国家互相打仗的问题。"③ 周恩来同尼克松先后进行了 5 次会谈。双方就国际形势和双边关系坦率而深入地交换了看法。2 月 28 日，尼克松结束了"改变世界的一周"的对华访问，从上海回国。

这次历史性访问的主要成果是中美双方于 1972 年 2 月 28 日在上海发表的《中美联合公报》，即《上海公报》。这是中美第一个联合公报。其主要内容包括以下几点。

第一，关于双方对重大国际问题的看法。中国声明：哪里有压迫，哪里就

① 《周恩来外交文选》，中央文献出版社，1990，第 474~475 页。
② 外交部外交史研究室编《新中国外交风云》第 3 集，世界知识出版社，1994，第 85 页。
③ 《毛泽东外交文选》，中央文献出版社、世界知识出版社，1994，第 595 页。

有反抗。国家要独立，民族要解放，人民要革命，已成为不可抗拒的历史潮流；国家不分大小，应该一律平等，反对霸权主义和强权政治等。美国声明：美国将致力于建立公证而稳定的和平；支持全世界各国人民在没有外来压力和干预的情况下争取个人自由和社会进步；各国应互相尊重并愿进行和平竞赛，让行动做出最后判断。双方肯定了"中美两国的社会制度和对外政策有本质的区别"，列举了对重大国际问题的看法的异同，强调了中美在一些重大国际问题上的共识。双方同意以"和平共处五项原则"来处理国与国之间的关系，"美国和中华人民共和国准备在他们的相互关系中实行这些原则"①。双方声明：中美关系正常化符合所有国家的利益；双方都希望减少国际军事冲突的危险；双方不在亚洲和太平洋地区谋求霸权，反对任何国家或国家集团建立这种霸权等。

第二，关于台湾问题。中国重申了对台湾问题的一贯立场："台湾问题是阻碍中美两国关系正常化的关键问题；中华人民共和国政府是中国的唯一的合法政府；台湾是中国的一个省，早已归还祖国；解放台湾是中国内政，别国无权干涉；全部美国武装力量和军事设施必须从台湾撤走。"② 美国方面声明：美国认识到"在台湾海峡两边的所有中国人都认为只有一个中国，台湾是中国的一部分。美国政府对这一立场不提出异议"③。美国重申了其对中国人民自己和平解决台湾问题的关心；考虑到这一前景，美国确认从台湾撤出全部美国武装力量和军事设施的最终目标。④

第三，关于两国关系。双方同意扩大两国人民之间的往来和了解。双方认为"平等互利的经济关系符合两国人民的利益"。双方"将通过不同渠道保持接触，包括不定期地派遣美国高级代表前来北京"，⑤ 并继续就共同关心的问题交换意见。

《中美联合公报》的发表是中美关系史上极为重要的一页。它标志着两国关系正常化的开始，为以后两国关系的发展打下了良好的基础。《中美联合公报》的发表有重要的意义。

---

① 《中美联合公报》，《人民日报》1972 年 2 月 28 日。
② 《中美联合公报》，《人民日报》1972 年 2 月 28 日。
③ 《中美联合公报》，《人民日报》1972 年 2 月 28 日。
④ 《中美联合公报》，《人民日报》1972 年 2 月 28 日。
⑤ 《中美联合公报》，《人民日报》1972 年 2 月 28 日。

基辛格说："公报有个破天荒的特征：它有一半以上是双方各自表述在意识形态、国际事务、越南和台湾问题上面的不同观点。奇妙的是，双方见解不一的部分却给双方有同感的主题，赋予了重要意义。"① 具体表现在：

第一，标志着中美 20 多年敌对历史的结束，使中美关系进入了一个特殊发展的时期。经过近 8 年的努力，中美两国终于建立了正式的外交关系。

第二，对世界格局产生了重要影响。特别是对当时影响整个国际格局的美苏关系是个巨大的冲击，使"美苏对抗"发生了有利于美国的变化。由此，来自苏联对中国的威胁有所减轻。

第三，推动了西方国家同中国外交关系的建立。70 年代，中国基本完成了同西方国家建交的过程。

但是，中美关系正常化的实现并非一帆风顺，建交前也曾出现徘徊。1974 年 5 月，尼克松因水门事件离开白宫，福特接任美国总统。福特上台后，虽然继续执行尼克松的政策，但是由于福特政府过于突出美苏关系，重视美苏关于限制军备的谈判，以及强调继续对台湾承担义务，在战略上放缓了改善中美关系的速度。

1978 年，美国第 39 届总统卡特执政期间中美关系正常化得以实现。7 月，中美建交谈判在北京秘密进行。双方代表有中方代表黄华（外交部部长），美方代表伍德科克（驻华联络处主任）和布热津斯基（国家安全事务助理）等。经过半年的努力，1978 年 12 月 16 日，中美发表《中华人民共和国和美利坚合众国关于建立外交关系的联合公报》，即《中美建交公报》。这是中美第二个联合公报。在该公报中，中美双方分别宣布两国于 1979 年 1 月 1 日正式建立外交关系，并互派大使。美国宣布断绝同台湾的所谓"外交关系"，并于年内撤走驻台美军，并终止美台《共同防御条约》，即"断交、废约、撤军"。4 月，美国大使到任。5 月，中国首任驻美大使柴泽民到任。

总之，从中美接近到正式建立外交关系的大约十年时间，中美双方经过改善、徘徊、建交的曲折历程，最终建立了正式的外交关系。中美外交关系建立的根本原因是两国针对苏联的共同战略利益。中国国内政策的调整对美国产生了巨大的吸引力，使其成为中美建交的重要条件，而中美上海公报的发表则为中美建交奠定了基础。

---

① 〔美〕基辛格：《大外交》，海南出版社，1997，第 673 页。

二 建交后的中美关系（1979 年 1 月至 2009 年）

1. 加强交往时期（1979 年 1 月～1989 年 6 月）

20 世纪 70 年代末，中美两国建立了正式的外交关系。至 80 年代末，在中美两国的共同努力下，双方在政治、经济、科技、文化等领域的交流与合作均有所发展。特别是 1979 年 1 月 28 日至 2 月 5 日，中国国务院副总理邓小平应邀对美国进行了正式访问。这是中华人民共和国领导人第一次访问美国，揭开了中美关系史的新篇章。1 月 31 日，双方签订中美科技合作协定和文化协定。7 月 7 日，中美两国政府在北京签署中美贸易协定，规定双方互享最惠国待遇。

但是就在中美建交当月，美国总统卡特向国会提出关于美台关系的"立法调整"法案，表示以后将在非官方基础上继续同台湾保持商务、文化及其他关系，并设立"美国在台湾协会"处理有关事务。1979 年 3 月，美国国会通过了《与台湾关系法》，4 月，美国总统签署生效。《与台湾关系法》规定："凡当美国法律提及或涉及外国或其他民族、国家、政府或类似实体时，上述各词含义中应包括台湾。"美国决定同中华人民共和国建立外交关系，是基于以和平方式解决台湾问题的愿望，以非和平方式（包括抵制或禁运）来决定台湾前途的任何企图，都是对太平洋地区的和平与安全的威胁，并将成为美国严重关切之事。对台湾的"任何威胁"，美国总统都会"按照宪法程序"采取"适当行动"。该法案还以法律的形式确定了美国对台湾的军事援助，规定"美国将向台湾提供使其保持足够自卫能力所需数量的防御物资和防御服务"①。而中国政府坚决反对"两个中国"、"一中一台"的做法。

邓小平说："台湾问题是中美关系中的主要障碍，甚至可能发展成为两国关系中爆发性的问题"。② 关于台湾问题，早在中美建交公报中就作过明确的表述："美利坚合众国承认中华人民共和国政府是中国的唯一合法政府。在此范围内，美国人民将同台湾人民保持文化、商务和其他非官方关系。"③ 然而，里根执政后，把《与台湾关系法》作为对华政策的基石，提出要"充分实施"《与台湾关系法》，主张向台湾地区出售的武器在性能上要有所提高。在这种

① 韩念龙：《当代中国外交》，中国社会科学出版社，1988，第 223 页。
② 《邓小平文选》第 3 卷，人民出版社，1993，第 97 页。
③ 《中美建交联合公报》，《人民日报》1978 年 12 月 17 日。

情况下，解决美国向台湾出售武器问题成为两国间极为必要和紧迫的问题。

经过艰苦的谈判，1982 年 8 月 17 日，双方就分步骤直到最后彻底解决向台湾出售武器问题发表了《中华人民共和国和美利坚合众国联合公报》，又称《八一七公报》。该公报共九条，主要内容是：第一，双方重申美国同台湾的关系是非官方关系；第二，台湾问题是中国内政问题，任何外国人不得干涉；第三，美国理解并欣赏中国争取用和平方式解决台湾问题的政策；第四，美国承诺，"它不寻求执行一项长期向台湾出售武器的政策，它向台湾地区出售的武器在性能和数量上将不超过中美建交后近几年供应的水平，它准备逐步减少它对台湾的武器出售，并经讨一段时间导致最后的解决"①；第五，双方重申，互相尊重主权和领土完整、互不干涉内政是指导中美关系发展的根本原则。

《八一七公报》是解决美国向台湾出售武器问题的重要文件。在该文件中，美方承诺逐步减少并最终停止售台武器。《八一七公报》是中美第三个联合公报。但后来的事实表明，美国并没有履行公报的各项规定。对此，中国不得不进行持续的斗争。至此，由《上海公报》、《中美建交公报》和《八一七公报》组成的中美三个联合公报，成为中美关系发展的指导性文件。

1986 年 11 月，美国三艘军舰访问中国青岛，这是自 1949 年以来美国舰队第一次访问中国。1988 年两国进出口商品总额为 100.11 亿美元，美国成为中国的第三大贸易伙伴，美国在华的直接投资协定总额达 34 亿美元。到 1988 年，中美双方已派出了 34 个教育代表团，已建成 39 对友好城市、25 对友好省州关系。中国成为向美国派出留学人员最多的国家之一，并已在美国开设了 5 个领事馆。但 1989 年 6 月，中国国内暴发政治风波，美国大肆干涉中国内政，对华施行制裁，并中止了两国副部长级以上官员的互访，使中美关系陷入建交以来的冰点。

2. 危机中发展的时期（1989 年 6 月~2001 年 9 月）

从 1989 年到 2001 年，是中美关系在危机中不断发展的阶段。20 世纪 80 年代末，中国暴发政治风波后，由于美国在台湾、人权等问题上大肆干涉中国内政，使中美关系一度出现较大的曲折。在短短的 12 年间，中美关系先后出现了 6 次比较大的危机：② 第一次危机是在 1989 年以后，美国老布什总统对

① 韩念龙：《当代中国外交》，中国社会科学出版社，1988，第 431 页。
② 倪峰：《中美关系四十年发展历程》，http://www.china.com.cn/opinion/node_7148506.htm。

中国实施"全面制裁";第二次危机是 1993 年后克林顿总统对中国采取贸易壁垒政策,将美国与中国的贸易往来与人权挂钩;第三次危机是 1993 年发生的"银河号事件";第四次危机是 1995 年李登辉访美,美国派两艘航母进入台湾海峡;第五次危机是 1999 年美国轰炸中国驻南斯拉夫大使馆;第六次危机是 2001 年小布什上台后宣称中国是美国的竞争对手,而且在这期间还发生了"南海撞机事件",之后小布什在电视上公开表示要武力协助台湾。总统在电视上公开宣称美国要武力协助台湾,这在历史上还是第一次。而小布什宣布大规模对台出售武器也令中美关系危机四伏。

然而,危机中的中美关系也在不断发展。为改善两国关系,中国分别于 1989 年 10 月 28 日、11 月 7 日邀请美国前总统尼克松和前国务卿基辛格博士访华。邓小平在会见尼克松时指出:"很遗憾,美国在这个问题上卷入得太深了,并且不断地责骂中国。中国是真正的受害者。中国没有做任何一件对不起美国的事。可以各有各的看法,但不能要我们接受别人的错误指责。"① 1990 年 11 月,美国邀请中国外交部长访美。这是自 1989 年 6 月以来,中国高层领导首次正式访问美国,在中美关系中具有重要的意义。1991 年 5 月 29 日,美国总统布什正式向美国国会建议无条件延长中国的最惠国贸易地位。他表示,美国应维护对华关系,孤立中国是错误的。1992 年 1 月,中国国务院总理李鹏在出席联合国大会安理会成员国首脑会议时,在联合国总部与老布什举行了会晤,双方就两国关系和国际问题交换了意见。李鹏认为,只要以中美关系的大局为重,增加往来,平等磋商,增进了解,共同努力,中美关系是能够改善和发展的。1993 年 5 月,美国国防大学代表团访问中国,这是自 1989 年下半年以来中国军方接待的第一个美国军事代表团。本次代表团访华标志着两军关系恢复正常化。8 月,美方取消了对华制裁,双方关系开始走出低谷。11 月 17 日,中国国家主席江泽民赴美国西雅图参加亚太经济合作组织领导人非正式会议。19 日,江泽民同克林顿在西雅图举行了正式会晤,标志着中美关系进入了一个新的发展阶段。1994 年 5 月 26 日,克林顿宣布延长对华最惠国待遇,并表示将人权问题同最惠国待遇年度审议脱钩。11 月,江泽民同克林顿在出席在印尼茂物举行的亚太经济合作组织领导人非正式会议期间,举行了正式会晤。1996 年 11 月 24 日,江泽民主席和克林顿总统在菲律宾马尼拉出席

---

① 《邓小平文选》第 3 卷,人民出版社,1993,第 331 页。

亚太经济合作组织领导人非正式会议期间，举行会晤，双方商定，中美两国元首在 1997～1998 年间相互进行国事访问。

从克林顿第二个任期开始，中美政治关系出现了改善的势头。1997 年 10 月 26 日至 11 月 3 日，中国国家主席江泽民对美国进行国事访问。10 月 29 日，双方发表《中美联合声明》，宣布中美两国将加强合作，致力于建立面向 21 世纪的建设性战略伙伴关系。11 月 2 日，江泽民主席在哈佛大学作题为"增进相互了解，加强友好合作"的演讲。1998 年 6 月 25 日，美国总统克林顿抵达西安，开始对中国进行为期 9 天的正式访问。这是他入主白宫五年之后第一次访问中国，也是 1989 年 2 月老布什访华以来，美国在任总统首次访华。这还是两国元首自"冷战"后的首次互访。1999 年 4 月 6 日至 14 日，中国国务院总理朱镕基对美国进行正式访问。访问期间，朱镕基总理和克林顿总统就中国加入世贸组织问题发表联合声明。同年 11 月 15 日，中美双方代表在北京签署《中美关于中国加入世界贸易组织的双边协议》。2011 年，中美两国的年贸易额达到近 800 亿美元。美国直接对华投资累计达 500 亿美元。经贸关系已经发展成为中美关系的重要基础，被称为是两国关系的"压舱石"。尤其是经过 13 年的艰苦谈判，中国于 2001 年正式加入世界贸易组织，为两国经贸关系的进一步发展提供了更为有利的条件。

由于中美两国能够从战略的高度和 21 世纪的角度来处理两国关系，因而两国间共识增加，双边关系出现了改善的势头，一些领域的合作得到了逐步恢复和发展。但两国关系的发展过程中仍存在困难和障碍，有时甚至会出现重大的动荡和起伏。

3. 相对稳定发展时期（2001 年 9 月～2009 年）

从 2001 年"9·11 事件"以后，一直到 2009 年奥巴马总统访华，是中美关系相对稳定的阶段。2001 年 10 月 19 日，中国国家主席江泽民和美国总统布什在上海第九次亚太经合组织（APEC）领导人非正式会议期间举行会晤。这是"9·11"恐怖袭击事件后小布什总统的首次国外之行，也是两国元首之间的首次会晤。两国元首就中美关系和反对恐怖主义、维护世界和平与稳定等重大问题深入交换了意见。2003 年 12 月 7 日至 10 日，中国国务院总理温家宝对美国进行正式访问，双方商定提高中美商贸联委会的级别。布什总统在记者招待会上公开点名批评陈水扁，开始认识到维持台海的稳定既符合中国利益，又符合美国利益，同时还有利于整个亚太地区的稳定。2005 年 8 月 1 日，中国外交部副部长戴秉国与美国常务副国务卿佐利克在北京举行首次中美战略对话。此后，作为定期对话机制，中美战略对话定期在中美两国轮流举行。2005年11月19日至21日，布什总统访华。中国国家主席胡锦涛与布什总统举行会谈，两国元首一致同意增进了解、扩大共识、加深互信，全面推进21世纪中美建设性合作关系。2006年4月18日至21日，中国国家主席胡锦涛对美国进行国事访问。中美双方一致认为，中美拥有广泛而重要的共同战略利益，不仅是利益攸关方，而且应该是建设性合作者，良好的中美关系对维护和促进亚太地区和世界的和平、稳定、繁荣具有战略意义。2008年8月7日至11日，布什总统应邀来华出席北京奥运会开幕式及其相关活动。

2009年1月20日，奥巴马宣誓就任美国第44任总统。30日，中国国家主席胡锦涛应邀同奥巴马总统通电话。胡锦涛强调，在新的历史时期，中方愿同美方一道，推动中美关系持续稳定发展。奥巴马表示，美国政府愿同中方共同努力，发展更加积极、更富有建设性的美中关系。2月20日至22日，美国国务卿希拉里·克林顿访问中国。中国国家主席胡锦涛、国务院总理温家宝分别与其会晤。访问中，中美双方就应对国际金融危机方面进一步加强沟通协调，并在拓展双边领域以及能源、环境和气候变化等问题上加强合作达成共识。4月1日，胡锦涛主席同奥巴马总统在伦敦举行首次会晤，双方一致同意共同努力建设21世纪积极、合作、全面的中美关系，并建立中美战略与经济对话机制。5月24日至31日，美国国会众议院议长南希·佩洛西率美国国会众议院代表团访华。胡锦涛主席、温家宝总理和吴邦国委员长分别与佩洛西举行会谈。5月31日至6月2日，奥巴马总统特别代表财政部长蒂莫西·盖特纳首次访问中国。胡锦涛主席和温家宝总理分别会见了盖特纳。同时胡锦涛主席特别代表，国务院副总理王岐山也会见了盖特纳。双方就国际及中美两国金融和经济形势、首轮中美战略与经济对话的准备工作等共同关心的问题交换了意见。7月14日至17日，美国商务部部长骆家辉和美国能源部部长朱棣文访问中国。这是奥巴马政府两位华裔部长首次同时访华。16日，温家宝总理在中南海会见了骆家辉和朱棣文。7月27日至28日，中美战略与经济对话首次会议在美国华盛顿举行。国家主席胡锦涛在首轮中美战略与经济对话开幕式上致辞。随后，美国总统奥巴马也在开幕式上致辞。对话双方发布了《联合成果情况说明》，为建设21世纪积极、合作、全面的中美关系注入了新的动力。9月，吴邦国委员长对美国进行正式友好访问，这是中国人大最高领导人20

年来首次访美。11 月 15 日至 18 日，奥巴马总统对中国进行国事访问，胡锦涛主席与奥巴马总统举行会谈。双方发表《中美联合声明》。联合声明强调，双方致力于建设 21 世纪积极、合作、全面的中美关系，并将采取切实行动稳步建立应对共同挑战的伙伴关系。

第二节 奥巴马执政后中美关系现状

2009 年 1 月 20 日，民主党人奥巴马就任美国第 44 任总统。"中美"这两个世界性大国的关系也随着美国新任总统上台执政翻开了新的篇章。在当今世界格局中，作为世界上最大的发达资本主义国家的美国和最大的发展中国家和社会主义国家的中国，无疑格外令人关注。

一 当前中美关系的曲折发展（2009 年 1 月至今）

2009 年 2 月，新任美国国务卿希拉里·克林顿首次出访就选定亚洲四国为目的地，其中就包括中国。这对于美国国务卿来说实属罕见。3 月，中国外交部部长杨洁篪访问华盛顿。2009 年 4 月 1 日，在伦敦参加 G20 峰会期间，中国国家主席胡锦涛与奥巴马总统举行了其就任总统后的首次会谈。两国元首对如何应对金融危机深入交换意见，并强调了中美关系的重要性。在本次会谈中，双方领导人明确了两国关系的定位，即中美关系应该是积极的、合作的、全面的关系。此外，双方还确认了两国应当继续拓展在双边、地区和全球重大问题上的合作，不断充实两国关系的战略内涵。这一定位显然有利于两国关系的稳定。在会晤中，胡锦涛指出，尊重和照顾彼此的核心利益，是确保中美关系健康稳定发展的关键。奥巴马总统和希拉里·克林顿国务卿也一再表示，中美关系是 21 世纪最重要的双边关系之一。[①] 两国领导人在会晤中达成共识——将原来的战略对话和战略经济对话整合成中美战略与经济对话，下辖两个"轨道"一是由戴秉国国务委员和希拉里·克林顿国务卿负责的"战略轨道"，二是由王岐山副总理和盖特纳财长主持的"经济轨道"。这是对以往建立起来的两国合作机制的进一步发展。此后，中美双方于 7 月下旬在华盛顿举

---

① 《国家主席胡锦涛会见美国总统奥巴马》，新华社 2009 年 4 月 1 日电，news. xinhuanet. com/... /2009... /content_ 11116261_ 1. htm。

行了第一次战略与经济对话。5 月，美国参议院外交关系委员会主席约翰·克里和众议院议长佩洛西先后访问中国。作为对佩洛西议长访问的回访，吴邦国委员长于 9 月上旬对美国进行了访问。这是中国人大常委会委员长 20 年来对美国的第一次访问。应中国国家主席胡锦涛的邀请，美国总统奥巴马在 2009 年 11 月 15 日对中国进行了为期 4 天的国事访问，两国领导人在北京就中美关系及重大国际与地区问题深入交换了意见，发布了《中美联合声明》。声明中，双方既从战略高度和长远角度阐述了两国关系，也对两国关系中的许多具体问题进行了规划，内容非常丰富。其中，双方一致认为，尊重彼此核心利益对确保中美关系稳定发展极端重要。在台湾问题上，美方希望两岸关系和平发展，期待两岸加强经济、政治及其他领域的对话与互动，建立更加积极、稳定的两岸关系。声明中还谈及了许多全球性的共同问题，包括共同应对金融危机、气候变化、恐怖主义、大规模杀伤性武器的扩散等①，颇为引人注目。这是奥巴马当选美国总统后第一次访问中国。可以说，在奥巴马政府执政伊始，中美关系开局良好。中国政府积极回应奥巴马友好的对华态度，双边关系发展良好。

但是，2009 年 12 月 16 日，在有中国国务院总理温家宝出席的哥本哈根气候变化峰会上，西方，包括美国看到了中国不断增长的国际影响力，引发了美国对华态度的微妙变化，并导致 2010 年中美关系跌宕起伏，摩擦不断。政治上，奥巴马政府挑战中国的核心利益：1 月，奥巴马政府宣布将向台湾地区出售总额近 64 亿美元的武器装备；2 月 18 日，奥巴马在华盛顿会见了达赖。4 月中旬，胡锦涛主席出席了在华盛顿举行的核安全峰会，并于 12 日与奥巴马总统再次举行了会晤。双方一致认为，一个良好的中美关系符合两国共同利益，也有利于世界和平、稳定、繁荣。军事上，奥巴马政府利用"天安舰"和"延坪岛"事件高调"重返亚洲"，在中国周边海域举行"联合军演"，在中日钓鱼岛争端中偏袒日本，并正式将触角伸向南海，在南海地区的 5 次军演导致南海问题升温。经济上，2 ~ 6 月，美国对中国的产品进行"反倾销反补贴"制裁。奥巴马多次在公开场合就人民币汇率问题向中国施压，美国众议院还通过了《汇率改革促进公平贸易法案》，积极打造没有中国参加的"跨太平洋战略经济伙伴协定（TPP）"，企图重新夺回在亚洲的经济主导权。

① 《中美发表联合声明，推进两国合作》，《新华每日电讯》2009 年 1 月 18 日，第 5 版。

2011 年 1 月 18 日至 21 日，中国国家主席胡锦涛对美国进行国事访问，在华盛顿同美国总统奥巴马举行会谈，就中美关系及共同关心的重大国际和地区问题交换了意见。会后，两国发表《中美联合声明》，表示"中美致力于共同努力建设相互尊重、互利共赢的合作伙伴关系"。美方重申，美方欢迎一个强大、繁荣、成功、在国际事务中发挥更大作用的中国。中方表示，欢迎美国作为一个亚太国家，为本地区的和平、稳定与繁荣做出努力。基于两国首脑会谈的共识，中美双方 5 月举行了第三轮中美战略与经济对话。5 月中旬，陈炳德总参谋长率领军事代表团访问美国，这是中国总参谋长时隔 7 年后再次访美。7 月，美参谋长联席会议主席马伦率领庞大代表团进行回访。8 月 17 日至 21 日，美国副总统拜登对中国进行了 6 天成功的访问。进行了包括军事高层互访、人权对话、中美人文交流高层磋商、全国人大与美参议院会议机制会议、第三轮中美战略与经济对话、两次中美亚太事务磋商、首届省州长论坛等，使得两国关系有了良好开局，并得以稳步推进。但是在这期间，美国也曾制造波折干扰双边关系发展进程。如：7 月，奥巴马不顾中方反对坚持在白宫会见窜访美国的达赖喇嘛；9 月，美国政府宣布总额高达 58.5 亿美元的对台湾军售计划；10 月，美参议院不顾中国强烈反对，通过强迫人民币升值的法案，把中美贸易问题政治化。

2012 年 2 月 13 日，中国国家副主席习近平对美国进行正式访问，发表题为《共创中美合作伙伴关系的美好明天》的演讲，进一步提出中美之间应建立一种"前无古人，但后启来者"的新型合作伙伴关系。5 月 3 日，胡锦涛主席在第四轮中美战略与经济对话开幕式上发表了《推进互利共赢合作发展新型大国关系》的致辞，就如何发展中美新型大国关系提出"创新思维、相互信任、平等互谅、积极行动、厚植友谊"的五点构想。5 月 4 日，中国国防部长梁光烈对美国进行正式访问。美国太平洋司令部总司令塞缪尔·洛克利尔于 5 月来华出席中美战略与经济对话，6 月下旬访华。9 月 17 日，美国国防部长莱昂·帕内塔对中国进行首次正式访问。11 月底，美国海军部长雷·马伯斯访问中国，这是美国海军部长时隔 28 年再次来华访问。两军交流的积极势头有助于增进互信，减少互疑。

2013 年的最大亮点当属两国元首于 6 月在美国加州安纳伯格庄园的会晤。2013 年 6 月 7 日至 8 日，习近平主席与奥巴马总统在美国加利福尼亚州被称为"阳光之乡"的安纳伯格庄园举行会晤。这是两国政府换届后，中美元首之间首次面对面接触，被描述为"不戴领带"的密切沟通，所以此次会晤备受瞩目。由于在庄园举行会晤是自 1949 年以来的中美关系史上从来没有过的，因此本次会晤也称"庄园会晤"或"习奥会"。在这次会晤中，中美两国元首就双方共同关心的重大战略性问题进行了广泛深入的沟通，加深相互了解，增进战略互信，推进务实合作，为共同构建中美新型大国关系提出了指导性意见。

纵观中美关系的发展历史，究竟有哪些基本规律可循，有哪些基本经验可资借鉴呢？正如袁鹏教授所概括的，其基本规律为"螺旋上升、起伏不定"，其基本经验为"斗而不破、合而不同"。① 所谓"螺旋上升"，即中美关系的发展虽充满迂回曲折，但总体势头是向上、向前的，而不是倒退或走回头路。同时，这一切成就的取得从来都不是一帆风顺的，正所谓"起伏不定"。中美关系之所以能够在"起伏不定"中实现"螺旋上升"，得益于两条重要经验：一是"斗而不破"，即双方始终恪守底线，不因个别事件影响两国关系大局，因此总能柳暗花明、化险为夷、转危为安，在"斗争–妥协–再斗争–再妥协"的循环中维持两国关系大局，探索最终破解之道。二是"合而不同"。中美两国既没有因矛盾冲突而最终导致关系破裂，也没有因持续合作而丧失自我。相反，中国特色社会主义生命力越来越旺盛，甚至引发了国际社会关于"中国模式"、"中国道路"的大讨论。

二 中美关系中的主要障碍及问题

当前中美关系处于一个很微妙的时期，两国不仅在传统领域里的摩擦和冲突加剧，美国还从经济、军事等方面积极推进全球战略东移，给中美关系带来了更多不确定因素。虽然合作是中美关系的主流，但是在近几年内，中美在中国东海、南海及对台军售等问题上摩擦不断，这在中美关系发展史上是十分罕见的。

1. 传统的 "3T" 问题

中美关系中"老生常谈"的问题依然是传统的"3T"问题，即台湾问题（Taiwan）、西藏（Tibet）问题和贸易（Trade）问题。② "3T"问题属于双边层面的问题，具体来讲，主要是美国继续售台武器、奥巴马总统会见达赖喇嘛和双边贸易问题。

---

① 袁鹏：《关于构建中美新型大国关系的战略思考》，《现代国际关系》2012 年第 5 期。
② 金灿荣、段皓文：《当前中美关系的困境与出路》，《国际观察》2014 年第 1 期。

台湾问题 《八一七公报》是解决美国向台湾出售武器问题的重要文件。虽然美国在文件中做出了明确的承诺，但中美关系发展的历史事实表明，美国并没有履行公报的各项规定。特别是 2010 年 1 月 30 日，奥巴马政府宣布向台湾地区出售包括黑鹰直升机、爱国者Ⅲ反导弹系统、扫雷艇、鱼叉反舰导弹等总额为 63.92 亿美元的武器。2011 年 9 月 21 日，奥巴马政府以协助台湾地区加强防卫为名，正式将新的对台军售案送交美国国会审查。这次军售总额为 58.5 亿美元，内容包括给台湾现有的 145 台 F16A/B 型战机性能升级、提供飞行员训练及后勤备料等，引起中国方面的强烈反对。对此，中国不得不进行持续的斗争。由于近年来两岸关系的缓和，台湾问题短期内并不构成中美两国双边关系提升的主要障碍。但从中美两国每年必定上演的对台军售"争吵"事实中，我们不能低估台湾问题在中美关系中的重要性。从长期来看，美国仍将是我们最终完成祖国统一大业的主要外界干扰。台湾问题是中美关系中最重要、最敏感的核心问题。能否妥善解决台湾问题，是影响中美关系稳定发展的关键。

西藏问题 美国在西藏问题和人权问题上从未放弃炒作，并借此批评和攻击中国以达到适度干扰中国稳定与发展的目的。美国正式提出人权问题始于 20 世纪 70 年代末 80 年代初，其中，最公开、最直接、最明确地宣布"人权是美国外交政策的核心原则"和以"人权外交"自居的是卡特。1981 年里根当政，开始用人权问题对中国逐步施压。特别是 1987 年 6 月，美国众议院就通过了所谓中国人权问题和中国在西藏"侵犯"人权的修正案，并策划达赖"访"美。美国会众议院人权小组委员会举行招待会，支持达赖提出的关于"西藏地位"问题的"五点计划"。同年 10 月，拉萨发生骚乱后，美国参众两院于 12 月通过了《中华人民共和国在西藏侵犯人权的修正案》。时至今日，美方虽一再表示，美方重视人权问题，但同时"清楚表明"共同应对金融危机是比"美国对中国人权状况的关注更优先的问题"。两国在人权问题上的分歧"不会妨碍两国在金融危机、气候变化和安全问题上的合作"。但奥巴马不顾中国反对，仍分别于 2010 年 2 月和 2011 年 7 月两次会见了达赖，并发表声明表达对他的支持。中方表示：西藏事务是中国内政，达赖是长期从事分裂中国活动的政治流亡者。美方允许达赖蹿访美国并安排最高领导人会见，干涉了中国内政，严重违背国际关系基本准则，违背美国政府一再做出的郑重承诺，损害了中美关系。中方强烈要求美国政府停止纵容、支持达赖集团的反华分裂活动。但是，美国的一意孤行使西藏问题和人权问题将在中美关系中长期存在。

经贸问题 1979 年，中美双方签订了《中美贸易关系协定》，规定双方给予对方最惠国待遇。自那时起，两国贸易额急剧增长，但双方贸易关系却起伏不定。1989 年，美国对华实行制裁，美国国会要求停止或有条件地给予中国最惠国待遇。而美国总统多次否决了一些国会议员关于取消最惠国待遇的意见。特别是 1994 年 5 月，克林顿宣布对华的最惠国待遇与人权问题脱钩，消除了困扰中美关系多年的一个障碍。然而，奥巴马执政后，面对经济高速增长的中国，在经济持续低迷的美国国内，关于"中国经济威胁论"的判断再次升温，中美之间在人民币汇率、对中国产品采取反倾销反补贴和技术封锁等方面的摩擦增多。

美方指责人民币汇率低估给中国企业的出口产品带来了"不公平"竞争优势，是导致美国对华贸易赤字的主要原因。奥巴马政府多次在人民币汇率升值问题上向中国施压，"要求中国进一步向以市场为导向的汇率机制过渡"。2010 年，美国众议院通过的《汇率改革促进公平贸易法案》中首次在立法上允许美国商务部对进口自中国等国家的产品征收补偿性关税。美国商务部不仅对中国的无缝钢管、电子成像设备、蜂蜜等产品征收了反倾销关税或反补贴关税，而且将贸易保护主义措施运用到中国产晶体硅光伏电池等新能源等新兴产业。同时，美国还加强了对中国的技术封锁，此外，美国一方面阻止中国企业收购美国高新技术企业；另一方面，加强了对中国高科技产品出口的限制和管制。可见，今后一段时期内，中国工业和资本力量的迅速增长将给中美经济关系结构带来巨大冲击。中美贸易问题将成为两国关系的"日常"摩擦，相关谈判会持续反复、但成果收效甚微。

2. 战略互信问题

中国是最大的发展中国家，美国是唯一超级大国。"崛起大国同现存大国之间的冲突"模式是中美战略互信的最大挑战，也被称为中美关系的"结构性矛盾"。美国对中国最不满意的就是中国在诸多国际问题上的态度和行为，主要包括伊朗核问题、朝鲜核问题、阿巴反恐、巴以和平、国际反恐、海盗、气候变化、国际裁军、国际金融危机等。尤其是关系到美国的"核心利益"，即直接关系到美国利益的一些重大国际问题，如气候变化、朝核问题和伊朗核问题等。而中国对美国最不满意的是美国在人权、西藏、新疆、台湾等问题上的立场和政策。尤其是近年来，美国"重返亚太"，并在中国周边"围堵"和"遏制"中国的所作所为，使中国怀疑美国企图利用这些问题遏制中国、分裂中国、西化中国，损害中国的核心利益，即中国维护基本政治制度和国家安全、国家主权和领土完整，经济社会的持续稳定发展等的基本需要，导致中美关系缺乏基本的战略互信。

3. 美国重返亚太和构建中美新型大国关系问题

2010 年以来，奥巴马政府高调推进亚太战略调整，对我国周边环境产生了不可忽视的影响，成为使我国周边环境复杂化的一个主要原因。为了制衡中国在东北亚日益增大的影响力，美国一方面积极谋求加入东亚峰会，主导 TPP，防止中国成为东北亚地区机制的主导国；另一方面利用朝鲜半岛不稳定局势并以朝核问题为借口，成功介入东北亚地区事务。其真正的战略目的正是要"通过控制朝核问题和半岛局势的急缓程度来达到既约束朝鲜半岛两国——朝鲜和韩国，又牵制半岛周边国家——中国、俄罗斯、日本的双重规制目的"[①]，从而利用自己构筑的安全网络，决定亚太地区的战略态势，为自己的全球霸权战略服务，因此，形成了"新兴大国"与"守成大国"之间结构性矛盾这一"大国政治的悲剧"，即新崛起的国家必然挑战现存大国，改变现存秩序，造成了美国"防范"和"围堵"中国的种种怪现象。理解了这点，我们在看待美国"重返亚太"问题时就不会有太多的吃惊之处了。

在中国面临美国"重返亚太"挑战的同时，也面临处理好中美新型大国关系的挑战。中美双方的第四轮战略与经济对话和第三轮人文交流高层磋商会议机制均以"构建中美新型大国关系"为题。时任国家主席胡锦涛还在开幕式上发表题为《推进互利共赢合作　发展新型大国关系》的致辞，就发展中美新型大国关系提出五点具体构想。习近平主张要以"不到长城非好汉"的勇气和"摸着石头过河"的智慧去探索中美新型大国关系之路。至此，如何构建并发展中美新型大国关系便成为凝聚两国高层共识、共同指引两国关系发展的新目标。2013 年 6 月 7 日至 8 日，中国国家主席习近平与美国总统奥巴马在加州洛杉矶以南的安纳伯格庄园进行了两国元首的首次"特别会晤"。习近平主席对中美新型大国关系的内涵做了非常精辟的概括，即："不冲突、不对抗，相互尊重，合作共赢"[②]。但是，由于我国对于构建中美新型大国关系

---

① 王传剑：《双重规制：冷战后美国的朝鲜半岛政策》，世界知识出版社，2003，第 81 页。
② 习近平概括中美新型大国关系：不冲突、不对抗，相互尊重，合作共赢，http://news. xinhuanet. com/politics/2013 - 06/10/c_ 116107914. htm。

同美国国内的共识不足，两国认知的差异导致现实中的行为冲突、利益冲突限制了两国在更大范围上的合作，加之双方国内政治生态的变化、两国经贸摩擦、地区安全冲突等传统与非传统安全领域的矛盾，都在一定程度上存在影响或中断两国构建新型大国关系努力的可能性。

诚然，中美关系作为当今世界上最复杂的双边关系，对其现状和前景的把握不能从一时一事中仓促得出结论，甚至也不能从几件事、几年的发展中寻求答案，但必须始终从纵深的历史视角和宽广的国际视野中发现规律。

4. 中国东海、南海争端问题

中国面临久拖不决的领土、领海争端问题，并随时可能激化，其中美国因素不可小觑。自2010年9月，中日"钓鱼岛撞船风波"及日本将钓鱼岛"国有化"的闹剧导致中日在钓鱼岛等领土与领海、专属经济区问题上的矛盾日趋尖锐化，甚至军机、舰船相对。如果危机管控失当，极易擦枪走火。而美国总统奥巴马在抵达日本访问前接受日本《读卖新闻》书面专访时公然表示，钓鱼岛适用于美日安保条约。这也是美国在任总统首次如此明确表示在钓鱼岛问题上对日本的偏袒。奥巴马说："美国政策是明确的——尖阁列岛（中国称钓鱼岛）由日本管辖，因此属于第五条的范围之内。我们反对任何破坏日本管辖这些岛屿的单方面行动。"[1] 同时，美国还在中国东海防空识别区问题上大做文章，鼓励日本修改宪法，使日本政治右倾化表现得淋漓尽致。特别是针对安倍政府企图修改宪法解释，行使集体自卫权，奥巴马表示"热烈欢迎日本有意发挥更大作用，维护国际安全"，"我赞赏安倍首相加强日本防卫力量和深化我们两国军事合作的努力，包括修改目前行使集体自卫权的禁令"奥巴马还说，他敦促日本自卫队"在我们的联盟框架内做更多的事情"。[2] 足见美国因素的影响之大。

中国对南海诸岛及其附近海域拥有无可争辩的主权。中国对这些岛礁发现最早、管理最早、利用最早。越南、菲律宾和个别其他国家对其中部分岛礁提出了领土要求，为了维护南海的和平与稳定，2002年中国与东盟达成《南海各方行为宣言》，确认中国与东盟致力于加强睦邻互信伙伴关系，强调通过友

---

① 《奥巴马访日"送礼"妄言中国钓鱼岛》，http://news.163.com/14/0424/05/9QITF13L00014Q4P. html。

② 《奥巴马访日"送礼"妄言中国钓鱼岛》，http://news.163.com/14/0424/05/9QITF13L00014Q4P. html。

好协商和谈判，以和平方式解决有关南海争议。美国在南海问题上的历来表态是：美国对南海的主权争议不表达立场。奥巴马政府一方面一再表示，在南海争端中保持中立，"对于涉及南中国海……的各种领土争端，采取不偏向任何一方的立场"①，另一方面，美国又积极推动南海问题东盟化、国际化。

三 造成中美关系曲折发展的原因

在中美关系的历史发展过程中，美国总是企图用自己的实力、价值观来改造和影响中国。这是中美关系曲折发展的根本原因。除了中美两国社会制度的差异，经济发展水平的差距，迫切需要两国增进相互了解、求同存异、互不干涉内政以求两国关系健康稳定地发展的历史因素外，当前，造成中美关系发展跌宕起伏的原因还有很多，是一个复杂的系统，其主要因素包括以下几个方面。

1. 中国国家影响力的增强

随着中国国力的增强，中国的国家影响力也不断地得到提升。2010 年以来，中国已成为世界第二大经济体，对美国及周边国家的冲击和影响不可低估。作为新兴大国，中国外交的重点和难点是如何处理与美国及周边国家的关系，特别是如何破解和消除相关国家对中国的疑虑和畏惧。习近平新一届政府在外交气度上所体现出的自信、外交布局上的高明及外交技巧上的娴熟，为中国外交争得了开创外交新局面的良机，同时，也使相关国家焦虑和畏惧。为防止中国做大、做强，美国与有关国家联手"遏制"和"围堵"中国似乎变得顺理成章、情理之中。此外，中国由于国力的迅速增长，发展中的内部问题也不断增多。特别是在未来一段时间内，中国还是要将主要精力放在国内改革上。中国深化改革的路上荆棘遍布，触动某些人的既得利益可能比触动灵魂还要困难。实现"两个一百年"的目标，任重而道远。中国不得不面对成长中的"烦恼"。

2. 美国国家利益和对华政策使然

2010 年以来，美国为了自己的国家利益进行了"重返亚太"的战略调整，实施战略"再平衡"，挑拨中国与周边国家的关系。部分周边国家趁中国崛而未起之际，大胆配合美国，采取激化争端的行动以攫取更多利益。近几年来，

① "The Department of State. Clinton Statement on South China Sea"，http：//iipdigital. usembassy. gov/st/English/test：/o7/20110723125330su0. 9067433. html#axzz1wsY192cC.

奥巴马的亚太战略调整有明显针对中国的倾向，包括强化与日、菲的军事同盟关系，在与中国的岛礁主权归属争端中偏袒日本和菲律宾，与印度及越南等东南亚国家建立伙伴关系等。美国亚太战略调整的这些动作，不仅直接加剧了日、菲与中国关于岛礁主权归属的争端，而且在我国周边地区制造了针对我国的紧张气氛，试图通过搅乱中国周边局势，影响中国的发展。美国对华政策的两面性昭然若揭：一方面，强调发展中美关系的重要性，中国不是美国敌人，要构建中美新型大国关系，在岛礁主权归属的争端问题上"不选边"；另一方面，又散布"中国威胁论"，对中国未来发展动向不放心，充分利用各种机会打压中国，偏袒盟国，引发一场又一场中美冲突对抗危机，牵动亚太安全和整个世界战略格局。今后美国对华政策的两面性还会有所加强，既要"交往"，又想"遏制"，实行一明一暗的两手政策。

3. 东北亚周边国家内政的影响。

东北亚周边国家的国内政治也是中美矛盾上升的原因之一。如日本的国内政治对日本政府在钓鱼岛问题上的动作和政策走向有明显影响。中日钓鱼岛主权归属争端严重激化，是日本推进大国战略、视中国为主要竞争对手，以及日本严重右倾化的直接结果。这种政治右倾化最为典型的体现就是"集体自卫权"问题。日本政府于 2014 年 7 月 1 日召开内阁会议，正式宣布修改宪法解释并解禁集体自卫权。在日本国内，关于集体自卫权的讨论向来仅局限在日本与美国之间的双边范围内，但现已明确提出将集体自卫权的适用范围扩大至日本与美国以外的第三方，明显暴露出日本企图放弃"专守防卫"政策，并觊觎成为可以发动战争的"正常国家"。而这种行为必然导致中日之间久拖不决的领土、领海争端激化。再如中国与周边国家存在的划界问题。目前，虽然解决了大部分陆上领土划界，但仍有部分边界问题尚未解决。其中与周边多数国家的海洋划界还未真正开始，由此导致的海洋和岛屿争端开始显现。

朝鲜的核武与经济并重的国家战略令朝核问题俨然成为美国重返东北亚的导因，也成了东北亚区域不稳定的根源。朝核问题已然成为影响朝鲜半岛形势走向的一根关键线，朝鲜国内政局以及国际社会的因应都会对朝鲜半岛局势产生一定作用。因此，朝鲜半岛局势充满不确定性。在未来一段时期内，半岛形势依旧会呈现出"钟摆"走势，时紧时缓。它标志着美朝战略的"单位冲突进程"由 30 年、10 年提升到 5 年、3 年甚至是年度性，表明朝美两国整体战略冲突的总临界点正在到来。这成为威胁朝鲜半岛安全的一个非常危险的信号。此外，由于韩国的军事和经济发展分别"依赖"美中，美国是韩国的盟国，中国是韩国最大的贸易伙伴，而受美国主导的跨太平洋伙伴关系协议（TPP）的影响，"两大之间难为小"，韩国也陷入艰难的"平衡"，这使韩美日同盟的"短板"更加凸显。

第三节 未来中美关系展望及应对

从未来国际政治格局的发展态势来看，我们可以对未来中美关系的总体态势持谨慎乐观的态度。基本的判断依据为：尽管近年来中美关系跌宕起伏，但总的趋势是不断发展的。一方面，两国始终存在的共同利益使中美关系的基础不断扩大，特别是在国际舞台上，中美经贸关系为两国关系的发展提供强大动力，美国更需要中国的合作；另一方面，从长远来看，美国仍把中国看作潜在威胁，不时也不惜用中美间传统问题及新问题压制中国，挑战中国的底线，影响中美关系的健康发展。那么，中国对未来中美关系应如何应对？

1. 要集中精力发展自己

中国在未来一段时间内，应将主要精力放在国内改革上，增强自身综合国力。虽然深化改革的道路上荆棘遍布，触动某些人的既得利益比触动灵魂还要困难，且实现"两个一百年"的奋斗目标，任重而道远。但是，只有自身发展才能解决已有的或即将出现的中美关系问题。台湾问题的被"边缘化"和大陆的发展及释放出的善意息息相关。在人权问题上，中美由于社会制度、经济发展水平和价值观念上的差异，仍存在不同的看法乃至分歧，但由于中国的发展和在人权事业上的进步，两国的分歧在今后相当长的时间里虽还会存在，但并不影响中美在其他领域内的合作。中美在纺织品、服装、农产品、反倾销、知识产权、人民币汇率安排等诸多领域的经贸摩擦也可以通过更广泛的经济和技术合作去缓解，避免在摩擦中倒退或者发动贸易战使双方"两败俱伤"。这些都离不开中国的改革和发展。

2. 要制定东北亚区域战略

由于周边环境的复杂性，中国不仅要有国家战略、外交战略，还要制订大周边战略，并需要一个大周边总体的顶层设计和意识。特别是在周边外交中，由于东北亚是四大国利益的交汇点，我国更应制定好东北亚区域战略。国家战略、外交战略和大周边战略决定东北亚区域战略，东北亚区域战略同时也影响中国的国家战略、外交战略和大周边战略的实施。其中，大周边战略宜细化，不应笼统化。而在大周边战略中的东北亚区域战略又是重中之重，更应细化，要明确阐明中国在东北亚区域战略中的指导思想、利益、实力、目标和政策。从某种意义上说，东北亚问题的解决是解决中国周边问题的关键，这一问题有效地解决就意味着其他问题的迎刃而解。因此，中国应该制定明确的东北亚区域战略，注重理论与实践相结合，更好地指导实践。

3. 重视美国因素　培育战略互信

美国在其亚太战略调整中，针对中国的部分有所强化，将对中国的周边环境产生不利影响。"中国要想实施东北亚区域的发展战略，就必须大幅度地削弱美国在东北亚地区的影响力，这是重组东北亚地区的政治结构并实施东北亚区域战略所必需的前提。"① 所以，需弱化美国亚太战略调整中针对我国的部分，同时，着重强化中美双边合作。中美双边关系稳定发展，将对中国的周边环境产生有利影响，也将保证在处理美国因素影响时，中国可以占据主动和有利地位。而中国主动提出加强中美在亚太地区合作，主张中美新型大国关系首先要在亚太合作中体现便是一招好棋。中美两国既不可能走美苏之间保持核恐怖平衡的老路，也难以复制美欧、美日之间社会制度、价值观、意识形态相似的模式。正如王毅外交部长所指出的："首先，我们要不断增进战略互信，使中美新型大国关系建立在更加牢固的基石之上。第二，我们要大力促进务实合作，使中美新型大国关系建立在更加深厚的利益纽带之上。第三，我们要积极加强人文交往，使中美新型大国关系建立在更加坚实的民意基础之上。第四，我们要不断加强在国际地区热点及全球性问题上的合作，使中美新型大国关系建立在更加紧密的共同责任之上。第五，我们要重点加强亚太事务合作，使中美新型大国关系的构建先从亚太地区做起。"② 这彰显了当今的中美关系已经全面升级，在两国间的相互理解和尊重已经迈上新台阶之际，中美两国在国际体系中作为新型伙伴，可以为世界的未来开创出一条崭新的、和平共处的成功之路。

4. 要注意研究外交艺术

中国要坚持灵活务实的原则，注意研究外交艺术。坚持"有理、有利、

---

① 金强一：《论中国的东北亚区域战略》，《延边大学学报》（社会科学版）2004 年第 2 期，第 36 页。

② 王毅：《如何构建中美新型大国关系》，2013 年 9 月 23 日，王毅外长在布鲁金斯学会的演讲，http://www.fmprc.gov.cn/ce/cgcal/chn/lgxw/t1079554.htm。

有节"是我国一贯的方针。钱其琛在总结与美国打交道的经验时说："要斗智斗勇，但是不要斗气，不图一时之痛快，不争一日之短长。"① 伴随着中国国力不断增强，美国为"遏制"中国，挑动周边国家与我国在东海、南海引发争端并使我国周边环境出现新的变化。从维护我国周边环境和平稳定，以及维护我国领土、领海主权完整的大局出发，考虑到相关领土、领海主权归属争端难以在较短时期内完全解决的现实，我国应明确在保持争端区域现状的基础上，搁置争议，管控冲突，争取争端不继续升温，并进一步降温的处理方针的必要性和可行性。我国应在实现中国周边外交政策目标的具体途径和方式上不断有所发展和创新。习近平强调，我国周边外交的基本方针，"就是坚持与邻为善、以邻为伴，坚持睦邻、安邻、富邻，突出体现亲、诚、惠、容的理念"②。这是对中国新型周边外交关系理论与实践的有益探索。

针对不同事件和不同的当事国，我国贯彻执行上述方针的具体方式也各不相同。"中国将继续致力于通过友好谈判和平解决同邻国的领土和海洋权益争端③。"和平协商解决的思维路径和实践是实现领土、领海争端从零和博弈向互利共赢转变的途径和方法。"让命运共同体意识在周边国家落地生根"④。"命运共同体"将最有效地化解周边国家对我国作为世界第二大经济体的疑虑、畏惧。其新意在于通过对于共同命运的确认，平等合作、共同努力，在命运共同体中实现共同的梦想。随着中国在世界体系中的角色越来越重要，面临的情况越来越复杂，我们就必须以更为主动的姿态，敢于下先手棋，以掌控国际形势的变化，完成由"随势"到"造势"的华丽转身。

我国在应对周边重大突发事件的挑战上要尽早确立危机管控机制。中国需要鼓励朝韩两国协作建立危机处理机制，防止任何一方对形势做出误判和过度的反应。同时，中国仍应力主在六方会谈机制下以谈判方式解决朝鲜核问题。从长远来看，针对周边国家可能出现的政局动荡，中国要"对症下药"，应给予朝鲜以明确底线，促其采取弃核实质举动，推动由中国发起的旨在解决朝核

---

① 钱其琛：《外交十记》，世界知识出版社，2003。
② 习近平：《让命运共同体意识在周边国家落地生根》，习近平在周边外交工作座谈会上的重要讲话，http://news.xinhuanet.com/politics/2013 - 10/25/c_ 117878944. htm。
③ 胡锦涛：《推动共同发展　共建和谐亚洲》——在博鳌亚洲论坛 2011 年年会开幕式上的演讲，2011 年 4 月 15 日，http://news.xinhuanet.com/politics/2011 - 04/15/c_ 121310446. htm。
④ 习近平：《让命运共同体意识在周边国家落地生根》，习近平在周边外交工作座谈会上的重要讲话，http://news.xinhuanet.com/politics/2013 - 10/25/c_ 117878944. htm。

问题的六方会谈的重启。目前来看，也只有督促朝鲜采取"务实的态度"并在弃核问题上做出实质性的举动，六方会谈才能得以重启。中国作为负责任的大国和联合国安理会的常任理事国，理应在维护朝鲜半岛和平和东北亚地区安全上负起更大责任。向朝施压，并不意味着中国不珍视两国的传统友谊，也不意味着中国要与其他图谋不轨的国家一道共谋策划丑剧的企图。恰恰相反，这更加表明中国为朝鲜殚精竭虑，为整个东北亚地区人民谋福祉的深切情怀。只有给予朝鲜以明确底线，保证其不再在核问题上出尔反尔，六方会谈的召开才能有实质性的意义，东北亚地区的和平也才能得到保障。

思考题：

1. 中美两国关系经历了哪些阶段，其政治基础是什么？

2. 中美关系中的主要障碍有哪些？

3. 谈谈你对奥巴马政府执政后中美关系走向的看法。中国应如何应对？

参考文献

1. 韩念龙：《当代中国外交》，中国社会科学出版社，1988。

2. 《周恩来外交文选》，中央文献出版社，1990。

3. 《邓小平文选》第 3 卷，人民出版社，1993。

4. 《毛泽东外交文选》，中央文献出版社、世界知识出版社，1994。

5. 〔美〕基辛格：《大外交》，海南出版社，1997。

6. 钱其琛：《外交十记》，世界知识出版社。2003。

7. 王传剑：《双重规制：冷战后美国的朝鲜半岛政策》，世界知识出版社，2003。

8. 李宝俊：《当代中国外交概论》，中国人民大学出版社，2010。

9. 高民政：《1949～1979：中美围绕台湾问题的军事政治较量及其影响》，《军事历史研究》1999 年第 3 期。

10. 金强一：《论中国的东北亚区域战略》，《延边大学学报》（社会科学版）2004 年第 2 期。

11. 袁鹏：《关于构建中美新型大国关系的战略思考》，《现代国际关系》2012 年第 5 期。

12. 金灿荣、段皓文：《当前中美关系的困境与出路》，《国际观察》2014 年第 1 期。

第二讲
中俄关系的历史与热点问题

目的和要求：

本讲主要从时空角度，回顾了中俄关系的历史发展过程，明确指出目前的中俄关系是历史上最好的时期和中俄关系的重要性，较完整地概述中俄之间的几个热点问题和发展两国关系必须注意的问题。学习这一讲，重点是了解中俄关系的历史，把握中俄两国关系中的热点问题和应注意的问题。

重　　点：

中俄关系中的热点问题。

难　　点：

中俄两国关系前景预测。

关　键　词：

中俄关系　历史　热点问题　前景

中俄是世界上历史悠久，领土相连，民族优秀的两个伟大国家。我们研究中俄关系一是因为中俄两国在东北亚国际关系中占有举足轻重的地位，半岛问题的解决、东北亚的和平稳定等都需要中俄两国的参与；二是由于目前中俄两国关系处于历史上最好的时期，中俄关系也是东北亚国家关系研究中最重要的国家关系之一，需要我们认真地加以分析研究，以便两国关系更加顺利地向前发展。本讲以"中俄关系的历史与热点问题"为题介绍中俄关系，并概述中俄之间的几个热点问题和发展两国关系必须注意的问题，借以起到抛砖引玉的作用，使中俄关系健康稳定向前发展。

第一节　中俄关系的历史发展过程回顾

一　中俄关系的时空形态

马克思主义哲学认为，空间是指物质运动的广延性和伸张性。空间的特点是三维性。而时间是物质运动的持续性和顺序性，特点是一维性，即不可逆性。

从空间看，中俄"互为最大的邻居"。由于受地理或地理环境之影响，中俄两国间具有"地缘关系"。所谓地缘关系是"以地域为基础所产生的特殊社会关系。具体地说是指以地理位置、领土幅员、地域形状、资源丰缺、国力强弱、社会兴衰等地缘要素为基础所产生的国家或地区之间的政治、经济、文化和军事关系"。① 马汉的《海权对历史的影响》、麦金德的《历史的地理枢纽》、《民主的理想与现实》和斯派克曼的《和平地理学》等地缘政治经典著作中提出了"海权论"、"陆权论"和"边缘地带论"等理论，强调了研究国际关系时地理因素所起到的重要影响作用。主权国家通过评估地缘关系，来分析预测未来国际战略形势的发展变化趋势。特别是冷战结束后，布热津斯基的《大棋局——美国的首要地位及其地缘战略》更是一部颇具代表性的地缘政治和地缘战略著作，为美国提出了一整套欧亚大陆的地缘战略理论，影响深远。由此可见，地理位置在国家关系中是具有深远影响的基本要素，所有国家在不同历史时期制定对外政策都必须考虑到这个因素。

俄罗斯地跨欧亚大陆，是世界上面积最大的国家，拥有强大的实力。其战略重心虽在欧洲，但大部分国土位于亚洲，所以在亚洲地区依然具有重要的战略利益。中俄之间有4300多公里的漫长边境线，俄罗斯的西伯利亚地区仅有3000万人，是地广人稀、资源丰富的欠发达地区。而邻国中国有13亿人口，黑龙江、吉林、内蒙古等中国东部发达地区与之相连，两国形成互补关系。冷战结束后，华约的解体和北约东扩，使俄罗斯的西部地缘安全环境已经发生了实质性变化。加上中国的崛起，亚太地区在国际战略格局中的地位越来越重要，俄罗斯开始十分注重发展与中国、日本、韩国等亚太国家的关系，尤其是

---

① 赵国刚：《地缘关系对美日俄亚太战略的影响》，《现代军事》2002年第2期。

俄罗斯为自身在亚太地区的重要经济利益，需要加强与亚太国家特别是中国的合作。

从时间上看，中俄两国具有较悠久的交往历史。17 世纪以前，沙皇俄国的扩张不仅使国家走向兴盛，而且使中俄成为边境领土相连的国家，并由此上演了一幕幕两国关系的悲欢历史。俄罗斯在国家变更史经历了沙俄、苏联和俄罗斯三个主要阶段，所以，中俄关系的历史发展也主要经历了三个大的阶段：第一个阶段是沙俄和中国的关系（1917 年"十月革命"以前）；第二个阶段是苏联和中国之间的关系（"十月革命"以后到 1991 年苏联解体）；第三个阶段是俄罗斯与中国之间的关系（1992 年至今）。此间，中俄关系共经历了四种形态：第一种形态是欺压掠夺关系；第二种形态是结盟关系，特别是中华人民共和国成立以后，中国实行"一边倒"政策，中苏结盟，度过了一段"中苏蜜月期"；第三种形态是对抗、冲突关系，甚至出现过武装冲突，20 世纪 60 ~ 80 年代，中苏之间出现过包括珍宝岛战役在内的对抗事件；第四种形态是正常化的中俄关系，80 年代末，中苏关系正常化，以 1989 年戈尔巴乔夫访华为分水岭，尤其是苏联解体后，中苏关系正常化的进程演变为中俄关系的良性发展，两国关系得到飞速提升。

二 中俄关系的历史发展过程

（一）沙俄和中国的关系（1917 年"十月革命"以前）

17 世纪以前的中国和俄罗斯并不接壤。两国在近代以前，是两个相互隔绝的国家。17 世纪前后，沙俄通过扩张，使得中国和沙俄互为最大的邻国。

俄罗斯在公元 8 ~ 9 世纪才开始出现，13 ~ 14 世纪逐渐兴起。从莫斯科公国到最后演变成一个横跨欧亚的大国的过程，恰好说明了俄罗斯兴盛的历史就是不断扩张的历史，领土的扩张是沙皇俄国走向兴盛的一条非常重要的道路。那么，沙俄是如何扩张领土而最终与中国毗邻的呢？

沙俄的第一条扩张路线在中亚地区。17 世纪初期，俄国开始侵略哈萨克草原的可汗国。到了 19 世纪中叶，沙俄彻底完成了对中亚地区（浩罕、布哈拉和希瓦）的兼并，使之成为俄罗斯的一个行政区。就这样，俄罗斯与中国西部的新疆地区直接接壤。

沙俄的第二条扩张路线在东部地区。沙皇四世时期，俄罗斯越过了乌拉尔山，占领西伯利亚和远东地区，直到清朝地界。在康熙统治时期，中国和沙俄签订的第一个条约就是 1689 年的《尼布楚条约》。1689 年 9 月 7 日，沙俄与清政府在尼布楚举行谈判，并签订了《中俄尼布楚条约》。条约规定：中俄以格尔必齐河、格尔必齐河沿外兴安岭至海和额尔古纳河为界，以北属俄国，以南属中国。这是中俄双方在平等基础上签订的条约。可见，由于沙俄的拓张，俄罗斯成为中国找上门来的邻居。

沙俄的第三条扩张路线在东北部地区。18 世纪末，沙俄越过白令海峡占领了北美洲的阿拉斯加广大地区，并相继开垦移民区，设置贸易据点。1867年，俄国把阿拉斯加（包括阿留申群岛和普里比洛夫群岛）以 800 万美元卖给了美国形成了今天俄罗斯和美国以白令海峡为界的局面。

需要指出的是，近代以后的沙俄通过 1856 年 10 月 28 日签订的《瑷珲条约》、1860 年 11 月 14 日签订的《北京条约》和 1864 年 10 月 7 日签订的《中俄勘分西北界约记》，以及 1871 年签订的《中俄伊犁条约》等一系列不平等条约，划走了中国 150 多万平方公里的土地，即黑龙江和中亚地区。至此，沙俄成为横贯欧亚、领土面积最大的国家。

（二）苏联和中国之间的关系（1917 年"十月革命"以后到 1991 年苏联解体）

苏联与中国的关系包括苏联与中国国民政府的关系和苏联与新中国政府的关系两个部分。在此主要介绍苏联与新中国政府的关系（1949 年 10 月～1991年 12 月）。其特点是中苏关系从"蜜月"到"对抗"到"缓和"曲折发展。

苏联与新中国政府的关系（1949 年 10 月～1991 年 12 月），大体上可分为以下三个阶段。

1. 中苏关系的"蜜月"时期（1949 年 10 月～20 世纪 50 年代中期）

新中国成立伊始，毛泽东、周恩来等国家领导人根据当时的国际形势、中国的状况以及新中国面临的国际环境，提出了"站在社会主义一边"、"另起炉灶"、"打扫干净屋子再请客"等一系列外交政策和方针，为新中国的外交奠定了基础。毛泽东指出："'一边倒'是孙中山的四十年经验和共产党的二十八年经验教给我们的，深知欲达到胜利和巩固胜利，必须'一边倒'。积四十年和二十八年的经验，中国人不是倒向帝国主义一边，就是倒向社会主义一边，绝无例外。骑墙是不行的，第三条道路是没有的。"[①] 1949 年 10 月 3 日，中苏两国建立了正式的外交关系，苏联政府任命罗申为苏联首任驻华大使，中

---

① 《毛泽东选集》第 4 卷，人民出版社，1991，第 1472～1473 页。

国政府任命王稼祥为首任驻苏大使。苏联是第一个承认新中国并与新中国互派大使的国家。从此,中苏关系进入了"蜜月期"。这一时期是中苏关系非常重要的时期。毛主席明确提出来我们的外交政策就是"一边倒",特别是朝鲜战争爆发后,我们更是"一边倒",倒向苏联。二战以后国际社会形成了两个阵营,一个是以美国为首的"帝国主义阵营",以北约为基础;另一个是以苏联为首的"社会主义阵营",以华约为基础。中国不是华约集团的成员国,但中国是社会主义阵营中最重要的力量。特别是中苏关系的一个重要特征就是"高度的意识形态化"。这不仅涉及两国关系,还包括两党关系,而两党关系高于两国关系。中苏共同探讨社会主义的发展,资本主义的腐朽,探讨历史发展的趋势。在这些问题上,中苏两党关系的性质非常特殊,即"高度的意识形态化"。

其中,毛泽东和斯大林对中苏关系的发展起到了很大的作用。中国共产党解放全中国之前,斯大林对毛泽东并不太信任。斯大林将对中国革命的期望寄托在如王明等与苏联有很大关系的人身上。解放战争胜利前夕(即1949年1月31日),苏共中央派政治局委员米高扬秘密来华。米高扬此次来华主要是代表斯大林听取毛泽东的意见,回国后向斯大林汇报,再由斯大林决定。2月1日至3日,毛泽东和米高扬举行了正式会谈。米高扬听取了中共的汇报,同时看到了解放战争中中国共产党即将取得胜利。他此后的汇报在苏共中央引起了很大的反响。由此,斯大林开始了解到中国的一些非常重要的情况。同年6月21日,以刘少奇为首,包括高岗和王稼祥在内的中共中央代表团秘密访问苏联。访问期间,刘少奇同斯大林举行多次会谈。会谈中,刘少奇向斯大林详细通报了中国革命的形势,以及对即将建立的新中国的政体、国体、外交和中苏关系等的设想。斯大林表示,新中国政府一成立,苏联就立即承认。他还表示,新中国成立后,毛泽东可以立即来莫斯科。

1949年12月16日至1950年1月20日,毛泽东访问了苏联。这次出访的主要任务是参加斯大林70岁寿辰庆祝活动、就两党两国关心的问题交换意见、参观学习苏联。这次访问分为两段,以1950年1月20日为界,其中后一段是周恩来参加的与苏联缔结条约为主的谈判。具体行程为:1949年12月16日,毛泽东在随行人员的陪同下到达莫斯科,苏联部长会议副主席莫洛托夫、元帅布尔加宁、副外长葛罗米柯等到机场迎接,毛泽东在机场发表了书面讲话。12月21日,毛泽东出席了斯大林寿辰庆祝活动,并在大会上发表了热情洋溢的祝词。1月20日，周恩来率团到达莫斯科，22日，同苏方就签订新条约和协定问题举行了正式谈判。2月14日，中苏在克里姆林宫签订了《中苏友好同盟互助条约》、《中苏关于长春铁路、旅顺口及大连的协定》和《苏联贷款给中华人民共和国的协定》等文件。毛泽东、斯大林等中苏两国领导人出席了签字仪式。周恩来和维辛斯基分别代表两国用各自国家的文字签署了文件。

《中苏友好同盟互助条约》包括前言和六个条款。该条约的主要内容是：第一，中苏双方宣布，两国决心加强合作，共同防止日本帝国主义侵略。条约规定，缔约国双方保证共同尽力采取一切必要的措施，以期制止日本或其他直接、间接在侵略行为上与日本相勾结的任何国家之重新侵略或对和平的破坏。一旦缔约国一方受到日本或与日本结盟的国家之侵略而处于战争状态时，缔约国另一方即尽其全力给予军事及其他援助。缔约国双方均不缔结反对对方的任何同盟关系，并不参加反对对方的任何集团，不采取反对对方的任何行动或措施。第二，双方根据巩固和平和普遍安全的利益，对有关中苏两国共同利益的一切重大国际问题，均将进行彼此磋商。第三，双方保证以友好合作的精神，遵照平等、互利、互相尊重国家主权与领土完整及不干涉对方内政的原则，发展和巩固中苏两国之间的经济文化联系。第四，条约有效期30年，在期满前一年未有缔约国任何一方表示愿意废除时，该条约将自行延期5年。

中苏两国签订的一系列条约和协定不仅对中国的政治稳定和经济发展起了重要作用，而且在国际上也产生了重大影响，打破了以美国为首的帝国主义的封锁和禁运。毛泽东说："这次缔结的中苏条约和协定，使中苏两大国家的友谊用法律形式固定下来，使得我们有了一个可靠的同盟国，这样就便利我们放手进行国内的建设工作和共同对付可能的帝国主义侵略，争取世界的和平。"①苏联也给予了中国真正的支持和帮助。中国经济发展的第一个五年计划就是在苏联的帮助下制定出来的，同时，苏联还给中国提供了156个项目。

这个时期中苏两国关系的主要特点为：第一，政治合作与经济合作并举。中苏两国以《中苏友好同盟互助条约》为基础，在政治、经济方面互相配合和支持。政治方面，在一些重大的国际问题上两国基本采取一致的立场。经济方面，苏联对中国的经济建设给予了极大的支持，对中国的经济恢复和发展起了重要的作用。第二，两国关系和两党关系互相促进。中苏两国

---

① 《毛泽东外交文选》，中央文献出版社、世界知识出版社，1994，第131页。

关系的发展离不开两党关系的发展，两国关系的发展以两党关系的发展为基础的。50 年代初期，两党关系发展正常，两国关系发展顺利。第三，在国际斗争中互相配合。中苏两国在一些重大的国际问题上，采取了基本一致的立场。中国对苏联提出的一些主张，如裁军主张、和平主张等都给予积极的支持。苏联也积极支持中国要求恢复联大席位的合理诉求。双方还对朝鲜战争采取了一致的立场。尽管中苏两国友好合作，但是两国两党间仍存在矛盾和问题，特别是苏联的民族利己主义以及苏共的大党主义，给两国两党关系蒙上了阴影，为以后两国关系的发展埋下了分裂的种子。[①] 纵观此时的中苏关系，可以发现其性质是：①结盟，兄弟关系；②一边倒；③针对帝国主义阵营；④意识形态化。

2. 中苏关系曲折发展时期（20 世纪 50 年代中期~60 年代末）

20 世纪 50 年代中期开始至 60 年代末，中苏两国关系跌宕起伏、曲折波动，经历了由内部争论到公开论战，由意识形态的分歧到两国关系破裂的过程。

1953 年 3 月 5 日，苏联党和国家最高领导人斯大林逝世。同年 9 月，赫鲁晓夫当选为苏共中央委员会第一书记（1958 年 3 月兼任部长会议主席）。1956 年 2 月，苏共召开了第二十次代表大会，赫鲁晓夫在苏共二十大的总结报告中提出了当代国际关系中的几个根本性问题：第一，关于两大体系和平共处的问题；第二，关于防止现代战争的可能性问题；第三，关于和平过渡问题。在会议结束前，赫鲁晓夫做了《关于个人崇拜及后果》的秘密报告。赫鲁晓夫在国际关系方面的新观点和对斯大林的评价，对国际共产主义运动和国际关系都产生了巨大的影响，迄今仍毁誉参半，同时也引起了中苏两党在意识形态方面的分歧。

中国共产党从维护国际共产主义运动的团结出发，对苏共二十大给予了支持。为此，1956 年 10 月，中国共产党派出了以刘少奇为首的代表团访问苏联，同苏联领导人就此交换了意见。1957 年 11 月，毛泽东第二次访问苏联，主要也是同兄弟党的领导人交换看法和意见，并参加"十月革命"40 周年庆祝活动和出席在莫斯科举行的共产党和工人党会议，会议通过了《莫斯科宣言》。毛泽东在这次访问中，仍给予苏联很高的评价，对国际共产主义运动的前途充满了乐观。但由于受到历史原因、现实利益冲突、意识形态分歧和国际

---

① 李宝俊：《当代中国外交概论》，中国人民大学出版社，1999，第 41 页。

战略调整的影响，苏共二十大后，两国两党关系出现分歧并逐步恶化。

中苏关系恶化的导火索是关于"长波电台"和"联合舰队"的问题。1958 年 4 月 18 日，苏联国防部长马利诺夫斯基致函中国国防部长彭德怀，为了便于指挥苏联在太平洋地区活动的潜艇，希望在 1958 ~ 1962 年间，由中苏共同建设一座大功率的长波发报无线电中心和一座远程通信特种收报无线电中心（即"长波电台"）。7 月 21 日，尤金（当时的苏联驻华大使）以苏联领导人赫鲁晓夫的名义提出了建立"共同潜艇舰队"的建议。由于建立联合舰队同建立长波电台一样，涉及中国的国家主权，因此，中方明确地拒绝了苏联的建议，引发了苏联的不满。

此外，1958 年 8 月，中国对金门、马祖等沿海岛屿进行了猛烈的炮击，引发了台湾海峡危机。1959 年 8 月，中印边界发生武装冲突，赫鲁晓夫对中国进行毫无道理的指责，苏联发表有倾向性的声明，第一次向全世界暴露了中苏间的分歧。特别是从 1963 年 9 月 16 日至 1964 年 7 月 14 日期间，《人民日报》和《红旗》杂志编辑部连续发表了《苏共领导同我们分歧的由来和发展》等九篇评论苏共中央公开信的文章，即"九评"，该行为致使中苏两党展开大论战，导致两党关系发生了质的变化，相互间的矛盾上升为势不两立的敌我矛盾，同时，也使国际共运出现大分裂，使统一的社会主义阵营宣告解体，导致了一些国家的共产党出现严重分裂和极左思潮的泛滥，给各国革命和建设带来严重的影响。

为了惩治中国，苏联采取了一系列破坏两国关系的粗暴做法。1960 年 7 月 6 日，苏联单方面停止了中苏互惠发行的《友好》和《苏中友好》杂志。1960 年 7 月 16 日，苏联突然照会中国，决定在一个月内撤走全部在华工作的 1390 名专家，并撕毁了 343 个合同和合同补充书，废除了 257 项科学技术协定，使 250 多个企、事业项目停办，给中国的经济建设造成了巨大损失。1961 年，苏联又趁中国遭受自然灾害之际强行逼债。尤其是 1960 年 7 月，在中国的新疆博孜艾格尔山口苏联挑起了中苏冲突以来的第一次边界事件。从 1964 年 10 月 15 日到 1969 年 3 月 15 日，苏联方面挑起的边界事件竟达 4189 起之多。1969 年 3 月 2 日 9 时许，苏联出动大批全副武装的军人，公然入侵无可争议的中国领土珍宝岛，首先开枪开炮打死打伤多名中国边防军，导致了更大规模的边界武装冲突"珍宝岛事件"的爆发。中苏两国由内部争论发展到公开对峙，导致两党公开论战，并由意识形态上的分歧发展到两国关系上的分歧，致使中苏全面对抗。这一时期中苏关系的特征是：①分裂；②对抗；③武装冲突；④意识形态出现分歧。

3. 中苏关系改善到正常化时期（70年代末~90年代初）

1978年，中国十一届三中全会召开。在和平和发展的世界潮流下，中苏两国政策开始调整，两国关系得到改善，20世纪80年代末终于实现了两国关系的正常化。

1982年3月24日，勃列日涅夫在塔什干发表讲话，提出了对华关系的一些意见。1982年9月召开的中国共产党第十二次代表大会在大会报告中指出："近二十年来，苏联一直在中苏边界和中蒙边界派驻邻兵。它支持越南入侵柬埔寨，在印度支那和东南亚进行扩张，不断对我国边境进行挑衅。它还武装占领中国的邻邦阿富汗。这些都使亚洲和平与中国安全受到严重威胁。我们注意到苏联领导人一再表示愿意改善同小国的关系。但是，重要的不是言辞而是行动。如果苏联当局有诚意改善同中国的关系，并采取实际步骤解除对我国安全的威胁，中苏两国关系就有走向正常化的可能。"① 会议还提出了消除影响中苏关系改善的三大关键性障碍，并表示，这三大障碍造成了对亚洲和平和中国安全的严重威胁，中国不能在苏联对中国仍然存在威胁的情况下改善两国关系。

1982年11月10日，勃列日涅夫去世。中国派国务委员兼外交部长黄华作为特使出席了勃列日涅夫的葬礼。期间，两国外长就如何排除障碍进行了认真的讨论。这是20多年来两国外长的第一次接触。1984年2月，安德罗波夫去世。万里副总理率团出席吊唁活动，并同苏联领导人进行了会晤。12月，苏联部长会议第一副主席阿尔希波夫访华。1985年3月，李鹏副总理率团出席了契尔年科的葬礼。新任苏共总书记戈尔巴乔夫会见了李鹏。中苏通过"葬礼外交"进一步加强了彼此的接触和了解。1986年7月28日，戈尔巴乔夫在海参崴发表讲话，提出了解决三大障碍的办法。1988年12月1日至3日，中国外交部长钱其琛访问苏联。这是自1957年以来中国外长第一次正式访问苏联。两国外长会谈的主要内容是柬埔寨问题。经过讨论，双方增加了共识，缩小了分歧。1989年2月1日至5日，苏联外长谢瓦尔德纳泽访问中国。这是中苏关系史上苏联外长第一次访问中国。2月5日，两国外长发表了联合

---

① 《中国共产党第十二次代表大会文件汇编》，人民出版社，1982，第47页。

声明。双方认为：①在 1989 年 9 月底以前，越南从柬埔寨全部撤军，促进柬四方对话和民主和解；②越军撤出后，柬各方军队应冻结并进行可能的削减，柬境内不应再有外国的军队和基地；③为维持柬埔寨的和平和进行大选，应实行国际监督；④发挥联合国在柬埔寨问题上的作用。至此，影响中苏关系正常化的三大障碍基本上得到解决。1989 年 5 月 15 日至 18 日，应中华人民共和国主席胡耀邦的邀请，苏联最高苏维埃主席团主席、苏共中央总书记戈尔巴乔夫访华。16 日，邓小平会见了戈尔巴乔夫。两国领导人宣布，中苏两党、两国关系结束了过去，开辟了未来，在和平共处五项原则的基础上建立起了新型的睦邻友好关系。5 月 18 日，双方发表了《中苏联合公报》，实现了中苏关系正常化。

中苏关系自 1989 年 5 月实现正常化到 1991 年 12 月苏联解体，两国高层互访增多，两国关系健康平稳发展。1990 年，中国总理对苏联进行了正式访问。这是自 1964 年以来的 26 年中，中国总理第一次访问苏联。1991 年 5 月，江泽民主席访问苏联。双方对两年来中苏关系的发展表示满意，并重申了指导两国关系发展的基本原则，发表了第二个联合声明，中苏两国建立了睦邻友好合作关系。这不仅有利于中国周边环境的稳定，而且有利于世界的和平与稳定。这一时期中苏关系的性质是：①不结盟；②不对抗；③不针对第三国；④不意识形态化。并且，这种关系被苏联解体后的俄罗斯所继承。

（三）中国与俄罗斯之间的关系（1991 年 ~ 2000 年）

1991 年 12 月，苏维埃社会主义共和国联盟最终解体。除波罗的海沿岸三国和格鲁吉亚外，其余 11 个国家于 1991 年 12 月成立了独立国家联合体，形成了新的地缘政治格局。独立的俄罗斯面积为苏联的 75% 左右，而中亚五国的独立，使中国和俄罗斯在西北地区形成一个缓冲带，称"睦邻带"。在东北地区我们依然和俄罗斯接壤。中国正式承认了俄罗斯联邦政府和其他国家。苏联解体后的中俄关系分三个阶段。即中俄两国的关系在 20 世纪 90 年代（叶利钦时代）经历了"相互视为友好国家"（1992 年至 1994 年 8 月）、"建设性伙伴关系"（1994 年 9 月至 1996 年 3 月）到"战略协作伙伴关系"（1996 年 4 月至 2000 年 5 月）的"三部曲"，两国互信程度不断提升。

第一个阶段：相互视为友好国家（1991 年 12 月 ~ 1994 年 8 月）

这一时期俄罗斯发生了很多变化。第一是社会制度发生了变化。俄罗斯不再是社会主义国家。第二是崇美、亲西方政策。俄美之间发展成为战略合作伙伴关系。第三是俄罗斯国土面积缩小，产生了新的地缘政治格局。中俄互动主要表现为：1991年12月27日，钱其琛外长致电独联体12国承认其独立，中苏大使级关系转变为中俄大使级关系；1992年1月31日李鹏在联合国会见叶利钦，承认两个联合公报，这是两国领导人的首次会晤；1992年3月科济列夫访问中国，双方交换《中苏国界东段协定》批准书；1992年12月，俄罗斯联邦总统叶利钦正式访华，两国元首签署了奠定中俄关系基础的《联合声明》。该声明共21条，中俄互视对方为友好国家，并签署了24个文件。中俄首次高层会晤开辟了两国睦邻友好、互利合作关系的新阶段，标志着两国关系进入了健康、稳定的发展轨道，实现了由中苏关系到中俄关系的转变。

第二阶段：建设性伙伴关系（1994年9月~1996年3月）

"建设性伙伴关系"由叶利钦提出。江泽民对叶利钦提出的中俄两国建立"面向21世纪的建设性伙伴关系"的思想表示赞赏。以1994年9月，中国国家主席江泽民首次访俄为标志，两国关系发展到了一个新的阶段。两国领导人就建立面向21世纪中俄长期稳定的、睦邻友好的新型国家关系达成了共识，并签署了《中俄联合声明》。声明中明确指出："两国已具有新型的建设性伙伴关系，即建立在和平共处五项原则基础上的完全平等的睦邻友好、互利合作关系，既不结盟，也不针对第三国。"[①] 这次访问使两国建立起了面向21世纪的建设性伙伴关系，对推动中俄睦邻友好、互利合作关系具有十分重大的意义。

第三阶段：平等互利的，面向21世纪的战略协作伙伴关系（1996年4月~2000年5月）

1996年4月，叶利钦第二次访华。两国领导人达成中俄"世代睦邻友好，相互尊重信任，平等互利合作，共同发展繁荣"的共识，商定建立和发展"平等信任的、面向21世纪的战略协作伙伴关系"，进一步推动两国友好合作的长期发展。中俄两国在反对北约东扩、车臣问题和台湾问题上相互支持，理论共识广泛，而中亚是两国地区安全合作最成功的领域。1996年4月以后两国建立了元首、总理、外长会晤及热线联系；1997年4月两国发表了《关于多极化和建立国际新秩序的联合宣言》；1997年12月两国边境勘界工作如期完成。军事技术合作得到进一步发展：С-300地空导弹系统，С-30MK歼击

---

① 《中俄联合声明》，《人民日报》1994年9月4日。

机，956A 导弹驱逐舰正在洽购；956E、预警机、远程雷达，两国导弹专家小组合作帮助中国发展分导技术、远程精确巡航导弹；地区合作不断加强，上海五国论坛发展成为上海合作组织。2001 年 7 月《中俄睦邻友好合作条约》的签署，使两国关系的框架被确定下来。

需要指出的是，此时的中俄关系是"不结盟"的。但历史上中俄两国的三次结盟，对中俄乃至世界都产生过巨大影响。中俄两国三次结盟主要体现为三个不同时期的三个条约上，即清帝国（沙俄）时期，1896 年 6 月 3 日签订的《御敌互相援助条约》（即"中俄密约"）；中华民国（苏联）时期，1945 年 8 月 14 日签订的《中苏友好同盟条约》；中华人民共和国（苏联）时期，1950 年 2 月 14 日签订的《中苏友好同盟互助条约》。

1. 中俄《御敌互相援助条约》（"中俄密约"）

条约规定："日本国如侵占俄国亚洲东方土地，或中国土地，或朝鲜土地，即牵碍此约，应立即照约办理。如有此事，两国约明，应将所有水、陆各军，届时所能调遣者，尽行派出，互相援助。至军火、粮食，亦尽力互相接济。"这次结盟的直接产物是在中国东北腹地出现了纵横南北的"丁"字形大铁路——中国东省铁路（中东铁路）。"在两个伟大的文明——俄罗斯文明和中华文明广泛地相互丰富和互相影响方面起到了重要作用。"

2.《中苏友好同盟条约》

条约规定："缔约国担任协同其他联合国对日本作战，直至获得最后胜利为止。缔约国担任在此次战争中，彼此互给一切必要之军事及其他援助与支持。"这次结盟的直接成果是加快了中国抗击日本帝国主义侵略战争的胜利进程，提前结束了世界范围内的反法西斯战争。同时，还必须认识到，在中华民族危亡最深重的抗日战争期间，正是苏联第一个慷慨地支援了中国。

3.《中苏友好同盟互助条约》

条约规定："缔约国双方保证共同尽力采取一切必要的措施，以期制止日本相互勾结的任何国家之重新侵略与破坏和平。一旦缔约国任何一方受到日本或与日本同盟的国家之侵袭，因而处于战争状态时，缔约国另一方尽其全力给予军事及其他援助。"这次结盟的直接成果包括：它把中苏两国在各个领域的相互合作关系都发展到了前所未有的高度，给两国人民留下了极其丰富的物质成果和精神成果；中苏同盟的实际效果远远超出了两国的界限，造就了整个社会主义阵营的最强大时期；《中苏友好同盟互助条约》至少造就了中俄两国三代人之间的友谊。

纵观三次同盟的宗旨，可是肯定地说，三次同盟都是毫无保留的军事－政治同盟。中俄两国在近 50 年时间内，三次结为军事－政治同盟。在此期间，中俄两国国家体制、社会制度和意识形态都相继发生了巨大变化。纵观国际形势，中俄两国的三次结盟经历了 19 世纪末的强权政治时期，反法西斯战争时期和冷战时期，这在世界近代国家双边关系史中是绝无仅有。1996 年中俄两国正式建立战略协作伙伴关系。2001 年 7 月 16 日，中俄两国签订了《睦邻友好合作条约》。条约规定："如出现缔约一方认为会威胁和平、破坏和平或涉及其安全利益和针对缔约一方的侵略威胁的情况，缔约双方为消除所出现的威胁，将立即进行接触和磋商。"毫无疑问，中俄两个大国针对外部威胁进行"接触和协商"具有重要意义。这说明了一个简单的道理：对两国人民来说，无论他们的国家体制和社会制度发生什么样的变化与变革，也无论国际形势朝什么方向发展，双方都需要相互支持与合作，而且两国也在不懈地探索、寻求有效的合作方式，以便我们两大民族世世代代友好下去！

此间中俄友好合作关系的主要特点是：第一，中俄新型国家关系机制的建立，为两国关系的发展奠定了政治基础；第二，经济合作是中俄关系中最重要的内容；第三，军事信任度不断提高，两国安全感增强；第四，在国际问题上两国共识增加。中俄两国关系的性质为①不结盟；②不对抗；③不意识形态化；④不针对第三国，是战略合作伙伴关系。中俄关系也具有了三个层面：①双边关系；②地区合作；③国际战略协作。

第二节 普京时代的中俄关系

2000 年 5 月，普京担任俄罗斯总统，形成了"梅普—普梅—梅普"的普京时代。期间，中俄战略协作伙伴关系不仅保持了稳定，而且在合作的机制化建设和合作领域的扩展方面也取得了很大进步，中俄关系进入新阶段。两国元首多次会晤，签署了一系列重要的联合声明和合作协议。两国在上海合作组织、联合国等地区和国际组织内，就诸多国际热点问题有良好合作。这些事实证明两国关系处于史上发展最好的时期。

在中俄两国的积极参与和推动下，2001 年 6 月，中、俄、哈、吉、塔、乌六国宣布正式成立"上海合作组织"，并明确规定将"互信、互利、平等、协商、尊重多样文明、谋求共同发展"作为成员国发展合作关系的准则，强调了成员国在面对共同威胁时要展开实际行动。成员国还一致同意启动多领域合作进程，使该组织由最初以安全为中心的磋商、协调机制向建立多领域多边合作机制方向扩展。同年7月16日，中国国家主席江泽民访问俄罗斯。两国元首签署了具有划时代意义、为期20年的《中华人民共和国和俄罗斯联邦睦邻友好合作条约》，并发表《中俄元首联合声明》，这是中俄关系发展史上新的里程碑。双方签署的《中俄睦邻友好合作条约》，是指导两国关系长期健康稳定发展的纲领性文件。中俄两国建立战略协作伙伴关系的基本宗旨和政策目标在这个条约里得到了明确的阐述。条约还把两国永做好邻居、好伙伴、好朋友，"世代友好、永不为敌"以法律形式确定下来，为两国长期睦邻友好、互利合作奠定了坚实的法律基础，也为国际社会树立了以互信求安全、以互利求合作的良好范例。

2002年12月，俄罗斯总统普京访华。两国元首签署了《中俄联合声明》，并出席了两国间有关合作协议的签字仪式。

2003年5月，胡锦涛主席访问俄罗斯。两国元首此次签署的《中俄联合声明》中确立了两国关系的发展基调：双方一致同意全面加强和发展两国睦邻友好和战略协作伙伴关系，为两国人民的利益和地区安全与稳定做贡献。同年8月，上海合作组织在哈萨克斯坦和中国举行了首次多国联合军事演习。

2004年9月，中俄总理第9次莫斯科定期会晤时，双方共同审议了《〈中俄睦邻友好合作条约〉实施纲要（2005~2008）》。10月，俄罗斯总统普京访华。两国元首签署的《中俄联合声明》和《关于中俄国界东段的补充协议》，并批准了《〈中俄睦邻友好合作条约〉实施纲要》。中俄两国签署的《关于中俄国界东段的补充协议》，就额尔古纳河上游阿巴该图洲渚与黑龙江中游黑瞎子岛两个地段的边界达成最后协议。《〈中俄睦邻友好合作条约〉实施纲要》规定，双方将于2006年在中国举办"俄罗斯年"，2007年在俄罗斯举办"中国年"活动。该纲要对未来几年两国落实上述条约、深化和扩大各领域合作、推动中俄战略协作伙伴关系不断向前发展，具有重要的现实意义。

2005年6月，中俄两国在符拉迪沃斯托克互换了两国签署的《中华人民共和国和俄罗斯联邦关于中俄国界东段的补充协定》（简称《补充条约》）批准书，为两国边界这一长期难以解决的历史问题画上了一个圆满的句号。该协议连同1991年签署的《中国和苏联关于国界东段的协定》和1994年签署的

《中俄关于中俄国界西段的协定》，标志着 4300 多公里的中俄边界线最终全部确定，使这个广大的地域成为睦邻友好的互利地带，为两国争取良好的周边环境提供了充分的保证。这是两国三百多年交往史中首次全线标定边界线，为中俄各领域关系的全面发展消除了一大隐患。2008 年 7 月，中俄外长共同签署两国政府关于中俄国界线东段的补充叙述议定书及其附图，标志着中俄边界问题得到彻底解决。7 月，胡锦涛主席访问俄罗斯，与普京总统共同签署了《关于 21 世纪世界秩序的联合宣言》，重申两国在尊重国际法、多边主义、平等和相互尊重的基础上，建立公正合理的世界新秩序的主张。同时，两国领导人决定于 2006 年和 2007 年中俄互办"国家年"活动，进一步深化和加强了中俄战略协作伙伴关系，烘托了两国之间的互信和友好气氛。

2006 年 3 月，俄罗斯总统普京访华。两国元首共同出席了"俄罗斯年"开幕式和中俄经济工商界高峰论坛开幕式，双方还签署了《中俄联合声明》及其他 20 多个涉及政治、外交、能源、金融等领域的合作文件。

2007 年 3 月，胡锦涛主席访问俄罗斯。两国元首共同出席了俄罗斯"中国年"开幕式、中国国家展开幕式并参观了展览，双方还签署了《中俄联合声明》以及其他一系列合作文件。

2008 年 5 月，执政 8 年的普京结束总统任期，转任总理。俄罗斯进入梅德韦杰夫担任总统的"梅普组合"时期。5 月，俄罗斯总统梅德韦杰夫访华。这是他在就职总统后的首次出访。两国元首签署了《中俄关于重大国际问题的联合声明》，并出席了一系列合作文件的签字仪式。

2009 年 6 月，胡锦涛主席访问俄罗斯。两国元首签署了《中俄元首莫斯科会晤联合声明》，批准了《中俄投资合作规划纲要》。同年 9 月，胡锦涛和梅德韦杰夫在纽约会晤，共同批准了《中国东北地区与俄罗斯远东及东西伯利亚地区合作规划纲要（2009～2018 年）》（简称《规划纲要》）。《规划纲要》确定了两国相互投资和地方合作的优先方向和重点项目。

2010 年 9 月，俄罗斯总统梅德韦杰夫访华。两国元首签署了《中俄关于全面深化战略协作伙伴关系联合声明》，还发表，《中俄两国元首关于第二次世界大战结束 65 周年联合声明》。

2012 年 3 月 4 日，"普梅换位"，普京成功上演"王者归来"，重返克里姆林宫，再次当选俄罗斯总统。6 月 5 日至 6 日，俄联邦总统普京对中国进行了为期两天的访问。此次访问期间，胡锦涛与普京签署了《中华人民共和国和俄罗斯联邦关于进一步深化平等信任的中俄全面战略协作伙伴关系的联合声明》。中国是普京重新当选总统后首次出访的重要一站。普京称"俄中关系已提高到前所未有的高度"①。中俄关系进入了新的历史时期。

2013年3月22日，习近平访俄开启四国之行。俄罗斯是习近平就任国家主席后出访的首个国家。习近平在机场发表的书面讲话中指出："中俄互为最大邻国，都是主要新兴市场国家，都是维护世界和平、安全、稳定的重要力量。""中方将把发展中俄关系作为外交的优先方向。"② 双方批准了《〈中俄睦邻友好合作条约〉实施纲要（2013～2016年)》。国家主席习近平和俄罗斯总统普京还一同出席了在莫斯科克里姆林宫大礼堂隆重举行的"中国旅游年"开幕式并致辞。英国《金融时报》3月26日刊发题为《习近平访俄改变亚太战略格局》的文章，对习近平访俄给予高度评价。7月5日至12日，中俄两国海军在日本海彼得大帝湾附近海域举行代号为"海上协作－2013"的联合军事演习，双方出动19艘舰艇以及2个特战分队参加此次联演。外交部发言人华春莹在12月20日的例行记者会上表示："中俄关系是当前中国最具地区和全球影响力的战略伙伴关系，中方对中俄关系未来发展充满期待与信心。"③表明了中方对中俄关系的积极态度。

2014年2月6日至8日，中国国家主席习近平出席索契冬奥会开幕式，给予普京以极大的支持。习近平称自己是俄罗斯人民的老朋友、好朋友。3月8日，十二届全国人大二次会议新闻中心在梅地亚中心多功能厅举行记者会，外交部部长王毅在就"中国的外交政策和对外关系"的相关问题回答中外记者的提问时指出："当前的中俄关系处于历史上最好阶段。双方高度信任，相互坚定支持，各领域合作不断深化，两国元首间建立起的深厚友谊，对中俄关系发挥着重要的引领作用。"④ 俄罗斯总统普京也于5月20日至21日对中国进行国事访问，并出席在上海举行的亚洲相互协作与信任措施会议第四次峰

---

① 《普京访华开创中俄关系新时期达"前所未有高度"》，http://news.163.com/12/0607/17/83DOJBUO00014JB6.html#from=relevant#xwwzy_35_bottomnewskwd。

② 《习近平访俄开启四国之行》，http://news.163.com/13/0323/01/8QK53VUE00014AED.html。

③ 《中俄关系是当前中国最具全球影响力的战略伙伴关系》，http://www.chinadaily.com.cn/hqzx/201http://www.chinadaily.com.cn/hqzx/2013-12/20/content_17187852.htm3-12/20/content_17187852.htm。

④ 王毅：《当前中俄关系处于历史上最好阶段》，http://politics.people.com.cn/n/2014/0308/c70731-24572868.html。

会。在访华前夕，普京总统称"中国是我们可以信赖的朋友，扩大与中国的交往，无疑是俄罗斯外交政策的优先方向。现在，俄中合作进入到全面战略协作伙伴关系的新阶段。"① 综上可见，中俄关系水平达到前所未有的高度。

第三节 中俄关系中的主要热点问题

虽然"中俄关系水平达到前所未有高度"，处于历史上最好时期。但是，未来中俄关系发展道路漫长，中俄要做"好邻居、好伙伴"，世世代代友好相处，就必须注意影响两国关系发展的因素和相关问题的解决。中俄关系中的热点问题较多，如果处理不好将会影响中俄关系的健康稳定和顺利发展。这些问题主要包括以下四个方面。

一 关于中俄边界问题的解决

边界问题是一个历史问题，斯大林和毛主席根本没有提过边界问题。20世纪60年代初期，中苏各自成立了边界谈判小组，从60年代初到80年代初期谈了20多轮却没有任何进展。1989年戈尔巴乔夫访华，会见邓小平时提出"结束过去，开辟未来"，对中苏关系做出总结和展望。此后，两个实质性的谈判进程开始，一个是边界谈判正常化的推进，另一个是两国在边界地区军事互信的谈判。苏联解体后，西部边界出现了三个新的国家，即塔吉克斯坦、吉尔吉斯斯坦和哈萨克斯坦。这给谈判造成很大的障碍，中国要和四个国家进行谈判，这是一个很严重的问题。俄罗斯允诺它成为国际法的主体，继承了苏联在联合国的地位，苏联和中国签订的条约都有效。俄罗斯和三个（塔吉克、吉尔吉斯、哈萨克）斯坦国家组成一个代表团和我国谈判，即"4＋1模式"。中国、俄罗斯和三个中亚国家本着十分积极的态度，达成框架协议之后，中国分别与四个国家展开谈判。最先解决的是中国西部地区新疆与俄罗斯接壤部分的国界问题。东部边界谈判分为两个阶段，第一阶段的谈判完成后，黑瞎子岛被搁置为争议地区。2001年，双方均做出相应让步使边界协议得以签署，至此，边界问题全部解决，中俄关系、中国和中亚的关系都取得了长足发展。但

---

① 普京接受联合采访：中国是我们可以信赖的朋友，http://news.xinhuanet.com/mil/2014 – 05/19/c_ 126517160. htm。

民间仍存在一些问题。

1. 中俄两国一些人士对划界表示不满

中方的不满主要表现为：一是对 19 世纪中俄签订的《瑷珲条约》《北京条约》等一系列不平等条约怀有积怨，认为既然是不平等条约，为什么还要"以这些条约为基础"解决两国边界问题；二是对中俄"平分"黑瞎子岛（俄称"大乌苏里岛"）不满，认为该岛位于黑龙江主航道中方一侧，理应划归中方所有；三是有人认为，中俄现在全面划定国界为时过早，应把领土问题作为悬案搁置起来，等待将来时机成熟再进行解决。

俄方的不满主要表现为：一是担心中国正在崛起，未来会否凭借实力"收复失地"——这是"中国威胁论"在俄罗斯一直喧闹不止的根源；二是担心中国会否利用"和平边界"大搞"非法移民"，即进行"无硝烟的收复失地"；三是认为，按照 1991 年《中苏国界东段协定》和 2004 年《中俄国界东段补充协定》划界，俄方让步太多，"有损俄罗斯国家利益"。

2. 对列宁主张"废除一切不平等条约"的误读

列宁对沙俄与中国所签"不平等条约"的主张，首次见诸 1919 年 7 月 25 日发表的《俄罗斯苏维埃联邦社会主义共和国政府对中国人民和中国南北政府的宣言》（通称《加拉罕第一次对华宣言》）》。《宣言》中写道："苏维埃政府把沙皇政府从中国人民那里掠夺的或与日本人、协约国共同掠夺的一切交还给中国人民以后，立即建议中国政府就废除 1896 年条约、1901 年北京协议及 1907～1916 年与日本签订的一切协定进行谈判。"

需要注意的是，以列宁为首的苏俄政府在《宣言》中所指要"废除"的条约只是 1896 年以后的各项条约，并不包括 1896 年以前的一系列不平等条约。人们误解为"一切条约"包括了《瑷珲条约》《北京条约》等割占领土的条约。其实，列宁所指的条约是包括 1896 年 6 月 3 日有关俄日争夺中国东北利益的《中俄密约》；1901 年 9 月 7 日"八国联军"政府迫使清廷签订的丧权辱国的《辛丑条约》；1907 年 3 月 30 日签订的重新瓜分在中国东北、外蒙及朝鲜势力范围的《第一次日俄协定及密约》；1910 年 7 月 4 日，日俄确认第一次密约中各自在华特权的《第二次协定及密约》；1912 年 7 月 8 日俄日的《第三次密约》；1916 年 7 月 3 日俄日签订的《第三次协定及第四次密约》。由于对列宁主张"废除一切不平等条约"存在误读，一些中国人士对划界表示不满。

二 中俄经济关系的发展问题

虽然中俄经济合作步入了快车道，但中俄经济合作仍存在许多问题。一是两国在经济合作领域缺乏大型合作项目，两国经贸合作难以上规模和档次。二是不规则的民间贸易给双方合作带来了各种难题。近年来，中俄民间贸易发展势头强劲，为双边经贸合作的发展做出了贡献。但是，长期以来由于中俄双方经贸关系处于磨合期，而且两国同处在经济转型中，因而同经济建设有关的法规及相关服务都不够规范。三是中俄之间相互投资额很小。中俄双方都是转型国家，都需要大量吸引外资，而不是大量对外投资，所以在这方面双方本身就存在一定的竞争。另外，双方对外经济合作的重点都集中在欧美等发达国家，彼此间重视程度不够，市场开拓缺乏力度。因此，中俄之间的相互投资额很小，经济的相互渗透程度较弱，成为中俄经济合作严重滞后的领域。四是中俄能源合作领域也存在问题。俄罗斯是世界上能源出口大国，近年来，中国对加强中俄能源合作寄予厚望，但诸多因素使双方能源合作也面临困难。例如，从最初中俄之间的"安大线"到后来的俄日之间的"安纳线"，再到俄罗斯在2004年底确定的"泰纳线"，这根输油管线走向几经周折，反映出俄罗斯对自身利益的多番权衡，影响了中俄经济合作的进一步发展。此外，经济关系的发展也很重要。中国已经开始在俄罗斯大规模的投资。未来的贸易额可能要通过中国对俄罗斯的投资来拉动。中国提出，到2010年双方贸易额要达到600～800亿，到2020年中方向俄罗斯投资要达到120亿美元。将来中俄两国发生分歧最大的将是经济贸易方面。

中俄易于引起纠纷的因素较多，如黑瞎子岛的开发问题；中俄民贸、边贸问题；生态环境问题；治理松花江、乌苏里江、黑龙江的河水污染问题；假冒伪劣商品大量涌入俄方问题；近期久拖不决的"灰色清关"问题；非法越境渔猎、经商问题等。特别是2005年11月13日，吉林石化分公司双苯厂硝基苯精馏塔发生爆炸，造成8人死亡，60人受伤，直接经济损失6908万元，引发松花江水污染事件，并导致哈尔滨大停水。这类事件极易引发两国纠纷。因此，需要建立纠纷处理机制，尤其是经济方面的纠纷处理机制。

特别是在关乎国家利益的问题上中俄必须妥善处理，防止两国关系倒退或逆转。国家利益，即一个国家生存、发展、繁荣、富强的根本需要。维护本国的国家利益，就是要想方设法地保护、争取和捍卫本国的利益。俄罗斯大搞惟利外交，把国家利益极致化。例如：中俄石油管道问题中，因为国际能源市场发生了非常大的变化，引发了中俄"安大线""安纳线""泰纳线"之争。当时中国提出各自修各自境内的那一段管道，俄罗斯同意各自修境内的管道，即"安大线"。由于日本的介入，提出来要给俄75亿美元，不仅修管道给俄贷款，还要开发西伯利亚的几块油田，俄就把终端造到俄罗斯的港口，即"泰纳线"。特别是俄罗斯和土耳其的石油管道出现了问题。土耳其要求俄罗斯降低油价，如果不降低就不买了，不买你的石油，这个管道就失去意义。这一事件对普京刺激很大，就把中俄石油管道计划延缓。俄方提出了一个折中方案，即修建"安纳线"，主动提出先修印度支那到中国的部分，并借此最大程度上维护了俄罗斯的国家利益。此外，中石油在准备收购斯拉夫石油公司之际，俄罗斯杜马通过一项决议——不允许国有企业到俄罗斯进行战略收购。该决议的政策目标是针对中石油针对中国的，更是最大程度上维护了俄罗斯的国家利益。

三　中俄战略共识问题

中俄关系发展必须注意也无法回避美国因素的影响。因为美国作为一个超级大国，分别对中国和俄罗斯进行遏制和接触，这对中俄关系有非常大的影响。美国对中俄两国一直是高度戒备，会择机利用其外交技巧对中俄两国进行打压。但由于俄罗斯地域广阔且拥有战略核武器，因此，美国依然视俄罗斯为头号潜在对手。在独联体出现的颜色革命中美国扮演了重要角色。而对于中国，美国则认为中国仍在发展过程中，现实力量依然较弱。中俄两国在革命、改革和建设上利益的一致性，以及由此所产生的中俄两大民族发自内心的相互同情和支持，是促使中俄两大民族接近的根本原因。从地缘政治角度看，外部因素对中俄关系所产生的"推拉"作用主要来自日本。二战结束以来，美国扶植日本并与其结盟，因而，日本对中俄关系的影响主要还在于美国。

其中，建设性合作伙伴关系由俄罗斯提出，签订友好条约由中方提出。2001年提出的友好条约非常重要。中俄通过条约和联合声明形成了一些战略共识。

1. 关于建立21世纪国际新秩序的问题。这是中俄两国针对美国提出的一个很重要的想法。第一，建立平等稳定公正合理的国际经济秩序已经成为时代的要求，是两国的共识；第二，建立国际经济政治新秩序；第三，对话是解决国际问题的重要途径；第四，中俄两国在叶利钦时期和普京时期签了两个协定；第五，中俄放弃两国对抗、结盟，不寻求对国际事务的垄断权，在国际问题上不进行领导性与从属性关系；第六，坚持和平共处五项原则，社会制度、意识形态等差异不应该成为发展两国关系的障碍；第七，都举联合国大旗，在联合国问题上达成了高度共识；第八，对广大发展中国家不结盟的态度；第九，我们也提人权问题，共举人权的旗帜，但是我们提出人权问题应该在不干涉各国主权和内政的基础之上。

2. 和平发展问题。两国在声明中提出来，和平发展依然是时代发展的主旋律。对发展问题中俄两国达成三个共识：第一，发展问题依然是中俄两国面临的很严重的问题。中国正在发展，俄罗斯正在复兴。中国现在说科学发展观、和谐社会、改革开放，发展是一个重要任务。第二，中俄两国国内的发展离不开世界的发展。第三，两国经济关系要发展。两国经济合作的发展有利于两国国内的发展。经济贸易合作的互补性使两国在合作上达成了高度的战略共识。

3. 对和平的理解问题。第一，国际基本格局、发展方向没有变。世界基本稳定，局部动荡依然存在。第二，影响世界和平发展的不安定因素在增加。第三，中俄都主张新的具有普遍意义的安全观，即互信、互利、合作的安全观。该安全观最初由中国提出，现已上升为两国共同的安全观。第四，两国在处理历史问题时要尊重多民族国家的传统，并提出了不同民族的传统、国家制度与国家主权的关系。

关于中俄战略共识需要注意的问题包括以下两个方面。

1. 解决中俄间互知互信问题。我们一要全面客观的评价俄罗斯。二要注意俄罗斯的民族性。俄罗斯哲学家恰达耶夫说："俄罗斯这个民族就是低端的不成熟的民族。俄罗斯为什么不成熟呢？是因为俄罗斯是一个专门为人类历史提供教训的民族。"三要解决两国的相知互信问题。百姓的民间交流是非常重要的，互知才能达到互信。

2. 解决"中国威胁论"问题。"中国威胁论"在俄罗斯的重新抬头主要体现在以下几个方面：一是"固有领土回归说"。认为，中国强大以后必然会收回这些领土，而且中俄之间很有可能爆发核战争。二是"过剩人口扩张说"。俄罗斯远东地区的一项民意测验显示，当地约50%的居民认为，10年以后远东地区的中国移民数量将占到当地人口的20%～40%。三是"原材料掠夺说"。认为中国资源匮乏，20年后将无力维持自身经济的持续发展，因此，随着经济的发展，中国必定要大举侵略和掠夺自然资源极其丰富的俄罗斯。"中国威胁论"在俄罗斯非常盛行。一是因为中国强大起来对俄罗斯很有影响，二是因为中国移民增多。这就要求我们不能做一时打算，要有长期的准备，官方、民间都要有接触，让俄罗斯人感到中国对他们并不是一种威胁。我们对俄国内的"中国威胁论"应给予"理解"。中俄东段边界长 4000 多公里。边界两侧的居民人口数量极不对称：俄罗斯东西伯利亚（伊尔库茨克州以东）和乌苏里江以东滨海区面积达 1000 余万平方公里，人口总数仅为 700～800 万人，而且每年还在减少，经济欠发达、基础建设相对薄弱。而与之毗邻的中国黑龙江省有居民 3700 余万人、吉林省 2600 余万人、内蒙古 2300 余万人，三省总人口近 9000 万，总面积约为 174 万平方公里。正是人口和经济发展的不对称，使俄罗斯一些人士担心中国可能"威胁"俄罗斯领土安全，或者可能会有大量"非法移民"流入俄罗斯。

四　关于上海合作组织

"上海合作组织"，原称"上海五国会晤机制"，起初是为了解决五国边界问题成立的。2000 年，乌兹别克斯坦欲以创始国身份加入该五国机制，但乌兹别克斯坦和中国不接壤，没有边界问题。为此，上海五国会晤机制发展成为一个区域性的合作组织，即上海合作组织。中、俄、哈、吉、塔、乌六个国家签署了上海合作组织成立宣言和协定。上海合作组织主要关心两个问题，一个是经济问题，一个是安全问题，其中，以安全问题为主。现在美国正在着手对上海合作组织进行遏制，主要通过两种方式进行：一是，美国通过非正式渠道向中国等成员国提出其加入上海合作组织的愿望，或是成为上海合作组织的一个观察员；二是，美国试图在中亚地区成立一个排除中国和俄罗斯，但包括几个中亚国家（如巴基斯坦、阿富汗）的新的组织。上海合作组织发展非常迅速：秘书处、反恐中心相继成立，且已制定了组织宪章。然而，上海合作组织未来在经济上如何发展也是一个很大的问题。

在上海合作组织中应注意的问题如下。

1. 结构上呈现非均衡状态。其中，中、俄两大国是联合国安理会常任理事国。而剩余 4 个小国又分成两部分：哈萨克斯坦和乌兹别克斯坦是两个比较对立的国家；吉尔吉斯斯坦和塔吉克斯坦则是比较小的国家，一个国土面积 14 万平方公里，一个国土面积 16 万平方公里。

2. 中俄两国"双核心"。俄罗斯在上海合作组织中的作用有时候很消极，有时候很积极。例如，在军事演习方面，俄罗斯一开始非常消极，后来又变得比较积极，推动了上海合作组织范围内的军事演习。俄罗斯认为这个对他有利才积极参与。

3. 经济方面，俄罗斯在上海合作组织并未提过建设性的意见。建设性意见基本都是中方提出来的。在经济合作方面，上海合作组织也碰到了许多问题，处境非常困难。其中的部分原因为俄罗斯不希望中国势力进入中亚太深，尤其在基础设施方面。

4. 伊朗和印度、巴基斯坦的参与。伊朗已正式向上海合作组织（SCO）秘书处提交了加入申请，而塔吉克斯坦支持伊朗加入上合组织。伊朗和印度、巴基斯坦等国目前是上合组织的观察员国。伊朗总统艾哈迈迪·内贾德曾于2006 年和 2007 年出席了上合组织首脑会议。

作为上海合作组织的发起国，中俄两国对维护中亚地区的稳定负有特殊责任。中俄在国际和地区安全事务上的合作既有必要也有基础，大有潜力可挖。而上海合作组织为实现两国的共同利益提供了一个平台。它不仅为中俄"战略协作伙伴关系"提供了新的广阔的发展空间，也为地区安全与稳定提供了强有力的制度保障，对中俄两国具有重要的战略意义。

结　论

中俄两国在政治、经济、文化和国际安全领域有很多共同利益，充实和提升两国战略协作伙伴关系是大势所趋。中俄两国领导人和人民都为此做了大量的工作，也因此才有了中俄关系史上的今天。中俄关系中存在问题是不可避免的，但这些问题在双边关系中并不是主流，只要处理得当，就不会影响中俄睦邻友好合作关系的大局。中俄都是世界上主要的战略力量之一，在一系列重大国际问题上有相同的或相似的立场。未来，中俄都将进入实现民族复兴的关键阶段，这一时期对两国来说都是必须紧紧抓住的重要战略机遇期。两国最主要的战略需求是确保和平发展的良好国际环境，存在开展广泛协作的战略基础。而进一步深化战略协作伙伴关系已经成为两国的共识。中俄互为对方最大的邻国，又都处在复杂的地缘战略环境之中，都面临维护国家统一、加快国内发展、保持社会稳定的战略任务。欧亚大陆上，一个"北极熊"，一个"中国龙"在同时谋求"崛起",该地区的地缘政治密切影响着世界格局和各个国家的外交。列举出中俄关系发展中存在的这些问题,绝不是为了对中俄关系的发展做出某种悲观的预测,而是出于保持中俄关系长期稳定发展的善良愿望。令人欣慰的是,这些问题已引起了两国领导人的高度重视,并在着手解决,使其避免成为发展中俄关系的障碍。展望未来的中俄关系,我们既要看到挑战和压力,更要充满信心并坚定决心,只要两国政府和有识之士切实强化"共同发展、携手崛起"的战略思维,中俄战略协作伙伴关系就一定能够得到持续稳定的发展,并造福于两国人民和世界的和平与发展。

思考题:

1. 中俄两国关系的发展经历了哪些阶段?
2. 中俄关系中应注意和解决的主要热点问题有哪些?
3. 中俄关系的现状和未来发展前景如何?

参考文献

1. 《毛泽东选集》第 4 卷,人民出版社,1991。
2. 《毛泽东外交文选》,中央文献出版社、世界知识出版社,1994。
3. 俞正梁:《大国战略研究》,中央编译出版社,1998。
4. 李宝俊:《当代中国外交概论》,中国人民大学出版社,1999。
5. 赵国刚:《地缘关系对美日俄亚太战略的影响》,《现代军事》2002 年第 2 期。
6. 王树春:《冷战后的中俄关系》,时事出版社,2005。
7. 姜毅:《新世纪的中俄关系》,世界知识出版社,2007。
8. 俞遂:《论中俄战略协作伙伴关系》,《国际问题研究》2007 年第 3 期。
9. 牛军:《后冷战时代的中国外交》,北京大学出版社,2009。
10. 丛鹏、张颖:《战略视角下的中俄关系》,时事出版社,2011。

第三讲
战后中日关系的历史及影响因素

目的和要求：

本讲概括性地梳理并阐明了中日关系发展历程。根据中日间政治经济发展的曲折情况，本讲把战后的中日关系大致分为 7 个阶段（冷战前 2 个阶段，冷战后 5 个阶段），并针对不同阶段的中日关系的变化以及每一时期中日关系的大体状况进行了探讨。除此之外，为了更理性地认清中日关系的发展规律，本讲还分析研究了影响中日关系的三大深层因素。学习这一讲，需要把握好中日关系发展过程中的"延续性"和"总体性"，而且需要了解每一阶段中日关系的基本状况。

重　　点：

影响中日关系发展因素的相关内容

难　　点：

战后中日关系的总体发展趋势及过程的把握

关　键　词：

中日关系、冷战、邦交正常化、影响因素

作为一衣带水的邻邦，中日两国不仅在经济领域依存程度高，而且在政治、安全、文化等领域也关系密切。两国关系的好坏直接影响着东亚地区局势的稳定。建交以来，中日关系经历了许多历史的"沧桑转换"，总体呈现出"曲折发展"的趋势。展望 21 世纪，中日关系面临着诸多历史性的机会与挑战。中日两国应按照"和平友好、平等互利、相互依赖、长期稳定"的原则，不断改善和发展两国的友好关系。本讲将对战后的中日关系发展历程进行分阶段分析，并探讨影响两国关系发展的深层因素。

第一节　冷战时期中日关系的发展

二战结束后，由于美苏在战略目标、利益等领域的分歧和对立日益加深，矛盾迅速激化，国际政治局势发生了重大变化。以意识形态为标准，世界被划分为以美国为首的资本主义阵营和以苏联为首的社会主义阵营，各国为了各自国家的目标和实现利益分别加入两大阵营，开始了长达40多年的争斗，以美苏为首的冷战格局形成。冷战时期的中日关系以"1972年的中日邦交正常化"为分水岭，可分为以下两个阶段。

一　建交前的中日关系（1949～1972年）

这一时期中日关系的特点是：民间交流带动了官方交流，两国关系出现了好转的迹象。冷战开始后不久，中、日分别向东西两大阵营"一边倒"。日本政府追随美国采取敌视中国的政策，并于1952年4月28日同反动的台湾当局签订了所谓的"日台和约"，致使中日政治关系在此后的20年间几乎陷于断绝状态。在政治关系断绝的形势下，民间交往成为中日两国相互沟通的唯一渠道。

实际上，战后初期，日本曾对恢复对华贸易寄予厚望，各种旨在促进对华贸易的团体纷纷成立。早在1950年4月，日本参议院就通过了《关于促进日中贸易的决议》。然而朝鲜战争爆发后，日本追随美国加入了对华禁运行列。特别是在1952年《旧金山和约》生效以后，日本在对华贸易上的任何积极姿态，都立即受到美国的牵制。即使在这样的逆境当中，日本政界和经济界的一些人士及民间团体仍顶住政府压力，千方百计地推动了与华贸易往来。在政治关系未能恢复的情况下，中日民间贸易的意义超出了单纯的经济范围。在这个时期，日本对华经济政策的核心是吉田内阁制定的"政经分离"方针，即不发展官方关系，只允许在有限范围内发展民间贸易和人际往来。在这期间，无论哪届内阁的对华政策都未能超越"政经分离"框架，其主要原因就在于日本受美国的牵制和台湾方面的干扰。如池田首相就曾说过"我的立场决定了我必须把脸朝向美国"①。

中国方面，早在20世纪50年代中期，中国政府就提出了"愿意同日本建

---

① 孙平化：《中日友好随想录》，世界知识出版社，1986，第57页。

立正常关系”的方针。鉴于日本政府对此始终不予响应，中国以“政经不可分”为基本原则，采取“渐进积累方式”，开展了旨在促进中日关系改善的民间外交，使中日民间经济与人员交往有了发展。1954 年 10 月 30 日，李德全、廖承志率红十字会代表团访日，这是我国民间代表团首次访日。1957 年 6 月 2 日，日本首相岸信介访台，支持蒋介石“收复”大陆。7 月 25 日，周总理会见日本记者并驳斥岸信介敌视中国的政策。1958 年 5 月 2 日，在长崎发生日本右翼侮辱我国国旗事件，中日贸易因此中断。7 月 7 日，我国提出中日关系“政治三原则”：日本停止反华言行，停止制造“两个中国”，不再阻挠两国关系正常化。1960 年 8 月 27 日，周总理会见日本贸易界人士，提出我国“对日贸易三原则”：政府协定，民间合作，个别照顾。通过多方努力，在 1962 年 11 月 9 日，廖承志与日方代表高碕达之助签署了《中日民间贸易备忘录》，这标志着“民间形式，官方认同”、“半民半官，亦民亦官”关系的建立。在此基础上，中日经济与人员交往克服了重重困难而取得了一定的发展。也正是这些渐进积累的基础，在交流渠道及方式等方面，为恢复邦交后两国关系的飞跃发展准备了良好条件。

1971 年 10 月 2 日，我国提出“中日复交三原则”：中华人民共和国是代表中国的唯一合法政府；台湾是中华人民共和国神圣不可分割的一部分；“日蒋和约”是非法的、无效的，必须废除。1971 年，联合国通过决议，恢复我国在联合国的合法席位。同时，美国对日本搞“越顶外交”。1972 年 2 月的尼克松访华，不但震惊了整个世界，而且对日本政界造成了巨大冲击。于是，在日本国内，要求恢复中日两国邦交的呼声一浪高过一浪。在各方力量的推动下，1972 年 7 月上台的首相田中角荣排除了种种干扰，于 9 月 25 日成功访华，两国发表了《中日联合声明》，正式宣告两国邦交正常化。

二 建交后的中日关系（1972～1989 年）

这一时期中日关系的特点是：中日邦交正常化以来，两国关系得到了全面、迅速的发展。以《中日联合声明》为转机，日本彻底改变了奉行 20 余年的敌视中国的政策，转而采取同中国发展“持久的和平友好关系”的政策。《中日联合声明》发表后，双方经过 4 年的谈判，于 1978 年 10 月签署了《中日和平友好条约》，通过法律程序正式确认《中日联合声明》是“两国间和平友好关系的基础，联合声明所表明的各项原则应予严格遵守”。《中日联合声明》和《中日和平友好条约》成为指导两国关系发展的纲领性文件，为发展和平友好关系奠定了坚实的政治基础。

1972 年恢复邦交后，两国间的经济关系从以往的"半民半官"转变为"官民并举"，双边贸易进入快速发展阶段。到 20 世纪 90 年代，日本已成为我国最大贸易伙伴，而我国也成为日本第二大贸易伙伴。日本向我国提供的政府贷款占我国同外国官方资金合作的 40% 以上，居于首位[①]。1979 年末，日本决定对华提供日元贷款（ODA），中国决定接受该贷款，这标志着中日经济关系进入了以"官方主导，以官带民"为特色的新阶段。80 年代以来，日本的对华 ODA 和以此为中心的中日政府间经济合作，对推动中日贸易、投资关系乃至中日关系的整体发展起到了积极作用，成为中日关系的重要组成部分。所以人们普遍认为"20 世纪 70 年代末以来，日本的对华 ODA 成为日本对华友好姿态的最主要、最实际的表现方式，也是最容易体现中日共同利益的合作领域"[②]。

政治方面，以两国间重要文件的精神为指导，加上经济领域的密切合作，两国政治关系全面升温。70 年代以来，《中日联合声明》和《中日和平友好条约》成为规定中日关系诸项基本原则的主要文件，同时也成为日本对华政策的基本依据。1982 年 5 月底至 6 月初，赵紫阳总理在访日期间提出了"和平友好、平等互惠、长期稳定"三项原则，得到铃木首相的赞同。1983 年 11 月 23 日，胡耀邦总书记访日时，中曾根首相提议再增加"相互信赖"原则，得到了胡耀邦总书记的赞同。这四项原则虽未形成两国间正式文件，但却高度概括了中日关系在政治、经济、文化、安全领域的发展目标，成为两国共同准则体系中的重要组成部分。两国领导人频繁互访，官方、半官方及民间的协商机制不断完善，以贸易、投资、援助为主要内容的中日经济关系迅速发展。1982 年中日贸易额是 103.8 亿美元，到 1989 年增加到 146.6 亿美元，增长了 1.41 倍。另外，教育与文化交流也有了前所未有的发展。

对于 1989 年政治风波，日本虽然参与了西方国家的对华制裁，但是日本政府表明了 1989 年政治风波"基本上是中国的内政"的态度。1989 年 8 月 9 日，海部俊树出任日本首相，他把恢复中日关系作为外交上的重要任务。1989

---

① 高连福主编《东北亚国家对外战略》，社会科学文献出版社，2002，第 123 页。

② 金熙德：《中日关系——复交 30 周年的思考》，世界知识出版社，2002，第 147 页。

年 9 月，日本日中友好议员联盟访华团访问中国，这在当时的国际社会引起了强烈的反响。1989 年 11 月 9 日的柏林墙倒塌标志着冷战的结束。

中日两国关系虽在冷战初期经历过冲突和摩擦，但是在中美关系缓和的国际政治环境和抑制苏联的共同目标的驱使下，两国实现了邦交正常化，促进了友好关系的进一步发展。两国间形成了多层次、多渠道、多形式的磋商对话机制，使双方得以保持经常性沟通，增进了相互了解和信任。在冷战期间，两国经济领域合作的迅速发展，也为双边政治关系的发展奠定了基础。作为世界最大的发展中国家的中国与世界第二大经济体日本，优势互补，促进了两国经济关系的迅速提升。

第二节　冷战后中日关系发展的曲折历程

冷战的结束，给国际关系格局带来了极大冲击。世界矛盾更加错综复杂，各大国之间关系也在不断地调整。世界固有的矛盾和争端尚未根本解决，冷战期间被大国争霸掩盖的多种矛盾和争端又一个接一个地凸显出来。冷战后的世界处在一个震荡、分化和重组的新时期。在东北亚地区，美国企图保持其地位和影响，同时中国和日本的作用也在上升。正是在这个大国矛盾此起彼伏、相互交织、相互制约的急剧变动的形势下，中日关系走入了 20 世纪 90 年代。细分起来，从冷战结束到现在，中日关系的发展大致可分为以下五个阶段。

一　维持冷战格局下形成的友好关系期（1990～1993 年）

这一时期中日关系的特点是：政治关系出现了短暂的高潮，经贸关系登上新台阶。对于经历"1989 年政治风波"的中国来说，这一时期是冷战后的过渡期。国际上，由于苏联解体，美国成为唯一的超级大国，中日之间共同联合反对苏联霸权的战略失去了依托，但这些变化的影响还没有立即在中日双边关系中呈现出来。在这一阶段，中国执行独立自主的和平外交政策，重视日本以及日本在中美关系中的作用；日本政府抵制来自保守右翼势力的压力，坚持1972 年中日复交以来的对华政策，在对华关系上表现出积极、友好的姿态。

在中日两国政府和国民的积极努力下，中日政治、经济关系进入全面顺利的恢复发展期。在政治方面：1991 年 8 月，海部俊树访问中国，他是 1989 年政治风波后，第一个访问中国的西方国家领导人。两国领导人对这次访问都很重视，时任国务院总理的李鹏说："1989 年之后，两国关系一度出现了一些曲折，但我们高兴地看到，两国关系已恢复到了正常。"① 1992 年是中日邦交正常化 20 周年，为进一步推动中日关系的发展，江泽民总书记应日本政府邀请于 4 月 6 日至 10 日访问日本，在日期间，江总书记同日本朝野政要举行多次会谈，加深相互理解，为推动中日关系的进一步发展起到重要促进作用。应中国国家主席杨尚昆的邀请，10 月 23 日到 28 日，日本明仁天皇及皇后对中国进行正式友好访问，这是中日 2000 年交流史上日本天皇第一次访问中国，其意义不言而喻。在经济方面：在双方共同努力下，中日经贸取得了新的突破性进展，登上了新的台阶。1990 年，中日贸易额为 165.8 亿美元，1991 年突破 200 亿美元，达到了 202.8 亿美元，1992 年为 253.79 亿美元，比上一年增长 25.1%，1993 年达到创纪录的 390.6 亿美元，比上一年增长 53.8%。与此同时，两国在文化、学术、教育、体育、地方城市及青少年交流等方面都取得了很大成绩。

二 中日关系转折期（1994～1996 年）

这一时期中日关系的特点是：虽然经济关系继续发展，但中日两国在政治上矛盾大增，摩擦频发。1994 年以后，中国经济连年高速发展，综合国力不断上升，在亚太地区的国际地位不断上升。而日本则与之相反，经济连年萧条，政局连年不稳，日本很大程度上丧失了 80 年代以来的高度自信感。同时，日本与美欧各国部分势力鼓吹的"中国威胁论"产生了共鸣，增强了对中国的防范意识，对中国态度发生了转变。中日友好关系倒退，围绕诸多敏感问题的政治摩擦全面展开。

在政治方面，日本对台湾的态度发生变化，导致中日关系紧张；日本一部分人企图在中日历史问题上翻案，促使中日矛盾加剧；日本以中国在台湾海峡搞军事演习为借口，大肆宣扬"中国威胁论"，恶化两国交往气氛。除此之外，钓鱼岛问题、战争遗留化学武器的销毁问题、民间赔偿问题、慰安妇问题尚未得到妥善处理，这不仅对中日政治关系的正常发展带来消极影响，而且使两国民众产生互厌情绪。受上述因素的影响，这一时期的中日政治关系处于低迷不前的状态。

---

① 孙承：《日本与东亚：一个变化的时代》，世界知识出版社，2005，第 89 页。

在经济方面，经贸往来虽有所发展，但受政治影响，速度放缓。中日贸易额在 1994 年创下 479. 8 亿美元的历史记录后，1995 年又进一步扩大至 574. 7 亿美元，之后由于受政治因素的影响，1996 年只达到 600. 58 亿美元，远低于两国同期外贸增长的总水平。同时，日本对华经济政策也发生了变化，改变了单一的经济合作政策而把对华经贸活动和政治因素结合起来，为其政治服务，在经贸活动中对中国加以制裁和限制，这也在一定程度上影响了中日贸易的发展。

在安全领域，1996 年 4 月 17 日，日美共同发表《日美安全保障联合宣言》，开始对双边安全同盟关系重新定义。1997 年 9 月 23 日，日美安全协商会议发表了新的《日美防卫合作指导方针》，日美安全合作"由原来美国保卫日本、日本借基地给美国的'单向'防卫体制逐渐向日美'双向'军事合作体制转型"①，并开始把亚太地区纳入日美共同防卫范围内，用"周边地区"和"周边态势"这种模糊而广泛的概念加以解释。针对台湾地区是否包含在其"周边地区"范围内，日美两国始终闪烁其词，这无疑引起中国政府的高度疑虑和关注。

总之，在 1994 ~ 1996 年这一时段，日本挑起了一系列矛盾，破坏了中日友好关系，使中日关系跌入中日建交以来的低谷。

三　中日关系缓和期（1997 ~ 2000 年）

这一时期中日关系的特点是：政治矛盾逐渐缓和，政治关系得到改善；经贸关系得到进一步发展，中日两国面向新世纪重新定位了双边关系。1997 年正值中日邦交正常化 25 周年，日本出于地缘战略、经济利益以及追求大国地位之需，抓住了这个有利时机，加强了与中国高层往来，而且表现出加强交流的积极姿态。中日之间首相与总理互访等一系列高层来往，使中日矛盾得到初步缓和，中日迈出了改善双边关系的关键一步。在经历了 1995 ~ 1996 年严重的政治摩擦后，双方都注意到保持良好关系的重要性，两国都先后采取了一些措施，使两国关系走上了正常轨道。到 90 年代末，中日关系出现了一些可喜的变化。

1997 年是中日邦交正常化 25 周年，以此为契机，日本首相桥本龙太郎于

---

① 金熙德：《日美基轴与经济外交》，中国社会科学出版社，1998，第 126 页。

9月4日访问中国，并作为战后日本首位访问我国东北地区的现任首相，参观了"九·一八"纪念馆；同年11月11日，李鹏总理访日，提出发展中日关系的五项原则，即"相互尊重，互不干涉内政；求同存异，妥善处理分歧；加强对话，增进了解；互利互惠，深化经济合作；面向未来，实现世代友好"，中日关系得到缓和。1998年是《中日和平友好条约》缔结20周年，4月21日，国家副主席胡锦涛访日，强调发展中日关系要以史为鉴，面向未来；11月25日江泽民主席访日，这是中国国家元首首次访问日本，经过多次协商和互相谅解，双方发表了关于建立致力于和平与发展的友好合作伙伴关系的《中日联合宣言》，成为"面向21世纪、规范中日关系发展框架的第三个重要文件"，确定了21世纪中日关系的发展方向。1999年7月8日，小渊首相正式访华。2000年中日政府高层互访更加频繁，中日关系呈现出回暖趋势。4月4日，中央政治局候补委员曾庆红率中国共产党代表团对日本进行友好访问；5月10日，唐家璇外长访日；5月20日，江泽民主席会见由5000多名日本各界人士组成的中日文化观光交流使节团，并就发展民间友好关系发表重要讲话；5月29日，日本执政三党干事长访华；8月28日，日本外务大臣河野洋平应邀对中国进行正式访问；10月12日，朱镕基总理成功访问日本。总之，在中日两国政府以及民间力量的共同努力下，这一时期的中日关系终于走出政治摩擦的低谷，展现出良好发展的势头。

中日矛盾得以缓和，两国关系得以改善的原因有以下几点：第一，日本为摆脱经济困境，积极谋求中国的支持与合作。1997年爆发的"东南亚金融危机"严重打击了东南亚的经济，使日本在东南亚的贸易倍受冲击，导致原本经济低迷的日本雪上加霜。为了摆脱其经济困境，日本积极与中国接触、合作，以促进亚洲经济复苏。第二，出于平衡日美、日中关系，在两者间谋求更大利益的需要，日本政府认为，完全依靠美国既不利于提高自己的话语权，也不利于中日关系的发展。日本应在政治上坚持自主，与美国保持一定距离，同时与华在共同利益的方向上保持一致，这样，才能在两者间谋求自己最大利益，并提升自己的国际地位。第三，中美关系的改善直接推动了中日关系的改善。1998年，江泽民主席的成功访美及以后的美国总统克林顿访华，令中美扩大了互信和共识，改善了关系。中美的接近使日本产生了危机感，担心中美主导亚太，自己将被排挤。因此，日本主张改善中日关系，摆脱战略上的不利地位。

四　中日关系冷冻期（2001～2006 年）

这一时期中日关系的特点是：新世纪，新的矛盾与冲突不断涌现，中日关系出现了"政冷经热"的局面，并越来越呈现出向"政冷经凉"转变的趋势。中国经过 90 年代经济的高速发展，到 21 世纪初，东亚各国和中国的关系越来越密切，中国的政治和外交影响力不断扩大，面对中国逐步提高的国际地位，日本感到自己在东亚的主导地位受到了威胁，危机防范和竞争意识急剧上升，增强了自己快速走向军事大国、政治大国的诉求，新民族主义思潮也随之而起。

首先，小泉政府在历史问题上的反复成为中日关系恶化的主要因素。2001年 4 月，小泉纯一郎接替森喜朗成为日本的第 87 任首相，小泉的上台不是一个简单的政权更迭，而标志着日本政治发展已进入了少壮派政治家掌权的新阶段。而小泉于 2001 年 8 月 13 日、2002 年 4 月 21 日、2003 年 1 月 14 日、2004年 1 月 1 日、2005 年 10 月 17 日、2006 年 8 月 15 日 6 次参拜靖国神社，对于邻国的反对及国内一部分人的批评，不但视而不见，而且态度更加强硬。小泉连续参拜靖国神社的行为严重伤害了中国人民的感情，损害了中日友好关系的基础，导致两国首脑互访从 2001 年 10 月起长期中断，中日政治关系降至冰点。日本首相参拜靖国神社风波成为日本政府如何对待历史问题的晴雨表。

其次，日本对华战略出现调整，日本防卫扩大，成为中日关系恶化的另一个原因。由于中国经济增长和国力上升的速度和势头出乎日本预料，日本对华认识发生急剧变化，其典型表现就是从轻视中国到散布"中国威胁论"。这种威胁感的第一层次来自对中国军事力量的担心，威胁感的第二层次来自对中国国力增强带来的中国国际地位及地区主导地位上升的担心甚至恐惧。日本失去了在中美之间寻找平衡关系的自信。在这种心态下，日本对华战略开始发生微妙变化，即通过强化美日同盟来平衡甚至对抗中国的意图越来越明显。

再次，日本进一步突破宪法，向海外派兵，向军事大国目标迈进，引发了中国严重疑虑。此外，日本政府在领土争端问题上采取强硬态度，使中日关系再度雪上加霜。在东海划分专属经济区的问题上，中日之间一直存在争议，中国从来不承认日本单方面所划定的中间线。在钓鱼岛问题上，日本又步步挑衅，日本右翼势力不顾中方反对在钓鱼岛上私自建立灯塔，日本政府宣布要把灯塔收归政府管理，企图以事实上的逐步占领而最终夺取该岛，这不能不激起中国政府的强烈抗议。日本这一系列的举动严重影响了双方关系。

五　中日关系调整期（2006～2012 年）

这一时期，中日关系有了新的转机，两国实现了首脑互访，但日本政局的不稳定，以及强硬派的抬头，让中日关系陷入不稳定、前景模糊的发展阶段。

2006 年 9 月 26 日，日本自民党总裁安倍晋三接替小泉纯一郎成为日本的新首相。出于对中日关系的重视或者急于改善中日关系的现状，"安倍首相将首次访问国选为中国，这打破了以往选择美国、韩国的惯例"①。2006 年 10 月 8 日，安倍飞抵北京，胡锦涛主席、吴邦国委员长和温家宝总理分别与安倍首相举行了会谈，会谈后，中日两国发表了《联合新闻公报》。通过安倍访华，中日关系在以下几方面出现了新的局面。中日结束了因小泉"参拜"靖国神社而导致的首脑互访中断五年、首脑会谈中断一年半的局面，并就今后两国首脑经常会面和会谈达成共识，从而打破了中日政治关系的僵局。首脑互访和会谈的恢复，打开了中日高层对话的大门。这次访问，结束了中日长达五年的不正常状态，是一次"破冰之旅"，成为两国关系的新起点。作为对日本首相访问中国的回访，中国总理温家宝于 2007 年 4 月 11 日至 13 日对日本进行了访问。如果说日本首相安倍晋三的中国之行是"破冰之旅"的话，温家宝总理的出访则是一次"融冰之旅"。双方认为，中日两国作为东北亚地区乃至世界上具有重要影响力的国家，应该在国际和地区事务中加强合作，共同促进世界的和平、稳定与繁荣。双方还就双边关系中的重要问题交换了意见，其中就包括历史问题和台湾问题。

2007 年 12 月福田康夫的"迎春之旅"既是履行当年春天中日联合公报中"两国领导人保持经常性往来"的约定，也做出了 2008 年"樱花盛开的时节"胡锦涛主席访问日本的约定。会谈中双方进一步丰富了中日战略互惠关系的内涵，决心完善中日经济高层对话机制，并以此带动经贸合作。双方都把人文合作放在突出的位置，决定从 2008 年起，连续 4 年，每年实现 4000 名青少年互访。福田的"迎春之旅"，使两国人民看到了希望，仿佛两国关系的春天即将重新到来。但 2008 年麻生太郎上台执政，把两国人民从梦想中惊醒。麻生太郎曾把"价值观外交"和"自由繁荣之弧"称为日本外交的"新基轴、新造语"，大力推行抑制中国崛起的战略。后小泉时代的自民党外交政策呈现出了

---

① 张发岭、申婵：《从安倍访华看中日关系》，《思想政治课教学》2006 年第 11 期，第 68 页。

不确定性，给中日关系的走向增添了不确定性。

2009 年 8 月 30 日，日本举行了国会众议院第 45 届选举。民主党以压倒性的优势赢得众议院多数席位，获得执政权。这是半个多世纪以来日本政坛第一次真正意义上的政权轮换。这一历史性的变化对日本国内政治结构以及国家发展战略模式的选择产生了重大影响。民主党政权没有吸取前任自民党政权的教训，从鸠山内阁的对华友好政策到野田内阁的对华强硬政策，民主党政权的对华外交政策呈现出了复杂、多变的特征。可以说，2006 年以来，中日关系的发展倾向，体现出处于转折期的两国关系的不确定性和不稳定性。

2010 年是中日关系的紧张之年。中国继续崛起和美国重返亚洲导致日本民主党政权在对华政策上出现明显的变化。鸠山由纪夫就任首相后曾主张"重视亚洲"，试图调整对美"一边倒"的日本外交传统，却因在普天间基地搬迁问题上束手无策而黯然下台。菅直人政权引导日本外交重心向日美同盟"复归"，主动地选择了与美国共同"威慑"中国的战略方针，导致日本对华外交由"战略互惠"走向"战略遏制"。7 月以来，日军多次参与美国主导的军事演习，并与美国联合举办了历史上规模最大的联合军演。8 月的《安保恳谈会报告》和 12 月出台的日本新《防卫大纲》及《中期防卫计划》都充分显示出防范中国是其最为核心的内容。9 月 7 日，中日钓鱼岛"撞船事件"发生后，日本政府一直强调钓鱼岛是日本固有领土，日中之间不存在领土问题。日本领导人在各种场合配合美国宣扬"中国威胁"论，其对钓鱼岛"撞船事件"的处理方式打破了此前中日双方的默契和常态，更加使得双边关系紧张、复杂。日本右翼势力趁势抬头，东京都知事石原慎太郎号召捐款"购买钓鱼岛"。野田内阁也表示要实现所谓"国有化"等，使中日两国的友好感情明显下降，对立持续升温。

2011 年，中日两国关系越发引人注目。3 月 11 日，日本东北部地区发生的大地震，造成全球最近 20 多年来最严重的核泄漏事故。中国宣布向日本提供 3000 万元人民币的无偿救援，中国地震救援队 2 天后最先抵达日本。5 月 5 日，国家副主席习近平在北京钓鱼台国宾馆会见来华参加中日民间交流活动的日本前首相鸠山由纪夫。7 月 24 日，国务院总理温家宝在北京人民大会堂会见由前众议院议长河野洋平率领的日本国际贸易促进协会 2011 年度访华团。10 月 22 日，国务院总理温家宝在北京会见出席第五届中日友好 21 世纪委员会第三次会议的双方委员。11 月 12 日，中国国家主席胡锦涛在美国夏威夷出席 APEC 会议时会见日本首相野田佳彦。11 月 19 日，中国国务院总理温家宝在印度尼西亚巴厘岛出席中日韩领导人会晤时会见日本首相野田佳彦。但是，野田内阁对中国采取"军经分离"的政策，在口头上表示推进中日战略互惠关系，实际上在真正的战略问题上则反其道而行之，导致中日关系"政冷经凉"。2011 年，中日贸易在中国外贸中的地位已经被东盟超过，降至第四位，比中美贸易总额少 1000 多亿美元。在同中国的人员往来方面，2011 年，中韩人员往来从 1992 年建交时的约 13 万人次升至 650 万人次以上，超过中日人员往来总数。2011 年韩国来华人数为 418.5 万人次，日本为 365.8 万人次，分别占世界的第一、二位。同时，韩国已成为中国出境游人数最多的国家。去年中国访韩游客超过 200 万人次，也超过中国赴日人数。2012 年是中日邦交正常化 40 周年，两国应回到恢复邦交时的原点，审视双方共同走过的 40 年，思考如何共同走向未来。

中日关系既是双边关系，又是包含多重复杂因素的"多边"关系，影响两国友好关系的"变数"亦颇多，很难准确地判断发展的具体走向。从大局上讲，战后中日关系史的发展过程中，两国关系已经超越日本各政党间的派系利益色彩与政策层面，正在形成双边重大国家利益的结构性定位。"战略互惠"渐渐成为中日关系乃至国际关系大格局的必然趋势。中日建交 40 年来的经历证明了中日关系以合作为大势所向。无论是在国家间的经贸合作还是地区内的安全均衡，中日两国关系都会在竞争中合作，摩擦中发展，总体呈现出"曲折发展"的态势。

六　当前的中日关系现状（2012 年至今）

自 2012 年 9 月以来，由于日方在钓鱼岛问题上制造"购岛"闹剧，中日关系持续面临严重困难。2012 年 12 月，安倍晋三再度执政后的日本政治右倾化抬头，安倍企图通过加强日美同盟，在中国周边开展所谓"价值观外交"，构建针对中国的战略格局，在钓鱼岛问题上迫使中方让步。安倍最大的政治目标是修改日本宪法，为日本对外使用军事力量铺路。这导致目前中日关系陷入邦交正常化 40 年以来最严峻的局面。

（一）日本政治右倾化凸显

日本政治右倾化主要指"日本右翼势力及其主张在政界逐渐占上风并影

响政府决策的一种政治倾向，它是导致中日政治关系恶化的重要因素"。① 其主要表现为日本教科书问题、靖国神社问题等美化侵略历史的动向，主张通过修改宪法突破战后禁区和法律束缚，推动扩军，对外使用武力。

21 世纪初，日本政治右倾化主要表现为小泉首相参拜靖国神社。安倍执政后，其内阁主要成员的历史观偏右，参拜靖国神社的阁僚增多，安倍内阁 19 名成员中，有 14 人是国会跨党派"大家一起参拜靖国神社国之会"的成员。2013 年 12 月 26 日，安倍公开参拜靖国神社。这是其两届任期内首次参拜靖国神社，也是自 2006 年 8 月 15 日时任日本首相小泉纯一郎参拜靖国神社以来，首次有日本在任首相参拜靖国神社。同时，安倍晋三在 2012 年竞选自民党总裁时提出，如果自民党掌权将全面重新考虑"反省历史的三大谈话"。② 2013 年伊始，安倍提出："'村山富市声明'是社会党首相村山富市发表的。我希望发布适用于 21 世纪的前瞻声明。"③ 这是自 1995 年以来，日本领导人第一次提出修改"村山讲话"，导致中日关系严重倒退。

（二）钓鱼岛之争

2010 年菅直人执政期间发生的钓鱼岛"撞船事件"和 2012 年 9 月野田佳彦内阁对钓鱼岛实行"购岛"及所谓"国有化"的行为，使日本右翼势力借机迅速膨胀，遭到中方坚决反对。中国政府宣布了钓鱼岛的领海基点基线。中国海监船实现了在钓鱼岛海域执法巡航的常态化。中日钓鱼岛争端与两国关系正进入一个新的历史阶段。对此，安倍内阁防卫相小野寺五典宣称，在钓鱼岛问题上"没有谈判的余地"，④ 表示钓鱼岛"毫无疑问是日本的固有领土。我们会坚决应对中国公务船和飞机进入日本领海和领空的问题"⑤，还下令修改 2010 年制定的日本"防卫计划大纲"，与美国协商重新修改"日美防卫合作指针"，效仿美国设立"国家安全委员会（NSC）"，强化由首相官邸主导的危机

① 刘江永：《安倍再度执政后的中日关系展望》，《东北亚论坛》2013 年第 2 期。
② 所谓"三大谈话"是指：第一，1982 年的"宫泽喜一官房长官谈话"，提出日本修改教科书内容要考虑邻国的感情和中日联合声明精神；第二，1993 年的"河野洋平官房长官谈话"，承认日军强征慰安妇的历史事实并道歉；第三，1995 年的"村山富市首相谈话"，承认日本过去国策发生错误，走上战争的道路，使国民陷入了生死存亡的危机，殖民统治和侵略给许多国家特别是亚洲各国人民带来了巨大的伤害和痛苦，并表示道歉。
③ 〔日〕产经新闻，2012 年 12 月 31 日。
④ 〔日〕日本共同社，2012 年 12 月 17 日。
⑤ 〔日〕日本共同社，2012 年 12 月 28 日。

管理机制。修改战后日本宪法，是安倍的政治夙愿。依据《日本国宪法》第九条：日本"永远放弃以国权发动的战争、武力威胁或武力行使作为解决国际争端的手段。为达到前项目的，不保持陆海空军及其他战争力量，不承认国家的交战权"。安倍企图把自卫队改为"国防军"，为大力扩军、在海外作战、与美军联合作战等铺平道路，并开始了日本解禁行使"集体自卫权"的系列行动。

2013 年 1 月 25 日，习近平在会见日本公明党党首山口那津男时表示："中国政府重视发展中日关系的方针没有变化。事实证明，两国间四个政治文件是中日关系的压舱石，应坚持遵守。新形势下，我们要像两国老一辈领导人那样，体现出国家责任、政治智慧和历史担当，推动中日关系克服困难，继续向前发展……中方在钓鱼岛问题上的立场是一贯和明确的，日方应正视历史和现实，以实际行动，同中方共同努力，通过对话磋商找到妥善管控和解决问题的有效办法。"① 讲话受到各国政界和媒体的普遍好评。2013 年又是《中日和平友好条约》缔结 35 周年。中日双方当前应抓住这一时机重温和确认条约精神，把握两国关系发展大方向，就使用和平手段解决两国的一切争端达成新的共识。这不仅有利于中日两国政治互信、安全保障、整体合作和东亚和平稳定，防止"政冷经冷"，而且有利于把和平、发展、合作、共赢的中国外交方针和中日战略互惠关系的精神落实在（如钓鱼岛等）具体问题的解决上。

第三节　中日关系曲折发展的深层次原因

中日关系问题，从根本上讲是国家利益问题。在国际战略的要素中，国家利益是第一要素，因为国家利益决定国家居支配地位的价值与政策取向，并且决定国家的基本需求和具体的国家目标。人们通常认为，国家利益是解释国际关系中国家对外政策行为的关键，或者说国家利益是国家制定国际战略的基本出发点②。在现代国际关系中，国家利益构成了国家间互动的一个最重要的因

---

① 《习近平会见日本公明党党首山口那津男》，人民网，http://politics. people. com. cn/BIG5/n/ 2013/0126/c1024 - 20331878. html。

② 李少军：《国际战略报告》，中国社会科学出版社，2005，第 38 页。

素，国家为了实现自身利益的行为，就变成了对外政策行为。这种对外政策行为包括各种不同的形式，既有以合作为基调的友好往来、各取所需，也有以冲突为基调的威胁、恐吓乃至战争。国家利益是国家维护和争取的最核心的东西，也是指导国家采取行动的基本原则。[①] 战后到现在，影响中日关系的深层次原因主要有三个方面。

一　政治、经济利益的争夺是中日矛盾产生的根源

从日本来看，随着新中国的成立以及中国国力的增强，日本对中国产生了强烈的防范心理，在对华政策上产生了矛盾心理。既想加强与中国的合作，保持中国的稳定，又担心中国强大；既希望大陆与台湾加强两岸对话与合作，又怕中国实现统一；既想加强与中国在东亚地区的合作，又要防止中国成为主导；既想将中国拉入国际社会以多边合作制约中国，又担心中国的国际影响力得以扩大。因而，日本在对华政策上进行了调整，中日合作内容从侧重经济转向经济、政治、安全并重，以改变政治上的被动局面；经济上对华援助重点从基础建设转向环保合作，并对经济援助附加政治条件，防止中国经济发展过快。

从中国来看，日本不满足于经济大国的地位，想方设法寻求政治大国的言行让中国警惕。战后，日本国内一部分保守势力试图通过歪曲侵略历史，复活军国主义，积极地为其实现"政治、军事大国"目标，重新称霸亚太卸去历史包袱和扫清障碍；日本政坛不少人士散布"中国威胁论"，通过片面夸大和诬陷中国军事威胁的同时，千方百计通过酝酿修宪使自卫队走向海外，以寻求和确立其政治大国的身份。此外，日美军事日益一体化等一系列政治、军事举措，以及日本政府纵容和支持"台独"分裂分子，同意李登辉访日；日本单方面侵占钓鱼岛，对登岛的中国民间人士实施扣留；日本强行到东海勘探资源等，这些公然破坏中国国家统一大业、损害中国领土权、海洋权以及公民人权等多项国家利益的行为是中国政府和人民所不能接受的。还有经济领域的竞争，特别是近年来两国的能源争端，也是加深中日矛盾的又一重要因素。而且这一因素引起了两国国民的激动情绪，进一步加深中日之间的矛盾。

---

① 王逸舟：《国家利益再思考》，《中国社会科学》2002 年第 2 期，第 162 页。

二 日美同盟是影响中日关系的牵制性因素

中日两国的关系在很大程度上受到第三国，特别是美国的影响。一般而言，中美关系发展良好，中日关系改善的空间就比较大；而中美关系趋于紧张，中日关系也不会顺利地发展。日本在对华政策上之所以要看美国的眼色行事，根本原因是它总是走不出对美国的追随外交的阴影。当前美日关系是一个包括政治、安全、经济在内的双边关系整体，其中安全同盟是决定日美双边关系的基本性质的核心因素，也是中日关系难有较大作为的一个因素。美日同盟本身是二战后美苏冷战的产物，是美国出于在东亚构筑冷战桥头堡的目的而扶植日本的结果。① 然而，冷战结束后曾以遏制苏联为主要目的的美日同盟失去了存在的理由，而且日本国内也出现了一股强劲的摆脱美国外交的声音，但美日同盟并没有因此而解体，这与美日两国发展进程及亚太国际环境的变化直接相关。

20 世纪 90 年代中期以来，国际环境发生变化，美国经济复苏并形成了东亚新战略，日本因"泡沫经济"丧失了自信，中国的快速崛起引起了世人的瞩目，给美日在亚太的战略造成了压力。在"泡沫经济"破灭和美国经济强劲复苏的现实面前，日本收敛了在 20 世纪 80 年代末和 90 年代初对美国挑战的锋芒，做出了继续作为美同盟者和支持者的自我定位和继续依靠美国的支持来实现本国利益的战略选择。为此，美国通过所谓的"再定义"大力强化了双边同盟。

其间，一些日本势力强调把"日美共同价值观"和"中国威胁论"相结合，试图把中国推向对美挑战者的地位。1997 年 9 月 23 只，日美安全协商委员会在纽约发表了《新日美防卫合作指针》，把以往"以日本对美国出借基地义务和美国对日防卫义务的交换"为基础的日美安全关系，改变为"立足于在亚太安全问题上的防卫合作精神之上"的新的日美安全关系②。美日通过"再定义"来强化双边同盟，其重要动机之一就是欲对迅速崛起的中国进行联合防范，即美国通过加强与日本的关系，操纵日本控制东亚，尤其对牵制中国

---

① 赵传君：《东北亚三大关系研究》，社会科学文献出版社，2006，第30页。
② 张蕴岭：《未来 10～15 年中国与亚太地区面临的国际环境》，中国社会科学出版社，2003，第229页。

的图谋越来越明显，这对中日关系的发展无疑增加了难度和不稳定的因素。

随着《新日美防卫合作指针》的正式启动和《周边事态法》《反恐怖特别措施法》等一系列法案的出台，未来日本在东亚地区的军事影响日趋突出，日美联手干预台海局势的危险性也有上升的趋势，安全保障领域日益成为中日两国间摩擦的新热点。日美防卫合作指针成为中国完成统一大业的潜在威胁和发展中日关系的新障碍。

美日关系的战略性重组使得在中美日力量对比中中国处于不利地位，使中日关系在更大程度上受到美国战略的影响，增加了中日关系调整的难度，这就造成了中国外交实际上并没有多大的回旋运作空间。中日关系虽不具备像中美关系中的结构性矛盾，但是中美矛盾对中日关系具有制导作用，美日同盟就是发挥这种制导作用的有力工具，因此美国与中国保持良好关系成了中日亲善的先决条件①。

三 地缘政治是影响中日关系健康发展的重要因素

任何一个国家对外政策的制定都离不开地缘因素的影响和制约，因为对一个国家来说，永恒不变的制约因素就是它所处的地理环境。一直以来，地缘政治是国际政治领域中的一个重要课题。目前，世界许多大国都在运用地缘政治的分析视角来观察国际关系现状，确定国家利益，调整战略决策。

中日两国所处的东北亚地区位于欧亚大陆的东部，战略地位重要，是大国战略利益的交汇区，形成一种大国博弈的战略结构。冷战制造的国家分裂和民族对抗在东北亚地区埋下引发民族冲突乃至国际冲突的种子。朝鲜半岛问题、台海问题、中日、中俄领土问题等，这些问题成为影响中国乃至东北亚地区安全的重大隐患。

东北亚地区在美国全球战略中的地位非但没有因为冷战的结束而弱化，反而不断呈现强化的趋势。美国凭借强大的国力，一直试图主导东北亚地区的局势。地处东北亚地区的中国和日本，两国关系的发展备受关注不仅在于两国都是大国，更在于两国在地缘上非常接近，相互之间存在着影响。一般来说，地缘上比较接近的大国之间必然存在竞争性，这种竞争性可能将两国关系带入冲突，也可能带入合作。但无论冲突还是合作，都会带来地缘政治的边际效应。

---

① 〔美〕亨利·基辛格：《大外交》，海南出版社，1998，第768页。

经济的全球化、政治的多极化为各国的发展提供了许多机遇和发展的灵活性。在机遇面前，中日两国在地缘战略方面必然存在竞争性，各自也会有具体的战略需求和战略选择。地缘相近的中国和日本在经济、非传统安全等方面有利益交汇点。比如说在经济领域，由于中国和日本处在现代化的不同发展阶段上，因此两国的经济是互补的，并且这种互补性远远大于竞争的特点。日本有中国需要的资金和技术，中国有日本需要的资源和市场。中国可以利用和借鉴日本的工业化技术和经验来加快中国现代化的步伐，日本也可以利用中国的劳动力、能源、土地等优势，从中国的经济增长中汲取活力和动力，振兴本国经济。另外，在非传统安全领域的合作也是两国日益上升的利益交汇点。由此我们可以看到，作为地缘上非常相近的中国和日本，两国合作的领域和前景是很广阔的，合作才能带来双赢，才能带来共同发展。适当处理好两国关系，发展与周边国家的友好关系，创造良好的国际环境，必将有利于两国国家安全和战略利益的实现。

结　论

中日两国关系在战后的发展应该说是一波三折。经过建交以来 40 年的发展，中日两国关系取得了一定成就。两国间经贸合作与文化交流已逐渐形成了互补互利、形式多样、日益密切的战略互惠关系。另一方面，随着国际形势的变化，两国之间的矛盾和分歧有所增加，经济上的良好合作与政治上的不断摩擦形成了反差，为两国关系的发展平添了变数①。中日两国近代以来的历史说明，双方"合则两利，斗则俱伤"。两国为近邻，文化接近，又有两千年的交流历史和传统友谊，在多极化和全球化加速发展的今天，这是相互接近和关系发展的有利条件。两国又都是亚太地区举足轻重的国家，无论从什么角度看，中日关系都只能向前发展，不能向后倒退，这是两国人民的共同愿望，是不应违背也不能违背的历史潮流。如邓小平同志所说："把中日关系放在长远的角度来考虑，来发展。第一步放到 21 世纪，还要发展到 22 世纪、23 世纪，要永远友好下去。这件事超过了我们（中日）之间一切问题的重要性。"② 21 世

---

① 顾春太：《新形势下中日关系探析》，《日本学刊》1999 年第 2 期。
② 邓小平：《邓小平文选》第 2 卷，人民出版社，1993，第 53 页。

纪，中国和日本应鼓励增加双方利益契合点，尽可能减少摩擦，通过政治、经济尤其是文化领域的沟通和交流，最终达到增进互信，减少误解的目的，从战略高度和长远观点来对待两国关系，维护大局，克服障碍，促使两国关系持续稳定向前发展。

思考题：

1. 简述冷战时期中日关系的发展过程。
2. 简述冷冻期（2001～2006 年）的中日关系。
3. 举例说明中日关系曲折发展的深层次原因。

参考文献

1. 孙平化：《中日友好随想录》，世界知识出版社，1986。
2. 《邓小平文选》第 2 卷，人民出版社，1993。
3. 金熙德：《日美基轴与经济外交》，中国社会科学出版社，1998。
4. 〔美〕亨利·基辛格：《大外交》，海南出版社，1998。
5. 顾春太：《新形势下中日关系探析》，《日本学刊》1999 年第 2 期。
6. 王逸舟：《国家利益再思考》，《中国社会科学》2002 年第 2 期。
7. 高连福主编《东北亚国家对外战略》，社会科学文献出版社，2002。
8. 金熙德：《中日关系——复交 30 周年的思考》，世界知识出版社，2002。
9. 张蕴岭：《未来 10～15 年中国与亚太地区面临的国际环境》，中国社会科学出版社，2003。
10. 孙承：《日本与东亚：一个变化的时代》，世界知识出版社，2005。
11. 李少军：《国际战略报告》，中国社会科学出版社，2005。
12. 赵传君：《东北亚三大关系研究》，社会科学文献出版社，2006。

第四讲
中韩战略合作伙伴关系及其战略选择

目的和要求：

  本讲的核心是阐明中韩全面合作伙伴关系的发展历程以及 21 世纪中韩战略合作伙伴关系的内容和影响，阐述了影响中韩关系发展的积极因素和消极因素，并对中韩进一步加强合作的战略选择进行了分析。学习这一讲，要重点学习中韩之间的利益趋向与中韩关系的微妙变化，了解中韩之间关系发展的动因、过程以及影响等基本问题。

重 点：

  中韩关系的发展历程

难 点：

  影响中韩关系发展的各种因素

关 键 词：

  中韩关系 发展历程 制约因素 战略合作

  中韩两国于 1992 年 8 月建交后，双边关系取得了突飞猛进的发展。中韩两国本着"相互尊重、平等互信、互惠互利、合作共赢"的原则，全面发展友好关系，高层领导互访频繁，双边合作领域迅速扩大，两国关系的发展不断取得进展。1998 年，中韩最高领导人同意建立面向 21 世纪的合作伙伴关系。2000 年，两国宣布将中韩友好合作关系推向全面发展的新阶段。2003 年 7 月，两国领导人同意建立全面合作伙伴关系。中韩两国建立全面发展合作伙伴关系有许多有利条件，同时存在着制约因素。发展中韩关系需要我们超越社会制度和意识形态的差异，真正实施和平共处五项原则，以平等协商、相互信任的精神，积极的态度来慎重解决可能出现的分歧与矛盾。同时，在推进两国全面深入发展合作伙伴关系时，应该特别重视与妥善处理美国和朝鲜等外部因素的影响。2008 年 5 月李明博总统访华时，中韩宣布建立战略合作伙伴关系，为双方扩大合作奠定了坚实的基础。中韩友好合作关系的不断深入发展不仅惠及两国人民，也促进了东北亚地区的和平与共同繁荣，创造了睦邻友好、共同发展的双赢局面。

第一节　中韩全面合作伙伴关系的发展历程

第二次世界大战后，由于朝鲜战争和意识形态等原因，中韩两国积怨加深，形成对峙局面。1970 年以后，随着国际局势渐渐缓和，中美关系的改善和中日关系的正常化促使中韩关系发生了较为积极的变化。进入 80 年代，韩国积极推行北方政策，中国实行独立自主的和平外交政策，强调改善同周边国家的关系。中韩关系的正常化是从非政治领域友好合作开始的。1983 年 5 月的劫机事件，为中韩两国第一次真正的官方接触提供了机会。1986 年的汉城亚运会和 1988 年的汉城奥运会为中韩两国的交往提供了新的契机，正是在这两次运动会期间，中韩关系史上真正大规模的交往开始了。中韩全面合作伙伴关系的发展大致分为以下几个阶段：

一　中韩睦邻友好合作关系时期（1992～1998 年）

1991 年朝韩双方同时加入了联合国，这为中韩两国的关系正常化提供了条件。1992 年 8 月 24 日，中国国务委员兼外交部长钱其琛和韩国外务部长官李相玉在北京签署两国建交联合公报。公报宣布，中华人民共和国政府和大韩民国政府决定自即日起相互承认并建立大使级外交关系。韩国承认中华人民共和国政府是中国的唯一合法政府，尊重中方只有一个中国、台湾是中国的一部分之立场；中国尊重朝鲜民族早日实现朝鲜半岛和平统一的愿望，支持由朝鲜民族自己来实现朝鲜半岛的和平统一。随后，中国和韩国分别在汉城和北京设立了大使馆。

建交以来，两国政治关系进展顺利。两国不仅保持了国家元首间的互访，还通过两国间总理、国会议长、政党领导人、外长等高层的活跃交流，为在更广的范围内发展友好关系奠定了基础。

二 中韩合作伙伴关系时期（1998～2003 年）

1998 年金大中总统执政后，韩国为进一步缓和东北亚地区的冷战局面，促进东北亚地区的和平与稳定，提出旨在实现朝鲜半岛南北和解与合作的"阳光政策"，得到了中国的支持。1998 年 11 月 11 日，韩国总统金大中访问中国，与江泽民主席举行高峰会谈，发表了联合声明，并将两国关系确定为"面向 21 世纪中韩合作伙伴关系"。①

2000 年，朱镕基总理访问韩国，双方领导人一致同意将合作伙伴关系推向全面合作的新阶段。

三 中韩全面合作伙伴关系时期（2003～2008 年）

2003 年卢武铉总统执政后，依然继承"阳光政策"，并提出促进东北亚和平与发展的"和平繁荣政策"，同时公开赞同中国关于维护朝鲜半岛和平稳定、实现半岛无核化、通过对话解决朝核问题的立场，并要求进一步发展对话关系。2003 年，卢武铉访华，两国首脑一致同意把中韩关系确立为"全面合作伙伴关系"。这是指中韩两国不仅在政治、外交、军事、安保、经济、社会文化领域进行全方位的合作，而且还将超越两国关系层面，在朝鲜半岛核问题和东北亚和平机制的构建等地区安全乃至联合国改革等全球性问题上，进行政治和外交的相互协调与合作。②

2005 年 11 月，胡锦涛主席访韩，韩国政府宣布承认中国的完全市场经济地位，双方并就进一步深化和扩大"全面合作伙伴关系"达成协议。

2006 年 10 月，卢武铉访华，双方就两国关系及共同关心的国际和地区问题深入交换意见，达成重要共识。双方一致同意，不断深化中韩全面合作伙伴关系，为维护和促进半岛及东北亚和平、稳定与发展而共同努力。

四 当前的中韩关系

由于中韩两国都是亚洲重要国家，地缘相近，人文相亲，文缘相通。当

---

① 赵传君：《东北亚三大关系研究》，社会科学文献出版社，2006，第 105 页。
② 朴键一、朴光姬主编《中韩关系与东北亚经济共同体》，中国社会大学出版社，2006，第 64～65 页。

前，在双方共同努力下，中韩关系呈现全面、快速、深入发展的良好局面。

2013 年 6 月朴槿惠总统访华后，两国领导人就双方加强交流合作达成诸多重要共识。双方积极落实《中韩面向未来联合声明》和《充实中韩战略合作伙伴关系行动计划》，两国发展方向相融相通，共同利益不断扩大，战略合作全面加强，取得了丰硕成果。同时，应朴槿惠总统邀请，习近平主席于2014 年 7 月 3 日至 4 日对韩国进行专程国事访问。这是习近平主席就任国家主席后首次访韩，使目前的中韩关系处于建交以来最好时期。其表现为：

（1）高层交往频繁，政治互信不断深化。两国领导人的互访和在亚太经合组织领导人非正式会议、海牙核安全峰会，以及东亚领导人系列会议等国际多边场合举行双边会晤等密切交往和良好沟通，为两国关系发展注入源源不断的动力，深化了中韩战略合作伙伴关系。

（2）经贸合作密切，利益融合不断加深。中国是韩国最大贸易伙伴、最大出口对象国和最大进口来源国；韩国是中国第三大贸易伙伴国和重要的投资来源国，双边贸易超过韩国同美、日、俄贸易之和。中韩自贸谈判（FTA）亦商定 2014 年年内达成一个全面、均衡、高水平的协议。

（3）人文交流活跃，民意基础更加稳固。目前，中韩已建立 154 对友好省（道）市关系。双方在对方国家常住人口均约 70 万，在对方国家均有 6 万多名留学生，互为最大留学生来源国。同时，中国还成为韩国最大旅游目的地国。

（4）多边协调顺畅，共同利益增多。双方在朝鲜半岛、区域合作、联合国改革、全球经济发展、气候变化等国际和地区问题上，保持密切沟通与合作。推动半岛实现无核化、维护半岛和平稳定、通过对话协商解决问题，符合中韩双方共同利益和共同目标。中韩在维护半岛和平稳定，推动通过六方会谈实现半岛无核化方面一直保持密切沟通与协调，为稳定半岛和地区形势发挥了积极作用。

总之，目前的中韩关系是两国关系迈向更高水平的重要契机，也是两国关系史上的重要里程碑。它将承上启下，不仅为进一步深化两国战略沟通和政治互信，促进两国各领域务实合作和共同发展增添新动力、开辟广阔的空间，而且对全面加强两国在国际、地区问题上的合作，以及共同维护地区和平稳定和促进地区和平发展、推动相关问题解决都有积极作用。当前奠定的两国关系长远发展的坚实基础一定会掀起中韩友好的新高潮。

第二节 中韩关系发展的影响因素

一 中韩关系发展的积极因素

建交 20 多年来，中韩关系拥有天时、地利、人和这些得天独厚的条件，取得了迅速、全面的发展。诚如韩国外交安保研究院金兴圭教授所言："中国与韩国的双边关系是任何两个双边关系都无法取代的，两国关系的发展将深深地影响着韩国的命运。"① 促进中韩两国关系发展的积极因素有以下几点：

1. 地理和历史的纽带

中韩两国是隔海相望的近邻，友好交往历史源远流长，留下了许多佳话。特别是两国人民共承儒家思想的影响和熏陶，相互学习、相互借鉴，创造了辉煌灿烂的东方文明。近代以来，中韩两国人民屡遭刻骨铭心的侵略劫难，两国休戚与共，在抗击外来侵略、争取民族独立和解放的斗争中互帮互助、并肩战斗，谱写了可歌可泣的友谊篇章。从地缘战略上看，两国是邻国，彼此都把对方看作各自外交战略的重要组成部分，良好的周边环境对一国的生存和发展至关重要。因此，地理和历史的纽带构成了中韩关系深入发展的坚实基础。

2. 政治上共同的利益

中韩都是重要的东亚国家，两国在维护东北亚的和平与稳定等问题上有共同的政治安全利益。首先，冷战结束以来，尽管东北亚地区总体局势趋于缓和，但也存在一些不稳定因素。日本以雄厚的经济为基础寻求政治大国地位，造成周边国家对其产生警觉；而朝鲜半岛局势时刻威胁着地区平衡与稳定，这些特有的地区安全因素，促使中韩双方需要保持良好的合作伙伴关系。其次，在双边关系上，中韩两国彼此之间没有根本性的利害冲突。中国与韩国双方都不希望朝鲜半岛发生任何军事冲突。因为朝鲜半岛一旦爆发战争，不但韩朝两国会受到极大的损失，而且中国的经济建设与现代化建设，以及中国与韩、美、日、俄等国的关系也将受到影响。中国把发展同韩国的关系放在周边外交的重要位置，愿同韩方一道，着眼大局和长远，加强沟通、协调与合作，造福两国人民，促进地区和平与繁荣。

----

① 张璉瑰、金兴圭：《李明博对华政策不是排他的零和游戏》，《东方早报》2008 年 5 月 27 日。

3. 经济上较强的互补性

中韩两国在资源、资金、技术和市场等方面具有较强的互补性。改革开放以来，中国在经济上取得了较快的发展。中国拥有广阔的市场、丰富的自然资源和廉价的劳动力，但资金、先进技术和管理经验相对缺乏；韩国属于以资本密集型工业为主的新兴工业化国家，其半导体、电子、造船、钢铁等工业部门已进入了世界先进行列，但韩国缺乏能源和资源，国内市场狭小，且劳动力不足。中国进行现代化建设需要吸收外国投资，因而中国希望韩国成为中国的一个重要的投资来源国。而韩国的企业因国内劳动力成本不断提高、国内市场狭小而希望在中国开办工厂。因此，中韩两国扬长避短，充分发挥各自的比较优势，实现优势互补，从而推动两国关系长期稳定发展。

4. 文化上有很大的相似性

从文化上看，两国文化的同质性也是双方关系得以深入发展的背景因素。在文化思想方面，两国都受以儒家思想文化为主要内容的东亚文化思想传统的深刻熏陶。这为双方加强交流，增进彼此间的理解，扩大相互间的共识，深化全面的互利合作，提供了天然的结合点和认同感。中韩两国人民文化相近，感情相通，20 多年来两国人文交流迅速扩大，彼此理解和友谊不断加深，"汉风"和"韩流"日益强劲，形成了一道亮丽风景。

5. 民间外交的参与

中韩合作进程主要由两国政府大力推动，但民间外交机制对于促进中韩两国之间加深了解、增进友谊、谋求合作亦发挥着独特的重要作用。例如，中韩民间经济协议会，作为代表民间开展与韩国经贸界交流的机构与窗口，已先后与"韩—中民间经济协议会"举行了 8 次联席会议，为促进中韩两国企业界人士的交流，推动解决双方经济交流中的问题发挥了积极的作用。除民间经济团体以外，其他民间团体的活动也需不断加强。中韩建交 19 年来，中韩两国关系在外交、经济、社会、文化等领域都取得了飞跃发展，两国之间实质性合作的比重和重要性日益扩大，民间交流将把两国之间建立的面向 21 世纪的合作伙伴关系推进到新阶段。

二　中韩关系发展的制约因素

中韩两国构建合作伙伴关系符合两国的国家利益。但由于两国在社会制度、历史认知以及东北亚地区的大国因素等原因，中韩关系的发展还存在极大的不确定性，两国要真正建立战略合作伙伴关系绝对不能忽视以下因素。

（一）内部因素

1. 意识形态和社会制度上的差异

冷战时期所形成的观念难以在短期内清除。两国各自"以本国为中心"以及意识形态对立的教育，特别是敌对的宣传所造成的负面影响还在起消极作用。它们在时刻影响两国国民的思维与观念。韩国自建国开始就走上了西方式的民主道路，实行代议制、多党制和三权分立。而中国实行共产党领导下的多民主党派参与的多党合作制，通过间接选举产生国家主席。人民代表大会享有立法权、任命权和监督权。这种意识形态上的差异，使韩国对中国存在一定程度的偏见，特别是韩国内部的亲美分子更是如此。这一小部分人认为，共产主义是与自由民主主义严重对立的意识形态，尊奉共产主义的国家在本质上是敌人。虽然中韩双方在政治方面坚持互不干涉内政，互相尊重主权，但仍不能忽视两国政治民主意识上的差异对两国关系的负面影响。不过，只要两国正视这方面的差异，本着求同存异的精神，尽可能采取积极措施发展两国关系，这种负面影响是可以减少到最低限度的。

2. 历史认知问题

中韩两国存在有争议的历史问题。两国在政治关系上仍然存在一些不和谐的因素，很多长期存在的问题给两国关系的发展带来不确定因素，如高句丽历史问题、中国处理朝鲜难民问题以及中朝关系问题等。关于高句丽问题，中国认为"高句丽的祖先是汉人，是中国东北的少数民族政权之一，是中国的一个地方政权"，而韩国则认为"高句丽是韩国民族的根源"。虽然中韩两国在这个问题上都相当克制，没有发生重大的冲突，但如何以历史、科学的态度解决这个问题，是中韩两国共同面对的难题。另外，两国在处理朝鲜难民问题、中朝关系问题以及其他有关历史、民族、文化的问题上也存在矛盾。由于两国在社会制度和意识形态上存在差异，对某些问题的理解势必有所不同，这也影响了两国合作的程度。

3. 贸易摩擦问题

随着中韩两国经贸往来的不断扩大，贸易摩擦和争端也不断出现。韩国关税壁垒高筑[①]、非关税贸易壁垒重重[②]。中韩贸易逆差过大，是中韩贸易摩擦产

[①] 赵传君：《东北亚三大关系研究》，社会科学文献出版社，2006，第112页。
[②] 赵传君：《东北亚三大关系研究》，社会科学文献出版社，2006，第112页。

生的主要原因。我国向韩国主要出口初级产品或低技术含量、低附加值的劳动密集型工业制成品。出口产品数量虽多，但总金额不大，高新技术产品等高附加值产品的比重较低；而韩国则主要向我国出口高附加值的技术和资本密集型工业制成品，这种建立在比较优势基础上的商品结构使中韩双边贸易本身就存在不平衡的因素，结果逐渐拉大了我国对韩国的贸易逆差。韩国采取调节关税、关税配额和特殊保障措施等限制我国具有比较优势的农林产品、水产品、中成药等资源性和劳动密集型产品进口。近年来，韩国以各种理由，对我国具有优势的多种产品采取进口限制措施，甚至直接禁止进口，涉及的产品包括大蒜、人参、泡菜、调味酱、水产品、中药材、新鲜水果等。这些歧视性规定，不仅限制了我国具有竞争力产品的对韩出口，加剧了我国对韩国的贸易逆差，同时也影响了广大韩国消费者的利益。

（二）外部因素

1. 朝鲜因素

中国在谋求与韩国发展关系的同时不得不考虑朝鲜因素，因为韩国和朝鲜两国关系特殊，而中国与这两个国家的关系也非同一般。首先，中国与朝鲜有"血盟"关系，签订了友好条约，是多年的兄弟国。其次，中国与韩国是战略合作伙伴关系，中国与两国的关系很难一碗水端平。中朝之间还存在着《中朝友好合作互助条约》，条约中最重要的一条是军事政治联盟中的军事自动介入条款，由于这一条约没有期限，所以如果双方没有达成协议，就不能任意修改和终止。因此，韩国自然会对中国在朝鲜半岛问题上的公正性产生怀疑，这种不信任严重影响着中韩关系的全面发展。

2. 美国因素

韩国同美国保持着军事同盟关系。自从韩国独立以来，无论韩美关系如何调整，都不会改变韩国将美国作为其外交基轴和核心的事实。美国把韩国纳入自己的亚洲战略，向韩国提供安全保障，并且在韩国驻扎重兵。韩国在发展同中国的关系时，必然会受到美国战略和政策的制约。对韩国来讲，如何平衡韩美战略同盟关系和中韩战略合作伙伴关系是韩国外交面临的重要课题。韩国外交的首要目标是美国，而美国把中国作为潜在的战略对手，韩国对中国一些事务的看法、立场和采取的行动上与美国保持一致，一旦中美发生严重对立和对抗，韩国必然会毫不犹豫地站在美国一边进行战略配合。这样，中韩之间从根本上来说存在着信任问题，中国不能不时刻提防和警惕美国和韩国的行动。因此，中韩关系的健康发展必然受到美国因素的制约。

第三节　中韩战略合作伙伴关系的建立

2008 年 5 月 27 日至 30 日，韩国总统李明博对我国进行了为期 4 天的国事访问。李明博总统先后与中国国家主席胡锦涛、全国政协主席贾庆林和国务院总理温家宝举行会晤，中韩两国为顺应两国关系发展的现实需要和长远要求，将中韩全面合作伙伴关系提升为战略合作伙伴关系，致力于共同开创中韩关系更加美好的未来。

一　中韩战略合作伙伴关系的基本内容

中韩两国正式发表《中韩联合声明》，确认两国一致同意双方首脑会谈所达成的协议，其内容包括将两国关系由全面合作伙伴关系提升为战略合作伙伴关系，建立两国外交部副部长级的战略对话机制和首脑互访机制；积极考虑推动中韩自由贸易协定的谈判，为朝鲜半岛及东北亚的和平与稳定加强合作，以及为扩大贸易和投资采取实质性措施等。具体包括以下几点。

（一）政治安全领域

根据中方提议，两国首脑就两国建立战略合作伙伴关系达成四点共识。

1. 加强友好交往，深化政治互信。两国高层要保持经常交往，充分利用对话磋商机制，就共同关心的重大问题进行沟通和协调。要妥善处理双边关系发展中出现的问题，确保两国关系健康稳定的发展。

2. 推进务实合作，实现互利双赢。双方要对《中韩经贸合作中长期发展规划》进行调整和充实，加强在经贸、投资、环保、物流、通信、能源等重点领域的互利合作，积极研究和推进中韩自由贸易区建设，建立更加紧密的经济关系。

3. 扩大人文交流，巩固友好基础。特别要进一步加强两国青少年的交流，为中韩友好事业培养更多的生力军。两国有关部门要为双方人员往来创造更为便利的条件。

4. 密切多边合作，维护共同利益。双方要进一步加强在东北亚和平稳定、区域和次区域安全，以及联合国改革、应对气候变化等重大问题上的合作，使之成为中韩战略合作的重要内容和支点。双方还就中、韩、日三方合作对于亚洲和平与稳定以及繁荣起到的至关重要的作用达成共识，从而使中韩关系超越两国关系层面，具备了增强地区安全合作的意义。

（二）经贸能源领域

两国政府决定为逐渐实现双方的贸易扩大、均衡而共同努力，韩国在积极参加中国各项贸易投资博览会的同时，派遣采购使节团和投资调查团，以逐步解决中韩两国的贸易逆差问题。此外，双方还就有必要在移动通信领域开展具体合作达成共识，同时决定为了将电子信息通讯领域的合作扩大到软件及无线射频识别（RFID）等领域而展开密切合作。两国政府还决定推进金融市场的改革与开放，加强在国际和地区金融舞台上的合作。为此，双方决定对 2005 年发布的"中韩经济贸易合作展望共同研究报告"进行修订和完善，使其成为推进经济、贸易合作的基础。另外，为了加强环境保护，两国决定在扩大环境产业及保护黄海环境等领域增进交流与合作。值得重视的是，两国还在非传统安全领域尤其是在应对地震、海啸及台风等自然灾害方面，也达成了进一步加强合作的构想。

（三）中韩 FTA 方面

两国政府对迄今为止的产、官、学共同研究表示肯定，并决定以此研究结果为基础，向符合两国共同利益的方向推进中韩 FTA 的建立。早在 2002 年 11 月 4 日，时任中国总理的朱镕基在金边举行的中韩日领导人会晤中，就向韩、日两国正式提出了建立中韩日自由贸易区的构想。迄今为止，中韩 FTA 产、官、学共同研究会议已经举行 4 次，除农林水产业、政府采购和结论及建议等三个分科领域以外，两国已在共同研究报告书所涉及的七大领域、十八个分科领域当中的十五个分科领域达成了最终协议。中韩双方决定于 2008 年举行第五次会议，结束共同研究，从而为中韩 FTA 谈判奠定基础。

（四）民间文化交流领域

在中韩两国首脑会谈和《联合声明》中，双方一致同意，为增进两国国民之间的交流，将采取包括签证程序便利化、推动青少年友好交流访问、举办民间学术论坛以及进一步加强两国在人文领域的交流与沟通等一系列措施，并且加强两国在科技、司法和教育领域的合作。尤其是双方签署的中韩学历互相承认的协定，有助于进一步扩大两国青少年的交流，为两国战略合作伙伴关系构建强大的民间基础。

二 中韩战略合作伙伴关系的重要意义

中韩战略合作伙伴关系的建立，不仅对中韩关系产生重大的影响，标志着中韩两国关系的发展进入了新的阶段，而且对东北亚相关国家关系也带来较大的影响。

（一）对中韩关系的影响

1. 中韩战略合作伙伴关系的建立，标志着中国对韩外交在中国周边外交战略中的地位有所提升。《中韩联合声明》将中韩关系由全面合作伙伴关系发展为战略合作伙伴关系，而在中国对外建立的伙伴关系中，战略合作伙伴关系是最高层级的合作定位。

2. 中韩战略合作伙伴关系的建立有利于扩大中韩两国的经贸合作，有利于加速中韩 FTA 谈判的启动。经济全球化背景下，建立自由贸易区协定是各国开展国际贸易的重要措施。中国和韩国地理位置毗邻，历史文化联系紧密，两国推进 FTA 具有重要意义。

3. 中韩战略合作伙伴关系的建立有利于增进两国的战略互信。《联合声明》的签订，有助于消除中国对李明博政府"亲美疏华"的疑虑，同时也减轻了韩国对中国长期以来"重北轻南"政策的顾虑。在双方的共同努力下，中韩政治互信不断加深，各领域的交流与合作持续扩大，在国际和地区事务中的协调与配合日益紧密。

（二）对韩美关系的影响

中韩战略合作伙伴关系的建立，对于韩美同盟关系的发展起到一定的平衡和牵制作用，但是却不可能削弱或取代韩美战略同盟关系。中韩战略合作伙伴关系的建立，有助于平衡韩国的对美、对日关系以及牵制朝鲜"通美封南"的外交战略，也体现了李明博政府"实用主义外交"理念中所谓美、日、中、俄四强"平衡外交"的色彩。但是，这样并不能削弱或代替作为韩国外交战略基轴的韩美同盟关系在韩国外交中的地位和作用。李明博多次表示，韩美同盟是韩国安保政策的核心，强化韩美同盟政策是最优先的。2008 年 4 月李明博访美时提出 21 世纪韩美战略同盟三项原则的政策构想，"三项同盟"是指价值同盟、互信同盟和构建和平同盟。其中，"价值同盟"是指韩美两国拥有同样的价值和理想；"互信同盟"是指两国不断扩大在军事、政治、外交、经济、文化等领域的共同利益，以及在此基础上建立起来的同盟关系；"构建和平同盟"则指韩美同盟共享东亚乃至全球战略利益。因此，中韩战略合作伙伴关系不可能取代或削弱韩美战略同盟关系，也不可能削弱美国在朝鲜半岛和东北亚的战略影响力。

（三）对中朝关系的影响

尽管中韩战略合作伙伴关系的建立可能会使朝鲜产生疑虑和不安，但是，由于中朝两国有传统的互助同盟关系，并且中韩战略合作伙伴关系也不会损害朝鲜的利益，因此，对中朝关系不会产生大的负面影响。从表面看，中国采取了一种平衡策略，一方面加强和朝鲜的友好往来，另一方面加强和韩国的政治、军事、经济等一系列合作。这种平衡的策略不会损害某一方的利益，其主要目的是稳定朝鲜半岛的局势。在《中韩联合公报》中，中国提出继续支持南北双方推进和解与合作进程，改善关系，最终实现和平统一，韩方表示将通过和解与合作发展相生共荣的南北关系。因此，中韩战略合作伙伴关系的建立，有助于推动朝鲜"弃核"进程和实现朝鲜半岛的无核化，以及东北亚地区的和平与稳定，因而符合中朝两国的根本利益，所以必将对中朝关系产生深远的积极影响。

第四节　中韩加强合作的战略选择

中韩战略合作伙伴关系具有极其重要的现实意义，中韩双方都要从大局和战略高度出发，继续珍惜和维护、重视和发展这一极为重要的双边关系。为保证今后中韩关系持续、稳定、健康、快速地发展，从总体上讲，需要双方切实遵守业已达成的共识，即保持高层往来，深化经贸合作，促进人文交流，加强国际事务中的磋商与配合，妥善处理争议。具体而言，需要从以下四个方面做出努力。

一　政治领域加强政治互信

中韩两国在外交、安全、经济、文化等各领域进一步加强交流与合作，必须加强政治互信。但如何加强政治互信是两国外交面临的重要研究课题。政治互信是以诚为本、以信为先，中韩两国应摒弃冷战思维和强权政治，超越意识形态和社会制度，互不猜疑，互不敌视，经常就各自的安全防卫政策进行对话，并通过各自的重大行动，采取各种信任和安全措施，积极构建区域安全合作与对话机制，增加政治互信。两国还要提高政治对话的层次，妥善解决存在争议的问题，只有这样才能不断提高两国的战略互信。2011年4月14日，胡锦涛主席会见来华访问的韩国总理金滉植时指出，今后一个时期，希望双方在现有基础上继续拓展和充实中韩战略合作伙伴关系内涵，推动两国关系再上新台阶。两国要加强战略沟通，深化政治互信。继续通过高层交往和各种对话交流机制，坦诚深入地沟通，增进相互理解，积累和扩大共识，把两国政治互信提高到新水平。

二　经济领域要互利共赢

韩国是新兴工业化国家之一，相对于我国具有资金和技术上的优势，我国作为世界上最大的发展中国家，具有劳动力廉价、资源相对丰富的特点，这决定了两国贸易结构的互补性。一般来讲，按照国际贸易理论，应该采取各种措施鼓励和增加出口而限制进口的应该是贸易逆差国。中韩贸易中，中国是贸易逆差国，而且逆差额较大。中国政府应该限制对韩国的进口，加强对进口产品的管制；同时，韩国应该在一定程度上扩大从中国的进口，改善贸易不平衡的状况。要缩小贸易逆差，中国应该提高传统大宗商品的质量和附加值，走"以质取胜"的道路，同时还应着力改善我国商品的形象，做好推广和宣传。除了企业自身的努力之外，我国政府也应通过税收、信贷方面的优惠政策，鼓励和扶持相关出口企业发展"质量优、档次高"的资本、技术密集型产品的出口；同时，也要通过协商或谈判敦促韩方早日取消针对我国产品的苛刻的贸易壁垒，改变对我国产品的歧视态度，增加对我国有竞争优势的产品的进口。中韩双方应在 WTO 规则下，在各个领域加强磋商，扩大对彼此的开放，加强交流与合作，建立有效的磋商机制，妥善解决不合理的限制，削减贸易壁垒。中韩政府还应设立专职部门，定期交流，形成通畅的信息沟通渠道，建立多层次协调机制，通过谈判、协商的方式解决双方的摩擦。

三　文化领域要加强交流

虽然在政府和领导人的大力倡导和推动下，中韩两国文化交流已经取得丰硕成果，但由于文化学术问题被政治化，文化交流中缺乏相互理解，所以引起了两国民族主义情绪泛滥、文化交流不够深入。加之两国相互之间缺乏了解、媒体宣传不当，造成两国彼此误解，因此两国在文化领域里还存在一系列问题。尤其是韩国的学术界在研究历史问题时，显示出强烈的民族主义色彩，这在古代高句丽问题上体现得最为明显。关于高句丽的历史归属问题，中韩双方存在着重大分歧。目前，在韩国，有相当多的历史学者和政界人士，站在极端、狭隘的民族主义的立场上，在中朝边界问题和高句丽民族归属问题上大做文章。因此，进一步加强文化融合，消除误解是两国面临的共同任务。首先，两国政府和人民为了面向未来，都应高瞻远瞩，充分发挥智慧，求大同存小异，妥善处理彼此间的矛盾和分歧，不应该使学术问题政治化或产生过激的民族主义情绪。对于民族、疆域变迁史的研究，应该本着学术与政治分开，现实与历史分开的原则，正确对待和处理在研究历史问题过程中出现的分歧，不要影响两国人民友好交往与合作的大好形势，更不要影响两国关系发展的大局。其次，民间交往是巩固中韩关系的基础——加强民间的交往，发挥民间外交的作用，在当前两国关系向更高层次发展的过程中更加具有重要性。李明博曾强调说，中韩两国是近邻，发展和提升两国关系是两国人民的共同愿望。进一步加强两国人民以及青少年之间的交流，对增进相互理解是十分重要的。最后，两国媒体都应该力避狭隘的民族主义情绪，盲目地进行不负责任的、不切实际的报道和解说会损害自己的形象，也势必伤害两国人民的感情，最终会不利于两国友好关系的继续发展。媒体要增强推动两国文化交流，发展两国友好合作关系的使命感，只有这样才能保障两国人民有恰当的机会和途径了解彼此，从而促进交流，加深友谊。

四　在地区及国际事务中加强沟通与协商

中国坚持实现半岛无核化、坚决维护半岛和平与稳定、坚定支持南北和解合作、坚定支持半岛最终实现自主和平统一。这与韩国求和平、盼统一的愿望一致。而韩国坚持一个中国原则，支持中国和平统一。中韩有广泛的共同利益和广阔的合作空间，应继续保持密切沟通与协调。中韩两国应在东盟和中韩日（10＋3）、东亚峰会、亚太经济合作组织、东盟地区论坛、亚洲合作对话会、欧亚会议、东亚—拉美会谈、亚洲—中东对话、亚非峰会等方面保持协商与合作。建立两国外交部门联合国事务磋商机制，推进国际人权领域合作对话，在防扩散和打击恐怖主义、毒品、金融经济犯罪、高科技犯罪以及海盗等问题上加强合作。同时，两国还应该在缓和朝鲜半岛局势、推动六方会谈进程、寻求建立东北亚永久和平机制等一系列问题上开展有效的合作，共同为早日实现朝鲜半岛无核化，构筑半岛及东北亚地区持久和平与安全框架做出努力。

结　论

中韩建交 20 多年来，中韩关系的发展既面临前所未有的历史机遇，也面临一些值得重视的问题和挑战。对此，两国领导人始终从维护中韩关系大局和双方长远利益的战略高度出发，本着相互尊重、相互信任、互谅互让、平等相待的精神，妥善处理和解决有关问题，增进彼此信任与合作，为两国关系健康稳定发展提供了有力保障。相信在领导人的重视和两国人民的共同努力下，两国间的友好合作，必将继续不断地深入发展，走向成熟。中韩关系一定会成为不同社会制度国家和平共处、友好合作的典范；成为互利共赢、共同发展的伙伴与相互借鉴、共同进步的朋友；成为维护世界和平，促进共同发展的重要力量，造福于中韩两国人民，并对亚洲和世界和平与发展产生积极影响。

思考题：

1. 请对卢武铉与李明博时期的中韩关系进行对比说明。
2. 影响中韩关系发展的因素有哪些？
3. 中韩关系的调整对东北亚安全产生怎样的影响？

参考文献

1. 陈峰君、王传剑：《亚太大国与朝鲜半岛》，北京大学出版社，2002。
2. 曹中屏、张琏瑰：《当代中韩关系史：1945～2000》，南开大学出版社，2005。
3. 赵传君：《东北亚三大关系研究——经贸·政治·安全》，社会科学文献出版社，2006。
4. 朴键一、朴光姬：《中韩关系与东北亚经济共同体》，中国社会科学出版社，2006。
5. 刘青才、高科等：《东北亚地缘政治与中国地缘战略》，天津人民出版社，2007。

第五讲
中朝关系及中国的作用[*]

目的和要求：

> 本讲主要回顾了中朝关系历史发展的过程，阐释了中朝两国国家战略的内容，解释了中朝国家战略的实施情况及其影响，阐明了中国在其中的作用。学习这一讲主要是让学生了解中朝关系历史发展过程，重点把握中朝两国各自国家战略的内容和中朝国家战略的实施及其影响，并了解中国的作用。

重　　点：

中朝两国国家战略的内容和中朝国家战略的实施以及影响

难　　点：

中国的作用

关　键　词：

中朝关系　朝核问题　朝美关系　国家战略　中国作用

中朝两国作为友好邻邦，不同时期的中朝关系表现出不同的阶段性历史特征。中国的对朝政策一直以来维持着一种战略平衡。但随着中国全球战略利益的要求，中朝之间这种地区利益的关系将与中国的全球利益发生冲突。中国今后的对朝政策面临着逐步调整的战略必要。历史的相似性、安全上的依赖性、经济贸易的现实性，要求中国在对朝政策上，具有不同于他国的目标与路径。那么，中朝关系历史发展过程如何？中朝两国各自的国家战略的内容和实施情况及其影响是什么样的？在两国关系中中国应发挥哪些作用？

---

* 本讲原载于《辽东学院学报（社会科学版）》2012 年第 5 期。

第一节　中朝关系历史发展过程

一　"一边倒"时期的中朝关系

1949 年 10 月 6 日中朝建交，朝鲜成为同新中国最早建交的国家之一。1950 年 6 月，朝鲜战争爆发。应朝方要求，中国入朝参战。停战后，中国积极援助了朝鲜战后的经济恢复建设。1953 年 11 月，双方签订经济文化合作协定。1961 年 7 月 11 日，两国签署《中朝友好合作互助条约》。1985 年 11 月 26 日，双方签署了《中朝领事条约》。一直到 1992 年中韩建交前，中国一直承认朝鲜是朝鲜半岛国家的唯一合法代表。这一时期的中国对朝政策可以定位为"一边倒"外交。但是中朝关系也并非一帆风顺，不同阶段的中朝关系表现出不同的历史特征。

1. 中朝关系蜜月期（1950～1964 年）

经过抗美援朝，中朝关系进入蜜月期。在重大国际问题上，中朝立场趋于一致。如 1962 年 10 月中印战争时期，朝鲜公开斥责印度政府为侵略者。当年 11 月古巴导弹危机，朝鲜批评赫鲁晓夫背叛古巴革命。1963 年 7 月 15 日美苏签订《禁止核试验条约》，朝鲜对此进行公开指责。1964 年 1 月 27 日，朝鲜《劳动新闻》发表社论，批判苏联为"现代修正主义"。

2. 中朝关系紧张期（1965～1970 年）

1964 年，随着赫鲁晓夫退出苏联政坛，朝苏关系迅速改善。1965～1967 年，双方签订一系列文化、科学、军事等相关的交流协定。1966 年中国发动"文化大革命"，1966 年 9 月 15 日《劳动新闻》公开批评"文革"为暴力主义。10 月 15 日，金日成批评中国为"现代修正主义"。直到 1970 年中朝高层互访，再次确认"鲜血凝结的友谊"。

3. 中朝关系稳定期（1970～1978 年）

1971 年中美和解，推动了韩朝南北对话。1972 年 7 月 4 日，南北发表《共同声明》，主张"不依靠外部势力以和平的方法，超越思想制度，实现民族大团结"。1978 年 5 月及 7 月，华国锋与邓小平出访朝鲜，中朝关系稳定发展。

4. 中朝关系发展期（1979～1992 年）

1982 年 4 月和 9 月中朝两国领导人互访。1983 年 6 月 1 日，金正日第一次访华，中国首先承认金正日的后继体制。此后双方往来频繁，在政治、经济、民间交流上保持紧密往来。例如，缔结姐妹城市，中国帮助平壤进行地铁建设，以及烽火炼油厂、清川江火电厂、海州造纸厂的无偿援建等。当然，这一时期中朝关系也出现了不和谐之音，包括①中国对朝鲜进行恐怖主义活动持反对态度。1983 年 10 月 9 日，朝鲜方面在缅甸仰光制造爆炸事件，造成韩缅政府多名高官身亡。同年 11 月 6 日，中国《人民日报》指出，"反对任何国家进行恐怖活动"。②朝鲜对中韩扩大经贸关系表达不满。

1978 年，随着中国推行改革开放政策，中韩民间贸易往来剧增。此后，民间往来向半官半民方向发展。

二　"两条线"时期的中朝关系

1992 年中韩建交，中国由传统的对朝"一边倒"政策转变为公开实行对朝韩的"等距离"外交。此时，中朝关系面临巨大的转折。加之，苏联解体等国际体系的变迁、朝鲜核问题的出现、金日成去世后政权的交接等多种因素，增添了中朝两国关系的复杂性，此后的两国关系进入调整期。

1. 中朝关系摸索期（1992～1999 年）

1992 年 8 月中韩建交后，双方的政治与经贸关系迅速发展。中韩首脑实现互访，中韩贸易额由 1979 年的 1900 万美元达到 1994 年的 11 亿美元。1993 年，中国成为韩国的第三大贸易伙伴，韩国成为中国的第六大贸易国。两国密切的交流与合作不可避免地给中朝关系带来巨大的冲击。朝鲜对中韩关系的发展表现出不满及疑虑。1993 年，朝鲜在未通知中国的情况下退出《不扩散核武器条约（NPT）》。1994 年朝鲜撤出中国驻板门店休战协会代表。1995 年后，朝鲜与台湾地区的贸易往来增多。1996 年 6 月末，朝鲜对外经济委员会副委员长李成禄访台，在台开设经济事务所。1997 年初，朝鲜接受来自台湾地区的核废弃物，中国表示了不满。

尽管中朝两国关系问题不断，但朝鲜对台湾地区的交流一直局限在经济领域。中国与韩国关系的改善也采取渐进的方式。同时，在对朝关系上，中国采取灵活的立场。表现为①积极拥护朝鲜后继政权。1994 年 7 月金日成逝世，中国表示拥护金正日领导体制。②加强对朝鲜的经济援助。1995～1997 年朝鲜发生重大饥荒。1995～1996 年间，中国对朝进行了三次粮食援助，共计 40 万吨。依据 1996 年 5 月中朝签订的《经济技术交流协定》，1996～2000 年 5

年间，中国向朝鲜提供谷物 50 万吨，石油 120 万吨，煤 15 万吨，其中一半无偿，一半有偿。这对防止朝鲜的经济崩溃起到了重要的作用。③推动传统的军事交流。1996 年 7 月，《中朝友好互助条约》签订 35 周年之际，中朝高层进行互访，其间，中国海军导弹驱逐舰进行了首次访朝。

2. 中朝关系调整期（2000 年至今）

2000 年，朝韩实现了首脑会谈。韩国对朝推行"阳光政策"，朝鲜半岛形势出现了空前的缓和气息。这为中国调整对朝政策提供了空间。

（1）中朝高层来往频繁，政治关系得到发展。

进入 21 世纪，中朝之间的高层互动明显频繁（见表 5 - 1），朝鲜最高领导人金正日在近 10 年间，对华访问达 7 次之多。其他各领域的高层交往也广泛开展，中朝之间的政治关系得到进一步深化。

表 5 - 1　21 世纪以来中朝高层互访情况表

时间	访问人	主要内容
2000 年 3 月 5 日	朝鲜劳动党总书记金正日	访问中国驻朝使馆
2000 年 5 月 29 日至 31 日	金正日总书记	对中国进行非正式访问
2000 年 10 月 9 日	江泽民主席	出席朝鲜驻华使馆举办的朝鲜劳动党建党五十五周年纪念宴会
2000 年 10 月 22 日至 26 日	中央军委副主席、国务委员兼国防部长迟浩田	对朝进行正式友好访问
2001 年 1 月 15 日至 20 日	金正日总书记	第二次对中国进行非正式访问
2001 年 9 月 3 日至 5 日	江泽民总书记	对朝鲜进行正式友好访问
2002 年 10 月 15 日至 19 日	朝鲜最高人民会议常任委员会副委员长杨亨燮	对华进行正式友好访问
2003 年 10 月 29 日至 31 日	中共中央政治局常委、全国人大常委会委员长吴邦国	访朝并会见了朝鲜国防委员会委员长金正日
2004 年 4 月 19 日至 21 日	朝鲜劳动党总书记、国防委员会委员长金正日	第三次访华。朝方同意继续坚持通过对话和平解决核问题，继续共同推进六方会谈
2004 年 10 月 18 日至 20 日	朝鲜最高人民会议常任委员会委员长金永南	对中国进行正式友好访问
2005 年 3 月 22 日至 27 日	朝鲜内阁总理朴凤柱	对中国进行正式友好访问

续表

时间	访问人	主要内容
2005 年 7 月 12 日至 14 日	胡锦涛主席特别代表、国务委员唐家璇	对朝鲜进行访问
2005 年 10 月 8 日至 11 日	国务院副总理吴仪率领的中国政府代表团	对朝鲜进行访问
2005 年 10 月 28 日至 30 日	中共中央总书记、国家主席胡锦涛	对朝鲜进行正式友好访问
2005 年 12 月 24 日至 27 日	朝鲜内阁副总理卢斗哲率领的朝鲜政府代表团	对中国进行友好访问
2006 年 1 月 10 日至 18 日	朝鲜劳动党总书记、国防委员会委员长金正日	第四次对中国进行非正式访问
2006 年 7 月 10 日至 15 日	中共中央政治局委员、国务院副总理回良玉	对朝鲜进行友好访问
2007 年 3 月 4 日	朝鲜劳动党总书记、国防委员会委员长金正日	做客中国驻朝鲜大使馆
2008 年 3 月 1 日	朝鲜劳动党总书记、国防委员会委员长金正日	再次做客中国驻朝鲜大使馆
2008 年 6 月 17 日至 19 日	中共中央政治局常委、国家副主席习近平	对朝鲜进行正式友好访问
2009 年 3 月 17 日	朝鲜总理金英日	对中国进行访问
2009 年 9 月 16 日至 18 日	胡锦涛主席特使、国务委员戴秉国	访问朝鲜
2009 年 10 月 28 日	朝鲜劳动党中央政治局候补委员、中央书记崔泰福	对中国进行友好访问
2009 年 11 月 22 日至 26 日	中国国务委员兼国防部长梁光烈上将	访问朝鲜
2009 年 12 月 16 日	朝鲜国防委员会委员兼人民保安相朱霜成大将	对中国进行访问
2009 年 12 月 18 日	朝鲜祖国战线书记局局长金完洙	对中国进行访问
2010 年 5 月 3 日至 7 日	朝鲜劳动党总书记、国防委员会委员长金正日	第五次对中国进行非正式访问
2010 年 8 月 26 日至 30 日	朝鲜劳动党总书记、国防委员会委员长金正日	第六次对中国进行非正式访问
2011 年 5 月 20 日至 26 日	朝鲜劳动党总书记、国防委员会委员长金正日	第七次对中国进行非正式访问

（2）中朝经贸关系迅速发展。

进入 21 世纪，随着朝鲜经济逐渐复苏，双边贸易快速回升，双边贸易额由 2000 年的 4.88 亿美元增至 2008 年的 27.93 亿美元，8 年间年均增长率达

25.5%。2009 年中朝贸易额为 26.81 亿美元，较上年下降 4.0%。其中，中方出口额 18.88 亿美元，下降 7.0%；进口额 7.93 亿美元，增长 4.35%；中方顺差 10.95 亿美元，下降 13.9%。中国出口商品主要有原油、机电产品和生活用品等，进口商品主要有钢铁、木材、矿产品、水产品等。2010 年 1 月至 4 月，中朝双边贸易额为 7.2 亿美元，同期增长 9.4%。其中，中国出口额 5.26 亿美元，同比增长 20.3%；进口额 1.94 亿美元，下降 12.2%。同时，中国对朝投资稳步增长。截至 2009 年底，中国对朝非金融类直接投资累计存量约 1.38 亿美元，投资项目涉及建材、食品、医药、饲料、运输、轻工、矿产等领域。[①]

（3）中朝传统安全关系继续保持。

《中朝友好合作互助条约》，全称为《中华人民共和国和朝鲜民主主义人民共和国友好合作互助条约》，于 1961 年 7 月 11 日在北京签订，该条约主要保证了缔约一方处于战争状态时，缔约另一方对其进行全力军事及其他援助。根据《中朝友好合作互助条约》第七条的规定，本条约自 1961 年 9 月 10 日起生效。《中朝友好合作互助条约》有效期 20 年，如一方要求修改或终止，须在期满前半年内向对方提出，否则《条约》自动延长 20 年。2001 年《中朝友好合作互助条约》自动续期，现在有效期至 2021 年。

第二节　中朝两国国家战略的内容

一　中国的国家战略

2009 年 11 月下旬，《瞭望》周刊发表了《胡锦涛时代观的中国主张》一文，提出中国的新世界观，包括深刻变革论、和谐世界论、共同发展论、共担责任论、积极参与论，主张在处理国际事务方面"既要维护国家利益至上原则，又要兼顾共同利益。平衡国家核心利益与国际共同利益"。从地缘政治角度来看，一个国家的影响力因受距离的影响而存在巨大差异。地缘相近的国家，相互之间的影响力较大。因此，地缘条件与地理区位决定了每个国家都不能忽视自身的周边环境。进入 21 世纪，落实"睦邻、安邻、富邻"的友好的周边政策，仍然是中国构建"和平、发展、合作"的和谐世界的主要手段。

---

① 《中朝经贸概况》，中华人民共和国驻朝鲜民主主义人民共和国大使馆，2011 年 7 月 4 日。

中国对朝鲜半岛政策的三条主线包括：①安全上强调"和平—稳定"；②政治上主张"协助—自主"；③经济上坚持"合作—繁荣"。这三条主线是中国政府自改革开放以来执行对朝鲜半岛政策的不变的原则。维护朝鲜半岛"和平—稳定"，是中国国家发展战略的要求，其中包括半岛无核化。"协助—自主"是中国和平共处五项原则在对朝鲜半岛事务中的具体体现。"合作—繁荣"是中国对朝鲜半岛政策的现实运用。

具体而言，中国发展对朝关系始终贯彻三个原则：①和平原则，即涉及朝鲜的国家间的纠纷应坚持和平解决的方针。反对武力或者以武力相威胁的解决方式。②参与原则。朝鲜半岛国家间的纠纷，在一定程度上，是无法完全遏制的。中国与半岛国家及其相关地区存在着利益共生的关系，中国的对朝政策应当服从中国的根本利益，中国应当肩负起更多的国际责任。③斗争原则。中国坚持和平原则并不意味着放纵外国势力侵犯中国的国家利益。和平是有底线与前提的，对敌视中国的势力要开展不懈的斗争；和平也不能放任一些国家抛出不负责任的态度，把中国拖进死胡同，干扰中国国家战略的实施。中国的和平发展已经成为不可阻挡之势，敌对势力的围堵也会更加猖獗，可以预测，斗争原则将是今后相当长一段时期内中国对外交往的重要手段。

二　朝鲜的国家战略

关于国家的发展道路，20 世纪 50 年代，斯大林模式对朝鲜产生过很深的影响。但 1955 年金日成提出"主体思想"后，对马克思列宁主义的宣传逐渐被淡化。1980 年，朝鲜劳动党的党章中规定，"主体思想"为唯一的指导思想。此后，"主体思想"成为朝鲜所有领域的国家政治理念。2009 年 4 月，根据韩国政府公布的朝鲜新宪法条文，共产主义一词被删除。朝鲜的意识形态由马克思列宁主义、"主体思想"向"先军政治"演化。2010 年 9 月 28 日，朝鲜劳动党召开了第三次代表会议，首次将"先军思想"写入了新党章，指出"朝鲜劳动党确立先军政治为社会主义基本政治方式，在先军的旗帜下领导革命和建设"，其目的是通过强调"先军政治总路线"，强化第二代领导人的凝聚力。

近年来，朝鲜的宣传材料提及"主体思想"的次数越来越少，取而代之的是"先军政治总路线"。目前，"先军政治"是统领朝鲜一切政治、经济、安全与外交的方向性、根本性与全局性的总路线。表现为，经济要优先发展国防工业；政治要一切服从"先军政治"指导思想；外交要以"超强硬对强硬"

的原则，推进先军外交战法；文化要以歌颂三大将军为主体。朝鲜以先军事，后经济的"先后论"取代了过去"先经济，后军事"的顺序，以保证朝鲜政治体制的延续。

新党章突出了"建设社会主义强盛大国"的国家目标。作为 2012 年金日成诞辰一百周年的献礼，希望这一年将朝鲜建设成为"强大而繁荣的国家"。而其国家的长期目标则是"终止所有外来统治干涉"，"反对帝国主义侵略和战争阴谋，为世界的自主化与和平，为发展国际社会主义运动而斗争"，并将最终统一朝鲜半岛。

朝鲜的国家战略目标更多地表现为"体制维持型"。朝鲜现政权最大的课题是如何保证现行的体制得以存续下去，在目前严峻的经济、外交局面下，朝鲜陷入了两难处境。一方面朝鲜要巩固政权，需要坚持独立的"朝鲜式的社会主义"路线，保证政权的稳定性与政策的连续性。另一方面，为了摆脱目前的经济困境，又必须大胆地实施改革开放政策，但这将不可避免地带来外部信息的冲击，势必威胁到朝鲜政权与社会的稳定。朝鲜目前的做法是在特定的地区实施"改革开放"，同时强化信息封锁与思想取缔政策。此外，为了确保恢复经济所需的资金，朝鲜也在寻求打破外交困局的途径。

中国的国家目标和朝鲜的国家目标比较。

中国的国家目标：和平发展。政治上，坚持"中国特色社会主义"道路，实现现代化强国目标；安全上，坚持"和平发展"道路，建立持久和平与共同安全的国际政治新秩序；经济上，继续推动"改革开放"政策，实现互利共赢、共同发展、共同繁荣的和谐世界。

朝鲜的国家目标："体制维持"。政治上，坚持"朝鲜式的社会主义"路线，实现强盛大国的目标；安全上，坚持"先军政治"，"以军挺党"、"以军补政"、拥"核"以"维持权力"；经济上，特定地区实施"改革开放"政策，加强思想管制，寻求经济重建。

第三节　中朝国家战略的实施及其影响

一　朝核问题与中朝关系

朝核问题发展至今，已经历了自主闭门研发、冻结换经援、弃核换安全、拥核保安全几个阶段。可以说是实现了从无到有、从少到多向两弹合一的"进一步、退两步"的螺旋旋转上升模式方向演变。目前来看，朝鲜无核化将会"可望而不可即"，朝鲜核问题也很可能向着不可逆的方向发展。其理由包括以下几个方面。

1. 拥核是"强大而繁荣的国家"的基本国策。拥核是朝鲜的战略选择，弃核是朝鲜的外交策略。朝鲜的近期国家目标是成为强盛大国。这种目标的核心内容，不是指目前的经济状况和地区角色，而是指军事上的强盛大国。换句话说，弃核会使朝鲜的地位下降到亚洲地区的赤贫境地与毫无吸引力的政治境遇。

2. 国家安全与主权的强力保证。韩国拥有的常规部队优势，以及美国对韩国的"核保护伞"使南北安全失衡，迫使朝鲜需要加强核威慑力。核武器对于阻止美国的外部干预必不可少，它会有效地保证免受外部敌对国家对其政权的威胁。

3. "先军政治"路线的保障。朝鲜新宪法再次确认金正日的"先军政治"路线。发展核武器是"先军政治"路线的必然结果。

4. 政权的强力保证。对朝鲜来说，核武器不仅是保障"国家领导人，伟大将军的最合法继承的武器，也是朝鲜统治层对民众神化国家领导人建立了强大国家的原因"。

5. 平衡南北，以及左右周边大国关系的主要手段。朝鲜实行两手抓战略，即一手抓核武，一手抓谈判，有利谈，无利则散。目前来看，凭借核武器，朝鲜的要价很高，美国的"核买断"与韩国的"大交易"都没有打动朝鲜，六方会谈的相关决议也没有被执行，拥核成为朝鲜对外交涉的必需手段。

"核武器的控制只有在它不再是必需的时候才会成为可能。"[①] 国际战略家托马斯·谢林认为：核武器唯一的价值是威慑。它可以使其他国家在考虑军事行动时犹豫不决。尽管朝核问题导致了受到"威胁"的国家的结盟，招致国际社会的反对，核武器也不会为朝鲜带来地区主导权，但通过使用"核能力"，极大地满足了朝鲜政府"核威望、核威慑与核威胁"的意愿。朝核问题难以解决的根本原因在于，朝鲜可以通过采取"核武器"这一特殊武器，在这场"权力冲突"中，实现"维持权力、增加权力和显示权力"的国家利益

---

① 〔美〕约翰·米勒：《对核武器的重新思考》，《外交政策》2010 年 1 ~ 2 月号。

最大化的目标。

在朝核问题上，掌握着主动权的朝鲜，目前达到了以下几个目标。①朝核问题只能通过外交手段解决，制裁及不对话将会使朝鲜半岛敌对状态升级甚至爆发战争。②朝鲜可以根据自己的需要确定六方会谈议程，尽管无核化越来越遥远，但没有哪个国家会再次希望朝鲜继续核试验。③因为拥核，朝鲜迫使美国平等地与其直接会谈，这正是目前朝鲜的需要。尤其美国大选临近，奥巴马政府最不愿意看到朝鲜进行第三次核试验，与朝鲜的直接接触至少能保证半年左右的和平时间。这成功地迫使美国在朝核问题上保持相当克制的"战略忍耐"。美国对朝政策的走向仍会在对话与施压之间游走，导致"胡萝卜不够甜，大棒不够硬"的被动局面。

21世纪美国发动的三场战争，不是通过和平方式，而是通过战争手段解决恐怖主义与拥核的国家企图。这为朝鲜与国际社会带出一个结论：一旦拥核，则会出现"冷和平"这一特殊状态，即"停战状态"下的不可能的永久和平与拥有毁灭能力的"核武器"下的不可能的"战争"。苏联的解体与美日韩军事合作的强化，造成了朝鲜半岛的"安全真空"。朝鲜的拥核客观上为朝鲜政权争取了10~20年的安全期限，为朝鲜政权转接提供了条件。朝鲜拥核不会改变中国的地缘政治地位，而有可能会发挥出迄今为止最积极的作用，巩固中国在朝鲜半岛上前大门的"安全边界"与中朝之间"唇亡齿寒"的地缘政治空间。

中国需要评估不同的朝鲜半岛政策的成本和利益。过深地参与，可能加剧朝鲜反华情绪，而如果不采取行动，朝鲜则有可能向着脱离国际社会的更远的方向行走。因此，中国的决策应当保留更大的灵活性。

核武器既有贡献也有风险，但核威慑的副作用正在显现，由于供给与需求同时存在，"核"武器需求的市场一直以来都很充足。其表现链条是：铀浓缩技术——核武器技术——两弹合一技术。这些已经成为核市场的交易产品。核扩散的现象、性质和规模都在发生改变。核技术与弹道导弹的市场网络更隐秘更多元。公开援助、非法出口、间谍活动等，加剧了核买卖市场的扩大。核武器拥有的国家越多，使用的风险就越大。恐怖主义者一旦掌握与使用核武器，后果是灾难性的。目前中国已经处于"核力量弧形地带"，长远讲，朝核问题对中国提出了严峻的挑战，中美有共同的利益与合作空间，因此，中美的合作重点应当是重点解决"核不扩散"问题。

二　朝美博弈与中朝关系

对于朝鲜而言，对美关系是其维护国家安全的关键所在，朝美关系正常化是朝鲜最大的外交目标。一方面，朝鲜指责美国是朝鲜半岛紧张局势的幕后推手，试图构建在亚太地区的美日韩三国军事同盟。另一方面，朝鲜仍然坚持优先考虑朝美关系正常化，为朝鲜国内经济的发展与政治的稳定营造其所需的国际环境。

朝鲜追求的主要利益包括以下三个方面：①与美国缔结和平协定。朝鲜战争结束后朝美之间缔结的是一个临时停战协定。②在与美缔结和平协定暂时无望的情况下，朝鲜利用开发大规模杀伤性武器向美国施压，"以超强硬对强硬"。目前，朝鲜可以通过地区军事冲突与核问题向美国表达其对自身安全的担忧，也使地区安全问题与核问题成为朝鲜与美国实现"交易"，换取本国安全的重要筹码。③朝鲜经济发展长期以来几乎停滞，物资短缺，人民生活困难，改善朝美关系，对于朝鲜来说，可获得来自西方国际社会的经济援助。

总的说来，美朝博弈主要围绕两个方面：其一是霸权与安全的博弈。美国对世界霸权的强化与朝鲜对国家安全追求之间的矛盾不断演化，成为威胁朝鲜半岛安全的关键因素之一。其二是人权与主权的博弈。冷战结束后，以保护他国人权为借口，在全世界推广美国式的民主意识形态，已经成为美国对外关系中的一个准则，美国的对朝政策也同样如此。

传统的美国对朝政策表现为"鹰派"的排斥战略与"鸽派"的接触战略。"鹰派"表现包括制裁、孤立、侮辱朝鲜政权，希望以武力速战速决；"鸽派"则以拖待变希望朝鲜政权会出现"历史的终结"。但无论哪种派别都以人权高于主权为口实，试图颠覆朝鲜政权。一直以来，不同时期的美国政府一直在对朝排斥与接触的战略中左右摇摆，其中，鹰派既没有足够的政治资源，也没有多余的军事力量促成朝鲜政权的更迭；鸽派也没有足够的时间与诚意放下傲慢与朝鲜进行谈判。尽管"高压与说服"的手段时有变化，处理方式上会有不同，但在美国的对朝政策中，颠覆朝鲜政权，"保护"朝鲜人民人权的口号不会变化。

在美朝博弈中，需要关注以下几点。

1. 朝鲜外交善于利用大国矛盾，达到以小博大的目的。尽管朝鲜国家意识形态中充满了反美主义，但为了解决朝鲜的安全、经济发展问题，与美国关系正常化仍会成为朝鲜的主要外交目标，目标的实现不排除渐变与突变两种方式。

2. 朝鲜需要中国为其提供强有力的支持。尤其当朝鲜面对日美韩的打压"不堪重负"时，朝鲜国家领导人及使节会多次往返于中朝之间，寻求中国的支持，中朝关系会更加紧密。朝鲜希望在加强中朝关系的前提下，也通过朝俄之间互动，吸引俄罗斯对朝鲜半岛事务的"积极参与"，以平衡对中国的严重依赖，增强朝鲜外交的"独立自主"与"国际影响"。

3. 警惕美国对朝使用"接触与引导"的"基辛格对华模式"。"遏制"战略会加剧朝美之间的军事与政治对抗，强化中朝传统同盟关系。"接触"战略会损害美国同盟国的国家利益。但正如基辛格首先对中国使用了"接触与引导"战略，之后美国又对前苏联的一些盟国采用了这一战略，进而瓦解了美国的敌对阵营，引导以前的敌对国家与美国建立了外交关系，发展了贸易来往。

第四节　中国的作用

朝鲜作为朝鲜问题的当事国，表面上看似制造区域的紧张与冲突，实际上主要是通过"问题的制造"，达到"问题的联系"，以多层次的博弈方式游刃于大国之间，实现本国利益最大化的目标。朝鲜外交采用"切香肠"式的、"分割整合"式的边缘政策，每一次切一块，逐步推进，最终实现"外交目标"。

中朝双方国家战略矛盾体现在两个方面：一是中国"不结盟"外交政策与中朝军事安全条约在事实上存在的矛盾。中国主张"不结盟"政策，弱化事实上的中朝军事同盟关系，因此，尽管中朝军事安全条约依然客观存在与延续，但由于没有给朝鲜的安全带来某种强力的保证，加上日美韩军事同盟战略实施的强化，导致朝鲜自行拥核。换言之，朝鲜已经自己为自己上了保险，但如有"万一"，从法律上讲，其"风险"要由中国共同承担。二是中朝关系无论在军事安全、地缘政治方面还是在经济、历史文化方面，都表现出不对称的特殊关系。但中国既没有主导朝鲜的"国际战略安排"，也没有影响到朝鲜今后的"国内路线设计"。朝鲜对外战略实施方面，更多地体现出"主动出击"，而中国则表现为"被动等待"。朝鲜对华政策表现为具有大国特征的小国外交。中国对朝政策表现为具有小国特征的大国外交。创造了朝鲜式的特有的"国际关系模式"。

中国对朝政策一直以来维持着一种战略平衡。但随着中国全球战略利益的要求，中朝之间这种地区利益的关系与中国的全球利益将发生矛盾。中国今后的对朝政策面临着逐步调整的战略必要。历史的相似性、安全上的依赖性、经济贸易的现实性，要求中国在对朝政策上，具有不同于他国的目标与路径。

一 继续积极强化中朝传统政治与安全关系

政治上，中国不应放弃地缘战略利益，而应坚持两国之间的传统关系，高举中朝友好大旗。但中国坚持朝鲜半岛无核化，不承认朝鲜核拥有国的地位仍是中国今后对朝政策的根本原则。中朝关系的调整方向是"条约的同盟关系"向着"实际上有影响的合作关系"演进。

二 继续推进对朝鲜经济的"输血"与"造血"

经济上，中国应继续对朝鲜不断地"输血"，以维持朝鲜能源与粮食最低生命线的基本要求。对朝鲜资源开发进行投资应是中国国家对朝战略的重要一环，这样不仅可以强化中国的经济影响力，也可以通过援助、长期投资、基础设施的开发与各种经济技术合作，强化地缘经济关系。目前，中朝经济关系紧密，在海外资本参与朝鲜地下资源开发的25个项目中，中国资本占20个。此外，中国还拥有贸山铁矿、惠山铜矿、龙登煤矿等主要矿山的开采权。2008年，中朝贸易额为7.6亿美元，其中矿物资源贸易占58%。朝鲜矿物资源储量丰富，菱镁矿储量居世界第一，可达30~40亿吨。除此之外，朝鲜的铁矿石、钼、稀土等稀有金属的储量也相当丰富。尽管投资朝鲜存在政治风险，但中国应当立足于朝鲜"改革开放"后，抢先占有市场的"先行投资"。同时应当注意的是：中朝贸易协定应当注重"原则"型的合作与协议的签署，并且要修改那些过时的及其没有任何实际效益的合作项目，避免签订"义务"型的协议。

三 外交上，协调中朝与地区的利益

维护朝鲜半岛"和平—稳定"，是中国政府国家发展战略的要求，关系到中国国家的核心利益。要维护国家利益，又要兼顾中朝与地区之间的共同利益。要意识到今后的朝鲜半岛将处于"深刻变革"中；中国的发展需要半岛的"和谐"；解决朝鲜核问题要"积极参与"；同时要促进朝鲜与东北亚地区的"共同发展"；朝鲜核问题的责任不能归咎于朝鲜一国，美日韩有不可推卸的"共担责任"。

中朝关系的塑造具有关键性与标志性的意义，不仅涉及东亚安全的总体，也关系到中美在全球政治、经济与安全事务中的全面合作关系。还涉及中国的和平发展如何建构的问题。

中国朝鲜政策的核心应当是帮助朝鲜融入现有的国际体系之中，保持对朝鲜政策的连续性、清晰性，当务之急是制定出具有前瞻性的对朝政策。要不断加深对朝鲜政治文化的了解，地缘安全政治诉求的理解。推动中朝之间在政治、经济与文化等各领域的密切关系。努力提高中国在朝鲜战略中的分量，防止美日韩三方的联合对半岛构成绝对性的权力失衡。避免以美国为主导的统一后的朝鲜半岛形成一个亚洲版的北约集团。在大国合作中，中国应努力确定自己的外交议程，强化自身的分量，限制对方有损中国利益的要求与选择。

进入 21 世纪之后，国际秩序发生了深刻的变化，最明显的标志是朝鲜与伊朗核事态的发展，这使全球核秩序面临巨大挑战。目前，日本的核泄漏及其影响再一次引起世人的关注，它不仅导致了地区安全环境的动荡，也使各国国家安全面临新的挑战与风险。

朝核问题是朝鲜半岛地缘政治剧变的集中表现，其主要原因可归结为四个方面：地缘政治动荡中心、民族分裂、国际体系变迁与朝鲜内政的变化。四个因素在朝鲜问题上交织在一起，四者合一促使这一地区地缘政治发生剧变。其中，朝鲜内政的变化与国际体系的变迁是导致朝鲜半岛地区动荡的主要原因。今后朝核问题的走向可能有两种我们不愿看到的结果。一是朝鲜成为核拥有国，东北亚多米诺骨牌效应出现。二是朝鲜持续性的"边缘政策"，最终导致区域内国家关系紧张，甚至爆发核战。

中朝关系面临着两难境遇：如何既维持中朝传统友谊，又维护中国与国际社会的利益；如何既响应国际社会的制裁决议，使之弃核，又保证朝鲜国家政权的基本稳定。两害相权，愿取其轻。中国应当有一整套清晰的对朝政策。这套政策应当得到国内各部门及其专家学者的认同，也应取得周边国家的支持。中美在实现朝鲜无核化的目标上是一致的，但在实现手段上，截然不同。美国主导着国际社会对朝鲜的制裁，中国则仍然保持着对朝鲜的"接触"战略。

这一差异主要是基于中美在朝鲜半岛上体现出的国家利益、历史、文化与外交准则的不同而产生的。朝鲜作为地缘政治的缓冲区，是中朝用"血"的历史浇筑的，并且尚有历史性的安全承诺；中国的文化与不干涉他国内政的外交准则，不会要求我们像美国一样，对他国进行干预；中国的国家利益要求朝鲜半岛的稳定，需要对处于困境的朝鲜给予经济支援，开展对朝贸易；中国发展的历史就是在美国与西方强权下，被进行经济、外交、政治的围堵、孤立、遏制的历史。历史的相似性、安全上的依赖性、经济贸易的现实性，要求中国在对朝政策上，具有不同于他国的目标与路径。中国的目标应当是推动"鸭绿江以南的地区的草地与北面的草地一样嫩绿"。

纵观朝鲜半岛局势不难看出，朝核问题风云突变，半岛局势喜忧参半。围绕朝鲜半岛新的地缘政治格局的拼图及其轮廓已经显现，解决朝核问题不能只用现实主义的视角看待问题，应当将朝鲜融入多边的国际体系建设之中。促进朝鲜与外界的政治、经济联系，不仅会振兴朝鲜的经济，也可能刺激东北亚地区的经济发展。经济对外交有决定性的影响，经济发展一旦带来经济效益，会减少拥核、出售核武器的诱惑力与动力。因此，推进六方会谈，结束朝鲜半岛冷战状态，实现朝鲜与相关国家的和解不仅是必要的，而且也是迫切的。

思考题：

1. 简述中朝关系的历史发展过程。
2. 比较中朝两国的国家战略的内容。
3. 中朝两国的国家战略的实施及其影响如何？
4. 如何理解中朝关系中中国的作用？

参考文献

1. 《中朝经贸概况》，中华人民共和国驻朝鲜民主主义人民共和国大使馆，2011 年 7 月 4 日。

2. 〔美〕约翰·米勒：《对核武器的重新思考》，《外交政策》2010 年 1~2 月号。

3. 于洪洋、巴殿君：《论中朝关系及中国的作用》，《辽东学院学报（社会科学版）》2012 年第 5 期。

第六讲
美俄关系的历史、存在的问题及发展趋势

目的和要求：

　　本讲主要梳理了冷战结束后美俄关系发展历程，分析了美俄关系中存在的重要问题，揭示了美俄关系发展的特点，并就今后的美俄关系及发展趋势进行了预测。学习本讲主要是使学生了解冷战后美俄关系发展历程、把握美俄关系中存在的重要问题，弄清美俄关系发展的特点及趋势。

重　　　点：

　　美俄关系领域存在的问题

难　　　点：

　　美俄关系发展的特点及趋势

关　键　词：

　　美俄关系　发展历程　存在问题　特点　趋势

　　在大国关系中，美俄关系是较为重要的一组政治双边关系。美俄关系的好坏不仅会关系到两国自身，而且对整个国际格局和国际关系态势都有重要影响。冷战后，美俄关系的发展起伏不定，即使在美俄关系"正常"时期也是"插曲"不断。在美俄关系领域里的重要问题，如北约东扩、颜色革命、东欧导弹防御系统等事关俄罗斯国家核心利益的问题上，美国对俄罗斯的进攻姿态屡次使美俄关系陷入"低谷"。美俄之间存在的矛盾和分歧目前仍表现得十分突出，而且短期内难以调和。这些似乎让人难以明确美俄关系的"冰点"到底有多冷，美俄关系的"低谷"到底有多深。当前，乌克兰危机使美俄关系陷入了更加严重的对峙状态。今后一段时间内，美俄间的矛盾和摩擦仍将复杂而激烈，美俄关系的实质性改善仍任重而道远。本讲主要阐述冷战后美俄关系的发展历程、探讨美俄关系领域存在的重要问题并阐明美俄关系发展的未来趋势。

第一节　美俄关系的发展历程

一　20 世纪 90 年代的美俄关系

20 世纪 90 年代，世界政治格局发生了重大转折。冷战结束以后，美国的影响力得到了空前的加强。而俄罗斯作为苏联的主要继承者，则陷入了相对衰落和动荡之中。当时的俄罗斯领导人叶利钦从现实出发，全面推动了俄罗斯的西化改革，在政治制度和经济制度方面向西方看齐，在对外关系方面则采取向西方"一边倒"政策，以积极寻求融入以美国为首的"西方民主大家庭"。俄罗斯的这种全面转向西方的内外政策，使美俄关系在短期内取得了较大的发展。在冷战结束之初的一段时间里，美俄两国元首多次会晤，先后签署了多个重要文件。1992 年 6 月，在叶利钦访美期间美俄两国签署了《美俄伙伴关系和友好关系宪章》，宣布两国致力于建立"民主和伙伴关系"。1993 年 1 月，美俄签署《第二阶段削减战略武器条约》；1993 年 4 月，两国签署《温哥华宣言》，强调美俄建立"加强国际安全的伙伴关系"；1994 年 1 月，叶利钦和美国总统克林顿又在莫斯科发表《莫斯科宣言》，宣布两国关系"已经进入了一个成熟的战略伙伴关系的新阶段，这种关系的基础是平等、互利和相互承认各自国家的利益"，双方保证"今后仍将加强伙伴关系并共同促进全球稳定、和平与繁荣"。在此期间，美国与其他西方国家还一起向俄罗斯提供了几百亿美元的经济援助，帮助俄罗斯恢复和发展经济。

然而，历史的发展证明美俄之间并没有建立起真正意义上的伙伴关系，美国不仅没有伸出援手实质性地帮助俄罗斯摆脱困境，而且还极力限制和削弱俄罗斯。西方先后多次承诺的经济援助，实际兑现的也很少，与俄罗斯方面的期望相距甚远。随着俄罗斯对西方幻想的破灭以及俄罗斯国内全面爆发危机的现实，俄罗斯主动拉开了同美国的距离。俄罗斯逐步调整向西方"一边倒"政策，转向独立自主地推行全方位外交，以恢复其世界大国的地位。在俄美关系问题上，叶利钦强调与美国建立战略伙伴的同时，必须坚定地反对在华盛顿政策中可能重新出现的帝国主义的表现，反对企图把美国变为"唯一超级大国"的路线。1994 年，俄罗斯确立了以"恢复大国地位，确保势力范围"为核心内容的对外政策目标，将苏联其他新独立的共和国视为对俄罗斯利益至关重要的地区。① 至此，美俄之间的分歧和摩擦开始不断出现，双方在一系列问题上的矛盾和分歧愈加突出。

美俄关系由冷战结束初期的"蜜月期"转而重新出现紧张的最主要原因是，美俄两国的许多重要战略利益终究并不一致，美国对俄罗斯的新遏制政策必然地引起了俄罗斯的反抗。冷战结束以后，美国的对外战略目标就是维持自己作为唯一超级大国的优势地位以"领导"世界，因此，美国并不希望看到一个很快恢复强大的俄罗斯。美国一方面担心俄罗斯会重新走上极权主义和扩张主义的道路；另一方面，即使俄罗斯继续走民主化的道路，美国也不希望看到俄罗斯迅速复兴。因为，防止在欧亚大陆出现任何能够对美国构成挑战的国家是美国的一贯政策。因此冷战结束后，美国一方面大力推动俄罗斯进行西化改革，另一方面又采取了种种措施，挤压俄罗斯的地缘战略空间，消解俄罗斯的势力范围，以弱化俄罗斯。②

随着俄罗斯对外政策的调整，美俄在北约东扩、车臣战争、科索沃战争、伊拉克、伊朗等问题上的矛盾不断增加，并最终导致在科索沃战争中俄罗斯与西方的对抗升级，美俄关系再度紧张。

二 布什政府时期的美俄关系

2001 年布什入主白宫出任美国总统后，全面调整了美国的对外政策。美国对外政策中的单边主义倾向急剧加强。实际上，1999 年普京接替叶利钦出任俄罗斯总统之后，对俄罗斯的内政外交也进行了一系列大刀阔斧的改革。在对美国的政策上，强调坚决维护俄罗斯的国家利益，但也清醒地认识到俄罗斯必须要同美国发展合作关系。2000 年，经普京总统批准的《俄罗斯联邦外交政策构想》再次确定了在合作框架内发展俄美关系的基调。它指出："俄罗斯联邦准备消除最近与美国关系中出现的重大困难，维护将近花了 10 年时间建立起的俄美合作的基础。尽管分歧严重，有时甚至是原则性分歧，但是俄美的相互配合是国际形势好转和保障全球战略稳定的必要条件。"承诺要"保持各个级别的经常性双边接触，不允许双边关系中出现停顿，不允许有关政治、军

---

① 李兴、刘军：《俄美博弈的国内政治分析》，时事出版社，2011，第 98 页。
② 《美国与俄罗斯的合作与摩擦》，http://ias.cass.cn/show/show_project_ls.asp? id =1051。

事和经济的主要问题的谈判中止"。① 但是，由于布什政府在上台之初对俄罗斯实施了十分强硬的外交政策，如警告俄"不要重新采取扩张主义"，以反间谍为名驱逐 51 名俄驻美外交官，宣布削减向俄削减、拆除核武器提供的援助，与俄争夺在乌克兰、摩尔多瓦等国的利益等。对此，俄罗斯也针锋相对地予以还击。美俄关系很快严重恶化，跌入低谷。

2001 年"9·11"事件的发生成为美俄关系改善的契机。2001 年 9 月 11 日，美国纽约世贸中心和华盛顿五角大楼遭遇基地组织的恐怖袭击，数千人遇难。事发当天，普京总统立即致电白宫，对美国政府和人民深表同情。而普京是第一个致电布什的外国元首。"9·11"事件是冷战结束后国际政治与安全形势发展进程的一个重大转折点，使世界各主要国家受到强烈冲击。它不仅导致了美国全球安全战略的重大变化，同时也成为俄罗斯再次调整对美政策的历史契机。

普京坚定地支持美国的反恐行动，对美国的反恐要求采取了积极配合的态度：俄方默许美国在中亚设立军事基地；俄罗斯与北约建立了能够较大幅度提升双方关系水平的"北约—俄罗斯理事会"新机制；俄美签署了大幅度削减进攻性战略武器的条约，并确定了双方的新型战略关系。对此，美国和欧盟相继承认了俄罗斯的市场经济地位，俄罗斯成为八国集团的正式成员。尽管如此，美俄之间的实质性矛盾并未改变。北约东扩的步伐从未停止；西方虽然不再支持车臣恐怖主义，但仍然利用"人道主义"问题干涉俄内政；"9·11"之后俄罗斯允许美国在阿富汗进行反恐战争期间在中亚短期驻军，然而，美国不仅违背诺言，将中亚驻军长期化，而且还在独联体地区积极策动"颜色革命"，不断挤压俄罗斯战略空间，美国在东欧部署反导系统问题上出尔反尔；俄美经济合作成果也很有限。而 2002 年下半年到 2003 年初的伊拉克危机则使美俄两国关系经历了一次严峻的考验。

2003 年初，布什政府以伊拉克的萨达姆政府拥有大规模杀伤性武器和与恐怖分子勾结为由，执意对伊拉克发动战争。在这个问题上，俄罗斯采取了坚决的反对政策，俄罗斯与美国出现了"9·11"事件后的首次严重分歧，暴露出美俄之间反恐伙伴关系的脆弱性。2003 年 3 月 20 日战争开始后，普京谴责美国发动这场战争"是一个巨大的政治错误"，强调国际社会应尽力制止战

---

① 袁胜育：《转型中的俄美关系》，社会科学文献出版社，2006，第 175 页。

争。在伊拉克战争期间，俄罗斯不仅没有对美国提供援助，而且还多次对美国的侵略行为进行抨击，这引起了美国的不满，同时俄罗斯国防部长也取消了访美计划。虽然伊拉克战争问题并没有对美俄关系造成实质性伤害，但它却恶化了美俄合作的氛围，加深了双方的互不信任。

此后，在伊朗核问题、导弹防御和北约东扩问题，以及民主和人权问题等许多重要领域，美俄两国都出现了严重的摩擦。普京政府改变了"9·11"事件之后以妥协求合作的政策取向，开始对美国的政策实施外交反击。普京多次在公开场合反驳布什政府对俄罗斯政治体制的指责，批评布什政府的对外政策。2007 年 2 月，在德国慕尼黑欧洲安全政策会议上，普京严词抨击美国的单边主义政策和"过度武力"。2005 年末伊朗核危机升温，俄罗斯与伊朗签署了总价值为 7 亿美元的 29 套"托尔—M1"地对空导弹系统出售协议。2005年 12 月之后，俄罗斯坚决反对美国对伊朗实施新的制裁，反对美国在东欧部署导弹防御系统，宣布暂时中止执行《欧洲常规武装力量条约》，加紧发展本国的陆海空及战略核武器，研制和部署新的远程雷达及反导武器。①

2008 年 8 月俄罗斯与格鲁吉亚发生军事冲突后，美国国务卿赖斯宣布，美国将重新考虑与俄罗斯的关系，并在此基础上制定新的对俄政策。在格鲁吉亚宣布与俄罗斯断交后，布什宣布再向格方提供 10 亿美元援助（此前已经援助了 3000 万美元），美欧主导下的国际货币基金组织也批准向格鲁吉亚提供7.5 亿美元的贷款。俄罗斯方面则宣布暂停执行《欧洲常规力量武器条约》，"北约—俄罗斯理事会"工作中断，俄罗斯与美国中断了一系列的沟通和谈判。至此，美俄关系再度陷入僵局，如何处理日趋紧张的美俄关系，是奥巴马政府必然面临的外交课题。

三 奥巴马政府时期的美俄关系

2009 年 1 月奥巴马出任美国总统后，美国对俄罗斯的外交政策开始了大幅度的调整，美俄关系获得"重启"。2009 年 3 月 6 日，美国国务卿希拉里·克林顿与俄罗斯外长拉夫罗夫在日内瓦举行会谈，在这次会谈中，希拉里·克林顿送给拉夫罗夫一个上面写着"重启（RESET）"字样的小装置，并与拉夫罗夫共同按下了按钮。这种象征性的做法，表明了奥巴马政府决心重新发展与

---

① 郑羽：《新普京时代（2000~2012）》，经济管理出版社，2012，第 180 页。

俄罗斯的合作关系，从而拉开了美俄关系"重启"进程的序幕。2009 年 4 月 1 日，奥巴马和梅德韦杰夫在伦敦 20 国峰会期间举行了首次正式会晤，并发表了《联合声明》，该声明涉及军事安全、地缘政治、经济社会，以及地区热点等美俄关系的方方面面，为未来美俄关系的发展确定了一个具体的实质性议程。以伦敦会晤和《联合声明》为标志，美俄双边关系的"重启"进程正式开始。

2009 年 7 月 6 日，奥巴马对俄罗斯进行了他上任之后的首次访问。美俄两国总统均称，要为古老而复杂的双边关系注入新活力，开创双边关系新的一页。

为了使美俄双边的合作关系机制化，奥巴马总统访俄期间，两国还建立了"美俄双边总统委员会（U. S. -Russian Bilateral Presidential Commission）"。它在美俄两国分别由美国国务卿希拉里和俄罗斯外交部长拉夫罗夫领导，下面共设有 16 个工作小组，这些工作小组的工作内容涉及美俄两国间的农业、军控与国际安全、贸易发展与经济关系、防务关系、能源形势、环境问题、健康问题，以及教育、文化、体育和媒体等各个领域。这些工作小组的负责人也分别由两国相关部门的主要负责人担任。[①] 工作小组会定期开展双边磋商，并直接分别向两国的国务卿和外长提交报告，其重要性不言而喻。美俄通过建立这种"机制化"的方式使两国在军事、政治、经济、社会、人文等领域的合作全面展开。

奥巴马第一任期内美俄关系的"重启"带来了一系列成果，两国关系升温趋势明显。美国暂停了涉及俄罗斯新罗西斯克港的北约东扩，也调整了在东欧的导弹部署，并重启同俄罗斯削减进攻性武器条约的谈判。俄罗斯对奥巴马政府新的对俄政策进行了回应，采取了积极的配合态度。在伊朗核问题上，俄罗斯支持了西方对伊朗的制裁；在阿富汗问题上，俄罗斯也在运输美军战略物资方面提供了便利；特别是核裁军条约的签署也进一步体现了美俄关系的升温。2010 年 12 月，美国参议院通过了《削减战略武器新条约》，俄罗斯国家杜马也于 2011 年 1 月正式批准了这项条约。新条约的签署消除了一些阻碍两国合作的障碍，双方表露了改善关系的友好姿态，这为双边关系继续发展奠定

---

① 《美国问题研究报告（2012）：美国全球及亚洲战略调整》，《美国蓝皮书（2012）》。

了基础。① 2011 年 12 月 16 日，在世界贸易组织第八次部长会议上，俄罗斯加入世贸组织的协议获得批准，俄罗斯正式成为世贸组织的成员。这也是美俄关系发展的一项重要成果。然而之后，美俄关系却开始急转直下。

2011 年，普京宣布准备重返克里姆林宫后，西方媒体便掀起了阻碍普京回归的行动。无论是 2011 年底的俄杜马选举还是 2012 年 3 月的俄总统选举，俄罗斯都指责美国等西方国家支持俄反对派，干涉俄罗斯内政。2012 年 3 月和 11 月，普京和奥巴马先后重新当选总统，自奥巴马连任、普京重返总统宝座后，美国与俄罗斯在诸如叙利亚等国际问题上分歧加大，在人权事务方面也针锋相对，俄罗斯还指责美国在东欧部署导弹防御系统是对俄方的威胁。双方在削减核武器、伊朗等问题上意见相差甚远，两国摩擦不断。2012 年 12 月，美俄两国分别出台《马格尼茨基法案》与《雅科夫列夫法案》两个针锋相对的法案——美国对俄罗斯数十名官员实行签证限制，俄罗斯禁止美国收养俄罗斯儿童，美俄关系的恶化趋势显而易见。

2013 年，美俄关系再生龃龉。2013 年 6 月，"棱镜门"爆料者爱德华·斯诺登过境莫斯科招来美国政府官员及议员的指责与批评。美一再向俄施压，要求俄"驱逐"斯诺登并将其遣返回美国，但俄不仅多次拒绝美要求，还公开将斯诺登称为"人权活动家"，并给予斯诺登临时避难身份。美国对斯诺登获得俄罗斯临时庇护反应强烈，美俄之争迅速升级，最后美国以取消"奥普会晤"作为回应，单方面取消了原计划于 2013 年 9 月初在莫斯科举行的美俄首脑峰会。

"斯诺登事件"对美俄关系的冲击尚未逝去，乌克兰危机及克里米亚"入俄"又使美俄关系几乎陷入对抗状态，美国部分媒体甚至用"新冷战"来形容美俄关系。欧洲陷入了冷战结束后最严重的对立局面，美俄关系持续紧张。围绕乌克兰危机，美俄在相互交织的多个领域展开了争斗。第一，一定程度上出现了军事对峙。美国"特拉克斯顿"号导弹驱逐舰与保加利亚、罗马尼亚两国海军在黑海进行联合演习；美国战机及军事人员部署于波兰、立陶宛等国；美国副总统拜登与东欧国家领导人会面，承诺提供保护，考虑在波罗的海地区军演。俄罗斯也针锋相对，在乌俄边境进行军演。据西方媒体披露，目前俄罗斯已在乌俄边境陈兵十万。第二，俄美经济、金融关系恶化。美国对俄部

① 杨雷、孔春雨：《美俄关系"重启"前景分析》，《现代国际关系》2010 年第 11 期。

分商界人士及"俄罗斯银行"进行制裁，"万事达"和"VISA"暂停在俄业务。俄罗斯则表示将考虑建立本国银行支付系统。第三，俄罗斯彻底调整苏联解体以来的对外政策，放弃对西方的幻想和外交游移，恢复主动进取的对外战略，争取牵制西方，以达到自身战略目的。① 乌克兰危机重创美俄关系的事实，再次证明美俄关系存在结构性矛盾。

第二节　美俄关系领域的重要问题

一　北约东扩问题

冷战后，困扰美国和俄罗斯关系的主要是北约东扩问题。北约东扩是指北大西洋公约组织的责任区扩大到东欧国家。该计划是 1994 年 1 月在布鲁塞尔北约首脑会议上正式提出的，其根本目的是填补苏联解体后的东欧"安全真空"，建立以北约为核心的未来安全新机制。北约东扩从表面上说是将它的责任区扩展到苏东地区，从深层次上说则是挤压俄罗斯。经过多年的谈判与磋商，1999 年和 2004 年的两次东扩，使原东欧地区的波兰、捷克、保加利亚、罗马尼亚、斯洛伐克、斯洛文尼亚和原苏联地区的爱沙尼亚、拉脱维亚、立陶宛正式成为了北约的成员。2009 年，阿尔巴尼亚和克罗地亚正式加入北约，北约成员国由最初的 12 个发展到了 28 个。

对于美国来说，北约东扩的意义堪比二战后的马歇尔计划。马歇尔计划拯救了西欧，北约东扩将会使整个欧洲成为一个美国构想中的"完整而自由的欧洲"。在美国看来，北约的扩大就是民主价值观的扩大，北约东扩将巩固"中东欧的民主胜利果实"，是"和平与稳定"的延伸。② 但俄罗斯强烈反对北约东扩。1996 年底至 1997 年初，俄罗斯国家杜马通过了《关于北约扩张》的宣言，强调了北约扩张计划对俄罗斯及世界安全的危险性。一些俄罗斯议会下议院的议员成立了"反北约"的党团联合国，强调把议员团体团结在"反对北约的思想"周围，加紧确立保护俄罗斯利益和安全的一切必要的法律，促进独联体国家的包括军事在内的一体化进程。

---

① 《俄美关系陷入一场"凉战"》，《中国国防报》2014 年 4 月 1 日，第 10 版。
② 袁胜：《转型中的俄美关系》，社会科学文献出版社，2006，第 211 页。

"9·11"事件后，随着美俄关系的改善，俄罗斯与北约的关系取得了前所未有的突破，但后来北约向独联体国家敞开大门，引发了俄罗斯的忧虑和抵制。2008 年 4 月 2 日至 4 日举行的北约布加勒斯特峰会是美国力图将北约扩大到独联体国家的首次尝试。虽然美国支持的乌克兰和格鲁吉亚因北约老牌欧洲成员国的反对和申请国的先天不足而未能加入，但是这仍然引发了美国与俄罗斯的新的对立。俄罗斯认为北约东扩压缩了自身的战略生存空间，于是采取各种措施和手段与北约展开激烈较量，2008 年俄格之间的冲突，实际上也反映了以美国为首的北约与俄罗斯之间激烈的斗争。

2013 年末，随着乌克兰危机的出现，乌克兰再次成为美俄两国外交角逐的焦点。在俄方看来，如果乌克兰加入北约，北约就把前沿阵地推进到了俄罗斯的西南部和南部，这使俄罗斯深感危机，美俄关系中的这一矛盾点再次凸显出来。北约东扩是美国的既定目标，重点是压缩俄罗斯的传统势力范围。俄罗斯要求美国停止东扩的要求在美国看来是没有任何战略基础的。美国等西方国家推行的北约东扩战略，与俄罗斯的国家利益有诸多矛盾之处。2014 年 4 月 17 日，普京总统称俄罗斯决定接收克里米亚与北约东扩至乌克兰的威胁有关。他同时强调，俄罗斯没有也不应该惧怕北约东扩。他说："当西方的军事装备逼近俄罗斯边境时，俄罗斯必须采取回应措施。"[1] 美国与俄罗斯在北约东扩问题上的矛盾仍将继续。

二　颜色革命问题

"颜色革命"这一叫法由西方学者首先使用，最后成了一个约定俗成的专有名词。它指美国和西方支持苏联加盟共和国反对派成功上台的行动，系非暴力的柔性政变，因反对派以颜色为标志，故称"颜色革命"。[2] "颜色革命"最早于 2003 年发生在格鲁吉亚，接着在乌克兰和中亚国家相继发生，并对俄罗斯等国构成重大威胁。美国推动"颜色革命"以独联体国家为重点，意在挤压俄罗斯的战略空间，推进"颜色革命"和抵制"颜色革命"的斗争成为美国与俄罗斯在独联体地区进行外交斗争的重要内容。

---

① 《普京称接纳克里米亚入俄，乃回应北约东扩》，http：//finance. sina. com. cn/money/forex/20140418/154418846861. shtml。

② 李兴：《试析"颜色革命"与俄美关系》，《贵州省委党校学报》2013 年第 2 期，第 106 页。

　　关于独联体国家爆发"颜色革命"的原因，美国强调其内因，俄罗斯强调其外因。"颜色革命"体现了美国的欧亚战略和美俄关系。"颜色革命"以独联体国家为重点，挤压俄罗斯的战略空间，是美俄之间的新一轮博弈。

　　就其内因而言，"颜色革命"是当事国国内各种矛盾激化的结果。苏联解体后，独联体各成员国的发展并不平衡，虽在一段时期内各国政局相对稳定，但从总体上看仍是危机四伏，矛盾重重。国家始终没有摆脱经济颓势，人民生活水平未能得到明显改善。在特定的诱因下，内部矛盾不断激化，外部势力乘虚而入，并充分利用选举之机掀起波澜，最终导致政权被颠覆。① 其中的典型就是乌克兰。在苏联解体后成为独立国家的近25年来，乌克兰政治上始终未能完成稳定的国家政治体制的建构，就连一个基本的权力架构也难以确立，总统—议会制和议会—总统制多次反复；经济上乌克兰始终难以找到一条适合本国发展的路径，这使得乌克兰从原来苏联内部经济最发达的地区变成远远落后于周边国家和地区的欧洲贫穷国家之一；对外关系上，乌克兰始终采取在俄罗斯和西方之间游离的政策，一直秉持"试图获取最大利益"的机会主义态度。这使得乌克兰每次国内政治动荡都成为外部势力干预角逐的机会，从而放大了国内矛盾的激烈程度。②

　　就其外因而言，"颜色革命"是西方势力借机推波助澜的结果。苏联解体后，独联体一直是美国"民主改造"的重点地区，以美国为首的西方国家从未停止过对独联体国家的所谓"民主渗透"。在全球推行民主与自由是美国天赋使命感的核心内容，也是美国历届政府不变的政治理念。美国认为，它在俄罗斯以及其他独联体国家"向民主和自由市场经济的演变"和促使这些国家融入国际社会方面有极其重要的安全利益。③ 毋庸置疑，此次乌克兰危机之所以发展到今天这个程度，外部干预是非常重要的原因。其中，西方国家的干预是导致最初的街头示威失控并走向暴力冲突的直接诱因。起先基辅街头的示威只是因为反对亚努科维奇由于与欧盟的谈判失败而暂时中止与欧盟签署联系国协定的政策，一直处于可控范围之内。然而，由于乌克兰所处的特殊地缘政治位置，西方国家热衷于使乌克兰脱俄入欧，因此直接支持基辅的反对派把示威

① 郑羽：《新普京时代》（2000~2012），经济管理出版社，2012，第192~193页。
② 《从乌克兰危机看"颜色革命"》，http://news.163.com/14/0313/15/9N7PV7QE00014AED.html。
③ 郑羽：《新普京时代（2000~2012）》，经济管理出版社，2012，第195页。

导向了夺权。美国和欧盟的高级领导人或是前往基辅广场鼓励反对派行动，或是在本国会见反对派领导人并面授机宜，并且为长期示威提供各种支持，同时对亚努科维奇政权的所有强硬措施都予以指责，从而使得乌克兰局势失控并最终走向街头暴力。

毋庸讳言，外部因素在独联体国家的"颜色革命"中发挥了重要作用，这种外部影响主要来自西方，即美国和欧盟。美国设想通过"颜色革命"使中亚国家疏俄亲己，将它们纳入自己的势力范围。因此，美俄两国发生碰撞是不可避免的。也就是说，格鲁吉亚、乌克兰等国发生的"颜色革命"，在一定程度上是美国夺取俄罗斯势力范围的体现。但是，从抵御"颜色革命"角度来看，俄罗斯却是美国的劲敌。俄罗斯逐渐强化对独联体和中亚国家的影响，极力反对"颜色革命"和消解"颜色革命"的影响力。在"颜色革命"问题上，俄罗斯表现出了与美国斗争的一面，形成了美俄之间的新一轮博弈。

三　导弹防御问题

美俄关系的第三个重要领域是导弹防御问题。克林顿政府时期，美国签署了关于建立导弹防御系统的法案，美俄有关导弹防御问题的较量正式开始。俄罗斯认为美国部署导弹防御系统的根本目的是谋求在世界上取得战略优势，并认为这是美国建立单极世界企图的一个重要组成部分。俄罗斯担心美国此举将会削弱俄罗斯的核威慑能力，使俄罗斯的国家安全受到威胁。对于俄罗斯来说，从苏联继承下来的能与美国相匹敌的战略核力量是其"大国地位"的最重要的象征。美国部署导弹防御系统将会使俄美战略平衡的基础受到破坏并最终导致俄丧失"大国地位"，使俄"在世界舞台上永远扮演二流角色"。由于上述原因，普京于第一任期内就非常明确地把阻止美国部署导弹防御系统确定为俄对外政策的最重要和最紧迫的任务之一。[①]

小布什上台后，加快了研制和部署国家导弹防御系统的步伐，谋求建立一体化的导弹防御系统。由于部署国家导弹防御系统违反了美国和苏联于1972年签署的《反弹道导弹条约》（《反导条约》），布什政府于是试图修改这一条约，并在遭俄方拒绝后于2002年6月13日正式单方面退出《反导条约》。

---

① 倪孝铨：《普京上台以来的俄美关系及其发展前景》，《和平与发展》2001年第2期，第19页。

2004 年，美国军方在阿拉斯加州的格里利堡基地和加利福尼亚州范登堡空军基地开始部署远程导弹拦截装置，正式启动了美国的导弹防御系统。此外，小布什政府还计划在东欧部署反导系统，并声称是为防范来自伊朗等国的潜在威胁。俄罗斯认为，美国在东欧地区部署反导系统对俄罗斯的国家安全构成威胁，破坏了全球核战略平衡和美俄核战略关系，增加了俄罗斯的不安全感。因此，美国在东欧部署导弹防御系统遭到了俄罗斯的强烈反对。

2009 年 9 月，奥巴马宣布美国将放弃小布什执政时期在东欧地区部署导弹防御系统的计划，取而代之的是奥巴马推出的一项"分阶段、更有针对性和操作性、更具效率"的反导系统部署方案。这就是北约领导人于 2010 年 11 月在里斯本峰会上决定建立的覆盖欧洲的反导系统，当时，北约还邀请俄罗斯参与合作。2011 年 11 月，俄罗斯总统在檀香山 APEC 会议上试图说服美国给予俄罗斯不将反导弹头瞄准俄罗斯的法律保证，但北约不仅拒绝提供这种担保，还单方面加速推进欧洲反导系统的部署。2011 年 12 月，北约正式批准在土耳其部署"爱国者 - 3"反导系统；2012 年 3 月，第一艘载有宙斯盾雷达系统的美国驱逐舰前往地中海开始军事执勤，这标志着奥巴马政府制定的欧洲反导计划的第一阶段已经开始实施（2015 年，美国将开始在罗马尼亚的反导基地部署，2018 年和 2020 年将在波兰和捷克部署）。对此，俄罗斯采取了一系列抵抗措施，包括 2011 年底组建新兵种——空天防御兵，2012 年 10 月进行了"白杨 - M"改进型的试射以及拦截巡航导弹的反导武器的试射，同时加紧部署"沃罗涅日"雷达系统，加紧生产能够拦截洲际弹道导弹的"S - 500"反导系统。为向美国和北约继续施加压力，俄还于 2012 年 5 月 3 日至 4 日在莫斯科举行国际反导会议，但并未能解开反导僵局。

对于俄罗斯而言，俄罗斯希望美国停止在中欧部署反导系统。俄罗斯无法接受美国在中欧部署反导系统的做法，认为这会破坏美俄之间的战略稳定。但就美国而言，美国要保护本土和欧洲盟国以防止来自核扩散的威胁，也就是首先来自伊朗的核威胁。因此，美国很难停止部署反导系统。普京于 2012 年 6 月 14 日曾表示，俄罗斯有能力对美国在欧洲部署的反导系统采取相应抵抗措施。这说明反导问题在今后相当长一段时期内，仍将是俄美之间的一大争斗点。双方在这个问题上都不会轻易做出让步，反导问题已经成为阻碍美俄关系发展的一块"顽石"。

第三节 美俄关系的发展趋势

如前所述,在目前美俄关系所涉及的所有重大领域中,两国之间都存在着矛盾和分歧,而且还表现得十分突出,难以调和。冷战结束以来,美国同俄罗斯的关系经历了一个逐步发展的过程,这也是两国关系的互动过程。然而,美俄关系仍然难以突破两国结构性矛盾,美国坚持北约东扩、执意部署导弹防御系统、两国在乌克兰问题上针锋相对、在中亚地区的战略竞争依旧,这是因为两国在战略目标和国家利益上存在着根本冲突。由于美俄利益难以调和,两国关系难以取得实质性突破。正如专家所指出的,两国战略目标相抵、核心利益相左、政治互信缺失,这意味着两国关系起伏不定在所难免。

一 美俄间的战略冲突仍将继续

冷战结束后,美国成为世界上唯一的超级大国。美国一向以"世界领袖"自居,美国的全球战略目标是要确立单极世界秩序,维护美国至高无上的地位与荣耀,决不允许有挑战美国的强权出现。美国在其历年的国家安全战略报告中都提出"美国必须在世界上发挥领导作用"。2014年5月,奥巴马在西点军校毕业典礼上发表演讲时声称"美国要做百年领袖"。在单极世界理论的指导下,美国主要战略目标之一,就是要全力阻止俄恢复世界大国的地位,这与俄的战略目标是绝不相容的。俄罗斯坚决反对美国的单极霸权,作为世界大国,俄罗斯希望建立能够体现其大国地位、维护其切身利益的多极世界格局。毫无疑问,俄罗斯也将是未来多极世界中的重要一极。基于此,俄罗斯一直主张并积极致力于建立多极国际关系体系,实现国际关系的民主化。因此,美俄国家利益和战略目标的相左将从根本上决定两国关系的发展走向。并且,美俄之间通过长期的冷战对抗已经形成了根深蒂固的疑惧和防范心理,两国之间的这种互不信任、相互猜疑很难消除,因而无法建立起真正的信任与合作。美俄在建立什么样的国际秩序上立场对立,美国不会停止谋求霸权的步伐,俄罗斯也不会改变建立多极世界的主张,美俄间的战略冲突仍将继续。

二 美俄之间地缘政治利益冲突依旧

美国始终认为只有不断扩大北约才能确保其自身和盟国的安全。冷战后的美国历届政府也无一不将遏制俄罗斯的崛起，打压其战略空间作为维系美国唯一超级大国霸主地位的既定战略。冷战后，美国对苏联地区的渗透力度进一步加强，并不断蚕食俄传统的势力范围。俄罗斯始终将独联体国家视为自己传统的势力范围而不容许其他国家染指该地区，"与俄罗斯相邻的国家——独联体，这是俄罗斯的利益范围，任何外部的军事同盟，任何其他大国包括美国都不能染指该地区"。① 与此同时，美国不断加大对中亚的投入，寻找新的军事立足点。美俄之间地缘争夺的主要区域无论现在和未来都主要集中在欧亚大陆。其中，处于主动地位的美国为防止俄在后苏联空间巩固领导地位，采取多种手段支持和拉拢亲美和亲西方的力量。对于俄在后苏联空间建立的集体安全和次区域联盟，如集体安全条约组织等，美国持消极态度，必欲除之而后快。② 美国不断强化在欧亚结合部和腹地的影响力，两国在此区域的利益很难不发生尖锐的矛盾。无论是 2008 年的"俄格战争"，还是如今的"乌克兰危机"，都是美俄之间地缘政治利益冲突的体现，两者的共同点都是使美俄关系陷入低谷。面对美国的步步紧逼，俄不会轻易放弃其核心战略利益，被迫对美采取抵抗措施。美俄之间地缘政治利益冲突依旧，美俄在这些重要地区的争斗势必激化双方深层次的分歧和矛盾。

三　美俄相互争斗的底线仍是"斗而不破"

20 余年的美俄关系，有很大的起伏动荡，美国与俄罗斯时而握手言欢，时而剑拔弩张，美俄关系始终处于不确定状态。美国对俄罗斯的挤压和遏制是由美国的国家利益决定的，也是由美国要维持其对世界的霸权地位决定的，这一战略在相当长的时期内将无法改变。但是，俄罗斯又是美国在应对和解决全球问题时必须考虑和借助的因素，所以在挤压和遏制的同时又要维持一个不能轻易突破的底线，即"斗而不破"的底线。③ 今后一个时期内，美俄间的矛盾仍会存在，某些情况下还可能再度激化。但双方仍将寻求两国共同利益的汇合点，美从自身利益出发，在地区热点事务上寻求俄罗斯的配合，如在阿富汗的战后稳定和重建问题、伊朗核问题、朝核问题、中东和平问题以及叙利亚冲突

① 黄登学：《论奥巴马政府对俄政策调整的原因及俄美关系前景》，《东北亚论坛》2011 年第 2 期，第 26 页。
② 杨雷、孔春雨：《美俄关系"重启"前景分析》，《现代国际关系》2010 年第 11 期，第 58 页。
③ 苗华寿：《普京再次出任总统后俄美关系的走向》，《东北亚学刊》2012 年第 4 期，第 17 页。

问题上，美国都离不开俄罗斯的配合和支持。美国在反恐、防扩散、朝核等重大问题上仍会寻求与俄的合作。双方"相互借助、相互制约、合而不和、斗而不破"的大框架不会改变。未来很长一个时期里，"合作与斗争"将是美俄关系的主要特征。

思考题：

1. 北约为什么要实行东扩？
2. 俄罗斯在北约东扩问题上持怎样的态度？
3. 冷战后美俄关系发展的特点。

参考文献

1. 袁胜育：《转型中的俄美关系》，社会科学文献出版社，2006。
2. 梁超：《中亚博弈新视角》，社会科学文献出版社，2011。
3. 赵常庆：《"颜色革命"在中亚》，社会科学文献出版社，2011。
4. 李兴、刘军等：《俄美博弈的国内政治分析》，时事出版社，2012。
5. 郑羽：《新普京时代（2000~2012）》，经济管理出版社，2012。
6. 李永全：《俄罗斯发展报告（2013）》，社会科学文献出版社，2013。

第七讲
战后美日关系的历史发展评述

目的和要求：

本讲将阐述和分析战后美日关系的发展过程，并将从美日外交战略的视角来剖析美日调整双边关系的深层次原因。学习这一讲，学生主要应掌握美国的内外政策对美日双边关系的影响以及日本对"大国"身份的追求，明确由美国战略需要而产生的美日两国关系的变化过程。

重　　点：

冷战后美日关系重新定位的相关内容。

难　　点：

战后美日关系的总体发展趋势及过程的掌握。

关　键　词：

美日关系　日美安保条约　调整

二战以来，美国和日本是影响东亚地区经济状况和政治关系的两个主要国家。美日关系对中日、中美双边关系的发展以及中国国内政治、经济政策的推进起到了不可忽视的影响。特别是苏联解体后，美日关系对我国周边安全环境的重要性更进一步突显出来。美日两国重新定义同盟关系的一个重要理由就是将中国作为新的威胁对象，美日两国的"中国威胁论"不时甚嚣尘上，日本更是以此作为发展自己军事力量的依据之一。因此，全面考察美日关系对我国制定相应对策也具有一定的参考意义。为了制定和完善21世纪中国的外交战略和经济政策，正确处理对外经贸摩擦、政治冲突等由"中国崛起"而带来的负面问题，我们有必要对二战后的美日关系进行全面、系统、深入地研究，借鉴战后美日经济发展的重要经验的同时，掌握美日关系的发展动向，并理解亚太地区的国际关系。

第一节　美军占领期的美日关系

一　美国对日单独占领以及美国主导下的体制改革

1945 年 8 月 15 日，日本宣布无条件投降。28 日，美军先遣部队进驻日本，太平洋美军总司令麦克阿瑟作为同盟国军最高司令官，在东京设立总司令部，对日本实行军事占领。美国排除其他盟国，单独制定了占领日本的基本政策。1945 年 9 月 2 日，日本政府代表在东京湾的美国军舰"密苏里"号上签署投降书，至此第二次世界大战彻底结束。

1945 年 9 月 23 日公布的《美利坚合众国对日占领初期基本政策》公然违反和篡改《波茨坦公告》，宣称占领日本的终极目的是保证日本不再成为美国的威胁，使日本成为美国战略的忠实属国。1945 年 12 月，莫斯科三国外长会议决定在华盛顿设立由苏、英、美、中、法、荷、加、澳、新、印、菲 11 国（后缅甸和巴基斯坦加入）代表组成的远东委员会，作为制定占领政策的最高决策机构。在东京设立由美、苏、中、英 4 国代表组成的盟国管制日本委员会。但是，前者的决定必须通过美国政府向盟军总司令部发布指令，后者则是盟军总司令的咨询机关，都不能限制美国对日本的单独统治。而在欧洲的势力范围划分及德国分区占领问题上美苏矛盾日益尖锐，这使美国力图排挤苏联在日本的影响力。为此，美国不顾其他盟国的反对，从自己利益出发，控制并占领了日本，实现了对日政策的垄断。

1945 年 8 月到 1947 年底，美国对日政策的主要目的是彻底消除日本成为美国威胁的可能性。同时，也由于亚洲各国人民和日本人民要求铲除军国主义、实现民主主义的强烈愿望，战犯被审判，日本的军队及军事机构被解散。美国对日本政府亦接连发出"解散财阀、农地改革、制定日本国宪法"等非军事化、民主化指令，以瓦解军国主义体制①。

由美国占领当局所主导的对日改革虽有一定的局限性，但改革在日本历史上仍具有一定的进步意义，取得的成就也是值得肯定的。美国下令颁布的新宪法废除了天皇专制，使人民首次享有平等、自由、民主的权利。宪法第九条规

---

① 〔日〕升味准之辅：《日本政治史》，商务印书馆，1997，第 1010 页。

定日本放弃发动战争的权利，使日本从此沿着和平道路发展。其中，经济上进行的农地改革是所有改革当中最为彻底的；还有劳动立法改革给予工人维护自己合法利益的权利；这些改革为战败后日本经济的恢复做出了重要贡献。

二　美国对日扶植政策的推行

1947 年 3 月 12 日，杜鲁门总统在国会发表外交咨文，指责苏联和东欧国家是"极权政府"，并声明要援助希腊防止共产党领导的"恐怖活动的威胁"。杜鲁门主义的出台拉开了冷战的序幕，美苏战时的伙伴关系也随着共同敌人法西斯集团的覆灭宣告结束。美苏矛盾的加深促使美国开始考虑调整战后的对日政策，以确保美国实现亚洲和太平洋地区的战略利益，防止苏联势力在亚太地区的渗透和扩张。让美国对日政策发生 180 度转变的是战后亚洲各国革命的迅速发展，尤其是 1950 年暴发的朝鲜战争。

朝鲜战争暴发后，美国对战时和战后初期所制定的以防止日本再度成为美国的威胁为主要目标的对日压制和改造的政策作了重大调整，放弃了把日本建成美国式自由民主的和平国家的想法，转而把日本纳入到了其全球和地区战略轨道，使之成为美国推行其亚太政策的中心。为了服务于美国在亚洲的政策，美国加快了对日媾和的步伐，并推行了复兴日本经济，重整日本军备等措施。

1. 召开对日媾和会议

1951 年 9 月 4 日，对日媾和会议在美国旧金山举行，印度、缅甸、南斯拉夫因反对美国的媾和政策拒绝参加。苏联、波兰、捷克斯洛伐克拒绝在条约上签字。而中国作为对日作战的最重要的国家，被美国排除在对日媾和之外。条约最后只有 48 个国家签字。"旧金山媾和条约"实际上是美国对日的片面媾和条约，它违背了国际法的基本原则，是不受国际承认的。就在美日片面媾和的当天，美日又签订了《日本国和美利坚合众国之间的安全保障条约》。这一条约的签署不仅标志着日本从此被纳入到美国的军事保护之下，而且也标志着日本成为美国在远东遏制苏联的军事基地。本来，日本对外媾和的中心应是日本如何履行盟国的共同宣言和协议，以及如何履行赔偿义务和结束与对日作战国的战争状态等问题。但在当时冷战的国际环境下，日本的对外媾和成了美日各自利益的谈判交涉。

继旧金山对日媾和条约与《日美安保条约》生效之后，美国终止了战后初期对日本的改革，转为施行"经济复兴、军事上武装日本、政治上扶植保守党并镇压日本共产党及进步人士"的政策。美军无限期地驻军日本和整个日本国土的基地化充分体现了战后日本的"半媾和"、"半独立"状态，也表明了条约的片面性和不平等性。但是同时，这种以条约形式实现美军驻日的安保安排，也为日本此后追求独立外交、全面媾和，从而实现完全独立创造了条件。

2. 复兴日本经济

二战后，日本的通货膨胀率、失业率居高不下，经济严重依赖美国的援助。为减少日本经济对美国援助的依赖性，从而为驻扎在日本的美军基地提供大量的军需物资，美国一方面为日本提供安全保障，另一方面开始对日本的经济进行整顿，增强日本经济的自主性。美国政府授权盟军总司令麦克阿瑟命令日本政府立即实行稳定日本经济的九项原则。这九项原则包括："加强税收，严格限制贷款、冻结工资，加强外汇管理，强制征购粮食，对美汇率单一化，增产重要物资，实现预算平衡等。"[1] 为了协助日本恢复经济，美国还派出底特律银行总经理道奇担任占领当局的最高财政顾问。道奇推行的政策重点是："综合平衡财政、控制通货膨胀，振兴出口，改变'依赖经济'，恢复自由经济。"[2] 通过道奇计划和经济振兴的九项措施，日本基本上抑制住了通货膨胀，为日本经济的恢复和发展带来了转机。

3. 重整日本军备

按照《波茨坦公告》和远东委员会的有关决议，以及美国早期对日政策的精神，战后日本改革的重点之一是非军事化。但是随着世界划分为东西方两大阵营以及朝鲜战争爆发后，美国军界主张重新武装日本的势力开始抬头。1950 年 8 月，盟军占领军总司令麦克阿瑟命令日本政府建立 7.5 万人警察预备队。8 月 10 同，日本政府颁布了《警察预备队令》，随后建立了警察预备队总监部。1951 年 1 月，杜勒斯作为美国总统特使访问日本。在同吉田茂的会谈中，杜勒斯表示美国不满足于日本警察预备队的现状，要求日本陆军编制建立 10 个师共 35 万人的地面部队，但遭到吉田茂的婉拒。然而美国威胁说如果日本不具备自卫军力，则不缔结相互防卫协定。在美国的压力下，美国与日本缔结了《日美安全保障条约》，条约规定"日本要逐渐增加承担其直接或间接

---

① 〔日〕信夫清三郎：《日本外交史》，商务印刷馆，2001，第 753 页。
② 谭健等：《日本政治概况》，中国社会科学院，1982，第 746 页。

侵略的自卫责任"①，这等于重新武装日本。1952 年 4 月，日本政府建立了海上警备队，7 月 30 日实施了《保安厅法》，8 月 1 日，警察预备队改为保安队。几年之内，日本的保安队则发展为正式武装力量——自卫队。面对美国重新武装日本，周恩来外长代表中国政府发表《关于对日和约问题的声明》反对日本重新武装，揭露了美国把日本作为美国侵略亚洲人民的工具的企图。

第二节　美日关系的发展变化

一　日本经济发展及追求与美对等地位的努力

1. 日本回归国际社会与经济恢复的完成

日本通过旧金山媾和条约实现独立。虽然这种独立是"半独立"、形式上的独立，但还是具有一定意义的。日本由于"独立"而恢复了"外交权"，有了参加国际体制的可能。虽然总体来说日本的外交政策仍然依赖、从属于美国的国际政策，但是也表现出了一定的自主性。

1952 年 8 月，在美国强有力的支持下，日本正式参加了国际货币基金组织（IMF）和国际复兴开发银行（IBRD 世界银行）。1956 年 10 月，日苏签订《日苏共同宣言》，12 月，日本加入了联合国。同时，通过缔结与美国的"特殊关系"，日本为战后经济恢复争取到了有利条件，不但逃避了巨额战争赔偿，为自身保留了一定的实力，而且得到美国的大量经济援助，同时利用与美国的特殊关系，迅速恢复了与其他西方国家的外交关系。再加上在美国的军事保护伞下可以把本应用于防卫的力量全部用于发展经济以及朝鲜战争"特需"的推动，日本很快地完成了战后经济恢复。日本经济的快速恢复与发展对后来日美关系的发展产生了巨大的影响。正如中曾根首相所说："在制定新宪法、签订旧金山和约以及日美安全保障条约的基础上，我们恢复了独立，接着，又签订了日苏和平宣言，并因此而很快地加入了联合国，又因此而向全世界撒下了通商贸易网，使经济力量急剧增长。"② 对外政策的形成总是受国内形势影响的，经济恢复后，日本的政治诉求也随之改变。

①　于群：《美国对日政策》，东北师范大学出版社，1996，第 68 页。
②　〔日〕中曾根康弘：《新的保守理论》，世界知识出版社，1984，第 20 页

　　然而，在日本经济迅速恢复并开始高速发展时，美国的经济却相对衰退不少。1950 年，美国的国民生产总值在 OECD 参加国中的比重为 57%，到 1960 年则下降到了 48.5%。美国的国际竞争力也相对减弱，特别是 20 世纪 60 年代入侵越南后，由于美国侧重于发展军事工业，经济的发展受到了影响。美国经济实力的下滑，在一定程度上刺激了日本民族主义情绪的高涨，日本国内开始出现要求改变与美国的不平等关系的思潮。

　　2. 日本对于改变美日不平等关系的要求

　　随着日美经济实力对比发生变化，日美关系出现了相互之间既依靠又竞争的局面。美国一方面通过日美安全体制使日本充当美国推行全球战略的"小伙伴"；另一方面又加紧控制，阻止日本接近中苏。然而，随着日本经济力量的充实，日本已不再甘心于美国"小伙伴"的地位，企图在维持日美合作的基础上，力争与美国平起平坐。

　　1957 年 2 月成立的岸信介内阁是日本垄断资本的代言人。新内阁一方面要求修改单边性和不平等性的《日美安全条约》，另一方面并从财界立场出发主张开创"日美新时代"。岸信介内阁提出了"以联合国为中心、与自由主义各国保持协调、坚持作为亚洲一员的立场"的外交三原则。而且实施了在追随美国的同时，以"和平的经济力量"作为主要手段向外发展的"经济外交"政策。① 而日本首相池田勇人则公开表示："自由世界以美国为中心的想法，已经不符合世界的潮流。"这表明日本统治集团要调整日美之间的不平等关系，发展其独立自主的外交的倾向。

　　总之，在实现了经济恢复后，日本具备了一定的经济实力，国内民族主义抬头并要求与美的对等地位。20 世纪 50 年代后半期，对于日美关系不对等的不满，在日本统治集团内成为普遍现象。在日美经济实力对比逐渐变化的背景下，日本不断谋求安保条约的修改。另外，因美军基地问题，不少地方出现了日本居民反基地运动，甚至发生流血事件。日本政府则利用日本人民的反美运动，对美国施加压力。

　　3. 美日共同合作和安全条约的签订

　　战后初期美日之间具有同盟性质的安保条约属于非对称和不平等的条约。随着日本实力的迅速增强，美国开始希望日本承担更多的防卫责任，而日本则

———————

① 〔日〕岸信介、伊藤隆：《官场政界六十年——岸信介回忆录》，商务印书馆，1981，第 112 页。

希望增强自身的政治地位——美日军事同盟的调整成为必然。虽然美国政府对修改条约并不积极，美国军方更不同意修改。但是随着日本经济的恢复，迫于日本国内民族主义情绪高涨的压力，为防止日本向共产主义势力倾斜，保证美国在远东的军事基地，美国不得不同意着手修订安保条约。这对日本国内的民族主义情绪给予了适当的满足，同时也趁机促使日本承担更多的防卫责任，美国牢牢抓住日本作为其反共桥头堡。

1960 年 1 月 19 日，美日在华盛顿签订了名为《日本国和美利坚合众国共同合作和安全条约》的新条约。该条约还附带有关实施细则的五个附属文件和有关驻日美军地位的一个协定及两个附属文件。相对于旧条约，新条约可以说具备了"两国对等的、双方承担义务"的条约形式。新条约与旧条约的不同点在于明确了与联合国宪章的关系；明确了美国防卫日本的义务；在服从（日本）宪法规定这一保留条件下，规定了日本逐渐增加自卫力量的义务；明确了日美在政治上与经济上的合作；新规定了事前协商制度；明确了冲绳、小笠原群岛与条约的关系；删除了内乱条款等。①

1952 年以后，美日同盟已成为了国际政治的重要组成部分，但是美国和日本之间的军事合作关系却是直至新条约签订才初具雏形。新条约的签订体现了日美各自不同的意图，可谓"各得其所"。日本试图借助美国的核力量牵制中苏，通过军事上满足美国的部分要求，以换取美国的经济援助，加强自己的经济实力，提高日本的国际地位，冲淡依附于美国的性质。而美国的意图则是通过修改条约，把日本"打扮"成美国的"平等伙伴"，以缓和日本人民的反美情绪和日本统治集团的不满，阻止日本向中苏靠拢。确保在日本的军事基地，把日本作为美国在亚洲的帮手；通过经济合作，加强对日本的控制。

二　美国战略收缩政策与美日防卫合作指针的签订

第二次世界大战结束后，美国凭借着雄厚的经济实力和强大的军事实力，确立其全球霸主的地位。但是到了 20 世纪 60 年代末 70 年代初，世界各种政治力量经过 20 多年来的分化和组合，形成了新的战略态势。首先，美国的经济实力和对外竞争力受到严重的削弱。到 1969 年，美国在资本主义世界工业生产中所占的比重由 1948 年的 53.4% 下降为 43.3%。而苏联利用美国深陷越

---

① 〔美〕A·保罗（Paul）：《美国海外军事义务》，拉特格斯大学出版社，1973，第 14~29 页。

南战场的机会，大力提高生产力和扩展军备，与美国实力的差距不断缩小。到1970年，苏联的工业产值上升为美国的80%。在军事上，苏联不仅与美国形成了核均势，而且在常规兵力和武器方面占有优势。其次，世界多极化趋势开始显现。随着美国经济实力的下降，美、日、欧经济力量的对比开始发生变化。

1. 美国战略收缩政策

1967年7月15日，尼克松总统在关岛发表谈话，主要内容为：①美国将信守其对外条约的承诺，但关于各国国内的安全问题，除受核武威胁外，期望各国自行负责处理；②为消除大战的危机，美国将支持亚洲非共产主义国家的防卫团结，但不提供部队，以避免类似越战的局势；③未来美国的对外政策，无论是对亚洲国家或者其他地区，都将是减少干预，美国对外援助，并不是替受援国解决一切问题；④当美国对亚洲国家的军事援助及所派驻的军事人员减少时，将继续给予经济援助。尼克松关岛演说表明，美国要在全球实行战略收缩。美国战略收缩的第二个表现就是在1971年8月15日，美国政府发表的"紧急经济政策"声明。声明宣布：①美元与黄金脱钩；②暂时对进口商品一律征收10%的附加税；③削减10%的援助；④国内工资和物价冻结90天；⑤通过减税刺激繁荣。①

美国战略的大幅度调整以及美国在战略收缩期所体现出的对日本的忽视，让日本政府产生了极大的不安及焦虑。例如，美国在公布"紧急经济政策"的前几分钟才通知日本政府，让经济上与美国有密切联系的日本财界陷入恐慌。另外，美国在外交领域推行的"基辛格秘密访华"、"尼克松访问中国"等"越顶外交"也给日本造成了很大的震动。面对来自经济、外交两方面的"尼克松冲击"，日本对于美国今后是否会将亚洲政策的重点从对日同盟转向对华友好，产生了强烈的疑虑。

为了消除日本对美国新亚洲政策的上述疑虑，美国政府采取了一系列措施，试图稳定美日友好关系。1972年2月，尼克松发表了任内的第三次外交咨文，重申"日本是美国在亚洲最重要的同盟国"，"我们的安全、繁荣及我们的世界政策，都是与密不可分的美日同盟结合在一起的"。咨文报告特别强调，"美国高度重视同日本的友好关系，将继续发展现存的紧密纽带"，"我们的对华政策同我们的对日政策没有矛盾"。1972年7月，田中内阁成立后，日

---

① 宋有成、李寒梅：《战后日本外交史》，世界知识出版社，1995，第289页。

本提出了以恢复中日邦交为"首要课题"的"自主多边外交"方针，迈出了从追随美国的外交向独立自主外交转换的步伐。

2. 美日防卫合作指针的签订以及日本安全责任的增加

1978 年 11 月 27 日，美日双方签订了《美日防卫合作指针》，这是美日同盟关系的"又一次重要调整"。其主要内容包含三部分：①日本依其防卫政策，建立自卫所需的防卫力量，以期有效运用其防卫态势，并确保美军有效使用日本设施与区域。美军除保持核遏制力量之外，必须在前方部署紧急应变部队。②为使美日两国在日本遭受武力攻击时，得以共同采取有效的对抗行动，平时应建立作战、情报及后勤支援等各项交流合作与战备。③在日本遭受武力攻击时，日美两国除了紧密联络，采取必要措施外，应视情况需要，在两国间设立协调机构，以便为采取共同抵抗而进行必要的准备工作。换句话说，《美日防卫合作指针》规定在日本遭受小规模之侵略时，原则上日本应以自力排除之。若遭受规模较大的侵略，日本未能以自力排除时，美国才出手协助予以排除。

可以说，这一指导方针的制定提高了《美日安全条约》的可靠性和有效性。通过这一指导方针，日美联合作战计划成为美国亚洲战略的一部分，美国可以公开利用日本的军事力量实施自己的亚洲战略。美国之所以这样重视日本的独立防卫能力，是试图利用日本处于阻止苏联舰艇南下的有利地理位置，以及日本迅速发展的经济、科技实力以及军事潜力，使日本成为美国抗衡苏联的战略前哨，以维护美国在东亚太平洋地区的利益。

另外，《美日防卫合作指针》提高了日本的安全责任。由于里根政府实行全球遏制战略，把大量的财富用于扩军备战，1985 年以后，美国政府财政状况再度陷入困境。因此，美国开始要求日本增加防务，分担更大的安全责任。1982 年 4 月，布什副总统访日发表演时说指出，"随着日本发挥作用的扩大，它的责任也会相应增大"，"日本不能逃避发挥政治作用"。这说明，随着冷战的持续，经济因素导致美国更加注重起日本的安全责任。

第三节　冷战后美日关系的重新调整及新的发展

一　冷战的结束及美日经济的结构性摩擦

东北亚的两极格局在 20 世纪 60 年代中苏关系破裂时就开始发生变化。到

70 年代初期，中美关系的改善、中日邦交正常化的实现、朝鲜半岛南北和谈的举行更使原有格局面目全非。另外，70 年代，无论是社会主义还是资本主义国家，经济发展都遭遇了瓶颈。当时，西方资本主义国家率先自我反省，通过向经济注入更大剂量的市场化因素进行自救；苏联和东欧，终因固守旧模式导致经济溃败，继而引发社会动荡。20 世纪 80 年代末到 90 年代初，东欧各个社会主义国家的政治经济制度发生根本性的改变，斯大林模式的社会主义制度最终演变为西方欧美资本主义制度，东欧社会剧烈动荡。体制转变最先在波兰出现，后来扩展到东德、捷克斯洛伐克、匈牙利、保加利亚、罗马尼亚等前华沙条约组织国家。这一事件以苏联解体而告终，标志着冷战的结束。

随着苏联的解体和冷战的结束，美苏在东北亚地区直接对峙的局面不复存在，东北亚的政治格局也随之发生了新的变化，开始向多极化方向演进。日本作为世界第二大经济强国，迈向政治大国的步伐也开始加快。日本外交开始更加谋求主动，要求改变日美关系中安全上的"被保护者"的角色，改变双边关系中安全上的不对称性，谋求与美国的平等地位。

冷战后，由于国际格局及日美双方综合国力对比的变化以及国家安全战略的调整，日美同盟经历了摩擦和矛盾加深的"漂流"阶段。冷战结束至 1995年 2 月美国发表《东亚太平洋安全战略报告》期间，这一阶段的日美关系出现过严重动摇。

打着重振美国经济的旗号上台的克林顿政府把维护美国的"经济安全"置于其对外政策之上，主张政府积极干预国际贸易，支持本国企业参与国际经济竞争，并采取了压制贸易伙伴国开放市场的政策。日本当时是美国最大的贸易逆差国，1992 年的逆差达到 500 亿美元。因此，日本成为克林顿政府的首要整治贸易逆差的对象。

经济上，美国对日本的防备之心由来已久，两者之间的经济矛盾只是由于"共同敌人"的强大，而暂时得到缓解。冷战结束后，美国开始把强化自身优势，迎接来自日本的经济挑战作为国家安全的战略重点。长期积累的日美之间经济贸易矛盾全面激化。美国对日政策已经从冷战中的"抓牢"，变为"敲打、控制、笼络"。

1994 年 2 月，细川首相访美，在美日首脑会谈中，日本拒绝了美国关于确定日本从美国进口产品的数值指标的要求。这是战后美日谈判的第一次全面破裂，也是日本政府第一次对美国说"不"。美日经济摩擦的不断恶化逐步扩展到其他领域，变为政治、经济、社会、文化的复合摩擦。美国人对日本的不满情绪日益强烈，国内开始出现"敲打日本（Bashing Japan）"的热潮，日美关系进入到极其不稳定的阶段。

面对美国在日美关系中表现出的强权政治，日本国民也对美国极为不满，民族主义情绪高涨，反美情绪上升，对美国表现出前所未有的强硬姿态，掀起了一场对美说"不"的大战。根据《华尔街日报》和《日本经济新闻》于1995 年 4 月联合进行的民意测验，在日本被调查者中，认为"一旦日本遭到进攻可以依靠美国"的人数第一次下降到了 50% 以下，有 38% 的人认为"显然不能"。当被问到 20 年后哪个国家将是日本"最重要的伙伴时"，只有14.5% 的人认为是美国。① 总之，日美关系在 90 年代初经历了最为激烈的动荡和冲击，同盟关系出现了严峻的危机。

二　冷战后完成反思及全面调整的美日关系

冷战结束后，日本虽然无须再担忧失去美国的保护伞后如何应对来自苏联的威胁，但是中国势力的崛起，使得日本又找回了冷战时期与美联手抗苏的紧迫感。因苏联解体，失去"凝结点"而处于"漂流"状态的美日同盟，由于"中国威胁"的出现而又转入一个新的时期。从 1995 年《美国东亚太平洋地区的安全战略》报告发表至 1996 年 4 月 17 日两国首脑发表《美日安全保障共同宣言——面向 21 世纪的同盟》，这一阶段两国关系的特征是美日同盟全面调整、重新定位和再定义。东亚太平洋安全战略报告的发表，标志着美国重新把安全放了了美日双边外交的首位，日美关系的"漂流"状态结束。以此为契机，美日双方都开始采取积极的态度对待冷战后的日美关系，重新审视美日安全伙伴关系的重要性。

另外，从 1992 年起，美国经济开始走出低谷，出现了战后历史上历时最长，同时也是比较平稳的经济复苏。从经济增长率来看，1992～1997 年，除1996 年之外美国经济增长率均高于日本。而日本从 1992 年起因"泡沫经济"的破灭，陷入战后最严重的经济危机中。在此情况下，20 世纪 80 年代末 90年代初，日本咄咄逼人的势头有所缓和，"日本第一"的口号也渐趋沉寂，许多人开始重新审视日本经济的发展模式。1995 年 6 月，美日汽车谈判达成协

---

① 《Newsweek》，1994 年 2 月 28 日。

议，这使得美日贸易摩擦出现了冷战后少有的缓和状态，成为美日贸易摩擦趋缓的转折点，同时也促进了美日双方在安全方面的进一步磋商。

1995 年 11 月，日本政府发表新《防卫计划大纲》，以取代 1976 年三木内阁时期制定的《防卫计划大纲》。新大纲对大纲宗旨、高级形式、日本的安全保障和防卫力量的作用、日本必须保有的防卫力量的水平及发展防卫力量时的有关注意事项都做了详细的规定。其突出的特点是强调日美同盟，进一步扩大了日美安保体制的作用。1976 年的《防卫计划大纲》曾充分肯定美日安全同盟在维护稳定的国际环境和防止针对日本的大规模侵略方面的作用。而新《防卫计划大纲》则进一步肯定，美日安全保障体制对确保日本的安全和日本周边地区安定的国际环境是"必不可少的"。

1996 年 3 月的台湾海峡危机在某种程度上也刺激了日美加紧调整同盟关系的步伐，或者说成为冷战后日美同盟强化的一个借口。1996 年 4 月 16 至 18 日，克林顿访问日本并与桥本龙太郎首相举行会谈。与冷战后的历次日美首脑会谈不同，安全问题成为此次日美东京峰会的核心议题。4 月 17 日，两国首脑发表《美日安全保障共同宣言——面向 21 世纪的同盟》。该文件标志着日美以安全条约为基础的双边安全合作体制将产生质的变化，并将对两国、周边国家以及整个亚太地区形势产生重大影响。同时又说明日本已经完全放弃了挑战美国"领导"地位的做法，而以支持、配合美国的全球战略，换取美国对"普通国家化"的支持。正如新加坡学者卓南生所指出的："1996 年日美安全体制的重新定义，标志着日本在试图与美国分庭抗争的争夺中再次败北，意味着日本甘拜下风，为日美在安全问题的争论上写下了休止符。"

"美日安全协商委员会（SCC）"于 1997 年 9 月 23 日在纽约发表了《美日防卫合作指针》。修改后的新"指针"将重点部分落在美日同盟的合作范围、合作内容以及日本在同盟中的作用等方面。其中，美日合作的范围确定为"平时的合作"、"日本受到武力攻击时的对应行动"、"周边事态下的合作"这三种情况。与 1978 年的旧指针相比，新指针将美日同盟的协防重点从"日本有事"扩展至"日本周边有事"。[①]

以新《指针》相关法案在国会通过为契机，日本的安全战略和对外政策

---

① 张蕴岭：《伙伴还是对手——调整中的中美日俄关系》，社会科学文献出版社，2001，第 271 页。

发生了重大转折，其战后长期坚持的"放弃战争"、"不做军事大国"、"专守防卫"、"不向海外派兵"等基本原则发生动摇。为确保新指针的实效性，日本政府在完成指针的修改后，立刻着手拟定相关的国内法案。1998 年 4 月底，日本政府公布了《周边事态措施法》、《自卫队法修正案》和《日美相互提供物资和劳务协定修正案》三部相关法案，并提交国会审议。1999 年 4 月 27 日和 5 月 24 日，日本众参两院分别最终通过这三部相关法案，从而从日本国内立法的角度为新指针的落实奠定了法律基础。日美两国冷战后强化同盟的跨世纪部署终于从政治意志转化为切实可行的现实政策。

三 "9·11" 后的美日关系

"9·11"事件后，日美两国加强了军事合作，关系更紧密，合作更全面，同盟关系趋于平等化和世界化。2001 年的"9·11"恐怖事件给美国以前所未有的重创，全球反恐成为美国国家安全战略的重要组成部分，美国强化了美日同盟，加强了国际反恐合作。对此，日本积极响应，日美同盟关系进一步趋向紧密。美国出于对日本在其战略中的重要地位和日本国内形势发展的考虑，开始更加重视日本的作用，给予日本更多的平等和独立，加快推进美日军事一体化建设。同时，美国改变了在经济上对日本进行打压的政策，转而寻求更多的合作，意图将美日同盟由地区范围的防卫体制向全球同盟转变，并强化日本在同盟中的作用，以建立更平等的合作关系，同时，通过美日同盟的加强来笼络和继续控制日本。

"9·11"事件以来，日本政府在阿富汗战争、伊拉克战争中的应对，受到了美国的充分肯定。2001 年 10 月，日本国会相继通过了《反恐特别措施法》、《自卫队法修正案》、《海上保安厅法修正案》等法案，为配合美国的反恐行动提供了法律依据。根据这些法案，2001 年 11 月 9 日，日本政府派遣 3 艘军舰和 700 名自卫队队员开赴印度洋，支援美军在阿富汗战场的作战行动，这也是日本政府第一次在外围地区向美军提供战时援助。

为支援美国主导下的伊拉克重建活动，2003 年 7 月，日本国会又通过了《支援伊拉克重建特别措施法》。这是日本首次在联合国维和活动框架外将自卫队派往战争尚未完全结束的地区执行任务。它与先前自卫队在阿富汗战场外围的印度洋地区对美实施援助相比又向前跨了一大步。以伊拉克战争为契机，小泉纯一郎内阁明确地将日美同盟定义为"世界中的日美同盟"。对于日本向伊拉克派兵，日本政府也指明这并非基于日美安保条约，而是为了实现"世界中的日美同盟"。2004 年底，日本政府通过的新版《防卫计划大纲》将维和行动由自卫队的"附属任务"上升为"主体任务"。在全球性安全保障领域内的合作，正成为"9·11"后日美两国友好关系强化的另一根本动力。

2005 年 2 月，日美两国发表"2 + 2"安全磋商会议共同声明，重申将继续"面对今日世界的挑战而并肩合作"，确定了两国在亚太地区和全球的共同战略目标，强调美国重新调整并加强全球军事部署、日本发展战力、加强两国军队互动的重要性以及维持美军驻防日本的必要性，"加强美日安全暨国防合作"。2005 年 10 月 29 日发表的《日美同盟——面向未来的改革与调整》表明，日美关系已超出了双边范畴，走向地区化和全球化，其性质也不知不觉地发生了变化。

2005 年 10 月 29 日，日美安全磋商委员会（SCC）发表《日美同盟——面向未来的改革与调整》。借此提升联盟应对新威胁和多种形式的突发事件的能力，进而加强安全与保障地区稳定。该文件详细规定了新时期日美同盟的一系列功能、任务和能力，包括反恐、扩散安全保障构想（SPI）、支援伊拉克、印度洋海啸及南亚地震灾害后的支援重建、日本 2004 年 12 月防卫计划大纲、"导弹防御系统（BMD）"的合作、日本有事法制、"自卫队（SOF）"的新联合体制过渡计划；而美军的变革与"全球态势"的调整重点任务领域为：一是防卫日本及应对周边事态，包括对新威胁和多样化的突发事件的反应；二是改善国际安全环境的努力，如"参与国际和平合作活动"。地区和全球的安全合作正在取代早期的双边范围的安全合作，并逐渐成为"9·11"后日美同盟最主要的合作。

2009 年日本民主党执政，鸠山内阁曾一度主张解决普天间基地等美军基地问题，要求美日实现同盟内的对等地位，但因美国的反对而未能如愿。鸠山内阁提出的建立东亚共同体、停止在印度洋上向美军供油、从伊拉克撤兵等疏美政策引来了美国的强烈不满，并最终导致鸠山内阁的倒台。民主党政权只好重新调整日美关系，又一次把日美关系的政策方向调回到了迎合美国东亚战略，维护美国霸权体系的方针上。

总体来说，随着"9·11"事件后全球政治经济形势的发展，美日两国并不满足于维持旧的制度框架。为了使美日同盟关系能够长期存续下去，更好地发挥同盟的制度功能，加强两国在地区内乃至全球范围内的安全、经济方面的合作——美日两国都感到有必要对联盟本身进行制度创新，赋予它新的生命力，并扩展同盟在两国政治、经济关系方面的关联性。虽然日本民主党执政初期有过一段政策波动，但总体而言，"9·11"事件后的美日同盟成功地实现了由"地区性同盟"向"全球性同盟"的转变，日本在同盟中的地位和作用进一步上升。

结 论

第二次世界大战结束以后，以美国占领日本为标志，两国确立了特殊的国家关系。美日两国历经了50年代的巩固期，60~70年代的调整与强化期，直至90年代前期，苏联解体、冷战格局瓦解时还曾处于波动期。《日美安全保障联合宣言》及相关法案的公布，重新定义了美日关系，并确立了冷战后新的同盟模式。

中国在冷战后的外交政策中，大国外交是一项重要的战略性课题。中美关系和中日关系是当代中国外交中最重要的两个大国双边关系。而美日关系的发展变化从微观层面影响着日本和美国的对华政策，对中美、中日关系的发展产生着深远的影响。因此，了解战后日美关系的发展不仅是一个具有学术价值的课题，而且也是一个具有现实政策意义的课题。

从目前的情形看，日美在亚太地区的霸权主义扩张行径，在较长一段时期内，美日安全同盟的存在和强化不仅是我国发展壮大的重大障碍，而且其潜藏着的战争威胁也有瞬间变为现实危险的可能，这对我国的国家安全、国家利益乃至亚太和世界的和平发展都造成了深重的危机。仅有企盼和平美好的愿望是远远不够的，只有强化同美日两国的关系，逐步搭建东亚地区的集体安全保障形式，增强自身实力才能有效遏制日美霸权的扩张，维护世界的和平局势。这些目标的实现任重而道远，我们须为之努力。

思考题：

1. 简述战后美国的对日扶植政策。
2. 论述冷战后在美日同盟的调整过程中中国因素的影响。
3. 简述战后美日地位的变化过程。

参考文献

1. 〔美〕A. 保罗（Paul）：《美国海外军事义务》，拉特格斯大学出版社，1973。

2. 〔日〕岸信介、伊藤隆：《官场政界六十年——岸信介回忆录》，商务印书馆，1981。

3. 谭健等：《日本政治概况》，中国社会科学院，1982。

4. 〔日〕中曾根康弘：《新的保守理论》，世界知识出版社，1984。

5. 宋有成：《战后日本外交史》，世界知识出版社，1994。

6. 于群：《美国对日政策》，东北师范大学出版社，1996。

7. 〔日〕升味准之辅：《日本政治史》，商务印书馆，1997。

8. 张蕴岭：《伙伴还是对手——调整中的中美日俄关系》，社会科学文献出版社，2001。

9. 〔日〕信夫清三郎：《日本外交史》，商务印刷馆，2001。

第八讲
美韩关系的发展历史、影响因素及未来走向

目的和要求:

本讲的核心是阐明美国与韩国之间错综复杂的关系及其产生、演变的过程。在基于现实的国际环境对其关系的未来走向做出预测的同时,分析影响两国关系发展的客观因素,并阐述影响美韩两国关系变化的本质原因等基本问题。学习这一讲,重点是学习和把握美国与韩国双边关系的产生和其本质,了解美韩关系的发展过程。

重　点:

美韩关系的产生情况和发展历程

难　点:

美韩关系发展对东北亚地区的影响

关 键 词:

美韩关系　冷战　同盟　再调整

大韩民国(Republic of Korea),简称韩国,成立于1948年8月。韩国地处东北亚,领土约占朝鲜半岛总面积的4/9,位于亚洲大陆东北朝鲜半岛南部,东、南、西三面环海,面积9.96万平方公里,半岛海岸线全长约1.7万公里(包括岛屿海岸线)。在建国后的短短几十年里,韩国由贫穷落后的国家,成为亚洲四小龙之一,是世界上经济发展最快的国家之一,缔造了令世界瞩目的"汉江奇迹"。此外,韩国是20国集团和经合组织(OECD)主要的经济体,亦是亚太经合组织(APEC)和东亚峰会的创始国之一。世界银行、国际货币基金组织和美国中央情报局都将韩国列为发达国家。韩国取得如此重大的发展是韩国人民多年奋斗的成果。但不可否认的是其成果的取得受到了来自美国的巨大影响。美国作为当今世界上唯一的超级大国,为维持这一超然的国

际地位势必将继续保持或者扩大对欧亚大陆的影响，而韩国就是一个绝佳的施力对象。美韩两国错综复杂的关系自大韩民国成立之前便已经产生了。本讲将主要阐明美韩关系的产生、发展和其本质，并对其发展走向做初步的预测。

第一节　美韩关系形成及演变

一　主从关系

朝鲜战争的爆发是美韩关系发展的一个关键节点。1948 年 8 月李承晚政府成立以后，韩国政府的主要任务就是最大限度地争取美国的支持，以此来稳定政局、进而发展自身实力并实现南北统一。

然而战后初期的美国政府并不看重韩国在东亚战略棋局上的分量，对李承晚的亲美主张没有给予积极的回应。韩国政府成立一个月后，驻韩美军就开始撤离，到 1949 年 5 月只剩下 500 余人的军事顾问。1951 年 1 月，美国宣布"艾奇逊防线"，韩国被排除在美国太平洋地区防线之外。然而，1949 年中华人民共和国成立，特别是 1950 年 6 月朝鲜战争爆发后，美国认为如不迅速调整政策，整个东亚就会落入共产主义的势力范围。在这种情况下，韩国在美国东亚战略上的地位明显提升。朝鲜战争爆发后，美国立即对韩国提供了军事和经济援助，并直接出兵朝鲜半岛，维持了李承晚政权的存续。朝鲜战争结束以后，韩国的国防和军事由美国进行控制并提供保护。美韩相继签订了《美韩相互防卫援助协定》、《美韩共同防御条约》。通过一系列协议，美国开始全面影响和控制韩国的内政外交，而韩国也因为面临北方的军事压力，实行对美国的全方位高度依赖。美国的军事保护、经济援助和政治支撑为韩国的生存和发展提供了良好的条件，加入美国阵营又为韩国打通了通往西方发达国家的渠道。这种局面在冷战时期一直延续，直到 20 世纪 80 年代才有所变化。战后韩国的经济体制完全是靠美国的援助支撑的，在整个 50 年代，韩国国家财政的 50% 来自于美国的援助。朝鲜战争前，美国政府除对韩国提供巨额经济援助外，还向李承晚政府提供了高于经济援助数倍的军费。朝鲜战争爆发后，军援数额急剧增加，到 1953 年，韩国从美国接受的军援达 70 亿美元。[①] 在 1945 ~

---

① E.S. 梅森、金满堤等编著《韩国经济与社会近代化》，韩国开发研究院，1985，第 201 页。

1953 年间，美国通过"占领区救济行政拨款（GARIOA）"、"美国经济合作署（ECA）"、"韩国民间救护计划（CRIK）"、"联合国韩国复兴署（UNKRA）"这四项援助项目，共向韩国提供了 104090 万美元的经济援助。美国的经济援助多以出口本国滞销的工业产品和剩余农产品的形式进行。根据 1953 年 12 月 24 日缔结的《韩美关于经济再建和财政稳定计划的联合经济委员会协约》，在美国驻韩大使的监督下，"韩美联合经济委员会"控制着作为援助物资抵押保证金的对等资金与其他援助资金的使用，而美国驻韩经济顾问在其中握有实权。[①] 同时，美国政府通过对等基金来左右对韩国政府预算的"共同审议权"。此外，美国政府还可以通过安插在韩国政府各个部委内的 700 余名美国经济顾问，掌握韩国政府各部门财政的最终决定权。可以说，韩国的国家经济完全是在美国的掌控之中。美国通过经济援助压力促使韩国加强了对美国的依附。

二　对等关系

20 世纪七八十年代，美韩同盟关系进入"双边互助"期。一方面，1969 年 7 月"尼克松主义"出台，美国根据国际局势和自身力量变化对其外交战略进行重大调整，着手收缩在韩军事力量，单方面宣布减少在韩驻军。卡特政府上台后，美国又借人权问题对韩国军政府施压，阻止韩国秘密发展核武，并于 1978 年终止了对韩的直接军事援助，美韩关系降温。另一方面，韩国的主体意识大大增强。随着 80 年代中期韩国经济高速发展和国际地位的提高，以及同时期美国经济的衰退，韩国开始突破"唯美"外交束缚，大力推进多元外交和"自主国防"，推动美韩同盟逐步向联合防卫的伙伴关系发展。1990 年，韩国开始分担驻韩美军费用。1994 年，韩军从美军手中收回平时作战指挥权。1998~2008 年，金大中、卢武铉两位中左翼总统执政期间，美韩同盟逐步向"对等伙伴"关系方向发展。金大中推行的对朝和解合作的"阳光政策"，主张在南北互信的基础上摆脱外来力量的支配，加强朝韩的自主性。这意味着美韩同盟的作用被削弱，美韩间矛盾开始凸显。而美国小布什政府上台后，将克林顿政府的与朝对话政策改弦更张。"9·11"恐怖袭击事件后，美国把朝鲜列入"邪恶轴心国"，进一步加强了对朝鲜的强硬态度。美韩对朝政策的不同步使双方出现信任危机，动摇了美韩同盟的基础。卢武铉政府比金大中政府更

① 曹中屏、张琏瑰：《当代韩国史：1945~2000》，南开大学出版社，2005，第 138 页。

加强调"民族共助"和"自主国防"。其上台之初便誓言调整对美关系，主张减少对美依赖，谋求将美韩同盟"建立在更平等、更合作的基础上"。此外，他还主张韩国作为主权国应享受应有的权利，不允许出现无视韩国意愿的单方面决定和行动；强调为了美韩同盟发展，有必要进一步采取措施促进"同盟关系现代化"，即超越冷战时期的美韩军事、政治关系，以现东北亚地区的和平稳定为目标，重新调整美韩两国在该地区所扮演的角色，建立全面发展的同盟关系。2006 年，韩国与美国正式启动收回战时作战指挥权的谈判，并达成"减裁驻韩美军"协议。此后，美国开始大幅裁减驻韩美军，一度计划把兵力由 3.7 万人减至 2.45 万人。

三 深化同盟

在朝核问题导致半岛安全局势屡现紧张、自身经济增长乏力等背景下，韩国国内政治钟摆开始向右倾斜。2008 年 2 月，以李明博为代表的韩国保守势力上台后，为找回"失去的十年"，竭力修复美韩关系。韩国政府以实用外交积极迎合美国外交安全政策，对朝鲜奉行强硬政策，恢复美韩日对朝政策协调，全面参与防扩散安全倡议，在地区导弹防御系统上与美国加强合作，积极参加美国主导的国际反恐行动等，这些有关政策得到美国的欢迎和支持。在双方一系列加强军事、安全等领域合作举措的推动下，美韩同盟关系峰回路转，得到迅速恢复和巩固。2008 年 4 月李明博访美，韩美双方建立了"21 世纪战略同盟关系"，商定在"价值同盟、互信同盟和和平同盟"的原则基础上，把传统的军事同盟关系提升为全方位的"战略同盟关系"。2009 年初奥巴马总统上台后，美韩关系更趋紧密。2 月美国国务卿希拉里·克林顿访韩，提出与韩国建立"更全面的战略同盟"。6 月李明博再度访美，双方签署《美韩同盟未来展望》联合声明，决定将构筑双边、地区乃至全球范畴内的"全面战略同盟"。美国在元首层面上以书面形式向韩国提供包括核保护在内的"延伸威慑"。11 月，奥巴马首次访韩，双方强调目前的双边关系处于最佳水平，一致表示将把同盟关系发展为"21 世纪战略同盟"。2010 年，朝鲜半岛先后发生震惊世界的"天安舰"事件和延坪岛炮击事件。两起事件的发生使韩军独立作战指挥及应对朝鲜"安全威胁"的能力饱受民众批评质疑。韩国国内对朝鲜"威胁"的认知上升，通过加强美韩同盟寻求安全保障的呼声日益高涨。2010 年 6 月，美韩两国总统达成协议，把战时作战指挥权移交到韩国军队的时间由原定的 2012 年 4 月 17 日推迟至 2015 年 12 月 1 日。7 月，两国在首尔举行首次外长与防长"2 + 2"会谈，商定将为应对包括来自朝鲜在内的任何威胁，保持迅速的联合防御能力，并继续在双边、地区乃至全球范围内深化同盟合作。

第二节　美韩关系未来走向预测及影响
两国关系发展的因素

一　对美韩关系未来走向的预测

2002 年，在高涨的反美呼声中竞选成功的卢武铉政府，尚未上台执政就向美国提出了"再平衡同盟"的希望和要求。基于冷战后安全环境的改善以及国力和自信心的增强，韩国希望与美国能够就《驻韩美军地位协定》和韩国军队的战时作战指挥权问题做出修订和调整，以使同盟关系能够向着平等的方向发展。但"9·11"事件之后美国新的国家安全战略和驻外美军部署调整计划对美韩同盟的发展提出了向另一个方向发展的要求。而美韩之间在调整同盟发展方向上的博弈能力所存在着的巨大差距，留给韩国的回旋空间十分有限，这使得卢武铉政府面临困境。从其执政伊始，卢武铉政府就眼睁睁地看着美韩同盟在实际上沿着美国设计的方向演变，但东北亚和朝鲜半岛的安全局势、韩国国内的政治态势等因素又迫使其不得不考虑这一问题。各种因素使得卢武铉政府在接受美方调整同盟之要求的同时，又要做出一些平衡美方主导的同盟演化方向的举动。2004 年 3 月，卢武铉政府发布了《和平繁荣与国家安全》报告书，这是韩国首次以政府文件形式阐述自己的安全战略。在报告书中，卢武铉政府认为其国家安全的三个目标是：①朝鲜半岛的和平与稳定；②韩朝和东北亚的共同繁荣；③国民生活的安全保证。为实现上述三个目标，卢武铉政府提出如下政策作为实现其国家安全战略的基调，即①推进和平繁荣政策；②追求均衡性实用外交；③推进协力性自主国防；④提倡综合安全。① 同时，作为国家的安全战略课题，卢武铉政府还提出了朝核问题的和平解决、朝鲜半岛和平机制的构建、韩美同盟和自主国防并行发展、韩朝共同繁荣和东北亚合作等政策主张。在这份政府文件中，卢武铉政府以维护半岛与东北亚的和

---

① 〔韩〕国家安全保障会议：《和平繁荣和国家安全：参与政府的安全政策构想》[Z]，2004。

平与繁荣为中心，提出了追求均衡性实用外交和协力性自主国防等政策，向外界透露了其欲平衡美韩同盟调整方向的用意。与此一脉相承，2005 年初，卢武铉政府又提出了"东北亚均衡者"论，指出韩国"为了韩半岛和东北亚的和平将承担均衡者的作用"。①

《和平繁荣与国家安全》报告书的发表时间正处于美韩两国召开未来美韩同盟政策构想会议，就驻韩美军的缩减和任务移交、驻韩美军基地的封闭和迁移等问题进行协商和讨论的时期。而"东北亚均衡者"论的提出也正是在美韩协商的第一阶段结束后，第二阶段即将就驻韩美军的战略灵活性和韩国军队战时作战指挥权的归还问题进行协商的时期。在第一阶段的协商中，美国不但使韩国同意了按照其整体战略部署调整驻韩美军的计划，而且因韩国首先提出迁移要求，根据"提案者负担原则"，龙山基地的迁移费用还将由韩国承担，这招致了韩国国民尤其是进步市民团体对政府的强烈批评。而在随后的关于驻韩美军战略灵活性问题的协商中，韩国也是无力影响驻韩美军性质的战略转型，不得不在 2006 年 1 月美韩第一次战略对话发表的共同声明中使用模糊性的语言予以表态。从 2003 年初开始至 2006 年初，经过 3 年的协商，美国基本完成了驻韩美军的战略部署规划，随着该规划的实施，驻韩美军和美韩同盟都将被编入美国的全球战略体系。但对于韩国来说，无论是其安全利益还是其安全战略都与美国有一定的差异，从均衡东北亚其他国家对韩国的认识和确保国内支持基础的角度出发，作为对美国主导美韩同盟的一种平衡之策，卢武铉政府突出了韩国军队战时作战指挥权归还问题，并同美国达成了归还协议。

经过近四年的协商，美韩就驻韩美军和美韩同盟的调整基本达成协议，除了因韩国军队战时作战指挥权的归还将引发美韩联合指挥体系趋向弱化外，在机动性和打击能力等方面驻韩美军和韩国军队都趋于强化。为了弥补因韩国军队战时作战指挥权的归还和美韩联合司令部的解体而引发的美韩在联合指挥体系上的松散化，韩国曾经研究过在美韩军事委员会中创建同盟军事协调本部的计划，但美国对之持反对态度。② 美国认为韩国军队的战时作战指挥权归还后，韩国应承担起韩国防卫的主导作用，而驻韩美军司令部将改编为韩国司令部，主要承担支援韩国军队的作用。在这个问题上，虽然美韩两国已经达成协

---

① 〔韩〕《东亚日报》2005 年 3 月 23 日。
② 〔韩〕李相贤：《韩美同盟的路线图：前景、争议、战略》，世宗研究所，2008，第 53 页。

议，但由于韩国持反对意见的右翼势力和保守团体的存在，一旦半岛的安全形势恶化，也将面临新的变数。在驻韩美军的战略灵活性方面，虽然韩国有所保留，但近年来在事实上韩国也都配合了美国在其他地区（如阿富汗和伊拉克）的军事行动。自 20 世纪 90 年代中期以来，伴随着克林顿政府"扩大和介入"战略的制定和实施，美国强化了以美日同盟为代表的同盟体系，并将其向地区性同盟转化，战区弹道导弹防御系统的开发也是其中的一个环节。韩国考虑到其自身的安全利益和安全战略，借口经费不支，对参与战区战略导弹防御系统的开发持保留意见，但考虑到自身的安全环境和安全利益，韩国又在发展"韩国版"的导弹防御系统。第二次朝核危机爆发后，美国发起了防扩散安全倡议，韩国考虑到该问题的敏感性，对参与该倡议也是持踌躇而分步参与的政策。"韩国版"的导弹防御系统与美国的战区弹道导弹防御系统在技术上是否兼容等方面没有怀疑的余地，核心是主观上有无必要的判断和能否下定决心的问题，这将取决于韩国在对自身安全环境做出判断的基础上对自己的安全利益如何认识和做出界定。

综合这一轮美韩同盟调整的结果来看，卢武铉政府时期的韩国政府基本上接受了美方的同盟调整要求，[①] 但是尽管如此，美国政府以及相关人士并未改变对卢武铉政府"反美左派"之形象的认识和态度，并期待着韩国的保守势力在后卢武铉时代能够实现政权的交替，以巩固前一阶段美韩同盟调整的成果，并进一步使美韩同盟按其既定的方略转换。李明博当选总统后，2008 年 2 月，美国国会参众两院罕见地一致通过了祝贺李明博当选的决议案。[②] 而李明博政府执政后，在所谓"实用主义"外交哲学和原则的指导下，更是主动强化了与美国的关系，外交安全幕僚阵营的组建、允许美国牛肉的无限制进口等都体现了这一点。[③] 而美国也在社会层面上强化了美韩两国的联系纽带，一是给予了韩国公民赴美免签证的待遇，二是双方达成了所谓 WEST（Work, English Study, and Trave l）项目协议，允许 5000 名韩国学生为了学习和工作可以在美国停留 18 个月。在同盟关系的定位方面，2008 年 4 月 19 日美韩首脑会晤将美韩同盟关系提升为战略同盟关系，奥巴马政府上台后，2009 年 6 月

---

① 〔韩〕朴建英：《李明博政府的对美政策和提案：以外交安全问题为中心》，《国家战略》2008 年 14 卷 4 号，第 93 页。

② U. S. House of Representatives［Z］. 2008. HRES 947EH，February 8.

③ 马建英、韩玉贵：《论李明博政府的实用主义外交》，《东北亚论坛》2009 年第 1 期，第 51 页。

16 日美韩首脑会晤发表了《美韩同盟的共同前景》（the Joint Vision for the Alliance of the US and ROK），更将美韩同盟的目标设定为综合性战略同盟（Comprehensive Strategic Alliance）。所谓综合性战略同盟即意味着美韩两国的合作范围从军事同盟扩大到政治、经济、社会、文化等领域，而同盟的活动范围则从朝鲜半岛扩展至全世界。① 而在此期间，驻韩美军不但冻结了缩减计划，而且李明博政府还依据美国的要求全面加入了美国主导的防扩散安全倡议。朝鲜在进行第二次核试验和短程导弹发射试验时，奥巴马政府也明确表示了美国的军事力量和核保护伞对韩国的保护义务，美韩间的联合军演也照常进行。因此，可以说李明博政府执政之后，韩国改变了卢武铉政府在驻韩美军战略灵活性问题上的保留态度，明确接受了美国提出的驻韩美军战略灵活性方案。这一切均意味着美韩同盟在继续向着强化的方向发展。而在美韩已经达成协议的韩国军队战时作战指挥权的归还问题上，李明博政府上台之后也表示出将与朝核问题以及周边安全状况联系起来研究是否重新与美协商的态度。如果这一协议被废弃或冻结、延迟实施，则意味着美韩同盟的全面强化。

从整体上看，进入 21 世纪以来，美韩同盟的调整是一个走向强化的过程，由于韩美两国在博弈实力和回旋空间上的巨大差距，这一过程基本是按照"9·11"事件以后美国制定的新的同盟战略和海外驻军配置计划而进行的。卢武铉政府无法扭转这一趋势，被动地接受了这一过程，而考虑到国内外其他因素，又需要展现出一种均衡的姿态，但李明博政府上台之后则是主动地迎合并积极推进了美韩同盟的强化调整。考虑到朝鲜半岛地区本已失衡的安全态势，美韩同盟的强化将会进一步激化紧张的地区局势，这不能不令人担忧。但美韩同盟强化的背后也有其所不能掩盖的利益分歧和战略差异，美国强化美韩同盟体系的战略目标是维护其霸权地位，韩国维护其与美国同盟关系的目的在于主导朝韩关系和民族统一。朝鲜问题是双方最主要的合作领域，在过去几年里，双方的主要摩擦也主要发生在这一领域。尽管李明博政府强调"已经修复了曾经疏远的美韩同盟关系"，而一旦美朝关系和朝韩关系发展不平衡时，强化了的美韩同盟再现裂痕则是不可避免的。从上台伊始的"无核、开放、3000"到随后的"相生和共荣"，再到之后的"朝核问题综合妥协"提案，在看到美

---

① 〔韩〕李大雨：《奥巴马政府的外交安保战略和韩国》，《世宗政策研究》2009 年第 2 期，第 172 页。

朝关系有可能获得进展的迹象后，一度对美实行"外交追随"的李明博政府在面对冷却的朝韩关系而束手无策时，不得不一退再退，修正保守的对朝政策，展现柔姿，以避免在朝鲜问题上被边缘化。但是韩国要想真正地在包括朝核问题在内的半岛问题上发挥出独立变量的作用，制定独立而不是追随的外交政策是必需的，而要做到这一点，首先应该拓宽视野，全面调整并不实用的"实用主义"外交路线。

二　影响两国关系发展的因素之反美主义

（一）反美主义

近年来，随着韩国国力的增强，韩国人自主、主权意识的不断提高，韩国国内对韩美关系的现状颇为不满，反美情绪高涨。普通民众对美国的感情与韩国政府对美国的政策一样充满了矛盾。不可否认的是，民众积压已久的反美情绪对两国关系的发展起到了越来越重要的影响。

反美主义在不同的国家和地区有不同的含义，即便在同一个国家，反美主义在不同的历史时期，不同的人身上的表现形式也是多种多样的。在韩国众多的、纷繁的反美主义定义中，被广泛接受的是金振午的定义。金振午定义了两种形式的"反美主义"。"情感的"反美主义和"意识形态"的反美主义。"情感的"反美主义是指对美国有影响力的存在的集体对抗，而"意识形态"的反美主义是指对美国文明、文化本身的排斥和抗拒。[①] 很明显，韩国奉行与美国相近的民主制度、市场经济，因此，韩国反美主义应该属于"情感的"反美主义。

美国在韩国的长期存在本身并不必然意味着韩国反美主义运动的产生和发展。韩国国力上升以及民主化程度的不断提高，以及由此产生的韩国国民的自豪感和骄傲感，韩国人的主权意识和自主意识增强，是反美情绪产生的根本原因。美国人一向以韩国的"救世主"自居，朝鲜战争中为了保卫韩国而牺牲3.3万名士兵，大量的军事和经济援助的投入，让很多美国人不自觉地将韩国看作仆从。"1946～1976年间，对韩国超过125亿美元的经济、军事援助，固

---

① Jinwung Kim, "The Nature of South Korean Anti-Americanism," *Korea Journal* (Spring 1994): 38. 转引自：Yong-shik Bong, " Yon gm : i Pragmatic Ant i-Americanism in South Korea, " *Brown Journal of World Affairs Vol.* 10, Issue . 2, W INTER /SPRING (2004), p. 156。

然加强了（美韩）双方的紧密联系和情谊，但这也使很多美国人认为韩国是一个依附的国家，一个美国人能在决定其未来发挥很大作用的国家。"美国以"主人"自居，认为自己理所应当地应该受到韩国人的欢迎。2002 年 6 月，驻韩美军装甲车轧死两名女中学生，驻韩美军当局否决了韩国政府要求对美国士兵进行审判的要求，肇事者不仅没有受到应有的法律制裁，反而被宣布无罪释放。这激起了韩国民众反美情绪高涨，但美国人却认为这是"对原则的严重破坏"。① "我们正在做着上帝才会做的事情，如果他们不理解，那肯定是他们出了什么问题。"② 如果说以往韩国人因国力不强而忍受美国人的这种傲慢、以"上帝"自居的态度的话，那么现在国家实力上升、民族主义情绪不断高涨的韩国是难以接受这种"仆从"角色的。韩国反对党议员李哲说："我们一直是唯唯诺诺的人，我们的国家一直是唯唯诺诺的国家。现在美国该听听韩国政府和人民的呼声了。"

（二）韩国"反美主义"的实质

在过去的 50 年里，韩国的反美主义随着不同的问题和事件的发生起伏不定，并且有不同的形式。③ 但在韩国普通民众和领导人之间都可以发现令人吃惊的实用主义色彩。

韩国人对美国，尤其是对驻韩美军的态度是相当矛盾的，是一种国家骄傲感、自豪感和现实主义的混合体。对于一个有独立历史的民族来说，很多韩国人抱怨美国在韩军事存在是"反常的"。对于外国军队驻扎在自己国家的首都，韩国人表示，世界上没有任何其他国家有外国军队驻扎在首都的中心。因此，韩国人继续容忍外国军队在他们国家的首都继续存在，无论如何都是不正常的。④

但韩国人已经习惯于美国的保护，他们倾向于认为美韩关系中的任何改变都是危及国家存亡的"背信弃义"。因为存在北方的军事威胁，很多韩国人并不想立即改变韩美的军事同盟关系。1989 年 5 月，被选派的驻韩特使唐纳德 P. 格雷格（Donald P. Gregg）在参议院外交委员会作证时指出："大多数韩国

---

① The New York Times, 16 January, 2003.

② The New York Tim es, 26 January, 2003.

③ Yongshik Bong, "Yong mi Pragmatic Anti-American ism in South Korea," p. 154.

④ Jingwung Kim, " Ambivalent Allies: Recent South Korean Perceptions of the United States Force Korea （ USFK）" Asian Affairs An American Review, Winter 2004, Vo. l30, Issue 4, p. 273.

人，尽管对我们军事存在的某些方面颇有微词，但也认识到了包括驻韩美军在内的美国安全承诺的持续存在的必要性。"美国的一位分析人士也指出，在很多韩国人异口同声地叫嚷"美国佬滚回去"的同时，一个学生告诉我，"我们仍旧认为自己需要美军的保护"。调查数据也可以清楚地说明韩国人"实用的"反美主义。1997 年的民调显示，47.1% 的学生认为自己是"反美的"，只有 21.2% 的人表示"亲美"，但 50.2% 的学生却认为美国的军事存在是"必要的"，而只有 31.8% 的学生反对美军一直以来部署在韩国。在如何处理朝核危机的问题上，韩美矛盾和分歧不断。一位分析人士对第一次朝核危机中金泳三政府与克林顿当局的政策分歧评论道："一方面，韩国可以亲美，当这样做符合自己的国家利益的时候；另一方面，当国家利益岌岌可危之时，韩国也随时准备好反美。"韩国总统卢武铉可以说是运用这种策略的典型代表人物。卢武铉在竞选时声称该对美国说不的时候就说不，不向华盛顿"叩头"，甚至要求驻韩美军马上撤出韩国。但在朝核问题再度浮出水面，美国宣布重新部署驻韩美军，尤其是美国表示将军事分界线一带的驻韩美军迁移到汉江以南后，韩国担心美军威慑力量的削弱，可能会使朝鲜"铤而走险"，使韩国处于"一片火海"之中，卢武铉一改昔日"反美"形象，不仅加入了"亲美"行列，公开赞扬驻韩美军的"历史性贡献"，而且把韩美同盟关系从昔日单纯的军事同盟，扩大到政治、经济、文化等领域，使韩美关系进入到"全方位伙伴关系"新阶段。韩国总统秘书室长文喜相对此评论道，这些变化是卢总统的实用主义外交所致。韩国的与其说是"主义"不如说是"情绪"的反美有深刻的历史和社会背景，与其他国家相比，有明显的"代际特色"，韩国的年轻人对美国的负面评价要较年长者高。

第三节　研究美韩关系的意义

一　研究美韩关系关系到中国的和平发展

中国与韩国自 1992 年建交以来，两国在经济、文化等方面进行了广泛而深入的交往。两国人民加深了了解和互信，一同为维护朝鲜半岛的安全和稳定付出了巨大的努力。然而在一些问题上，中韩两国还存在着一定的分歧和矛盾，美国与韩国的密切联系势必对中国产生影响。所以，为了使这种影响向着有利于中、美、韩三国乃至整个东北亚及世界的方向发展，必须深入的了解和分析美韩关系，关注其发展。

二 研究美韩关系关系到东北亚及全亚洲的和平稳定

中、美、日、俄、韩、朝是在东北亚地区有重要影响的六个国家，彼此之间错综复杂的利益纠葛和历史积怨使得东北亚地区局势一直处于一种微妙的境地，犹如休眠的火山一样看上去风光秀美却不知何时就会有岩浆喷发。美韩关系的发展是各国关注的重点，驻韩美军这一军事力量的存在也让以上各国不得不重视。虽然和平与发展已成为当今时代的主题，但局部战争和地区冲突仍时有发生。东北亚地区的朝核问题，日韩、日俄、中韩、中日间领土争端无一不在冲击着脆弱的东北亚和平局势。只有准确地把握美韩关系发展的脉络才能在处理各种争端、矛盾时从容不迫、有的放矢。

三 研究美韩关系关系到全世界的和平稳定

东北亚地区既有冷战活化石之称的"三八"军事分界线，又有远东巴尔干的"美名"。美韩关系的发展对周边国家、对东北亚、对全球局势的稳定都有巨大影响。国家间复杂的利益纠葛使得任何的变动都会挑动到这一地区的敏感神经，引发无法预估的"蝴蝶效应"。美韩关系不只是也永远不会只是美、韩两国之间的关系，美韩关系早已融入东北亚乃至整个世界的和平与发展网络之中。

思考题：

1. 美韩关系形成及演变。
2. 对美韩关系未来走向的预测。
3. 影响美韩两国关系发展的因素之反美主义。
4. 研究美韩关系的意义。

参考文献

1. 〔美〕布热津斯基：《大棋局——美国的首要地位及其地缘战略》，中国国际问题研究所译，上海人民出版社，2010。

2. 王传剑：《双重遏制：冷战后美国的朝鲜半岛政策·前言》，世界知识出版社，2003。

3. 〔韩〕苏俊燮：《韩美同盟的非对称性析论》，《上海交通大学学报》2004 年第 4 期。

4. 〔美〕卡伦·明斯特：《国际关系精要》，上海世纪出版集团，2004。

5. 曹中屏、张琏瑰：《当代韩国史》（1945～2000），南开大学出版社，2005。

6. 王宜胜：《美韩同盟关系转变的背后》，《人民日报》2007 年 3 月 2 日。

第九讲
美朝关系的历史发展特点、
实质及展望

教学目的和要求：

本讲阐述了美朝关系从冷战初期的全面对抗到互相寻求接触再到后来围绕核问题的较量这一复杂的发展历程。学习这一讲，要明确美朝关系的特点及实质，并在此基础上，能够对美朝关系的现状进行分析，对其未来走向进行科学预测。

重　　点：

美朝关系的演变及其实质

难　　点：

影响美朝关系正常化的关键因素

关　键　词：

美朝关系　历史发展　特点　实质　展望

　　美朝关系作为当今国际政治的一大焦点问题备受关注。总体来说，美朝两国处于敌对状态。朝鲜战争作为美朝最为直接的一次互动是美朝关系走向敌对的导火索。而随后的封锁和对峙以及一系列危机与冲突则阻碍了双方关系的正常化。虽然朝鲜一直有改善美朝关系、实现两国关系正常化的愿望，但是迄今为止，美朝关系依然停留在朝核问题这个难点上，并且几经反复。虽然美国做出把朝鲜从支恐国家黑名单上除名这样的积极举动，但是这些举措也遭到很多人的质疑，未来美朝关系正常化的前景并不明朗。

第一节　美朝关系的演变历程

一　冷战时期的美朝关系

1. 朝鲜战争后至 60 年代初期：全面对抗阶段

朝鲜战争是理解朝鲜半岛政治发展和美朝关系的标志性事件。在此之前，美国全部军事计划都是设想打一场席卷世界的战争，并且认为，在这样的战争中，对一个遥远而又无法设防的半岛进行防御乃是愚蠢之举①。美国介入战争不是为了保卫民主和独立，而是为了保护自己的利益。朝鲜战争之前的美国并没有对朝鲜的专门政策，因为当时的美国只有一个相当模糊的"实现朝鲜半岛独立"的目标。实现了这个目标，就可以从朝鲜半岛脱身，一心一意地处理各种国内问题。

朝美对峙关系的形成可以上溯到冷战之初，当时朝鲜半岛的局势是"东西方之间在远东争夺势力和影响的缩影，象征着莫斯科与华盛顿之间的制度竞赛"②。冷战期间，美国在朝鲜半岛的战略目标是遏制苏联的势力和影响，并确保其对半岛事务的决定权，因此对朝鲜也实行了封锁孤立政策。

两极格局时代的美朝关系就是两种意识形态的冷战关系，这不仅仅是由于苏联的存在，更为重要的是资本主义和社会主义两种意识形态的斗争。以两种不同意识形态为根源的国际社会体系在全球争夺势力范围，主要是通过分别代表两种社会意识形态的国家斗争来体现的。朝鲜半岛问题是冷战的产物，朝鲜人民民主共和国是冷战的重要参与者。苏联解体之后，朝鲜半岛问题逐渐演化为以朝核问题为核心的多边关系和美朝双边关系交叉的难题。其中，美朝关系在缓和与对抗交织、轮替中变换发展，体现了受冷战影响的亚洲国际格局的显著特点。

冷战时期，美朝两国之间从 1953 年停战协定生效至 20 世纪 60 年代初期，为全面对抗阶段。这一时期美朝关系之所以进入了全面对抗阶段，是由于朝鲜

---

① 〔美〕马修·邦克·李奇微：《朝鲜战争》，军事科学院外国军事研究部译，军事科学出版社，1983，第 14 页。

② 〔美〕哈里·杜鲁门：《杜鲁门回忆录—考验和希望的年代》，李石译，三联出版社，1974，第380 页。

战争固化了半岛分裂，导致东北亚冷战格局被确定和强化，对峙的朝韩军事分界线成为美苏两大阵营在东方对抗的最前沿阵地。美苏对抗衍生出美日韩、苏中朝对立，但美朝虽为死敌，却几无直接的抗衡、过招，双方的相左与敌对都包含在东西方两大集团的对立之中，表现为资本主义阵营与社会主义阵营的较量。这一时期的美国对朝鲜半岛政策，主要是通过在韩国驻军及对韩进行军事与经济援助，从而把韩纳入美国东亚安全体系之中，将韩国打造成美国对亚洲大陆新月形包围中的一环。而同期的朝鲜对外政策的核心，则是拉紧与苏、中的关系，依靠以苏联为首的社会主义阵营保障其自身安全，同时为消除南方武力隐患，铲除来自军事分界线美韩一侧的军事威胁而不懈努力。朝鲜认为，美国在朝鲜半岛南方驻军以及联合国对朝鲜事务的干涉，阻碍了朝鲜人民依靠自己的力量谋求民族和平统一的进程。1954 年 4 月 28 日，在苏联的推动下，美、中、苏、朝、韩等 19 国代表举行了旨在和平解决朝鲜半岛问题的日内瓦会议。朝鲜在会上提出"从朝鲜半岛撤出一切外国军队，对维护远东和平最直接有关国家承担保证朝鲜和平发展的义务"。① 此后，朝鲜一直坚持美军撤出半岛的立场，但朝鲜的建议均遭到美国及其盟国的反对，美国始终未对朝鲜的有关呼吁做出积极回应。在这一阶段，美朝一直处于政治上相互敌视、军事上高度对峙的状态，双方唯一接触的途径是设在板门店的军事停战委员会，但军停会所处理的问题也仅限于军事分界线上违反停火协议的具体事件。

2. 60 年代中期至 80 年代中期：互相寻求接触阶段

这一时期美国因越战国力收缩，转向寻求与苏缓和，实现对华关系正常化。该阶段后期两大阵营对抗的格局界限开始模糊，中美苏大三角关系形成并对地区格局产生影响。此时，美国的对朝政策也发生了细微变化。这一方面是因为美国政府注意到朝鲜处在中苏对抗的漩涡中，认为改善与朝鲜的关系有助于在东北亚牵制中国与苏联的力量，另一方面是因为朝鲜受东西方关系缓和、中美建交等形势变化的启发，某种程度上显示出不局限于依赖同阵营大国确保安全，而谋求通过直接与美接触消除安全隐患的倾向。这一时期美朝关系的特点是隔绝松动，关注增加，但相互间的不认同和对立感依旧。1964 年 1 月，美军一架军用直升机进入朝鲜领空被朝击落，在朝方的建议下，双方代表于 2 月在板门店进行了秘密谈判，朝鲜方面于 5 月释放了两名被俘的美军飞行员。

---

① 单体瑞、路宝春编著《韩国研究》，军事译文出版社，2001，第 227 页。

但是，类似的事件并没有给两国带来更深入的外交接触，特别是在美军侵入越南之后，美朝关系又陷入高度对立的状态。1968 年 1 月 23 日，美国侦查船"普韦布洛"号在朝鲜近海被朝鲜海军俘获，这一事件立即在美国引起了轩然大波。气急之下，美国派出第七舰队准备以武力解决此事件。由于当时美国正深陷越南战争泥潭，根本没有足够的机动兵力与朝鲜一战。迫于形势，美国主动提议谈判解决"普韦布洛"号事件。1968 年 12 月 23 日，美国政府宣布其电子侦察船侵入朝鲜领海，并发表谢罪道歉的书面声明。同日，朝鲜外务省发表声明，鉴于"普韦布洛"号船员"坦白供认"其侵犯朝鲜领海的罪行，而且美国已向朝鲜"赔礼道歉"，朝鲜政府宣布没收该船以及船上所有的设备和武器，将全部船员驱逐出境。1969 年 4 月和 8 月，朝鲜又先后击落两架美军用飞机。在上述事件中，朝鲜在指责美间谍、入侵行为的同时，又提议与美谈判解决，并在谈判后释放俘虏。

1969 年，尼克松担任美国总统，面临着严峻的国内外形势。在国内，旷日持久的越南战争严重地削弱了美国的经济，巨额的军费开支使得美国的财政赤字巨大，在国外维持庞大的驻军越来越难以取得民众的支持，大多数美国人不仅要求结束越战，而且要求消减国防预算，赞成限制美国在国际上的作用。从全球范围来看，美苏经济差距缩小，苏联利用美国深陷越战之机，加紧发展了自己的经济、军事实力。中国、日本、西欧这些新的力量中心也开始出现，国际环境发生了变化。面对复杂的国内国际形势，美国政府对其全球和地区战略做出重大调整。与此同时，美国对朝政策也出现了不少变化，对朝鲜发出和解信号。1971 年，时任美国国务卿基辛格宣布："我们盼望将来数年内，将显著地改善与朝鲜的关系。"对此，朝鲜方面也做出了积极的回应，表示愿意与美国展开对话。1972 年 3 月，朝鲜外交部发言人在谈话中指出，"朝鲜与美国及日本实现关系正常化的时机已经到来"。考虑到美朝之间积怨太深，美国国会与军界内部反对调整对朝政策的呼声特别强烈，建立两国政府间的交往与联系还比较困难，朝鲜方面便首先采取了一些措施，试图通过推动双方学术文化交流来缓和两国间的紧张关系。朝鲜在允许和邀请一些美国学者、记者乃至议员访朝的同时，也派出自己的学者参加在美国举行的某些学术会议，而美国方面也在事实上对此给予了积极配合。朝鲜首先促成了《纽约时报》的两位记者访问朝鲜，他们于 1972 年 5 月到达朝鲜，并受到了金日成主席的接见。在与他们的谈话中，金日成指出"真正阻碍两国关系发展的不是我们，而是美国","朝美关系完全取决于美国的态度,如果美国政府改变对朝政策,我们也将相应地调整对美政策"。① 此后,《华盛顿邮报》记者、哈佛大学教授等先后访朝。同时,朝鲜还探寻与美建立官方联系。朝鲜在 1973 年 4 月、1974 年 3 月先后致函美国国会呼吁"朝美间应签订条约以取代停战协议"。美国则间接提出了"苏联和中国承认韩国,美国和日本承认朝鲜"的交叉承认建议。至 20 世纪 70 年代末 80 年代初,美朝希望改善双边关系的意向越发明确,有关交流也进一步增加。这一时期美国对朝鲜政策经历的变化是,从将朝鲜作为抵制社会主义势力的重要对象,发展为愿在交叉承认前提下与之进行有限接触并放松部分"对朝贸易和其他方面的限制"。在卡特执政时期,美还一度实施了从韩撤走部分驻军的计划。同期,朝鲜对美政策也经历了相应转变,由阵营意识形态主导转向更多依据自身需要探求自主与美改善关系。虽然在当时的国际环境下,军事对峙与政治对立仍是贯穿美朝关系的主线,双方关系因军事分界线上的意外摩擦和美韩联合军事演习等不时受挫,但美朝双方寻求接近和沟通的努力,总体上渐趋活跃。

二 冷战结束后的美朝关系

1. 80 年代后期至 90 年代中期:实现和开始接触阶段

冷战结束后美朝关系的核心,在美国方面看是朝鲜"核问题"及"导弹问题"等的持续解决,而在朝鲜方面看则是美国解除对朝鲜经济制裁并实现美朝关系正常化。虽然这两个方面在实际的交涉过程中已经"融合"在一起,但由于双方根本利益的不同,美朝关系经历了一个曲折复杂的发展过程。时而斗争、时而妥协,时而紧张、时而缓和,成为冷战后美朝关系发展的基本特征。与此相联系,基于对所谓"朝鲜问题"的强烈关注,美国在现实的对朝政策中所采取的是一种被称为:"遏制"与"接触"相结合的两手策略。虽然这一政策选择在实际上表现为一个逐步调整、逐步演化的过程,但就整体而言,遏制中的接触与接触中的遏制事实上构成了冷战后美国对朝鲜政策的最基本脉络,因此这也成为我们分析冷战后美朝关系时最为"显性"的线索②。

对于朝鲜来说,不管是核问题还是导弹问题,它们的角色更多只是一种外

---

① The New York Times, May 26, 1972.

② 王传剑:《双重规制—冷战后美国的朝鲜半岛政策》,世界知识出版社,2003,第 141 页。

交手段，而非真正要发展大规模杀伤性武器。冷战结束后，由于苏联的解体和旧有同盟关系的消失，朝鲜的国际生存空间变得极为有限。很明显，朝鲜要发展国内经济，就必须同美国等西方国家进行交往，但是由于历史等方面的原因，朝美之间又很难进行直接交流。为此，寻找一个理由同美国直接交往显然是朝鲜在外交工作中极力想做到的。关于冷战后朝鲜所采取的外交策略，一位台湾分析家曾这样指出，"挽救朝鲜经济与解决粮食危机"是"金正日政权"当前的主要课题，而"改善与美、日关系并获取美日的经济援助"则是其外交的"当务之急"。①

这一时期国际形势背景是，持续了近半个世纪的两极格局走向瓦解，东欧剧变、两德统一、苏联解体、美国称霸。形势的突变也使美朝关系进行了迅速调整。美国认为受冷战后东西方格局重组的冲击，朝鲜势必在政治、经济、外交领域受到巨大影响和压力，朝鲜将无法承受而在数年内崩溃。因此美国试图乘势对朝鲜施加压力，争取以"软着陆"方式将朝鲜纳入自己的战略轨道。但从对地区整体的控制需要出发，美国又不希望看到朝鲜半岛南北统一进程发展太快，同时还要防止朝鲜"核开发"干扰其主导的防扩散体系，避免刺激朝鲜半岛周边国家进行核开发。因此，美国在这一阶段对朝鲜政策的重点，一方面是牵制朝韩和解、合作进程，另一方面是抓住朝鲜"核嫌疑"向其施加压力。这期间，朝鲜不得不改变在政治、经济、军事领域依靠社会主义阵营的传统政策基点，立足于直接与美抗衡。为此，朝鲜对美国关系的重点将放在一方面加大力度促使美国从朝鲜半岛撤军，另一方面扩大与美国的接触、对话，以便通过缓和双方关系减轻外部压力。为深化与美国对话的实质和内涵，朝鲜充分利用一切机会和手段，包括将美国所关切的核开发问题用作促美对话筹码。

上述背景下，美朝接触继续趋于活跃。1988年10月，美朝关系出现积极的变化。美国政府宣布部分取消对朝鲜的制裁，允许美朝外交人员之间举行非正式会议。与此相适应，同年12月，朝鲜外务相金永南致信美国国务卿舒尔茨，建议美朝之间进行直接对话，讨论一揽子和平方案。1988年底，在中国的斡旋下，美朝双方在北京举行了参赞级的会谈，美朝两国也由此在北京建立了参赞级不定期会谈机制。之后，美朝关系出现了加速改善的迹象，美国前助

---

① 朱松柏：《金正日与北朝政局展望》，《问题与研究》1997年第12期。

理国务卿斯格作为美国政府的特使于 1989 年 10 月访问了朝鲜。进入 90 年代后，美朝关系出现了进一步松动的迹象，两国继续保持参赞级接触，并就移交美军遗骸达成协议。1991 年，双方开启了高级别的对话进程①。1992 年 1 月，朝鲜劳动党中央书记、国际部长金容淳访问美国，并就核问题和双边关系问题同美国副国务卿坎特在纽约进行了磋商，是为战后朝美间首次高级别会谈。截至 1993 年初第一次朝核危机爆发，双方先后共有二十多次接触。

1990 年 5 月，朝鲜在板门店首次向美移交 5 具朝鲜战争时美军士兵遗骸。1993 年 8 月，朝美签署了美军人遗骸调查、挖掘及移交问题协议，有关挖掘、移交工作延续至今。但是在双方接触过程中，美国希望加快朝鲜演变或期待朝鲜不攻自溃的图谋更加急切，朝鲜希望得到美国安保承诺的意向也越发紧迫，双方的深层利益相左终于在朝鲜核问题上聚焦并引发了冲突。

1992 年底，朝核问题开始突出。美国根据间谍卫星照片指控朝鲜正在研制核武器，要求朝鲜接受国际原子能机构特别核查，并于 10 月底停止执行美军从韩国撤离的第二阶段计划，恢复了一度偃旗息鼓的美韩 "协作精神" 联合军事演习。朝鲜对此反应强烈，于 1993 年 1 月宣布暂时中止国际原子能机构对朝核查，3 月 12 日又宣布退出不扩散核武器条约。1994 年 6 月，朝核问题引发的紧张到了一触即发的地步，美朝关系出现了朝鲜战争之后最为激烈的对抗。危机之际，有关方面推动朝美重返对话取得成效，1993 年 6 月 2 日至 11 日，朝鲜第一副外长姜锡柱与美助理国务卿加卢奇在纽约就核问题举行了首轮朝美双边会谈。双方经过多轮讨价还价后，美国前总统卡特于 1994 年 6 月对朝进行 "私人访问"，同金日成就核问题和其他问题达成广泛共识，这对朝美最终签署框架协议起到重要作用。1994 年 10 月，朝美核框架协议在日内瓦签署，标志着第一次朝核危机以对话协商方式得到解决。总体来看，这一时期美朝从各自不同的需要出发，以核问题为载体，以两国历史上首个互相约束、互有义务的条约为里程碑，双方关系进入了直接接触和较量的阶段，从改善关系角度看，两国关系也达到了历史上最好时期。

2. 核框架协议签署生效后至今：围绕核问题软硬较量的阶段

美朝《核框架协议》签订后，克林顿政府对朝鲜实行了 "软着陆" 政策，

---

① 王泰平：《新中国外交 50 年》，北京出版社，1999，第 254 页。

在遏制的基础上增加了对话的内容。表面上看，美朝关系处于稳定缓和的状态，双方都在按照《核框架协议》履行自己的义务，但实际上，美朝之间的敌意从来没有消失过。首先，此时美国对朝鲜的接触政策是基于朝鲜即将崩溃的判断，因为朝鲜在 20 世纪 90 年代出现了严重的经济困难，尤其是粮食短缺造成大量人口死亡。当时的驻韩美军司令加里·勒克（Gary Luck）在一个听证会上表示："问题不是朝鲜是否会垮台，而是如何崩溃。是自行崩溃，还是在外力施压下崩溃。"① 然而，朝鲜并没有像外界预测的那样迅速出现政权崩溃，于是美国国会又任命佩里为对朝政策协调官，重新权衡对朝政策。1999年 9 月，佩里递交了《佩里报告书》，建议对朝鲜采取"一揽子接触政策"，取消对朝经济制裁，与朝鲜建立外交关系以换取朝鲜停止核与导弹发展计划②。佩里的建议得到了部分采纳，克林顿政府继续保持了对朝鲜的接触政策。不过，朝鲜把《核框架协议》看作是解决双方之间政治、经济问题的全局性协议，对于该协议给予了很大的期望，而美国认为《核框架协议》只是涉及朝鲜核武装的局部性协议，因此并没有真的采取措施实现两国关系正常化。也正是在这个基础上，美国承诺的重油援助不断被拖延，而轻水反应堆最终连地基都没有修好。

　　对朝政策在小布什政府的第一个任期里终于知行合一，其表现就是美朝关系急剧恶化。这种关系的恶化与小布什总统组建的保守主义内阁团队是分不开的。布什外交班子中的主要人物都在冷战时期担任过重要职务，他们对美国的外交政策都已经形成了既定的看法。小布什政府对朝政策的形成就是政府内部温和派和强硬派在争夺对朝政策制定权的博弈过程中，强硬派逐渐占据主导地位的结果。副总统切尼、国防部长拉姆斯菲尔德、国防部副部长沃尔福威茨和道格拉斯·费思、副国务卿约翰·博尔顿和理查德·阿米蒂奇等人是"朝鲜威胁论"的坚定支持者，对克林顿政府的导弹防御、朝核政策、《核框架协议》等问题持批判态度。早在 1998 年初，一个以拉姆斯菲尔德挑头并以他的名字命名的委员会就开始重新评估有关国家的导弹计划情报，并在提交的报告中点名朝鲜、伊朗、伊拉克是可能给美国造成威胁的国家。这份报告得到了多

① Robert A. Manning, James Prazystup, "Starve North Korea or Save it?" *Washington Post*, June 23, 1996.

② William J. Perry, "Review of United States Policy toward North Korea", *Finding and Recommendations*, October 12, 1999.

方肯定，当时的共和党主席金里奇称之为"冷战结束后对我们的国防体系敲响的最重要的警钟"①。所以，当这些人进入决策团队后，他们立即推翻了克林顿政府的对朝接触政策。小布什总统对朝鲜领导人金正日和朝鲜的体制存在极深的不信任感和厌恶情绪，这从他多次对朝政策的表态中可窥见一斑。小布什总统对朝鲜现领导人毫不掩饰的厌恶情绪在同《华盛顿邮报》著名记者伍德沃德（Bob Woodward）的谈话中表现得淋漓尽致。布什说到朝鲜领导人金正日时情绪就激动起来，他一边在空中挥动着手指，一边吼道："我讨厌金正日！""也许是因为我的宗教信仰，也许……""我才不会花钱去收买（朝鲜），你要么相信自由，并想为人类的状况担忧，要么不相信"②。小布什总统还不止一次地公开声称金正日就是失败国家的领导人。这种对朝鲜领导人及其体制毫不掩饰的憎恶之情无疑妨碍了美朝关系的改善。这些因素直接导致朝鲜采取反抗和报复性措施，并祭出了撒手锏，重新恢复核生产，退出《不扩散核武器条约》。

在小布什的第二个任期中，原先的极端保守主义者相继离开决策团队，美国的对朝政策也出现了明显缓和的姿态。小布什总统逐渐意识到朝鲜是个不好对付的国家，采取强硬的政策，不仅很难使朝鲜屈服，而且可能将局势搞得更糟。于是，小布什政府开始转变以往对朝的强硬政策，答应与朝鲜举行双边会谈。朝鲜也希望能得到美国的重视，希望与美国进行直接谈判，实现与美关系的突破，改善其外部的安全环境，为本国的经济发展创造条件。这一阶段双边关系缓和的一个非常明显的标志就是，六方会谈取得的所有重要的进展和成果都基本集中在小布什的第二任期内，包括 2005 年的"9·19 共同声明"以及 2007 年的《落实共同声明起步行动》"2·13 共同文件"。尤其是 2007 年，美朝外交令人瞩目。3 月，朝鲜外务省副相金桂冠访问美国，与希尔在纽约举行了旨在实现关系正常化的会谈。这是第二次朝核危机爆发以来，美朝之间首次举行的旨在实现关系正常化的官方会谈。7 月 14 日，韩国运送的重油抵达朝鲜先锋港，朝方关闭了宁边核设施，同时，国际原子能机构的核查人员也时隔 5 年后首次重返朝鲜，进行关闭核查。9 月，美朝双边工作组第二轮会谈在日

---

① 〔美〕詹姆斯·曼：《布什战争内阁史》，韩红、田军、肖宏宇译，北京大学出版社，2001，第 243 页。

② Bob Woodward, *Bush at War* (New York: Simon & Schuster, 2002), p. 364.

内瓦举行。10 月，六方会谈通过了《落实共同声明第二阶段行动》共同文件。12 月，希尔访问朝鲜，与朝方官员讨论朝鲜申报核计划问题。不过，美国政府之所以采取这些积极举措，并不是因为小布什总统等决策者对朝鲜的态度发生了变化，而主要是形势所迫，是不得已的选择。自 2007 年初美朝两国代表在柏林和纽约开始举行会晤以来，美朝双方代表曾多次在各种场合（包括在六方会谈期间）展开对话，一些迹象表明美国与朝鲜的关系正逐渐由"对抗"转向"接近"。朝鲜冻结宁边核设施后，美国宣布将朝鲜从所谓"支持恐怖主义国家"的名单中删除。

导弹问题是美朝关系中的另一个热点问题，也经常与朝核问题密切相关。一方面，朝鲜具有发展导弹能力的战略意图；另一方面，朝鲜也经常利用发射导弹来制造紧张气氛，吸引美国注意力，为朝核问题的谈判增加砝码。综观朝鲜几次导弹试射，除了美、韩、朝所声称的每年进行"常规训练"的因素外，朝鲜在时机的选择上基本都选在六方会谈处于停滞状态，或者需要对美、韩施加压力的时期。比如 2005 年导弹试射后不久，第四轮六方会谈就得以召开；2006 年，远程导弹试射和核试验给了国际社会很大的震撼，也间接促使第五轮六方会谈在时隔一年多以后重新举行；2008 年的两次导弹试射，目的性也非常明显，充分显示了朝鲜对于导弹的娴熟使用。当然，朝鲜与中东一些国家在导弹技术上的合作也是美国非常关注并极力想要加以阻止的。

3. 奥巴马政府时期的美朝关系

奥巴马在竞选时，曾一再批判小布什政府对外政策的方向性错误。他指出，小布什政府的对外政策导致美国在伊拉克、伊朗、阿富汗、巴勒斯坦、朝鲜等诸多问题上出现积重难返的失误并遭遇被动[①]。在批评共和党和布什单边主义外交政策的同时，奥巴马作为美国民主党的代表，比较重视民主党长期以来奉行的对外合作与协调的政策理念，强调要开展多边主义外交，注重通过谈判与对话缓和与对立国家的关系，并提出可与朝鲜进行直接谈判的政策。很明显，通过外交手段来改善与朝鲜的关系，促使朝核问题取得进展，是奥巴马政府的一个目标。[②] 然而，奥巴马毕竟是代表美国国家利益的美国总统，美国民

---

① 任鸿飞：《奥巴马外交政策走向》，《联合早报》2008 年 12 月 4 日。

② 〔韩〕Chung Jin-young："Obama Presidency and Prospects for Change on the Korean Peninsula"，Review of North Korean Economy，November 2008，published by the Hyundai Research Institute，p. 8.

主党与共和党虽然在一些具体问题上存有分歧，但在对外政策方面，尤其是对朝政策方面，两党的政策导向基本上是一致的。

奥巴马民主党政府目前的对朝政策在相当程度上延续了小布什共和党政府自 2007 年以来对朝实行的接触政策。虽然奥巴马政府在对朝谈判方面可能会有一些新的想法和灵活的举措，但奥巴马政府受美国国内对朝敌视的保守势力的牵制，在防止朝核扩散、防止东北亚出现核军备竞赛等原则性问题上不可能作很大的让步，在防核扩散问题上，美国民主党比共和党的立场更坚定。奥巴马在上任时曾强调，防止核扩散是美国对外政策最重要的目标。奥巴马政府很难容忍朝鲜拥有核武器，担心朝鲜拥核引发东亚地区的核竞赛，造成全球的核蔓延。朝鲜如通过核开发成为拥核国家，将对国际核不扩散机制构成严重挑战，如同打开了"潘多拉宝盒"，有可能使一些也想搞核开发的国家竞相效仿。2009 年 2 月，美国国务卿希拉里在东亚访问期间再次阐明，美国的目标是使朝鲜可验证地放弃核计划，美国不会同没有"弃核"的朝鲜实现关系正常化或签署和平协定。2009 年 4 月 5 日，美国总统奥巴马在捷克首都布拉格说，美国政府将致力于推动建设一个无核武器的世界。美国将与其他国家一道寻求强化《不扩散核武器条约》，包括加强国际核查、强化对违反条约国家的制裁，以及寻求建立一个和平利用核能的新机制，同时要确保恐怖分子永远不能获得核武器或核材料。[①] 但是当前，美国国内和全球日益严重的经济危机以及伊拉克、阿富汗等问题，分散了奥巴马政府的注意力，奥巴马政府在目前并不专注于朝鲜问题。目前，奥巴马政府仍然希望通过对话来解决朝核问题，并将在未来一段时间内通过六方会谈和美朝双边对话等接触政策来使朝鲜转变态度。如果六方会谈和美朝双边对话始终没有实质性进展的话，不排除奥巴马政府对朝接触政策发生改变的可能。

第二节　美朝关系的特点及实质

一　美朝关系的特点

从上述美朝关系的演变过程中，可以总结出美朝关系的特点包括以下几个

---

① 《文汇报》2009 年 4 月 6 日。

方面。

第一，美朝关系十分脆弱。由于美朝关系以意识形态的对峙为基础，因而美朝关系十分脆弱，不堪一击。这从"天安"号事件和延坪岛事件便可见一斑。2010 年 3 月的"天安"号事件，使原本有望回暖的双边关系再起波澜。由于美、韩是盟友关系，因此，朝韩关系必然与美朝关系有十分紧密的联动关系，一般来说，美朝关系要有所突破，朝韩关系一定要先行改善。因此，朝韩关系的急转直下必然影响美朝关系。而延坪岛事件的爆发，打乱了本已初现一丝曙光的双边关系。事发五天后美韩就举行了大规模的联合军演，其反应速度相当惊人。而朝鲜则采取一贯的强硬立场，朝中社称，韩国正在将朝鲜半岛拉向"战争的边缘"。正在双方剑拔弩张之际，朝鲜外务省第一副相、六方会谈朝鲜代表团团长金桂冠邀请美国新墨西哥州州长理查森访问朝鲜，理查森接受邀请并于同年 12 月 16 日对朝鲜进行了访问。不过美国政府仍然强调，其访问属于私人性质。在如此敏感时期理查森接受邀请其意不言自明。而且理查森在访问结束之后称，访问非常成功，他提出的三个建议朝鲜表示接受两个：第一个是朝鲜已经同意国际原子能机构人员重返朝鲜进行核查，还同意就出售 1.2 万根核燃料棒并将其运往国外展开谈判；第二是就朝韩美三方建立军事委员会和热线一事，朝鲜表示将进行考虑。

可见，美朝因"天安"号和延坪岛事件而关系紧张之际，双方通过民间渠道进行了接触，这表明双方都不想将朝鲜半岛拖入战争，同时也希望通过民间接触推动双方政府之间的接触。

第二，美朝关系的演变与走向以美国的对朝政策调整为基础。一般来说，美国对朝鲜强硬则两国关系紧张；反之，则两国关系相对缓和。从现实主义理论视角来分析，主要是由于美国和朝鲜在权力上的巨大差距。美国拥有强大的实力，拥有话语霸权，而朝鲜则与之相反。从建构主义理论视角来分析，长期的意识形态对立和军事敌对造成的敌视心理，使美朝关系基本处于很不正常的长期隔离状态。因此，"美朝关系之所以起伏不定，很大程度上就是双方的身份认知出现了偏差"。① 长期以来，美朝之间一直相互敌视，在冷战后的美国对外政策话语里，朝鲜一度被称为"无赖国家"、"邪恶轴心国"；在朝鲜，美

---

① 宋德星、董庆安：《观念视角下的美朝关系——美朝关系的建构主义解读及其缺陷》，《军备控制与安全》2006 年第 1 期。

国被视为"帝国主义"、"法西斯"国家。两国的媒体经常使用语言及其他符号歪曲和诋毁对方国家领导人。

现阶段，美国对朝政策的特点呈现出"软硬兼施"的特点。"天安"号和延坪岛事件为美国"重返亚洲"提供了契机。美国通过增加与韩国军演的次数并扩大其规模，以及与日本进行近年来少有的大规模军事演习，表明了其对东北亚的军事主导权和对朝鲜半岛事务一管到底的姿态。在2010年20国集团首尔峰会上，李明博与奥巴马商定，将美国归还战时作战指挥权的时间由2012年4月17日推迟到2015年12月1日。而且，美韩还同意成立一个联合军事委员会，目的是有效威慑朝鲜核计划和其他大规模杀伤性武器构成的威胁，这是美国首次与非北约盟友组建联合军事委员会。与此同时，美国还陆续出台了一系列加大对朝鲜制裁的新举措。如美国宣布对朝鲜的"全国紧急状态"延长一年；美国推出了新的对朝金融制裁措施等。从美国对朝鲜金融制裁的内容来看，远没有对伊朗的制裁措施强硬。这可能意味着制裁的最终目的是想将朝鲜重新拉回到谈判桌上。可见，在"天安"号事件和延坪岛炮击事件爆发后美国表现出强硬的立场，但其与朝鲜接触的基本立场没有改变，外交仍是美国对朝政策的出发点。

第三，美朝冲突关系具有持久性。美朝关系难以正常化，植根于美朝两个主要当事国之间的敌对和相互间的极度不信任。从根本上讲，美朝之间的冲突不仅在于朝鲜的安全保障问题，而且很大程度上是基于意识形态和价值观的对立的。美朝之间在意识形态领域存在着根深蒂固的敌对思维，这种敌对思维不消除，美朝关系将难以改善。此外，美国和朝鲜两国在政治、经济、军事、历史、文化等方面的巨大差异导致了它们对各自国家利益的界定有很大的不同，而这点恰恰也正是美朝两国间形成长期敌对关系的重要原因之一。从理论上来讲，"源于物质需求不相容的冲突会由于物质利益的满足或可替代资源的出现而得到解决。而这种上升到意识形态层面、牵连到核心身份观念的冲突却具有很强的自我发展的动力。敌人意象一旦形成，就变得难以改变。同时意象本身也加重了冲突并使之永久化"。① 美朝之间冲突的复杂性是由冲突的自身动力

---

① Janice Gross Stein, "Image, Identity, and Conflict Resolution," in *Managing Global Chaos: Sources of and Responses to International Conflict*, ed. Chester A. Crocker & Fen Osler Hampson with Pamela Aall (United States Institute of Peace Press, 1996), pp. 93 – 111.

激起的，除非双方对彼此的认同基于基本的信任开始发生变化，才能打开冲突方关系良性互动的阀门，否则恶性循环的强大惯性会阻碍冲突的解决。而朝冲突又将物质性因素融入意识形态的争论中，搞垮朝鲜现政权一直是美国一些保守派人士所追求的终极目标，而朝鲜则始终把保障国家体制与维持现政权作为"弃核"的一项基本条件。正是这种根深蒂固的意识形态之争，使美朝关系表现出明显的冲突持久性的特点。

二　美朝关系的实质

美朝关系涉及美朝双边和亚太多边的复杂地区关系。随着苏联解体和东欧剧变，冷战已经结束，但冷战思维在朝鲜半岛仍然存在。其最主要的表现就是，朝鲜仍然处于以美国为首的西方资本主义阵营的冷战阴影之中。苏联解体后，中、俄对于美国的东北亚战略，对抗意义要小于合作协调意义。中、俄、朝的同盟倾向和性质要远远弱于美、日、韩。然而，朝鲜与美日韩的对抗，尤其是与美国的对抗不但没有减弱，反而比苏联解体之前更加强烈。这主要是因为，苏联解体使得朝鲜失去同盟体系的保护，而美国在亚太地区的同盟体系加强，加之美国逐渐加强对朝遏制，都使得朝鲜的国家安全受到比两极格局时期更大的威胁。美朝之间的对抗和较量说明了朝鲜半岛的冷战态势还没有最终因为苏联的解体而消失。美国长期不愿意接受朝鲜要求的两国关系正常化，也不放弃对朝鲜国家政权的敌视，并对其实行孤立封锁和军事、政治、经济遏制，迫使朝鲜试图利用核威慑进行自保自救，其深层原因在于美国要利用朝鲜半岛问题主导东北亚的政治格局。

所以说，美朝关系的根本改善，需要美国和朝鲜双方尤其是美国方面拿出战略意志和战略决断。从美朝之间长期的博弈来看，朝鲜的核试验以及核周旋只是斗争手段，仍然不是改善美朝关系的根本障碍。可以说，改善美朝关系的关键点依然在美方。朝鲜之所以把核问题作为斗争手段，其真正意图就是迫使美国与其直接谈判、对话，谋求实现与美国关系的正常化，进而能够融入国际社会，成为一个正常国家。美国只有改变敌视朝鲜现政权的立场，与他们直接谈判和对话，商谈关系正常化问题，美朝关系才有望真正解决。进入新世纪的2000 年，美国和朝鲜高层官员进行了互访，双边关系看似趋缓。与此同时，朝鲜和韩国的关系也开始明显升温。但小布什任内，形势急转直下。2002 年，美国总统布什将朝鲜与伊朗和伊拉克一起列为"邪恶轴心国"，美朝关系急剧恶化。2003 年，朝鲜退出了核不扩散条约，并威胁要进行核试验。2006 年，朝鲜进行了远程导弹实验，使联合国安理会宣布对其实施制裁。2006 年 10 月朝鲜进行核试验，称朝鲜面临"美国核战争和制裁的极端威胁"。2006 年，韩国前总统金大中为他执政期间对朝鲜实行的"阳光政策"辩护，反指美国小布什政府的对朝政策失败，才会促使朝鲜进行核试炸。金大中指出："朝鲜的核试炸证明美国对朝政策是失败的，美国现在不应该期望（朝鲜）改朝换代，而应该以互让的态度和朝鲜接触，共同解决问题。"未来的美朝关系能否得到改善，取决于美国政府的对朝政策，取决于朝鲜能否重返国际社会。长期以来，朝鲜作为一个主权国家，其最终目标就是能够融入国际社会，成为一个正常的国家。如果朝鲜能够得到以美国为首的西方世界的承认，其生存安全能够从机制上得到落实和保障，那么最终可能使朝鲜意识到，确保国家的安全将更依赖于本国的经济发展和社会进步，而并非一定依赖于拥有大规模杀伤性武器，从而使拥有核武器变成一件没有意义的事情。

第三节　美朝关系的未来展望

美朝关系一波三折，从美朝两国几十年的博弈历程来看，未来美朝关系的发展趋势可能有以下几种。

1. 美朝就缔结和平条约及关系正常化问题展开谈判，朝鲜在弃核道路上继续前进

2009 年 2 月 13 日，美国国务卿希拉里在纽约举行的一次会议上表示："如果朝鲜做好了完全、可验证地放弃核武器的准备，奥巴马政府愿意恢复两国关系正常化。"[①] 同时，她还表示，可以通过签署永久的和平条约结束朝鲜半岛的停战状态，而且向朝鲜居民提供能源和其他经济援助。该发言首次阐明了奥巴马政府的立场，即只要确认朝鲜的"弃核"努力，那么，即使在朝鲜彻底放弃核计划之前，美朝之间也可以着手讨论关系正常化。

在美国国内，也有主张先与朝鲜缔结和平条约、结束战争状态、建立美朝双方互信，再逐步解决朝核问题的声音。这种主张认为，由于美朝之间尚未结束战争状态，双方未签订和平条约，再加上美朝双方军事力量的悬殊使朝鲜对

---

① 据韩联社纽约 2009 年 2 月 14 日电。

美国怀有极大的戒心，因此朝鲜不敢彻底"弃核"。他们主张美国对朝鲜谈判不应仅仅谈朝核问题，也可谈对朝经济援助，与朝交流合作、人员往来等其他方面能给朝鲜带来实际利益的问题。应让朝鲜感到美国确实改变了敌对政策，朝鲜对美国有了信任，朝核问题就能逐步得到解决。很可能，奥巴马政府的对朝政策将体现出这种声音。如果朝鲜方面接住了奥巴马政府伸出的"橄榄枝"，美朝关系就将向前迈进一步。如果朝鲜愿意在弃核方面采取切实有效的行动，美国和国际社会将提供给朝鲜补偿，取消对朝的经济制裁并给予大规模的援助，美朝将逐步实现建交，那么朝鲜半岛和东北亚将迎来新的局面，区域经济交流与合作将加快，韩朝关系和日朝关系也将随着美朝关系的改善而有所进展。当然，朝鲜也担忧随着美朝关系的改善，其国门逐步开放后将受到外来意识形态思潮的冲击而影响其体制的稳定。因此，美朝关系的改善很可能时断时续，时快时慢，反反复复，曲折前行。

另外，将朝鲜半岛停战体制转变为和平体制、缔结永久性的和平条约本身也不是容易的事，其中涉及哪些国家应成为和平条约的谈判方和签字方的问题。如果仅仅由美朝双方签署和平条约，没有韩国等国的参与签署，朝鲜半岛的和平是无法切实有效地得到保障的。作为朝鲜战争事实上的参战方——韩国，应当成为朝鲜半岛和平条约的签字方。如果朝鲜半岛上的两个当事国"朝鲜"和"韩国"的关系始终不能得到很好改善而处于紧张、对抗状态的话，那么任何所谓的"朝鲜半岛和平条约"都是无效的。中国作为当年朝鲜半岛停战条约的签署方，在将朝鲜半岛停战体制转变为和平体制、缔结和平条约的过程中理应参加谈判，并且应当发挥建设性作用。有关朝鲜半岛和平条约的谈判还将牵涉朝核问题如何解决、驻韩美军的去留问题等，即使美朝之间就缔结"和约"问题开始谈判，其谈判在短时间内也很难取得实际效果。

2. 日韩等国和美国国内保守势力牵制着奥巴马政府在朝鲜"弃核"问题上不能"降低标准"，美朝关系陷入僵持状态

作为朝鲜邻国的日本和韩国，对朝鲜进行核开发十分敏感，它们担忧美国在朝鲜"弃核"问题上推行"绥靖主义"，担忧美国在朝核问题很难解决的情况下仅仅是在控制朝核问题，不使朝核问题进一步恶化，而不是真正在花大力气解决朝核问题。日、韩两国竭力主张美国应积极采取行动，对朝施压，在要求朝鲜"先弃核、后建交"的立场上不能后退。美国作为美日同盟和美韩同盟的"盟主"，不能不考虑日、韩两国要求朝鲜"彻底弃核"的立场。另外，

美国国内保守势力也阻碍着奥巴马政府对朝做出更大的让步。

在当前全球金融危机的形势下，在美国由于国内经济衰退、伊拉克问题、阿富汗问题等焦头烂额的情况下，朝鲜看准美国目前没有精力对朝进行过多施压，由此提高了"要价"。朝鲜的目标是希望在保留核拥有国地位的同时与美实现关系正常化。朝鲜外务省发言人2009年1月17日表示："（朝美）关系正常化和核问题是两码事，即使朝美关系实现正常外交、只要美国的核威胁依然存在，我国（朝鲜）就不会放弃拥核地位。"[1] 关于核验证问题，朝鲜外务省发言人表示："根据'行动对行动'的原则，在实现无核化的最终阶段，有必要对整个朝鲜半岛同时进行验证。"[2] 朝鲜强调朝鲜半岛南北双方（包括美国在韩国部署的核武器和撤离经过等）必须同时接受核验证。美朝双方互不妥协的立场很可能使局势进一步僵化。奥巴马政府很难答应朝鲜提出的对韩国也进行核验证的要求，也很难在朝鲜没有明确"彻底弃核"之前就与朝鲜实现关系正常化，这使朝核问题的解决显得非常棘手。未来美国对朝政策的选择余地很小。

奥巴马政府想通过外交对话的办法来促使朝鲜彻底弃核，但如果朝鲜只想用部分弃核来换取外援，而拒不彻底弃核，或坚持要保留核拥有国家的身份，怎么办？奥巴马政府在用尽所有外交手段以后，是否会选用军事手段来解决朝核问题？这是奥巴马政府很难做出的决定。对朝动武，不仅在当前应对金融危机的形势下不合时宜，而且有美国在阿富汗和伊拉克动武受挫的"前车之鉴"，此外还要遭到朝鲜周边国家（包括中国、俄罗斯、韩国、日本）的共同反对，美国很可能将付出十分沉重的代价。因此，不能对朝动武，只能与朝谈判，而这种谈判将是旷日持久的。在美国也有人已清醒地认识到朝核问题解决不易，对朝鲜制裁和施压是无济于事的，他们主张坚持与朝对话，力求通过对话来控制朝核问题的发展，遏制朝鲜核开发的进程，避免核扩散出现失控局面。

朝核问题涉及朝鲜的国内政治。朝鲜搞"先军政治"、"军队第一主义"、"重视枪杆子的作用"[3]，势必不断强调外部"敌人"的威胁，不断保持随时准备抵御外来侵略的紧张气氛，这就在"继续拥核"还是"彻底弃核"的问

---

[1] 据韩联社首尔2009年1月18日电。

[2] 据韩联社首尔2009年1月14日电。

[3] 徐文吉：《朝鲜半岛时局与对策研究》，山东大学出版社，2007，第17页。

题上难以抉择。朝核问题的实质是安全问题，是朝鲜弃核与其国家安全得到根本保障的一个互动过程。朝鲜之所以在核问题上采取坚决不妥协的立场，其深刻根源还在于对自身安全的深度关切与担忧。[①] 朝鲜可能认为，只有通过安全自保才能取得国家安全，而核武器是最有威慑力的安全自保手段。[②] 这些因素都预示着未来通向朝鲜半岛无核化目标的道路仍将是不平坦的。

　　未来朝鲜很可能以"模糊弃核"和"对美施压"相互交替的策略来与美国继续周旋。一方面，在是否"彻底弃核"的问题上模棱两可，以维持与美对话的态势并争取援助；另一方面，根据形势需要时常"出招"，将局势推向紧张的边缘，以掌握对美关系的主动。而在这一周旋过程中，美国将处于守势。美国要处理的全球性和地区性问题很多，不可能集中全力来应对朝核问题，因此，美朝之间很可能将出现较长时间的"拉锯战"。

　　朝鲜在核开发和远程导弹试射方面不断取得进展，使美国感到"受到了一定的威胁"。同时在金融危机和经济萧条的形势下，美国国内的军火工业严重衰退，军火商、军方及保守势力对美国政府的压力增大，美国政府也有可能为转移国内视线而对外"挥舞大棒"，对朝鲜的核设施实施"点穴式"的精确打击。

　　固然，美国有能力启动导弹防御系统来拦截朝鲜发射的远程导弹，但这种拦截并不是百分之百能够成功的。当朝鲜的远程导弹和核开发发展到相当程度并能"突破"美国的导弹防御系统时，当美国的安全感到"有一定威胁"时，便很难确保美国不对朝鲜的核设施采取"先发制人"的军事行动。然而，美国"先发制人"的军事行动很可能将造成朝鲜半岛核污染，并可能引发朝鲜半岛的全面战火并牵连到驻韩美军及驻日美军，这是美国不得不极为慎重考虑的。

　　朝鲜问题涉及美国在东北亚的战略利益。美国一方面不希望朝鲜半岛和东北亚地区重燃战火，因为这将影响到美国与东北亚三个最重要的经济伙伴——中国、日本、韩国日益密切的经济关系；另一方面美国又希望朝鲜半岛和东北亚地区保持适度紧张，以维持美国在这一地区的军事存在和掌控主导权。美国可借"朝鲜威胁"为名，增加在西太平洋部署航母集群及核潜艇的数量，并与日本等国一起加快部署导弹防御系统，以达到威慑朝鲜、遏制中国、控制日

---

① 陈先才：《朝鲜核危机管理：模式、前景及影响》，《韩国研究论丛》（第十六辑），世界知识出版社，2007，第19页。

② 沈丁立：《朝美弃核政治与前景》，《韩国研究论丛》（第十五辑），世界知识出版社，2007，第88页。

韩的战略目的。

3. 六方会谈能否取得进展将取决于美朝双边会谈能否有所突破

现阶段美朝双方都不会放弃六方会谈。尽管美国与朝鲜开展了一系列直接的双边会谈，但美国仍然坚持这是在六方会谈框架内的行动，并坚持美朝双边会谈的成果最终应通过六方会谈取得保证，以防止克林顿时期美朝双边会谈达成的"框架协议"缺乏外部保证的局面的重演。每当美朝双边会谈受阻时，美国就需要举行六方会谈，以让中、俄、日、韩在旁对朝作适当的调解工作。但每当美朝双边会谈有所进展时，美国也需要举行六方会谈，以让其他与会国（中、俄、日、韩）对美朝达成的协议起到协助、敦促、监督和保证履行的作用。同时，美国也需要六方会谈其他与会国（中、俄、日、韩）共同分担援助朝鲜的任务。奥巴马、希拉里的民主党政府重视多边外交和对话，不会轻易放弃六方会谈机制。

朝鲜方面也不会完全退出六方会谈。尽管 2009 年 4 月联合国安理会对朝鲜导弹发射问题发表"主席声明"后，朝鲜宣布退出了六方会谈，但未来在各方的努力下，朝鲜重返六方会谈的可能性依然存在。六方会谈是朝鲜可以向国际社会阐明其观点和主张，争取国际社会理解的外交场所。朝鲜现在与美国关系进展不大，与韩国、日本的关系也陷入僵局，外交上比较孤立。如果完全退出了六方会谈，朝鲜将得不到任何利益（包括援助）。朝鲜不会真正放弃六方会谈这个国际外交舞台，目前的退出仅仅是做出的一种姿态，实际上是希望六方会谈其他五方能做出更多的让步，或能提供更加优惠的条件，希望美国奥巴马政府能早日与朝鲜开展对话。

尽管现阶段六方会谈不至于完全"寿终正寝"，但未来六方会谈要取得实质性进展也是相当困难的，朝核问题长期化的可能性已大大增加。未来美朝双边会谈和六方会谈很可能将形成并存的"双轨制"，美朝双边会谈的作用将日益显现，而六方会谈的地位有可能相对下降，而且，六方会谈能否取得进展将取决于美朝双边会谈能否有所突破。

思考题：

1. 简述美朝关系发展的历程。

2. 美朝关系的特点及实质是什么？你如何理解？

3. 美朝关系的现状及其未来走向如何？

参考文献

1. 〔美〕哈里·杜鲁门：《杜鲁门回忆录—考验和希望的年代》，李石译，三联出版社，1974。

2. 〔美〕詹姆斯·曼：《布什战争内阁史》，韩红、田军、肖宏宇译，北京大学出版社，2001。

3. 王泰平：《新中国外交 50 年》，北京出版社，1999。

4. 朱松柏：《金正日与北朝政局展望》，《问题与研究》1997 年第 12 期。

5. 单体瑞、路宝春编著《韩国研究》，军事译文出版社，2001。

6. 王传剑：《双重规制—冷战后美国的朝鲜半岛政策》，世界知识出版社，2003。

7. 宋德星、董庆安：《观念视角下的美朝关系——美朝关系的建构主义解读及其缺陷》，《军备控制与安全》2006 年第 1 期。

8. 徐文吉：《朝鲜半岛时局与对策研究》，山东大学出版社，2007。

9. 陈先才：《朝鲜核危机管理：模式、前景及影响》，《韩国研究论丛》（第十六辑），世界知识出版社，2007。

10. 沈丁立：《朝美弃核政治与前景》，《韩国研究论丛》（第十五辑），世界知识出版社，2007。

第十讲
俄日关系的历史发展和存在
问题的症结分析

目的和要求：

本讲的核心是阐明俄日关系发展的曲折历程，主要包括叶利钦时期和普京时期以及梅德韦杰夫时期的俄日关系，以及俄日和平条约谈判与北方领土问题，俄日关系的未来走向。学习这一讲，要重点学习影响俄日关系的利益趋向与俄日关系的微妙变化，了解俄日关系的发展，俄日关系研究范围和研究方法。

重　　　点：

俄日关系的发展历程及其存在的问题

难　　　点：

研究方法

关　键　词：

俄日关系　历史问题　北方四岛　冲突合作

从近代开始，俄日两国就在东北亚地区扮演重要的角色。由于两国都想将东北亚地区控制在自己的手中，所以俄日两国的冲突也就无法避免。二战结束后，苏联成为能与美国抗衡的大国，日本则处在美国的控制下，俄日关系的发展道路充满了荆棘和坎坷。

冷战结束后，独立的俄罗斯与日本的关系掀开了新的一页。但是在两国关系发展的初期，由于日本坚持"政经不可分"原则，俄日关系虽有一定程度的发展，但没有实质性发展。直到 20 世纪 90 年代中期，俄罗斯调整外交战略，同时日本确定了新的对俄罗斯"多层次接触"的政策，俄日关系才开始全面发展。在普京和梅德韦杰夫时期，俄日关系进入新的发展阶段，两国在政治、经济、军事、外交和文化等各领域的合作不断扩大。但是，俄日在北方领土问题上仍然存在严重分歧，领土问题仍然是制约双边关系发展的瓶颈，也将在一定程度上影响两国关系的未来发展。

第一节　俄日关系回顾

俄日两国关系可以追溯到近代。近代的俄罗斯处在沙皇统治的俄国时期，经历沙皇亚历山大的改革，国力有所增长，对东北亚地区的关注度也有所提高。而日本在经历明治维新之后，通过改革发展，国家实力也不断提高，由此产生了对外侵略扩张的思想，而中国东北和朝鲜半岛成为首要目标。俄日两国都有意控制东北亚地区，这也就意味着俄日两国必然会在东北亚地区发生冲突。

一　近现代俄日关系的演变

1894年，日本与中国清政府之间暴发甲午战争，中国战败并与日本在1895年签订《马关条约》。日本从中国获取巨额赔款并从中国割占台湾等地，这引起了俄国的恐慌。俄国联合德国和法国干涉日本割占中国的辽东半岛，日本由于无力对抗三国，不得不将辽东半岛归还中国。可以说，三国干涉还辽既是俄日两国从暗中较量转为公开较量的开始，也成为十年后两国爆发战争的重要原因。

随着两国对东北亚尤其是中国东北和朝鲜半岛的争夺，最终两国在1904年爆发战争。在战争中俄国由于准备不足，军事装备落后等原因战败，日本获得了对中国东北和朝鲜半岛的控制权，同时割占了俄国库页岛的南部，俄国在东北亚地区的控制力受到抑制。但是由于其他列强对中国东北同样虎视眈眈，这使得俄日两国从敌人转为伙伴，共同划分各自在东北地区的势力范围。

1917年，俄国国内发生十月革命，布尔什维克党建立苏维埃政权，退出一战。协约国害怕苏维埃政权获得和平机会并逐渐强大从而威胁自身，因此，于1918年春天开始，联合俄国国内的反动势力对俄国国内革命进行武装干涉，妄图推翻苏维埃政权。"4月5日，日本借口两名日本人被暗杀，以保护日侨为名在海参崴登陆"，① 占领俄远东地区的领土。从 1918 年至 1920 年，苏俄连续三次打败协约国的武装进攻。为了避免与日本直接发生武装冲突，苏俄政府在 1920 年 4 月建立了远东共和国。远东共和国形式上是一个资产阶级民主共和国，但实际上受布尔什维克党领导，其成立后一直在与日本进行谈判、周旋，起到了缓冲苏俄直接与日本发生军事冲突的作用。② 1920 年 10 月，苏俄解放了海参崴，日本被迫撤军，远东地区获得解放。

1931 年日本发动"九一八"事变占领中国东北之后，逐步向中国内地扩张，并最终在 1937 年 7 月发动了全面侵华战争。同时，日本北进苏联，但是在诺门坎事件中苏日军队进行了大规模冲突，日本战败并最终在二战期间没有再进犯苏联。而当 1945 年 5 月德国投降之后，苏联开始在远东地区部署军力并在 8 月 9 日向日本关东军发起进攻，占领中国东北和朝鲜半岛北部，并依据《雅尔塔协定》和《波兹坦公告》控制了日本北方的四个岛屿。而日本则被美国单独占领。

二 冷战时期的俄日关系

20 世纪 50 年代，日本恢复了国际地位，俄日两国关系才开始了实质性的发展。1955 年 6 月，两国开始在伦敦进行谈判，谈判涉及的内容较多，包括被俘日本人遣返问题，渔业问题等，但其中最重要的还是领土问题。双方在领土问题上争执不休，双方均不肯让步。最终两国效仿苏联与联邦德国恢复邦交的方式，于 1956 年 10 月签署联合宣言，结束俄日两国战争状态，先搁置争议恢复了两国的邦交，然后再解决问题。至此，自近代以来两国长期对立冲突的局面得到缓和，两国开始以和平的方式解决双边关系中的问题。

20 世纪 60 年代，日美建立军事同盟，苏日关系开始降温。1961 年 8 月，苏联领导人赫鲁晓夫致日本时任首相池田亲笔信，指责日美缔结军事同盟，随后两国展开"论战"，两国关系开始趋向紧张。1964 年勃列日涅夫掌权后推行"全球性进攻战略"，苏美对抗升级。在对美政策的影响下，苏联开始对日实行"高压政策"，拒绝就领土问题进行谈判，同时不断在北方领土上构筑和完善军事设施，增派军队。而日本政府则坚决主张苏联应归还北方四岛，日军国

---

① 方连庆、王炳元、刘金质：《国际关系史》（现代卷），北京大学出版社，2005，第 19 页。
② 方连庆、王炳元、刘金质：《国际关系史》（现代卷），北京大学出版社，2005，第 25 页。

内反对苏联占领北方领土的呼声高涨，由此，苏日关系开始恶化。正因为两国关系的恶化，所以直到 1967 年 2 月双方才互派大使。70 年代，苏联推行"积极进攻"性战略，苏日关系进入低潮时期。实际上在 70 年代前期，由于中美关系缓和、中日邦交正常化，苏联与日本的关系出现了缓和的机会，而且甚至在日本首相田中角荣甚至 1973 年访问苏联时苏联承认两国之间有领土问题，但是这一切缓和并没有彻底改变两国一开始就不稳定的双边关系。1975 年开始，随着苏联"积极进攻"性外交战略的逐步实施，苏联对日政策又逐渐转为强硬，苏联又回到两国间不存在"未解决的领土"的立场上。1978 年 2 月日本外相访苏时，苏联总理柯西金再次明确表态，称苏日两国间"不存在领土问题"。在勃列日涅夫政府重新否认苏日间存在领土问题后，日本政府提出了对苏"政治经济不可分"的重要原则，即苏联如不在归还北方领土问题上做出实质性表示，就不能指望日苏间经贸合作的真正发展。此后，两国外长级会谈中断。1979 年底，苏联出兵阿富汗，日本参加对苏制裁，苏日关系进入冷淡时期。

随着 80 年代戈尔巴乔夫上台开始推行"新思维"外交，苏日关系才又开始升温。"新思维"外交主张与美国及西欧改善关系，同时把改善与日本的关系作为其亚太外交的重要组成部分。为改善与日军方关系，苏联采取了一些具体措施。1986 年 1 月，主动与日本恢复了两国长期中断的外长级定期协商，恢复了中断多年的苏日政府间科技委员会和两国经济合作委员会会议。戈尔巴乔夫于 1986 年 7 月和 1988 年 9 月先后两次在符拉迪沃斯托克和克拉斯诺亚尔斯克就苏联新亚洲政策发表讲话，把改善与日本的关系放在重要位置。1991 年 4 月，戈尔巴乔夫访问日本，实现了苏日东京高级会晤计划。经反复磋商和激烈讨价还价，双方达成共识，发表了《苏日联合声明》。在声明中明确了苏日间"存在领土问题"，确认了"划归领土"的对象是北方四岛，并写明了齿舞、色丹、国后、择捉四岛的名字。这样明确地阐述领土问题，在苏日官方文件中还是第一次。声明的发布，意味着俄日两国关系走向新的阶段，为后来俄罗斯与日本继续发展双边关系奠定了基础。

第二节　冷战结束后的俄日关系

20 世纪 80 年代末 90 年代初，苏欧发生巨变，苏联解体。苏联解体后，俄罗斯继承了苏联在国际社会上的地位。俄罗斯成立后，叶利钦当选俄罗斯首任总统，发展俄日关系成为俄罗斯外交发展战略中的一个重要选择。

一 叶利钦时期的俄日关系

俄罗斯独立之后，叶利钦当选总统，俄罗斯在外交战略上首先采取的是亲西方的"一边倒"外交战略。在叶利钦及其激进派看来，只要有西方国家的巨额贷款和经济援助，就能很快克服经济危机，发展资本主义，成为西方的一员，于是，俄领导人奉行了与西方结盟的政策，根据西方的建议采取激进的"休克疗法"进行改革，以期望在短时间内改变国内的经济体制。

在1992年的"西方七国"会议上，西方国家不顾日本的极力反对，决定给俄罗斯提供240亿美元的经济援助。日本是"西方七国集团"的成员，为避免与"西方七国"关系疏远，日本意识到有必要调整对俄罗斯的政策。俄罗斯认为，日本是美国的盟友，又是世界经济大国，改善与日本的关系是十分必要的。随后俄罗斯采取一系列措施改善与日本的关系，而日本也宣布放弃长期坚持的"政经不分离"的政策，取而代之的是"扩大均衡"的方针。

1993年10月11日至13日，叶利钦总统正式访问日本，叶利钦是俄罗斯独立后访问日本的首位总统。在访问期间，两国发表了《关于俄日关系的东京宣言》和《关于俄日经贸关系与科技关系前景的宣言》。在《东京宣言》中双方都认为，俄日两国应立足于历史的法律和事实，并在两国之间已经达成的协议和制定的各项文件及法制公正原则的基础上，通过解决北方四岛等领土问题尽快签署和平条约。俄日还建立了两国外长定期磋商机制，经贸关系也有一定发展。应该说，《东京宣言》是苏联解体后，俄日两国继续进行领土谈判的一个新的起点。1994年，日本首相细川访俄。

但是应该看到，在这一时期，俄日关系发展水平还很低。在叶利钦的第一任期内只有一次俄总统对日本进行的正式访问，而且由于领土问题陷入僵局，日本首相村山甚至拒绝访俄邀请。俄罗斯看重的是日本与西方国家关系密切这一重要因素，因此积极寻求在东北亚地区改善与日本的关系，加强俄罗斯在亚太地区的地位，从而进一步促进与美国和其他西方大国的关系，进而为最终加入西方七国集团、世界贸易组织和亚太经合组织创造有利条件。

俄日关系在20世纪90年代中期得到了进一步发展。俄罗斯的外交战略从亲西方外交逐步调整为"双头鹰"外交，外交重点向亚洲转移，重视与中、日、韩等国家的关系。1997 年 7 月 24 日，日本首相桥本龙太郎提出"欧亚大陆外交"新战略，谋求全面改善俄日双边关系。在新战略中，日本提出了"信任、互利、着眼未来"的对俄外交三原则。根据日本对俄政策的调整，日本在原来的基础上，对开发萨哈林地区的油气田资源进行了较大规模的投资。与此同时，日本也表示，同意俄罗斯参加"西方七国集团"。1997 年 11 月，叶利钦与日本首相桥本龙太郎在俄罗斯的克拉斯诺亚尔斯克举行了非正式会晤。在这次会晤中，两国领导人决定在 1993 年《东京宣言》的基础上，争取在 2000 年之前缔结和平条约，同时还确定了有关经济合作的"叶利钦—桥本计划"。该计划涉及政治、经济、科技、外交等八个方面，包括扩大日本与俄罗斯远东地区的经济合作，两国在高科技领域内的合作，日本加强与俄罗斯东部地区运输系统建设的合作等。俄方表示支持日本成为联合国安理会常任理事国。1998 年 4 月，日俄两国首脑又在日本的奈川进行第二次会晤，对"叶利钦—桥本计划"作了补充，就两国的经济合作、首脑互访、文化交流、安全保障及太空合作等达成了更为具体的协议。日本在这次会晤中提到了领土问题，但是俄罗斯并没有正式回应。

1998 年 11 月 11 日至 13 日，日本新任首相小渊惠三正式访问俄罗斯，这是日本首相 25 年来首次正式访问俄罗斯。双方共同签署了《俄日关于建立建设性伙伴关系的莫斯科声明》，在声明中双方提出了在信任、互利、长远观点、密切经济合作原则基础上发展建设性伙伴关系的任务。

综合来看，在叶利钦时期，俄日关系的发展相对稳定。

首先，在政治方面，俄罗斯元首早在 1993 年就对日本进行了访问，而在叶利钦的第二任期内，尤其是与日本首相桥本在短期内的两次会晤，在一定程度上说明了两国关系的发展，为双方在更多领域的合作打下基础，为两国关系的进一步发展起到了积极作用。

其次，在叶利钦时代，俄日两国的经贸合作取得了较大进展。在无法从西方取得更多援助的情况下，俄罗斯加强了与日本的经贸合作。从 1993 年开始，俄日贸易得到发展。"1993～1995 年间，俄日贸易进出口总额已接近 60 亿美元。"① 但是，俄日之间的经贸合作受国际环境的影响较大。"90 年代中期以后，

① 刘爽：《当代俄日关系及其前景展望》，《黑龙江社会科学》2002 年第 1 期，第 42 页。

双方贸易额有所下降，1996 和 1997 年始终在 50 亿美元左右，到了 1999 年则只有 42 亿美元。"① 贸易额下降的主要原因在俄罗斯方面，一是国内政局的波动，二是金融体系不稳定；三是出口产品相对单一易受到价格变化的影响。

最后，俄日两国的军事交往有了历史性的突破。1996 年 7 月，日本一艘驱逐舰到俄远东符拉迪沃斯托克参加了俄海军成立 300 周年庆典。1997 年 6 月，俄"维诺格拉多夫海军上将"号大型反潜舰艇回访了日本，并与日海军进行了海上救援联合演习。此外，俄日还于 1998 年 7 月 29 日在海参崴附近海域举行了第一次俄日海军联合演习。这说明自近代以来俄日两国在东北亚地区兵戎相见的局面得到根本性的改善，新型的俄日军事关系在叶利钦时代得以建立。

二 普京时期的俄日关系

叶利钦在 1999 年辞去总统职务，普京出任代总统。2000 年普京上台后，主张全面发展两国关系，俄日两国双边关系有了进一步的发展。普京时期，俄日两国领导人利用定期会晤机制、多边会议机制和热线电话联系等方式，积极开展最高级别的对话。

2000 年 9 月，普京对日本进行了正式友好访问，受到了日本政府超常规格的接待，将俄日关系推向纵深。普京在访日期间与时任日本首相森喜朗就两国在国际事务中的合作及签署和平条约问题发表联合声明，并就两国经贸、科技、文化等领域的合作签署了 15 项文件。普京表示，日本无论在亚太地区还是在国际舞台上都是俄具有战略意义的伙伴。普京的这次访问虽然在领土问题并未与日达成一致，但仍就两国合作、国际局势等问题交换了意见，并发表了《关于和平条约问题的联合声明》。2001 年 6 月，日本首相小泉和俄罗斯总统普京举行会谈，确认了双方在广泛领域内合作的重要性。

2001 年执政的小泉对俄采取了更加灵活的政策。"9·11 事件"后，非传统安全问题在大国关系中凸显，伊拉克战争的爆发尤其使能源安全成为各国关注的焦点。这也促使俄日加速接近。小泉首相上台时，俄日关系处在相对稳定的状态。在小泉上台之前的 2001 年 3 月，普京和森喜朗在伊尔库茨克会谈时发表的联合声明起到了某些积极的作用。双方表示，以苏日 1956 年联合宣言为基础性法律文件，就缔结和平条约继续举行谈判；两国将寻找相互可以接受

---

① 刘爽：《当代俄日关系及其前景展望》，《黑龙江社会科学》2002 年第 1 期，第 42 页。

的方案解决南千岛群岛——有关俄日领土问题的提法当参照当年有关文件，即称为南千岛群岛，而不是按日方所称的"北方四岛"的归属问题，从而使两国关系完全正常化。

但是就在两国关系出现进一步发展的可能性时，日本国内在 2002 年初爆出"铃木事件"，日本前议员铃木宗男爆出政治丑闻。而此时铃木宗男在自民党和议会中主管日俄关系，在森喜朗内阁时期的日俄外交领域有极大的影响力，是日俄领土问题谈判中的政策制定者之一。为了使两国能尽快签订和平条约，铃木主张恢复 1956 年日苏联合宣言精神，俄罗斯先行归还四岛中的齿舞、色丹两岛。铃木曾在普京与森喜朗之间架起沟通桥梁，作为首相特使赴俄商讨两国首脑会晤的相关事宜。正因为铃木在主管日俄关系方面有重要影响，所以日本媒体曝光了铃木有关领土问题的言论后，日本政界一片哗然。外务省的知俄阵营受牵连，以铃木的亲信、时任欧洲局局长的东乡和彦为首的一批精通俄罗斯问题的外交官相继被逐出外务省。由于铃木事件的发生，俄日关系也受到一定程度的影响。

2004 年普京进入总统第二任期后，继续致力于发展俄日关系，欲以渐进方式打开俄日关系僵局。日本更期望在普京任期内实现两国政治关系的重大突破，因而对 2005 年 11 月普京连任后的访日寄予很高期望。双方对北方领土问题的立场出现松动，为两国关系的改善创造了相对有利的政治氛围。冷战结束后，俄继承了苏联的国际法主体地位、权利及义务，俄日关系也继承了苏日关系中的领土问题。

2005 年 11 月 20 日，俄罗斯总统普京再次对日本进行访问。他与日本首相小泉纯一郎就北方四岛、加强能源等领域的经济合作以及东亚局势等问题进行磋商。双方签署了在经济、人文、安全和其他方面进行合作的 12 项文件。但是，在困扰两国关系的北方四岛问题上，普京早已明确表示，俄罗斯不准备与日本就结束占领北方四岛问题进行谈判。2006 年 11 月 20 日，普京在同日本首相安倍晋三在河内举行会晤时表示，俄罗斯愿意继续同日本就和平条约开展对话，探索双方均能接受的解决方案。普京还强调，俄罗斯会为俄日两国发展各方面的合作创造必要条件。

除了在政治上进行会晤和磋商，俄日两国在经济合作上也有所进展，进而形成了以经济外交带动政治关系发展的局面。进入 21 世纪后，俄日关系的发展日益显示出现实主义和实用主义的色彩，通过发展经济关系带动政治关系的进展成为俄日关系的主要特点。双方确定以"叶利钦—桥本计划"和"森喜朗—普京计划"为蓝图,重点进行包括开发俄罗斯西伯利亚地区及远东地区的能源、推进双边贸易合作、和平利用原子能、开发宇宙及信息技术、日本为俄培养企业管理人才等方面的合作。2000 年普京执政后,俄提出强国富民政策,突出外交为国内经济发展服务,在俄日关系中则表现为大力加强两国经济领域的合作。

与此同时,小泉首相改变了对俄"先领土、后经贸"的方针,使双边的经济合作得到加强。两国先后就萨哈林能源开发、架设连接俄东部地区与日本的输电网、日本从俄购买部分能源等问题达成了协议。伊拉克战争爆发后,俄日双方把加强经济与能源合作作为改善两国关系的突破口。此时,正值俄罗斯调整经济发展战略,普京一直有意建立俄日之间的能源通道,欲把俄罗斯的中心地区、萨哈林地区和日本北海道联结起来,以此打开俄日关系僵局,带动经济发展相对落后的俄远东地区,为俄经济复兴注入活力。由于中东地区石油进口来源受到伊拉克战争的威胁,日本主动提出把加强两国能源合作、修建远东石油管道作为俄日经济合作的重点。双方加强能源合作的思路可以说是不谋而合。2003 年俄日首脑共同签署的《俄日行动计划》,首次将俄日共同建设远东石油管道列入其中。日本为了说服俄罗斯首先铺设"安—纳线",做了两方面准备,一是对俄展开全方位"攻心战";二是巨额资金承诺,答应提供政府低息贷款和私人公司投资的国家担保,用于修建石油管线、改造旧油田和东西伯利亚地区新油田的勘探以及建设石油管道沿线的经济设施等,开价从 70 亿美元一直上涨直至135 亿美元。也正是日本此举,使得中俄 2001 年达成的"安—大线"协议事实上作废。不过后来因为日本迟迟未兑现贷款承诺引起俄方不满,俄罗斯才重新掂量与中、日能源合作的轻重并最终拒绝日本贷款,决定自筹资金建设"泰—纳线",并宣布优先建设其通向中国的支线。除能源合作外,俄日在其他领域合作潜力也很大,俄需要日本资金和技术,日本看好俄市场。2005 年 6 月,日本丰田公司投资 40 亿美元在圣彼得堡建立丰田汽车生产基地,成为当地投资最多的外资企业,这为今后两国经济合作打下了良好基础。可以说,经贸方面的合作在一定程度上弥补了双方在政治上的分歧,一定程度上推动了俄日关系的发展。

三 梅德韦杰夫时期的俄日关系

2008 年 5 月 7 日,梅德韦杰夫宣誓就任俄罗斯新一届总统,而普京则

"退居二线"，成为俄总理。俄罗斯进入"后普京时代"。"梅德韦杰夫上台执政以后，继承了普京时期的对外政策，采取军事措施强硬对抗美国对俄罗斯地缘政治的打压和原有势力范围的干扰。"① 梅德韦杰夫上台后第一件大事就是在 2008 年 8 月 8 日北京奥运会开幕式当天出兵格鲁吉亚，防止格鲁吉亚干涉其境内的南奥塞梯加盟共和国的自治权。俄罗斯的果断行动使西方国家措手不及，梅德韦杰夫的强硬措施初显。

虽然梅德韦杰夫上台之后对美国采取强硬态度，但俄日关系并没有立刻出现大的波动。2009 年 2 月，俄日两国首脑举行会谈，双方就探索用"不拘泥于形式、富有独创性"的方法来解决领土问题达成了共识。2009 年 5 月 12日，俄罗斯总理普京对日本进行了访问并与日本首相麻生太郎在东京举行了会谈，双方就能源、经济等领域的合作广泛交换了意见，并同意加快解决"北方四岛"（俄方称南千岛群岛）问题。尽管在解决领土问题上还面临重重困难，但双方加强经济合作以及两国关系的不断改善，对克服国际金融危机带来的困难和维持东北亚地区的稳定有积极意义。会谈的重点是两国经济合作问题。双方就能源开发、节能、运输等多个方面的合作达成了共识，并签署了《日俄核能协定》等文件，以推进两国在核能领域的合作进程。

但是随着时间的推移，双边关系围绕领土问题而日趋紧张。2009 年 7 月，日本颁布《促进北方领土问题解决特别法》，该文件中表明北方四岛是日本的"固有领土"。进入 2010 年，两国在领土问题上的矛盾进一步激化。2010 年 9月底，梅德韦杰夫计划前往南千岛群岛，但由于当时的天气条件不佳没有成行。11 月 1 日，梅德韦杰夫终于踏上南千岛群岛的国后岛，成为俄罗斯第一位踏上该岛的领导人。虽然梅德韦杰夫在国后岛上视察的时间只有 4 小时左右，但是其对外对内的意义非同一般。对外而言，梅德韦杰夫此举充分显示了俄罗斯对南千岛群岛不容置疑的实际控制权和继续控制南千岛群岛的坚定决心。尽管梅德韦杰夫自 9 月提出登岛计划以来，日本方面一直表示强烈反对，但是他仍然按计划行事，根本没有受到日本政府和舆论的干扰，显示了俄罗斯在南千岛群岛问题上的强硬立场，无视长期以来日本对"北方领土"的诉求。对内而言，梅德韦杰夫登岛表明俄罗斯对该地区的重视程度空前提高，以及对

---

① 张丽：《梅德韦杰夫执政以来俄罗斯对外政策的转变》，《国际关系学院学报》2011 年第 3 期，第 87、84～90 页。

推动南千岛群岛社会经济发展和改善当地居民生活条件的重视。因为自 20 世纪 90 年代以来，包括国后岛在内的南千岛群岛因俄罗斯经济低迷出现居民持续外流的现象，梅德韦杰夫登岛的举动意在增强当地居民继续留岛的信心。

2011 年 1 月 20 日，俄罗斯国防部副部长布尔加科夫率领俄军事代表团再次踏上该地区的土地，进行军事视察。在行程中，布尔加科夫强调了俄罗斯在军事意义上也十分重视南千岛群岛（日本称"北方四岛"）的姿态。布尔加科夫 2011 年 1 月 20 日在择捉岛视察了俄罗斯的空军基地及炮兵部队等驻留军事单位，并表示稍后还将对国后岛进行视察。随后，日本新任官房长官枝野幸男于 2011 年 1 月 21 日发表声明，对布尔加科夫的举动深表遗憾。枝野幸男在 21 日除了对布尔加科夫此行表示遗憾外，还呼吁日俄两国能够就此问题尽快举行新的磋商，和平解决"北方四岛"问题。

由此可见，在俄罗斯战略空间受到美国等西方国家打压的不利局面下，梅德韦杰夫并没有退缩，而是以强硬的态度来回应。而作为美国盟国的日本，因为与俄罗斯在领土问题上存有争议，也就自然成为俄罗斯回应美国的目标，在领土问题上寸步不让。

冷战的结束给俄日关系的改善提供了机会，双边关系在冷战后得到改善，并取得了一定的成果。两国在政治上加强沟通，经贸上加强合作，军事上加强交流，使得俄日关系成为东北亚地区重要的双边关系之一。但是也应该看到，横亘在俄日关系中的领土问题，成为两国无法回避的话题。尽管两国关系在冷战后取得很大发展，但是只要牵扯到领土问题，两国就都抱着寸土必争的态度来面对。普京曾经说过"俄罗斯领土是世界第一的，但没有一寸是多余的"，可见双方在领土问题上的矛盾十分严重。因此，未来俄日关系发展的走向，相当程度上取决于领土问题解决的进展。尽管双方会在政治、经济、军事等领域展开合作，但是领土问题将是长期影响两国关系发展的现实问题。

第三节　俄日关系存在的问题

俄日之间的领土问题是俄日关系存在的重要问题，也是长期无法解决的问题。而领土争端是苏联时期遗留的历史问题。二战后，由于苏联拒绝签署《旧金山对日和约》，所以苏日两国没有签署战后和平条约。冷战后，俄日两国都试图通过谈判解决苏联时期遗留下来的这一历史问题，但是并没有取得实质性的进展。可以说，如果不解决困扰双方领土问题的症结，领土问题必将一直影响两国关系的发展。

一　俄日领土问题的形成与发展

俄日之间存在争议的领土，俄罗斯称之为南千岛群岛，日本称之为"北方四岛"（齿舞、色丹、择促、国后）。四岛面积近 5000 平方公里，拥有丰富的渔业资源和海底矿藏；同时由于地理位置优越，也成为俄太平洋舰队的基地之一。四岛有约 2 万俄罗斯居民，其中绝大部分居住在较大的择捉、国后两岛。根据 1855 年俄日条约，"北方四岛"本属日本领土。但 1945 年日本战败后，四岛连同千岛群岛一起被苏联收归版图。因此，日本一直要求苏联归还"北方四岛"。1956 年，苏联同日本恢复外交关系，在当时签署的《联合宣言》中宣布，在两国签订和平条约后，苏联将四岛中较小的齿舞和色丹归还日本。但随着东西方"冷战"局面的形成，苏联这一承诺也不再提起。进入 20 世纪 80 年代，随着戈尔巴乔夫上台，在其推行"新思维"外交时，曾就"北方四岛"问题提出"法律与正义的原则"。

1990 年 1 月，叶利钦访问日本时提出，可用 15～20 年时间，分五个阶段解决俄日领土争端。其要点是：苏联正式承认两国存在领土问题；四岛实行非军事化，俄方撤走驻军；四岛成为自由经济区，由俄日共管；两国缔结和平条约；将四岛归属问题交下一代领导人解决，或者先归还齿舞、色丹两岛，或者全部归还，或者两国共管四岛。从解决问题的步骤看，这的确是解决俄日领土争端的一个新思路。可是叶利钦当时并非苏联高层领导人，他的主张仅仅是一种意向，但日本看到了归还四岛的希望。然而随着苏联国内政治局势发生变化，苏联最终解体，日本错过了收回北方四岛的有利时机。

二　冷战后领土问题的解决进程

苏联解体后，为了解决北方领土归属问题，俄日进行了相关的谈判。

在叶利钦时期，俄日两国正式承认存在北方领土问题，经过努力制定了一系列措施，但由于两国存在严重分歧，没有取得实质性进展。苏联解体后，俄罗斯为改善俄日关系，争取日本的援助和投资，叶利钦决定于 1992 年 9 月中旬访问日本。当时俄方强调，将根据 1956 年苏日《联合宣言》来解决领土问题，叶利钦的"五阶段归还论"没有变。但就在临行前三天，叶利钦决定延期访日，同时强调解决领土问题需要创造良好的环境，希望日本加强对俄经济援助。叶利钦推迟访日的主要原因，在于他的"五阶段归还论"遭到国内强硬派的坚决反对，俄国内各阶层对叶利钦的主张不满。与此同时，俄远东地区1万多居民发起签名运动，反对将齿舞和色丹两岛归还日本。俄军方反对归还"北方四岛"的态度则更为强烈。正是这种情况，使叶利钦感到领土争端难以解决，访日已失去实际意义。而到了1993年5月，叶利钦有意访日，但仍未成行，原因还是领土问题。直到同年10月中旬，在日本同意领土争端可暂缓解决的情况下，叶利钦才正式访日。期间，俄日两国签署了《东京宣言》、《经济宣言》和16个相关协议。《东京宣言》只是明确了两国首脑认真讨论了领土归属问题，一致认为俄日间存在领土问题，双方将继续进行谈判，尽快解决这一问题。虽然叶利钦的这次访日在领土问题上并未做出让步，但日本认为已有进步，因为叶利钦正式承认俄日之间存在领土问题。与此同时，日本的对俄政策也有松动，从"政经不分离"原则变为"扩大均衡"政策，即政治上有松动，经济上也相应松动。尽管如此，叶利钦的"五阶段归还论"已经无果而终，以后未再提起。

普京继任总统以后，俄关于领土问题的立场丝毫没有松动，甚至比叶利钦后期更为强硬。2000年9月上旬，普京访问日本，两国签署了关于和平条约问题的共同声明以及15个合作协议。但领土争端依然如故。2001年3月，普京在同访俄的日本首相会谈时强调：1956年的《联合宣言》是俄日关系重要的基础文件，但并非唯一文件，对宣言中涉及齿舞和色丹的条文，双方有不同理解，俄罗斯希望在1956年《苏日莫斯科宣言》基础上彻底解决北方领土问题，签署《俄日和平条约》。但是，由于日本坚持全部归还北方四岛的立场，俄日和平条约和北方领土问题谈判陷入僵局。而俄罗斯国内反对归还领土的声音也越来越高。首先，俄国内形势大有好转。普京主政几年来，俄政局稳定，经济连年增长，各个领域都有显著进步，国际地位也有提高，已经不像叶利钦时期那样急需外国的支持和援助。同时，俄国内的民族主义思想也愈演愈烈。因此，俄罗斯既不愿在国力衰弱时归还领土，更不会在国力增强时丢失领土。其次，俄罗斯重新成为军事大国的目标也需要南千岛群岛（北方四岛）。普京特别强调军队建设，而南千岛群岛（北方四岛）战略地位十分重要，一旦失去，俄太平洋舰队的出口就将被堵死。叶利钦时期，俄一度关闭了千岛群岛的部分海军基地，南千岛群岛（北方四岛）的驻军减少了一半以上。普京主政后，俄取消了四岛实行非军事化的承诺，重新驻军 5000 名。到了梅德韦杰夫时期，俄罗斯关于领土问题的态度依然没有变化，梅德韦杰夫本人甚至亲临南千岛群岛地区进行视察，可见俄罗斯对于俄日领土问题的态度。

三　制约问题解决的症结

综合来看，俄日领土问题的症结主要有三个方面。

首先，双方的"价码"相差比较大。存在争议的这四个岛屿原为日本领土，二战时被原苏联军队占领，至今仍在俄管辖之下。日方主张四岛是日本领土，俄应全部一并归还日本，如不解决四岛的归属问题，就不会与俄签署和平条约，并称这一方针不会改变。俄领导人则强调，根据原苏联和日本政府签署的苏日联合宣言，俄只能归还齿舞、色丹两个岛屿，而其前提是双方必须先签署和平条约。从俄罗斯的态度看，只归还两岛是俄方的底线，不可能完全归还四岛。

其次，俄日相互的依赖度发生了变化。冷战初期及整个 90 年代，日本一直打"投资"牌，试图利用其优势的资金投入换回领土，但是却口惠而实不至。对日本的言行不一，俄罗斯自然表示不满。同时，随着世界石油行情一路走高，俄经济也随之稳定增长，丰厚的石油收入使得俄罗斯的经济发展不再捉襟见肘，因此对日资金的急需和渴盼程度比过去降低。相反，在能源价格高涨、能源紧缺的大环境下，期盼能源渠道多元化的日本则更希望获得俄罗斯的能源。俄日双方依赖度的变化，使得俄罗斯在领土问题上的对话底气十足。

最后，也是最重要的一个方面，即该地区具有极其重要的战略价值。俄日争端岛屿地区矿产和海产品资源丰富，具有重要的经济和军事价值。四个岛屿总面积约 5000 平方公里，大陆架天然气储量约 16 亿吨，黄金储量约 1867 吨，还有银、钛、硫和铼等资源，此外还年产数量众多的海产品。而且，这里战略地位重要，俄军在该地区建有军事基地，是俄太平洋舰队的重要基地。同时，俄部分民众对归还岛屿也持有异议，在俄远东地区，民众曾多次举行活动反对将齿舞和色丹归还日本，作为民选的政府，俄罗斯领导人也不可能熟视无睹。

综上所述，俄日之间存在的领土问题将成为一个长期性问题，会对两国的关系产生直接的影响。如何解决领土问题的症结，寻找出双方都能接受的条件将是最为重要的目标。

思考题：

1. 叶利钦和普京时期俄日关系的异同点。

2. 要想使俄日关系未来有较好发展，俄日双方应怎样处理好北方领土问题？

参考文献

1. 冯绍雷、相蓝欣：《普京外交》，上海人民出版社，2004。

2. 方连庆、王炳元、刘金质：《国际关系史》（现代卷），北京大学出版社，2005。

3. 冯绍雷、相蓝欣：《俄罗斯与大国及周边关系》，上海人民出版社，2005。

4. 李勇慧、平战国：《新时代的俄日关系》，《东欧中亚研究》2000 年第 4 期。

5. 郭力：《日俄关系的发展及趋势分析》，《西伯利亚研究》2001 年第 2 期。

6. 刘爽：《当代俄日关系及其前景展望》，《黑龙江社会科学》2002 年第 1 期。

7. 刘桂玲：《俄日关系的历史回顾》，《国际资料信息》2003 年第 4 期。

8. 陆钢：《九一一事件后俄日关系的发展趋势》，《当代亚太》2003 年第 4 期。

9. 陈洁华：《艰难调整中的俄日关系》，《俄罗斯研究》2004 年第 3 期。

10. 李勇慧：《普京执政以来的俄日关系》，《俄罗斯中亚东欧研究》2004 年第 3 期。

11. 刘桂玲：《冷战结束以来俄日关系的新变化》，《现代国际关系》2005 年第 11 期。

12. 黄登学：《梅德韦杰夫外交初探》，《外交评论》2009 年第 4 期。

13. 李凡：《美国"冷战"政策与日苏领土问题的形成》，《南开学报（哲学社会科学版）》2009 年第 3 期。

14. 吕桂霞：《俄日关系中的"北方四岛"问题及其深层原因》，《华东师范大学学报（哲学社会科学版）》2010 年第 1 期。

15. 张丽：《梅德韦杰夫执政以来俄罗斯对外政策的转变》，《国际关系学院学报》2011 年第 3 期。

第十一讲
韩俄政治关系的演变及其影响*

目的和要求:

本讲主要阐述了韩俄政治关系的演变及其对东北亚地区的影响。通过本讲的学习,学生应掌握韩国的北方政策以及韩苏建交这一历史事件,了解和梳理冷战后韩俄政治关系的演变过程,特别是要弄清韩俄关系演变对东北亚地区的影响。

重　　　点:

韩国的北方政策以及韩苏建交

难　　　点:

韩俄关系演变对东北亚地区的影响

关　键　词:

韩俄关系　韩俄合作　朝鲜半岛　影响

　　韩国与俄罗斯的关系,是随着朝鲜半岛及东北亚地区政治、经济形势的变化而逐步演进的。历史上韩俄关系有过曲折的发展历程:20 世纪 80 年代,韩国实施北方政策,着力改善与苏联、中国等社会主义国家的关系,韩苏建交;苏联解体后,俄罗斯作为苏联的主要继承者,韩俄两国在政治、经济、能源等各个领域积极发展交流与合作。韩俄加强合作有利于朝鲜半岛及东北亚地区的和平与稳定,韩俄两国在未来的合作中将有崭新的发展空间。

第一节　韩国的北方政策与韩苏建交

　　在冷战体制下,韩国一直奉行强烈的反共政策,是美国在东北亚地区进行

---

　　* 本讲原载于《哈尔滨工业大学学报》(社会科学版) 2011 年第 4 期,第 54～60 页。

冷战、对苏联等社会主义国家进行遏制的桥头堡,加之,苏联在解放朝鲜半岛和朝鲜战争期间站在以金日成领导的共产主义政权的立场上,因此,朝鲜战争后,韩国对苏联一直采取敌视态度。1969 年"尼克松宣言"的发表对韩国等东北亚国家产生了巨大影响。70 年代初,国际社会两大阵营之间的矛盾、对立趋向缓和。随着中美关系缓和与中日关系正常化,韩国政府开始反思一直跟随美国的外交政策,逐步形成旨在改善同苏联、中国和包括朝鲜在内的北方社会主义国家关系的新外交政策,韩国称之为"北方外交"。

1972 年 5 月 16 日,韩国总统朴正熙公开表示愿意改善同共产党国家的关系,寻求与不同社会制度的国家开展合作。此外,南北双方也进行了高层秘密接触,1972 年 7 月 4 日,南北双方发表了"七·四南北共同声明",就南北统一的根本原则达成共识。对此,苏联给予积极评价,并发表声明表示祝贺称,虽然朝鲜半岛问题不是一两天就能解决的,但朝鲜半岛南北都应尽自己最大的努力;解决朝鲜半岛分裂问题的唯一办法是朝鲜半岛上的两个政府间改善政治、经济和文化关系。声明中提到的"朝鲜半岛上的两个政府"无疑是指朝鲜和韩国,这说明事实上苏联已经承认了韩国政府的存在。1973 年 6 月 23 日,朴正熙总统发表了"有关和平统一外交政策的特别声明"。声明称,不管其意识形态和社会制度是否存在差异,韩国将向包括苏联和中国在内的所有国家实行门户开放政策。这被视为韩国北方外交的开始,表明韩国准备与共产党领导的国家建立广泛的联系,是韩国东北亚外交政策的重要转折。对朴正熙总统发表的"6·23 宣言",朝鲜表示拒绝,和朝鲜友好的中国也作了负面反应,苏联的反应对韩国来说还算是正面的。对此,韩国学者金渊洙教授表示,1973 年是对战后韩苏关系重要的一年。"6·23 宣言"发表后,苏联开始对大韩民国实行了公开的接近政策。

1973 年,苏联放宽了对韩国人入境的限制,允许韩国人持有护照到苏联参加艺术、体育和科技等方面的国际会议。1973 年,世界大学生运动会在苏联莫斯科举行,尽管遭到朝鲜的抗议、谴责和抵制,苏联还是邀请了 38 名韩国运动员参加了此次大学生运动会;1973 年 11 月,在联合国纽约总部,韩国驻美大使会晤了苏联驻美大使多勃雷宁,双方就朝鲜问题交换了意见,这是韩苏官方的首次接触;1975 年 11 月,韩国驻英国大使获准出席在苏联举行的由联合国儿童基金会赞助的国际会议,成为第一个持签证踏上苏联国土的韩国外交官;1977 年,韩国官员出席了在莫斯科举行的国际电力会议和在第比利斯举行的环境会议；1978 年，苏联允许韩国内阁官员入境参加世界卫生组织和联合国儿童基金会联合在阿拉木图举行的会议，这是韩国政府内阁成员首次访问苏联。在这次会议期间，《哈萨克真理报》第一次使用了"大韩民国"的称号①。此后，韩国学者、新闻界、体育界及经济界等许多相关人士相继访问苏联。可以说，20 世纪 70 年代，由于韩方的积极推动，韩苏关系已经开始缓和，并在某些方面有所发展。实际上，这一时期的苏联已经承认韩国作为主权国家的存在，承认朝鲜半岛分裂的既成事实，只是基于某种战略考虑，为避免同朝鲜拉大政治上的距离，避免朝鲜单方面倒向中国，而对于韩国提出的建立正式外交关系的要求，未给予足够的重视。

80 年代初，韩国明确提出并积极实施"北方政策"，将外交政策优先定位在改善同苏联、中国的关系上。

1983 年 6 月 29 日，为纪念"6·23 宣言"发表十周年，韩国外务部长官李范锡在国防大学发表题为《创造先进祖国的外交课题》的重要讲话。他在演讲中对北方政策作了大致如下解释："北方政策这一用语和此前韩国政府对共产圈政策大体一致，因为共产圈一词与当前国际社会的变化不适应，并带有不必要的刺激因素，所以使用了这个新名词。"② 这是韩国首次正式使用北方政策一词。接着，这位外长提出了韩国外交政策的目标和任务："80 年代韩国外交政策的目标是防止朝鲜半岛发生战争，韩国外交的重要任务是实现与苏联、中国外交关系的正常化……韩国希望通过改善同中、苏的关系来推动南北朝鲜的接近。"③ 由此可知，80 年代的韩国确实是想积极推进北方外交政策。

然而，苏联击落韩国民航客机事件使韩苏接近骤然停止。1983 年 9 月 1 日，韩国航空公司的 KAL007 号波音 747—200 民航客机在萨哈林岛上空被苏联空军击落，机上 269 名乘客全部罹难。韩国强烈谴责苏联军队的做法是"非理性与非人道行为"，并要求苏联对死亡乘客进行赔偿。而苏联方面则坚决认为这是韩方的"一次执行间谍任务的飞行"④，是对苏联主权的侵犯，并拒绝了韩方提出的赔偿要求，韩苏关系再趋紧张。不过，韩苏这种紧张状态并没有一直持续下去，1984 年，韩苏在某些领域又恢复了非政治性接触。

---

① 刘金质：《当代中韩关系》，中国社会科学出版社，1998，第 82 页。
② 〔韩〕宋永佑：《韩国外交》，平民社，2000，第 51 页。
③ 〔韩〕宋永佑：《韩国外交》，平民社，2000，第 52 页。
④ 陈峰君、王传剑：《亚太大国与朝鲜半岛》，北京大学出版社，2002，第 234 页。

1985 年苏联戈尔巴乔夫上台后，在对外关系方面推行"新思维"外交政策，即"以和平共存与相互利益为基础，发展与资本主义国家间的关系"。同时，东北亚形势开始出现新的变化，特别是中美关系的缓和为韩国推进北方政策创造了良好的外部环境。1988 年上台执政的卢泰愚总统实施了更加积极的北方外交政策，他在总统竞选宣言及就职演说等一系列政策讲话中，始终把实施北方外交，推进同北方社会主义国家关系正常化作为其外交政策的中心。1988 年 7 月 7 日，卢泰愚发表了《关于民族自尊与统一繁荣特别宣言》，正式提出新政府的北方外交政策，改善与苏联等社会主义国家的关系是这一政策的主要目标之一。在这个宣言中，卢泰愚强调，世界正在进入一个超越意识形态和政治制度的和谐合作的时代，韩国将在一个民族共同体的概念基础上，和北方一道寻求共同繁荣，韩国也将努力实现同苏联、中国和其他社会主义国家的关系正常化。

对此，戈尔巴乔夫做出了积极的回应。1988 年 9 月 16 日，戈尔巴乔夫在克拉斯诺亚尔斯克的演讲中，表示可能与韩国建立经济联系，邀请韩国参加西伯利亚地区的经济开发，并在演说中第一次正式使用"韩国"这一称呼。韩苏关系再次走出低谷，并在两国的共同努力下加深了交往与合作，推动了两国关系的发展。1989 年 4 月，两国互设贸易代表处；1989 年 12 月，韩苏两国互设领事馆；1990 年 3 月，韩苏通航；1990 年 6 月，韩苏首脑在旧金山会晤，掀起了建交谈判的高潮；1990 年 9 月，韩苏正式建交，实现了两国关系正常化。

韩苏建交对双方而言，都具有重要意义，极大地促进了两国关系的发展。对韩国来讲，韩苏建交意味着实施北方外交政策的一大胜利，是韩国调整东北亚外交政策方向的重要举措，使得韩国逐渐减弱对美日联盟的依赖，追求有利于本国利益的独立外交，提高了韩国在东北亚地区的影响力。同时，也为中韩建交创造了很好的范例。对苏联来讲，同韩国实现关系正常化主要是考虑到经济方面的利益。以韩苏建交为契机，苏联可以扩大与韩国的经济合作，吸引韩国积极参与远东及西伯利亚地区的开发，同时，引进韩国的资金、技术和管理经验以推动国内的经济改革，发展本国经济。

1990 年 12 月，卢泰愚对苏联进行正式访问，这也是韩国国家领导人第一次访问苏联。在首脑会谈中，韩方同意向苏联提供 30 亿美元的援助，支援苏联的贸易与经济改革，帮助开发远东及西伯利亚地区，戈尔巴乔夫则表达了支持朝鲜半岛渐进式统一方案的想法。1991 年 4 月，戈尔巴乔夫访问日本后顺访韩国。在韩苏首脑会谈中，戈尔巴乔夫表示支持朝鲜半岛南北双方同时加入联合国，并表示"不会向朝鲜提供任何核援助"，将为结束朝鲜半岛的冷战状态而努力。韩苏建交七个月后实现了两次首脑互访，可见两国领导人对韩苏关系的重视程度。首脑互访促进了两国政治关系的发展，对增进两国关系起到了很大作用。

第二节 冷战后韩俄政治关系的演变

苏联解体后，俄罗斯取代苏联，在朝鲜半岛政策上，采取了重南轻北对韩"一边倒"的外交政策。对韩国而言，与俄罗斯这样一个军事实力强大、资源丰富、市场广阔的大国合作，既有利于本国经济的发展，又有利于提高自己的国际地位，还有利于孤立朝鲜。① 因此，在俄罗斯对韩"一边倒"政策的影响下，韩俄关系发展迅速。

韩国也获得了所期望的政治外交利益。1992 年 11 月，叶利钦对韩国进行了首次访问。韩国也是叶利钦当选总统后出访的第一个亚洲国家，这表明俄罗斯对发展韩俄关系的重视。访韩期间，卢泰愚总统和叶利钦签署了《韩俄基本关系条约》，交换了《韩俄军事交流议定书》。叶利钦表示，将重新缔结俄朝条约，删除自动军事介入条款，并声明停止向朝鲜提供攻击性武器。此外，作为友好的表示，叶利钦将 1983 年被击落的韩波音 747 民航客机的黑匣子交给卢泰愚，并阐明了反对朝鲜进行核开发的立场。1993 年 3 月，朝鲜宣布退出《不扩散核武器条约》（NPT 条约），俄罗斯表示赞成联合国安理会对朝鲜实施制裁的决议，并将采取共同行动。同年，俄罗斯正式通知朝鲜取消 1961 年苏朝两国签订的《苏朝友好互助合作条约》。韩国得到了俄罗斯在政治方面的支持，获得了安全和战略利益，达到了政治外交的目的。

然而，这一时期韩俄经贸合作并未对俄罗斯远东地区的经济发展起到多大的推动作用，俄罗斯所期待的经济利益并没有得到满足。俄罗斯推行"对韩一边倒"政策的目的就是想通过发展俄韩关系，引进韩方的资金和技术，带

---

① 冯特君、蒲傅：《东北亚新形势下的韩国外交走向》，《韩国东北亚论集》1996 年第 2 期，第 6 页。

动其远东地区的经济发展。但是，韩国对俄直接投资进展缓慢，韩俄经贸关系的发展状况远不能满足俄罗斯经济发展的需求。截至 1994 年底，韩俄双边贸易额仅有 22 亿美元，韩国向俄罗斯的投资额也只有 2600 万美元，这与同期中韩 116.6 亿美元（双边贸易额）和 7.6 亿美元（韩对华投资额）的数额相去甚远①。关于韩俄经贸合作发展缓慢的原因，韩方认为，一方面，由于俄罗斯没有为外商投资提供良好的投资环境，尤其是 1993 年俄罗斯国内政局不稳造成韩国企业投资心理恶劣；另一方面，两国在经济借款的提供及偿还问题、汉城俄罗斯大使馆的用地问题、KAL 航班赔偿等问题方面意见分歧较大②。

除此之外，1992 年中韩建交也对韩俄关系产生了影响。苏联解体后，俄罗斯继承苏联积极发展韩俄关系的政策，在朝鲜半岛问题上采取对韩"一边倒"的外交政策，逐渐疏远了与朝鲜的关系。对韩"一边倒"的外交政策直接导致了俄罗斯对朝鲜的影响力急剧下降，进而丧失了对韩国的吸引力。然而，中韩建交后，中国仍然保持了对朝鲜的传统影响力，这样就使韩国在安保和战略上的期待在很大程度上转移到了中国方面，并且这一时期因朝鲜核问题的困扰，韩国政府无暇顾及朝鲜半岛以外的事务，韩俄两国关系进展不大。

1994 年 6 月，韩国总统金泳三访问俄罗斯，两国总统签署了《韩俄联合声明》。访问取得了令人瞩目的成果，韩俄宣布建立"建设性互助伙伴关系"。政治方面，俄罗斯将 200 多份有关朝鲜战争的档案交给韩国，以解决两国的历史问题。两国一再强调，要基于共同的价值观，建立起建设性、互补性伙伴关系，为韩俄关系发展注入了新的活力，使双方在国际事务中的合作得到大大加强。1995 年 9 月，为纪念韩俄关系正常化五周年，俄罗斯总理切尔诺梅尔金访问韩国。访韩期间俄罗斯宣布 1961 年签署的《苏朝友好互助合作条约》到 1996 年期满后不再延长。此外，韩俄两国总理签署了经济合作宣言，双方就经济贷款及俄罗斯大使馆占地问题在一定程度上达成了共识。③

然而，韩俄关系的发展并未从此一帆风顺。1994 年，朝鲜提议将停战协定改为和平协定，并打算退出军事停战委员会。为探讨用新的和平保障体制取代现有的朝鲜半岛停战协定，1996 年，韩美倡议举行美、韩、中、朝"四方

① 陈峰君、王传剑：《亚太大国与朝鲜半岛》，北京大学出版社，2002，第 45 页。
② 〔韩〕河相植：《韩国对俄罗斯外交十年》，《岭南国际政治学报》2000 年第 3 期，第 159 页。
③ 〔韩〕河相植：《韩国对俄罗斯外交十年》，《岭南国际政治学报》2000 年第 3 期，第 160 页。

会谈"。1997 年 12 月，"四方会谈"正式启动，俄罗斯对自己被排除在解决朝鲜半岛问题的重要协商之外表示强烈不满。与此同时，韩俄经贸关系发展缓慢，两国经济合作不够顺畅，双方签订的几项经济合作协议虽然经过双方努力但仍成果甚微。1997 年韩国爆发经济危机后，韩国经济被置于国际货币基金组织（IMF）的托管之下，韩俄两国贸易额减少。1998 年，俄罗斯宣布"延期偿还借款"的决定使两国的经济合作更是雪上加霜。应该说，在韩俄建交的最初十年里，两国政治关系的发展并不是很顺利，尤其是 1998 年 7 月发生了韩俄双方驱逐对方外交官事件，曾一度给两国关系蒙上阴影，让两国政治关系一度冻结。这一时期韩俄关系发展不顺利的原因，主要有以下两个方面：第一，韩俄双方对两国关系的期望值不同，即韩国发展对俄外交主要基于政治和安保政策方面的考虑，希望从俄罗斯方面获得政治外交上的支持，俄罗斯则把获得经济利益放在首位，希望韩国成为其内部经济改革所需要的合作伙伴，而韩国没有满足俄罗斯的经济要求；第二，韩国在处理对俄关系时仍没有摆脱冷战思维，无论是对苏联还是对俄罗斯，外交都过于拘泥于针对朝鲜的安保政策方面，对俄罗斯外交缺乏长期战略。[①]

韩俄关系在金大中和卢武铉政府时期出现了转机。金大中和卢武铉两届政府在东北亚地区推行四强外交，力求均衡发展韩国与美、日、中、俄的关系，韩俄关系获得提升。1999 年 5 月，金大中总统访俄。为加强韩俄建设性互助伙伴关系，双方决定促进人员往来，增加经济合作，扩大文化、教育、科学、情报等各个领域的交流。特别引人注目的是，在这次首脑会谈中，金大中强调了俄罗斯作为安理会常任理事国在联合国中的作用，并提议举行包括韩、美、中、日、俄、朝在内的六方会谈，建立东北亚多边安全体系。俄罗斯对此表示热烈欢迎。同时，俄罗斯明确表示支持金大中对朝鲜实施的包容政策，肯定了其合理性和正确性，为在世界范围内承认这一政策提供了契机。

卢武铉政府时期韩俄关系进一步升级。2004 年 9 月，卢武铉对俄罗斯进行了国事访问，两国首脑决定把韩俄关系从"建设性互助伙伴关系"提升为"全面合作伙伴关系"。卢武铉总统此次访俄为韩俄关系发展注入了新的活力，使两国在各个领域，尤其是在经贸领域的合作跨上了一个新的台阶。韩俄

---

① 〔韩〕河相植：《韩国对俄罗斯外交十年》，《岭南国际政治学报》2000 年第 3 期，第 154 ~ 155 页。

"全面合作伙伴关系"的建立是韩国推行东北亚四强外交的重要举措，意味着两国将以相互信任为基础，在贸易、投资、能源、科学技术等领域扩大交流与合作。韩国舆论认为，两国关系定位的升级，标志着韩俄关系进入了新的阶段，将对东北亚地区的繁荣和发展产生积极影响。[①]

李明博总统上台后，明确提出要推行"有原则的实用外交"，在巩固韩美同盟、发展韩日友好关系的同时，加强与中国和俄罗斯的合作。2008 年9 月，作为践行四强外交的最后一站，李明博对俄罗斯进行了正式访问。以李明博总统此次访俄为契机，两国政治关系从卢武铉时期的"相互信赖的全面伙伴关系"提升至"战略伙伴关系"，使韩俄关系迈上了一个新的台阶，对东北亚和俄罗斯远东地区发展产生了积极影响。此外，基于对原油价格大幅攀升和原材料价格飞涨的考虑，李明博政府强调能源外交，提出了强化资源外交、构建国家间能源合作纽带、构建东北亚经济安全共同体的构想。俄罗斯是一个石油、天然气资源蕴藏极为丰富的世界能源大国，俄罗斯也把能源作为推行其外交政策的有效工具，力图通过能源外交重振其大国地位。因此，在东北亚地区，韩国的能源外交以俄罗斯为主要对象，重点加强与俄罗斯的经济合作以振兴韩国经济。可以预计，韩俄关系发展的良好势头将会继续保持下去。两国关系发展将继续以能源为主，重点突出韩国与俄罗斯的经济合作，特别是加强双方在发展远东经济上的战略合作，借此，韩国可以开辟新的能源供应渠道和进入中亚与欧洲地区的陆路通道，为韩国经济发展注入新的活力。可以相信，能源合作和技术交流将成为进一步提升韩俄关系的催化剂，韩国政府将会为加强韩俄关系而加倍努力。当然，两国还可以在宇宙开发、渔业、IT 等方面加强合作，使双方的合作领域进一步扩大。

第三节　韩俄关系演变对东北亚地区的影响

从1990 年6 月在旧金山举行第一次韩俄首脑会谈至今，两国已实现外交关系正常化21 年。韩俄建交21 年间，两国由"建设性互补伙伴关系"突破性地发展为"战略伙伴关系"。如果说20 世纪韩俄"建设性互补伙伴关系"

---

① 　徐宝康：《韩俄提升两国关系》，《人民日报》2004 年9 月23 日。

的确立体现了韩国政治外交方面的考虑的话，那么 21 世纪韩俄"全面合作伙伴关系"的发展则是受韩俄两国政治、经济利益的驱使，有利于韩国国家利益的实现，同时也会增强俄罗斯在东北亚的影响力。

到目前为止，韩俄两国在政治、经济领域形成了全方位、多层次的合作框架。两国定期举行总统、总理和议会领导人高级会晤，缔结了政治、经济、军事、外交、文化等一系列协定。两国在广泛开展政治、经济、文化等领域交流的同时，也加强了在东北亚地区事务中的合作。从重申朝鲜半岛无核化、和平解决朝鲜核问题到倡议建立东北亚多边安全体制，可以看出，韩俄关系的发展对两国有利，对东北亚地区的和平有利，对中国有利。

一 韩俄合作有利于朝鲜半岛的稳定

韩国金大中和卢武铉两届政府一直致力于实现朝鲜半岛形势缓和与民族和解，金大中政府实施的"阳光政策"和卢武铉政府推行的"和平繁荣政策"对于改善南北关系，缓和朝鲜半岛局势起到了巨大的推动作用。在朝核问题上，韩国反对美国小布什执政时期的对朝强硬立场，坚持和平解决朝鲜核危机，即使在 2006 年朝鲜进行核试验以后，也没有中断对朝鲜的援助。在卢武铉政府时期，韩国努力增加美韩联盟的平等色彩，谋求成为"东北亚中心国家"。坚持要求通过对话方式和平解决朝鲜核危机，在解决危机的过程中，始终强调自己是"当事者"，应该起"主导作用"，① 体现出韩国在外交上谋求东北亚重要国家地位的愿望和努力。

俄罗斯在朝鲜半岛有重大的安全利益和经济利益，朝鲜半岛与俄罗斯山水相连，是俄罗斯东部重要边陲。俄罗斯非常关心这一地区的和平与稳定，努力想为其落后的远东地区的发展创造良好的外部环境。2000 年朝韩首脑会谈后，俄罗斯更是成为南北双方的好伙伴，其对朝核问题的调解也最为积极。在六方会谈框架内解决朝核问题的过程中，俄罗斯与韩国关系日益密切，在朝核问题上也保持了一致的立场。在朝鲜核问题上，对于好不容易挤进六方会谈的俄罗斯来说，抓住朝核问题中的关键一方韩国，确实可以避免其在六方会谈中被边缘化，增强在朝鲜半岛问题上的影响力。韩国则希望争取俄罗斯的支持，为其

---

① 郑泽民：《朝美核危机韩国发挥"主导作用"原因之探析》，《东北亚论坛》2003 年第 2 期，第 21 页。

今后统一朝鲜半岛打好基础。① 韩俄两国立场的一致及俄罗斯对韩国的支持，有利于朝核危机的和平解决及朝鲜半岛的稳定。然而，李明博上台后，朝韩关系急转直下，几度濒临战争的边缘。朝鲜半岛的危机局势影响着俄罗斯与朝韩两国的经贸合作，而一旦爆发冲突和战争，给俄罗斯经济造成的损失会更大，所以俄罗斯不希望朝鲜半岛发生军事冲突。

中国与朝鲜接壤，有1300多公里的陆地边境线，拥有核武器或动荡的朝鲜半岛显然不符合中国的国家利益，中国也为和平解决朝核危机提出了自己的主张。中国一贯致力于朝鲜半岛和平与稳定，致力于实现半岛无核化，坚决反对朝鲜拥有核武器。在解决朝核问题上，中国始终致力于推动六方会谈进程，反对美国对朝鲜实施制裁和军事威胁，主张通过对话和平解决朝核危机，即无核换安全。② 2006年12月29日发布的中国《国防白皮书》严正指出："朝鲜试射导弹，进行核试验，朝鲜半岛和东北亚局势更趋复杂严峻。"③ 目前，中国的现代化建设最需要和平稳定的周边环境，而朝鲜半岛局势变化将直接影响中国的战略性发展。朝鲜半岛的持续紧张和危机升级不符合中国渴望维护朝鲜半岛和平、稳定与繁荣的长远利益。④ 就安全和战略利益而言，中、韩、俄三方都致力于朝鲜半岛稳定，和平解决朝核危机，这有利于中国在此问题上表明立场并实现国家利益的最大化。

二　韩俄合作有利于在东北亚地区建立多边主导的安全合作机制

在东北亚地区建立某种安全框架的问题上，韩国一直倡导建立东北亚多边安全机制。早在1989年10月，韩国总统卢泰愚在联大发言中提出召开由中、美、日、俄、朝、韩参加的"东北亚和平协商会议"，以建立一个解决朝鲜半岛问题的"东北亚和平结构"。此后，韩国历届政府均积极主张在东北亚地区进行多边安全合作。1993年8月，韩国外长韩升洲参加东盟论坛时撰文指出，韩国安全外交最重要的课题是建立东北亚多边安全体制；1994年在曼谷举行首届"东盟地区论坛"（ARF）之际，韩国提出"东北亚安全对话构想"，主

---

① 陆洋：《俄国人奔忙朝鲜半岛》，《瞭望东方周刊》2004年第35期，第25页。

② 姜龙范：《朝核问题与中国的战略选择》，《东疆学刊》2007年第3期，第65页。

③ 《中国国防白皮书（2006）》，http：//mil. news. sohu. com/20061229/n247334366. Shtml。

④ 姜龙范：《朝核危机及其对中国安全的影响》，《韩国朝鲜大学社会科学论丛》2008年第2期，第12页。

张建立东北亚国家之间多边安全对话协商体制，并提出了维护东北亚地区安全的六项基本原则；1998 年 11 月，金大中总统访华时也强调了在东北亚地区建立合作组织的必要性；卢武铉政府时期，主张在均衡发展大国外交的基础上，积极推动建立东北亚地区安全多边合作机制；朝核六方会谈机制形成后，韩国提出以朝核问题六方会谈为基础建立东北亚多边安全机制，希望在对东北亚地区力量的平衡和东北亚安全政策上发挥更大的影响力。

而俄罗斯为提升在东北亚地区的主导权，对此也表示了积极的态度。在朝鲜半岛周边四强国家中，俄罗斯最先提出建立东北亚多边安全合作机制。1992 年 11 月，叶利钦总统访问韩国时就提出了建立东北亚多边协商机制的主张；1994 年末，俄罗斯提议举行由朝韩和俄、中、美、日共同举行的"2 + 4"会议，讨论解决朝鲜半岛统一问题及统一后国际社会对韩国安全的保障问题；然而，俄罗斯却被排除在"四方会谈"之外；1999 年 5 月，韩俄举行首脑会谈时强调"要致力于推动建立包括俄、中、美、日、韩、朝在内的东北亚多边安全合作对话体制"；[①] 2000 年俄罗斯总统普京上任后，在朝鲜半岛南北双方之间实行平衡政策，特别是第二次朝核危机爆发后，俄罗斯积极参与六方会谈，对多边谈判的支持和积极参与在一定程度上恢复了俄罗斯在朝鲜半岛的传统影响力，有助于维持其在东北亚地区的利益和在世界政治舞台上的大国地位。韩国欢迎俄罗斯给东北亚地区带来的积极影响，俄罗斯则希望在朝鲜半岛问题上全面发挥作用。韩俄两国政治、经济合作的日益加深为两国在建立东北亚安全合作新框架中进一步加强战略合作奠定了更加坚实的基础。

一直以来，中国在东北亚推进建立"多极"主导的多边安全新机制，主张运用多边手段解决东北亚安全问题。中国可以通过积极参与多边安全对话和协商，在多边的框架内全方位开展外交。多边安全机制不仅符合中国所倡导的平等合作的"普遍安全观"，[②] 而且有助于建立中国在国际社会上爱好和平的、负责任的大国形象。而在东北亚多边安全合作方面，美日的态度一直很模糊。美国始终想建立由其主导的东北亚安全局面，对地区多边安全机制持有一种传统的怀疑态度，并一直担心地区多边安全机制可能会限制其在地区安全事务中的行动自由。近年来虽然美国也积极表示支持在东北亚地区建立多边安全机制，但美国

---

① 〔韩〕洪献益：《东北亚多边安全合作和周边四强》，世宗研究所，2001，第 127～138 页。

② 徐文吉：《朝鲜半岛时局与对策研究》，山东大学出版社，2007，第 264～265 页。

主张的东北亚多边安全机制是以维持现状为目标，强调新建的多边安全机制不能取代原有的双边同盟关系，警惕"排美"和以中国为主导的多边安全机制的出现，以确保美国在多边合作机制中的主导地位。正如美国前国家安全事务助理约瑟夫·奈指出的，"旨在建立信任措施的地区安全机制只是美国双边军事同盟结构的补充，而不会替代它"。① 日本的态度一直表现得犹豫而不明确。应该说，美日的态度对东北亚多边安全机制的建立确实有一定的限制作用。

中国、俄罗斯和韩国都主张建立多极主导的东北亚安全新秩序，中、韩、俄三方合作对于朝鲜半岛和平机制和东北亚多边安全机制的建立是不可或缺的条件，这对建立多极主导的东北亚安全机制是一个重要保障因素，同时对美国搞单边主义和强权政治也是一种制约因素。

总之，韩俄关系的发展符合双方的国家利益。韩俄在朝鲜半岛及东北亚地区事务中存在许多共同利益，俄罗斯对推动朝鲜半岛的和平与稳定持积极态度，韩俄合作将对东北亚地区的繁荣和发展产生积极影响。此外，俄罗斯丰富的自然资源对韩国有巨大的吸引力，朝俄铁路连接可以大大降低朝鲜半岛与欧洲间的物流费用。韩国还可以通过与俄合作加强与朝鲜的经济合作。进一步发展韩俄之间的关系符合两国人民的利益，有利于增强朝鲜半岛和东北亚地区的安全与稳定。因此，韩俄关系的发展对于朝鲜半岛和东北亚地区的安全与稳定的意义是不言而喻的。

思考题：

1. 韩国的北方政策及韩苏建交。
2. 冷战后韩俄政治关系的演变过程。
3. 韩俄关系演变对东北亚地区的影响。

参考文献

1. 刘金质：《当代中韩关系》，中国社会科学出版社，1998。

---

① 姜联军、匡国栋：《东北亚多边安全机制的构建》，《国际关系学院学报》2005 年第 1 期，第 41 页。

2. 〔韩〕宋永佑:《韩国外交》,平民社,2000。

3. 〔韩〕洪献益:《东北亚多边安全合作和周边四强》,世宗研究所,2001。

4. 陈峰君、王传剑:《亚太大国与朝鲜半岛》,北京大学出版社,2002。

5. 徐文吉:《朝鲜半岛时局与对策研究》,山东大学出版社,2007。

6. 冯特君、蒲傅:《东北亚新形势下的韩国外交走向》,《韩国东北亚论集》1996年第2期。

7. 〔韩〕河相植:《韩国对俄罗斯外交十年》,《岭南国际政治学报》2000年第3期。

8. 郑泽民:《朝美核危机韩国发挥"主导作用"原因之探析》,《东北亚论坛》2003年第2期。

9. 陆洋:《俄国人奔忙朝鲜半岛》,《瞭望东方周刊》2004年第35期。

10. 姜联军、匡国栋:《东北亚多边安全机制的构建》,《国际关系学院学报》2005年第1期。

11. 姜龙范:《朝核问题与中国的战略选择》,《东疆学刊》2007年第3期。

第十二讲
俄朝关系的演变过程和制约因素

目的和要求：

> 本讲主要从回顾俄罗斯与朝鲜关系的历史入手，对近十几年来俄朝关系曲折发展的概况进行讲述，分析俄罗斯现行的对朝政策，展望俄朝关系的未来。通过学习这一讲，学生将明确俄朝关系的相应基本概念，并对俄朝关系的历史、现状、影响两国关系发展的制约因素及俄对朝政策有所了解和掌握。

重　　　点：

> 俄罗斯对朝鲜政策的战略调整

难　　　点：

> 影响俄朝关系发展的制约因素

关　键　词：

> 朝俄（朝苏）关系　朝鲜核问题　演变过程　制约因素

　　朝鲜半岛地处东北亚核心位置，扼守东北亚海上交通要道，是亚洲大陆与日本列岛之间的桥梁和跳板，是俄罗斯战略力量向太平洋方面发展的重要目标之一，具有十分重要的战略意义。冷战时期，苏联和美国制造了朝鲜半岛的分裂，苏联将实行社会主义制度的朝鲜视为战略同盟国，给与朝鲜大量的经济和军事援助，苏朝两国交往频繁，关系密切。1961 年签订的《苏朝友好合作互助条约》具有政治、军事同盟性质。俄罗斯独立后，对朝鲜半岛的政策经历了一个曲折变化的过程。新生的俄罗斯向市场经济、民主国家转型，不再以意识形态作为对外政策的指导思想。俄罗斯与曾在苏联时期获得各种政治、经济、军事援助的社会主义国家——朝鲜的关系一度出现了不同程度的停滞。俄罗斯在朝鲜半岛问题上不断让步，使其在朝鲜半岛的影响力大为削弱。在这种大的国际背景下，俄罗斯与朝鲜的关系也发生了巨大的变化。

第一节　俄朝关系的发展演变过程

一　二战后及冷战时期的朝苏关系

早在朝鲜人民反对日本侵略期间，苏联就曾是朝鲜游击队的后方基地，苏联还曾积极参与和支援了朝鲜战争。其后，苏联又成为朝鲜安全、经济、政治的主要支柱之一。1961 年 7 月 6 日，苏联与朝鲜在莫斯科签订了为期 30 年的《苏朝友好合作互助条约》，按照该条约第六条，如果在条约到期之前一年内缔约一方未向另一方提出废止该条约，则条约自动延长五年。条约关键的一条是第一条，即当缔约一方遭到外部攻击时，另一方应立即向对方提供力所能及的军事援助，这就决定了该条约实际上带有军事同盟性质。朝鲜是苏联在东北亚地区的战略盟国。

从二战结束到二十世纪八十年代末，苏联与朝鲜的关系都处于东西方之间的两极体系和冷战对抗的框架之中。1948 年朝鲜和韩国分别成立以后，苏联仅承认朝鲜民主主义人民共和国为朝鲜人民 "唯一的合法代表"。从那时起，直到 1990 年苏联和韩国建立外交关系为止，尽管也经历过忽冷忽热的时期，但基本上是建立在 "马克思列宁主义和无产阶级国际主义的原则" 基础上，长期保持着政治、经济等各方面的密切联系。

到 1991 年苏联解体前，苏联仍是朝鲜最大的贸易伙伴，约占朝鲜对外贸易额的 40%。苏联以优惠的价格定期向朝鲜提供石油、石油制品、机械及粮食，朝鲜的科技人员不断地在俄罗斯的核技术联合研究院学习。受意识形态和冷战思维的影响，苏联一直奉行倾向于朝鲜的单方面外交政策，完全否认韩国的存在。俄罗斯民族是个好走极端的民族，非此即彼，非黑即白的思维定式根深蒂固。如果说 1990 年以苏联在朝鲜半岛奉行 "向朝鲜一边倒" 的政策的话，那么 1990 年 9 月 30 日苏韩正式建交，标志着苏联在朝鲜半岛的政策发生了根本性变化。

二　苏联解体后朝俄关系的发展

1. 独立初期的 "亲韩疏朝"、对韩 "一边倒" 的政策

俄罗斯独立初期对朝鲜半岛的政策，基本上是苏联时期半岛政策的延续，

同时又有所发展，其继承性主要表现在极力发展与韩国的关系，与此同时，迅速恶化与朝鲜的关系。1992 年，俄韩双方缔结了《俄韩基本关系条约》。俄罗斯加强与韩国关系的意图有三：①通过全面发展与韩国的双边关系，维持东北亚地区的稳定；②寻求韩国对其倡议的东北亚安全计划的支持；③吸引韩国资本和技术发展本国经济。推行"亲韩疏朝"、对韩"一边倒"的政策使俄罗斯在短期内与韩国的经济合作发展较快，俄朝关系进入了一段停滞时期。

在政治领域，除了 1992 年 1 月俄总统特使、外交部前副部长罗高寿访问朝鲜外，直到 1993 年，两国高级外交接触实际上已经停止。针对 1991 年到期后自动延长五年的《苏朝友好合作互助条约》，俄罗斯方面认为条约已经不符合自己在朝鲜半岛的政策，并于 1993 年对条约中的第一条给出了新的解释，指出该条款目前只适用于朝鲜遭到攻击时，而不适用于朝鲜发动进攻时。1994 年 6 月 2 日，叶利钦在莫斯科正式宣布，该条款已经废止，不具有任何法律效力。另外，面对日益发展的俄韩政治、经贸和军事关系，朝鲜方面越来越对俄罗斯心存不满。

在经济领域，俄罗斯先后取消了对朝鲜的各种援助，并要求俄朝贸易按世界市场价格以硬通货币结算，这对外汇不足的朝鲜打击很大。1992～1996 年，俄朝之间的贸易额逐年减少，1992 年为 2.92 亿美元，1993 年为 2.22 亿美元，1994 年为 0.96 亿美元，与同期俄韩两国约 38 亿美元的贸易额相比简直是九牛一毛。

在军事领域，虽然 1992 年 3 月独联体联合部队总司令萨姆索诺夫访问了平壤，但 1992 年俄罗斯还是终止了对朝鲜的武器供应（1987～1991 年期间，苏联共向朝鲜提供了 42 亿美元的武器装备）。在朝鲜暴发核危机以后，俄罗斯为了显示其与美、日、韩三国立场一致，积极向朝方施压，并扬言俄罗斯不再保证"无条件地支持朝鲜"。在俄罗斯看来，冷战结束后，朝鲜已经失去了它作为苏联在东北亚与美国抗衡的战略前沿阵地的价值，加之独立之初的俄罗斯极力显示其与西方世界在意识形态上的同一性，对朝鲜这个前社会主义阵营的盟国唯恐避之而不及，更遑论维护和发展俄朝关系了。因此，俄罗斯独立初期俄朝关系的恶化是难以避免的。

20 世纪 90 年代初，俄罗斯对朝鲜半岛的政策，特别是与朝鲜的疏远导致俄在这一地区的影响力大大减弱。在近年来许多有关朝鲜半岛和平问题的解决过程中，俄罗斯都几乎成为局外人。在朝鲜"核开发"和"导弹开发"危机中，俄罗斯所提出的意见没有得到其他国家的重视，特别是在建立朝鲜半岛安全机制问题上，俄罗斯一直被排斥在"四方会谈"之外。与中、美、日三国相比，俄罗斯在东北亚地区大国角逐中处于相当不利的地位，已从地区事务中的"主角"沦为"配角"。俄罗斯推行"重韩轻朝"政策的主要动因是希望通过发展俄韩关系，引进韩国的资金和技术，促进远东和西伯利亚地区的经济开发，但尽管俄韩经贸关系发展很快，但其规模仍然有限。例如，1994 年，俄韩双边贸易额已达 22 亿美元，韩国向俄罗斯的投资已有 4000 万美元，但这与同期中韩贸易额 116.6 亿美元和韩国对华投资 7.6 亿美元的数额相差甚远，而中韩建交要比苏韩建交还要晚近两年。另外，随着韩国经济实力的增长和自主意识的提高，在处理朝鲜半岛核危机和半岛和平机制的建立等问题上，韩国表现出明显的排斥俄罗斯的倾向，更使俄罗斯对韩国心怀不满。1998 年 7 月发生的俄韩互逐外交官事件，便可看作是关系恶化的一个例证。

2. 叶利钦执政后期俄朝关系开始缓和

"重韩轻朝"政策所带来的恶劣影响迫使叶利钦政府重新调整俄对朝鲜半岛的政策。在中断四年后，俄朝于 1994 年在莫斯科恢复了副外长级磋商。同年 9 月，俄副外长帕诺夫访问朝鲜，提出愿与朝鲜发展正常关系。1995 年 8 月，俄正式向朝提出废止 1961 年所签订的《苏朝发好合作互助条约》并向朝方转交了由俄方拟订的新的两国关系文件草案。1996 年 4 月，俄联邦政府代表团访问朝鲜，双方决定恢复经济磋商和定期政治对话，并加强朝鲜半岛的和平与安全。对此，朝鲜外交部欣然指出，"这次对话为今后两国在各个领域内扩大和发展双边关系迈出了重要的一步"。从 1997 年起，两国开始磋商新的双边关系条约，同时重新签署了《公民相互旅行和航空协定》，举行了政府间经贸与科技合作委员会第二次会议，签署了两国经济技术合作议定书和农业合作文件，并在其中确定了朝对俄债务的原则性协议。

总体来说，90 年代中期以来，俄罗斯是在试图纠正前几年错误的对朝鲜半岛的外交政策。但是，苦于国内政治、经济危机，再加上国际形势的风云变幻，这种努力并未十分奏效，"与俄韩关系比较起来，俄朝关系更为滞后"，俄罗斯在朝鲜半岛中的外交预势并未完全扭转过来。

俄罗斯积极缓和与朝关系显然使俄罗斯在朝鲜半岛问题上的发言权大为增强，在东北亚地区的战略地位也有所提高。对俄罗斯来说，坚持同时改善与朝韩两国的关系就掌握了向日本施压的重要武器，这为俄日关系的发展奠定了基

础；坚持同朝韩同时发展关系也增加了同美国讨价还价的筹码，这对美国企图主导东北亚地区事务的图谋有很大的牵制作用

3. 普京执政时期俄朝关系的进一步改善

普京执政以来，积极调整对朝鲜半岛的外交政策，加大了对朝鲜半岛的外交力度，不但对朝韩成功地实施了"等距离"外交政策，而且通过与金正日三次会晤，使俄朝关系达到俄独立以来空前的密切程度，俄在朝鲜半岛及东北亚的传统影响力正在恢复和逐步加强，初步实现了俄在 2000 年《外交政策构想》中提出的"确保俄平等参与解决朝鲜问题，同朝韩两国保持平等的关系"的基本目标。2000 年 2 月，《俄朝友好睦邻合作条约》正式签订。条约规定，缔约一方将有义务不与第三国缔结反对缔约另一方的主权、独立和领土完整的条约和协定，不参与任何行动不采取任何措施。这一条约取代了苏朝在 1961 年签订的军事同盟条约，结束了 90 年代初出现的两国关系倒退和停滞的局面，两国关系的改善取得了一定的成效。该条约可以说是两国关系新阶段的开始，对推进俄朝在安全、经济及更多领域进一步扩大友好合作有重要意义。2000 年 7 月，普京访问平壤，双方签署共同宣言表示，进一步发展和加强俄朝合作符合两国的根本利益，同时有利于朝鲜半岛的和平、安全与稳定。2001 年 4 月，朝武装力量相继访问莫斯科。双方签订了军事合作和军事工业及军事技术合作协议。同年 7～8 月，金正日正式访问莫斯科，双方签署联合宣言指出，为保持全球稳定和安全，两国将共同努力。同时，俄强调两国加强经济合作的重要性，主张建立连接朝鲜半岛和俄欧的铁路变通走廊。2002 年 8 月 20 日至 24 日，普京与金正日在俄远东地区进行了第三次会晤，会晤后普京会见记者说，俄今后将继续为朝鲜半岛的和平进程做出力所能及的贡献。普京表示，双方在会谈中讨论了双边关系问题，重点是经济领域的合作。目前，俄朝双方的政治合作和友好关系，正在为经贸合作的发展注入新的动力。密切同俄罗斯的关系，有利于朝鲜寻求摆脱美国和日本所施加的政治和安全压力，增加恢复朝美会谈的筹码，而解决朝鲜当前的经济困难，也需要来自俄罗斯的帮助。从外交上来说，此次俄朝首脑会谈也是朝鲜领导人打击美国所谓"邪恶轴心"说的重要武器。这次会晤，使俄朝关系达到了历史的新高度。

普京政府对朝鲜半岛外交政策的调整有深刻的历史背景和深远的战略意图，也是普京"全方位"外交战略的具体表现。普京的这种调整可能主要基

于以下几点：①地缘政治与安全因素。俄罗斯的远东地区与朝鲜半岛山水相连，朝鲜历来就是俄罗斯的势力范围。再加上朝鲜半岛的局势具有不确定性，日本与俄一直存在着"北方四岛"之争，朝鲜半岛对于俄罗斯远东地区安全的战略意义极为重要。②经济利益因素。俄远东地区地广人稀，资源丰富，但经济发展一直较为缓慢，严重制约了俄近年来经济改革的推进。俄罗斯已经意识到"俄在朝鲜具有巨大的经济利益"。俄联邦安全和国防委员会主席维克多·奥塞罗夫更直截了当地表示，如果涉及自己的利益，俄将不会听从任何人尤其是"决不唯美国马首是瞻"。俄目前最热心的是如何使西伯利亚铁路与朝韩铁路连接，打算在朝鲜建设输油管道，以便将东西伯利亚的石油和天然气经朝鲜输往韩国，计划通过加强与朝鲜的关系，进一步开发远东。③中国因素。近十年来，中国经济的持续高速发展客观上增强了俄罗斯自身的危机感，特别是"俄罗斯对中国在人口和经济上对远东地区的渗透抱有很高的警惕感"。事实上，在远东问题上俄对中国一直存有戒心。他们认为远东地区经济潜力巨大，俄只要继续拥有它，就可能在未来成为真正的欧亚强国。近800万平方公里的西伯利亚和远东地区基本未被污染，其在21世纪的价值将是无法估量的，中国近年来正在对这一地区进行"软入侵"，因此，俄罗斯担心中国会吞并该地区。普京总统针对连接朝韩与俄西伯利亚的铁路修建计划也曾警告过俄罗斯说，"如果我们不修建的话，中国就会修建"，这也充分说明俄调整对朝鲜半岛外交政策时最大程度上考虑了中国因素。④美国因素。"9·11"事件后俄罗斯与美国改善了关系，并且，俄成功地进入了"八国集团"。俄罗斯清楚地知道，作为八国集团中唯一同朝鲜保持广泛政治交往的国家，俄罗斯的影响力无可替代，与朝鲜保持并加强联系，必要时打"朝鲜牌"，可收到"一石二鸟"的效果。一方面，加强与朝鲜的合作对俄朝均有利；另一方面，美国对朝鲜一直态度强硬，俄罗斯可在其中充当"调停人"。不过，俄朝关系的发展水平不能不在某种程度上受制于美国。

4. 梅德韦杰夫执政以来的俄朝关系发展

2008年7月15日，俄罗斯政府公布了总统梅德韦杰夫批准的《俄罗斯对外政策新构想》，系统地阐述了一个较长时期内俄罗斯对外政策的基本目标、原则和优先方向，明确地传达了俄罗斯更加积极主动地参与制定国际议程、构建世界新秩序的抱负和恢复自身大国地位的信心。相对于8年前普京的外交政策构想，该文件明确提出了要发展俄罗斯和所谓"三驾马车"（俄罗斯、中国、印度）以及"金砖四国"（俄罗斯、中国、印度和巴西）之间的战略合作关系。同时被提及的合作伙伴还有俄罗斯在欧洲的主要能源进口国和俄罗斯在世界各地的主要武器进口国（伊朗、土耳其、埃及、阿尔及利亚、沙特、叙利亚、利比亚和巴基斯坦）。在地区问题上，俄准备积极参与解决朝核问题。从俄罗斯加入"六方会谈"，参与解决朝鲜半岛核危机以来，俄罗斯和朝鲜的关系明显亲近了许多。虽然朝鲜对俄罗斯支持联合国安理会做出的 1695 和 1718 号决议（反对进行核试验）表示了不满，但这并没有影响到两国关系的发展。俄罗斯将俄朝两国的关系定位为"睦邻友好关系"。2008 年是朝鲜成立 60 周年，也是俄朝建交 60 周年。俄总统梅德韦杰夫在朝鲜成立 60 周年纪念日当天向朝鲜劳动党总书记、朝鲜国防委员会委员长金正日以及朝鲜最高人民会议常任委员会委员长金永南致以贺电，祝贺朝鲜民主主义人民共和国成立 60 周年。梅德韦杰夫在贺电中说："朝鲜民主主义人民共和国成立至今，俄朝两国已经积累了丰富的合作经验，共同开发了大量的合作项目。两国传统的睦邻友好关系经受了时间的考验，相信两国关系将继续得到加强和发展，并为朝鲜半岛及全亚洲的和平、稳定与安全做出贡献。"梅德韦杰夫强调："俄罗斯将继续为加强两国传统睦邻友好关系而努力，在所有领域大力发展双边关系。"2008 年 10 月在"六方会谈"积极推进之时，朝鲜外相朴义春 14 日起程前往俄罗斯，开始对俄罗斯进行为期 4 天的正式访问。这是朴义春就任朝鲜外相后首次访问俄罗斯。10 月 15 日，朴义春与俄罗斯外长拉夫罗夫在莫斯科举行会谈，就增进两国间的政治、经济和文化交流达成了协议。朝鲜与俄罗斯再度重申了传统友好合作关系，朝鲜要求俄罗斯持续提供经济援助。会谈后，拉夫罗夫与朴义春共同签署了俄朝 2009 年至 2010 年交流计划。

2009 年 3 月 17 日，时任俄罗斯总理的普京就原苏联与朝鲜经济文化合作协议签署 60 周年向朝鲜内阁总理金英日致贺电说："俄方高度评价与传统友好邻邦朝鲜的合作，并愿意扩大和加深两国间政治、经济、科学及文化交流，共同致力于维护朝鲜半岛和平与稳定。两国于 1949 年签署的经济文化合作协议是双边关系中第一份国家间协议，为两国发展经济、文化和其他各领域平等互利合作奠定了法律基础。"2009 年 4 月 23 日，俄罗斯外交部长谢尔盖·拉夫罗夫乘专机抵达平壤，开始对朝鲜进行为期 2 天的访问。在访问期间，拉夫罗夫与朝鲜外务相朴义春举行了会谈，深入讨论了俄罗斯与朝鲜的双边关系发展，以及朝鲜半岛与东北亚局势问题。朝鲜对外文化联络委员会代理委员长文在哲和拉夫罗夫在平壤签署了朝俄政府间 2009 年至 2010 年文化及科学交流计划书。2009 年 4 月 23 日，朝鲜最高人民会议常任委员会委员长金永南在平壤万寿台议事堂会见了来访的俄罗斯外长拉夫罗夫，双方进行了亲切友好的谈话。拉夫罗夫请金永南转交俄罗斯总统梅德韦杰夫致朝鲜最高领导人金正日的一封亲笔信。2009 年 11 月 24 日，俄罗斯联邦会议联邦委员会主席米罗诺夫抵达平壤访问。朝鲜最高人民会议议长崔泰福在平壤与米罗诺夫举行了会谈，就加强两国议会间友好合作关系和共同关心的国际问题交换了意见。同日，朝鲜内阁总理金英日会见了米罗诺夫。

在俄朝高层频繁互访的同时，俄罗斯继续推进援助朝鲜建设基础设施。如帮助朝鲜修建高压输电线，为朝鲜输送电力。朝鲜铁道相金勇三还专程赴俄罗斯，计划与俄罗斯铁路股份公司签署协议，建立一家俄朝合营公司，通过俄朝边境铁路，密切俄罗斯与朝鲜半岛的经贸往来。在资源开发方面，俄罗斯也加强了同朝鲜的联系。在第 11 次俄朝林产业委员会会议上，两国就木材加工合作达成一致。双方协议在 2008 年使阿穆尔地区的木材生产增加到 72 万立方米，在不久的将来扩大到 100 万立方米。朝鲜将为这项合作输送 2000 多名工人，俄罗斯则负责提供森林资源、器材及技术指导。

2010 年 8 月 15 日，在朝鲜解放 65 周年之际，朝鲜最高领导人金正日和俄罗斯总统梅德韦杰夫互致贺电，一致表示将进一步加强双边关系。金正日在给梅德韦杰夫的贺电中说，"在朝鲜解放 65 周年之际，向俄罗斯人民致以问候"，并表示希望双方按照过去达成的协议精神，进一步加强朝俄关系。梅德韦杰夫在贺电中祝贺朝鲜解放 65 周年，并表示俄朝在解放朝鲜的共同斗争中形成了历史性的友好和相互尊重的关系，这种关系将得到进一步加强，以维护朝鲜半岛和东北亚地区的安全和稳定。

2011 年 8 月 21 日，应俄罗斯联邦总统梅德韦杰夫邀请，朝鲜民主主义人民共和国国防委员会委员长金正日对俄罗斯西伯利亚和远东地区进行非正式访问。8 月 24 日，俄总统梅德韦杰夫与朝鲜国防委员会委员长金正日在俄罗斯布里亚特共和国封闭的军事重镇"索斯诺维博尔"举行了会谈。金正日在会谈中向梅德韦杰夫表示，朝鲜准备无条件返回六方会谈，并在会谈期间暂停核试验。此外，俄朝领导人还就过境朝鲜向韩国输送天然气项目成立俄朝韩三方委员会达成一致。俄罗斯方面透露，梅德韦杰夫和金正日在 24 日的会晤中找

出了解决朝鲜拖欠俄罗斯债务问题的办法

2011 年 12 月 17 日，朝鲜最高领导人金正日因病逝世。得知消息后，俄总统梅德韦杰夫致电金正恩，对金正日逝世表示深切哀悼。俄罗斯外长拉夫罗夫说，俄方希望金正日逝世不会影响俄朝两国发展友好关系。2012 年 3 月 5 日，普京再次当选俄罗斯总统，5 月 7 日举行了就职典礼。2012 月 6 月 12 日，朝鲜国防委员会第一委员长金正恩向俄罗斯总统普京致贺电。金正恩称，相信具有悠久友谊与合作历史的朝俄关系将继续扩大和发展。

2012 年 12 月 12 日朝鲜发射卫星后，国际舆论反响强烈。俄罗斯对朝鲜无视国际呼声发射卫星表示遗憾。2013 年 2 月 12 日，朝鲜不顾国际社会的一再警告，成功进行了第三次地下核试验。俄罗斯总统普京要求朝鲜停止核试验并提议讨论对朝新制裁。7 月 19 日，朝鲜劳动党机关报《劳动新闻》19 日刊载纪念文章，纪念《朝俄共同宣言》签署 13 周年，称朝鲜将进一步加强和发展朝俄友好合作关系。

2013 年 12 月 2 日，普京签署总统令按照联合国决议对朝鲜进行制裁。俄罗斯制裁朝鲜不过是一个姿态，仅仅意味着俄罗斯对朝鲜半岛"三位一体"政策中的朝鲜维度进行局部调整，并不意味着俄罗斯外交政策发生了根本变化。普京此举是想要表现俄罗斯在朝鲜半岛问题事务上的话语权和对朝鲜的影响力。2014 年上半年，俄罗斯的朝鲜半岛政策没有变化。2014 年 3 月底，俄罗斯在与朝鲜长期谈判后，免除了朝鲜在苏联时代遗留的共计 100 多亿美元的债务，同时希望未来能与朝鲜在能源、卫生、食品安全领域加强合作。

2014 年下半年，朝鲜外交显示出活跃倾向。11 月 18 日，朝鲜最高领导人金正恩派特使崔龙海到访莫斯科，与俄罗斯总统普京和外交部官员举行了会谈。俄方透露的消息称，平壤准备根据 2005 年 9 月通过的六方会谈"共同声明"，在"不设先决条件"的情况下恢复六方会谈。在 APEC 北京峰会和 G20 峰会热度尚存的情况下，俄朝之间的互动给略显平静的东北亚局势传递了微妙的、新的信息——面对国际社会的制裁和前所未有的"人权问题"的压力，朝鲜推行的强硬路线似有松动，加强外交拓展国际生存空间已迫在眉睫，密切朝俄合作也是有意"提醒"中国，但没有迹象表明朝鲜会在核问题上做出让步。俄罗斯则借此向世界强调其在东北亚的利益和关切，暗示其在必要的时候仍然可以对朝鲜施加不同寻常的影响。

第二节　朝核问题对俄朝关系的影响

一　朝鲜核问题的发展过程

朝核问题始于 20 世纪 90 年代初。当时，美国根据卫星资料怀疑朝鲜开发核武器，扬言要对朝鲜的核设施实行检查。朝鲜则宣布无意也无力开发核武器，同时指责美国在韩国部署核武器威胁其安全。第一次朝鲜半岛核危机由此爆发。1992 年 5 月至 1993 年 2 月，朝鲜接受了国际原子能机构 6 次不定期核检查。1994 年 10 月，朝美在日内瓦签订《朝美核框架协议》，朝鲜冻结其核设施，美国牵头成立朝鲜半岛能源开发组织，负责为朝鲜建造轻水反应堆并提供重油，以弥补朝鲜停止核能计划造成的电力损失。2002 年 10 月，美国总统特使、助理国务卿凯利访问平壤后，美国宣布朝鲜"已承认"铀浓缩计划，并指控朝鲜正在开发核武器。朝鲜则表示，朝鲜有权开发核武器和比核武器更具杀伤力的武器。同年 12 月，美国以朝鲜违反《朝美核框架协议》为由停止向朝提供重油。随后，朝鲜宣布解除核冻结，拆除国际原子能机构在其核设施上安装的监控设备，重新启动用于电力生产的核设施，并于 2003 年 1 月 10 日发表声明，宣布退出《不扩散核武器条约》，但同时朝鲜表示无意开发核武器。朝鲜核危机正式爆发。为使朝核问题和平解决，中国政府积极斡旋，于 2003 年 4 月促成了由中国、朝鲜、和美国参加的朝核问题三方会谈。同时，中国政府还积极进行多方斡旋，促成了首轮由中国、朝鲜、美国、韩国、俄罗斯和日本组成的六方会谈于 2003 年 8 月 27 日至 29 日在北京举行，并确立了通过谈判和平解决朝核问题的原则。2006 年 10 月 9 日，朝鲜进行了第一次地下核试验。2007 年 2 月 13 日，朝核问题第五轮六方会谈第三阶段会议通过《落实共同声明起步行动》共同文件。同年 7 月，朝鲜关闭并封存宁边核设施。2007 年 10 月，朝核问题第六轮六方会谈第二阶段会议通过《落实共同声明第二阶段行动》共同文件。根据这一文件，美国和朝鲜同意继续致力于改善双边关系，向建立全面外交关系迈进。11 月，朝鲜开始对宁边 3 个核设施实行"去功能化"。后因朝美在核计划申报问题上产生分歧，文件未能得到有效的落实。截至 2008 年 6 月，六方会谈已进行到第六轮。2009 年 5 月 25 日，朝鲜再次进行了地下核试验，引起国际社会的普遍不满和广泛关注。

二 朝核问题对俄朝关系的影响

在朝鲜核问题上，俄罗斯拥有非常大的经济利益，朝鲜与俄罗斯在地理位置上彼此相连，朝鲜核问题能否妥善解决首先关系到俄罗斯的国家安全问题。具体来说，如果朝鲜成为拥核国家，那么将会对俄罗斯的东部安全造成很大的潜在威胁。出于对战略平衡等多重因素的考虑，东北亚其他无核国家如日本和韩国等，甚至连中国的台湾地区都有可能试图效仿研制核武器以增强各自的防卫力量，这必会导致亚洲的军备竞赛。而且一旦爆发东北亚地区的核武器冲突，俄罗斯自身的国家安全将难以避免地遭受损害。同时，朝鲜核问题不断升级，俨然已成为引起国际社会广泛关注的国际热点问题，而且朝鲜核问题涉及美国、日本等在世界上有较大影响力的大国的利益，俄罗斯要重新恢复其在亚太，尤其是东北亚地区的影响力，需要借助对朝鲜核危机进行国际斡旋调停的机会，通过与其他大国的斡旋与协调参与国际事务，争得在朝鲜半岛的话语权，提高其大国影响力，展现其大国风范。所以说，朝核问题事关东北亚安全，也直接关系到俄罗斯的国家安全、国际地位和经济利益。

朝鲜核问题是美苏冷战的产物。相对于其他国家而言，在朝鲜核问题的解决上苏联有独特的优势。首先，作为核技术输出国的俄罗斯，最能了解或评估朝鲜核计划的进展情况。朝鲜核能研究的开展得益于苏联的人才、技术、资金、设备援助。在苏联的帮助下，朝鲜自20世纪60年代初开始了其核能研究。1962年在苏联的援助下朝鲜在宁边成立了原子能研究所，1965年从苏联引进用于研究的原子能反应堆，苏联还帮助朝鲜培训了一批核技术人才，从而使朝鲜的核技术研究初具规模。经过近30年的努力，到20世纪90年代初，朝鲜已经基本建成了从铀矿开采到核废物处理的核燃料循环体系。其次，俄罗斯作为安理会常任理事国、世界第二大军事强国，历史上对朝鲜半岛事务具有传统影响力，而且有与朝鲜半岛接壤这一独特的地缘政治优势，这些优势因素决定了俄罗斯在未来朝核问题的解决中将担当重要的责任，这也在客观上决定了解决朝核问题难以回避俄罗斯的参与，而且也成为俄罗斯与中、美、日等国就此问题讨价还价的有力筹码。未来，随着综合国力的不断提升，对朝鲜半岛政策的更加灵活与务实，俄罗斯在包括朝核问题在内的朝鲜半岛问题的解决过程中必将发挥越来越大的作用。

第三节　未来俄朝关系的走向

一　俄朝关系发展的制约因素

尽管俄朝两国目前都试图最大限度地发展各个层次的双边关系，但是，一个不容置疑的事实是：有一系列因素制约着两国关系的进一步发展。这主要表现在以下几个方面。

1. 俄朝关系的进一步发展有赖于朝鲜半岛自身的和平进程。应该说，俄朝关系的恢复和发展是在朝韩南北和解的背景下进行的。朝鲜半岛南北关系缓和后，金正日也竭力想摆脱朝鲜在外交和经济上的孤立与隔绝，恢复和发展与俄罗斯的传统关系是其根本利益所在。但是，朝鲜半岛的局势在国际大背景下具有不确定性，一旦朝韩和平进程中断，将直接影响到俄朝两国的经济合作，尤其是俄一直热衷的俄、朝、韩铁路连接计划将会落空，俄西伯利亚的石油和天然气也就无法经朝鲜输往韩国。

2. 俄朝两国合作，尤其是经济合作将因两国自身的经济困境而达不到一个很高的水平。转轨中的俄罗斯经济近几年虽略有起色，但依旧未摆脱资金短缺的局面，无力向朝鲜进行投资；朝鲜的经济更是杯水车薪，特别是现汇结算的贸易结算方式，是俄朝经济合作的重大障碍。

3. 解决朝对俄债务是摆在两国面前的一大难题。朝鲜对俄的债务是苏联时代的遗产，作为两国之间特殊"政治关系"的证据一直搁置在那里。截至1995年底，朝鲜欠俄债务共计43.2亿美元。实际上，俄对这一债务也一直耿耿于怀。俄方在2002年8月金正日访俄前夕明确指出，债务问题是"两国关系发展的重大障碍"，并反复表示，必须确定债务的数额、偿还方式和偿还期限。

4. 俄朝关系的进一步发展还会受到美、日、韩等国的影响。由于国际环境复杂多变，各种利益冲突层出不穷，再加上美国把朝鲜列为三个"邪恶轴心"国之一，对俄朝关系只会起阻碍作用。另外，出于自身利益的考虑，俄朝在一些重大问题上也有分歧。例如在朝鲜半岛无核化、核不扩散和朝鲜发展导弹问题上，俄主张由俄、美、日、中加上朝、韩和联合国及国际原子能机构举行八方会谈，而朝鲜只对与美国单独接触感兴趣，在以前的几次谈判中均未让俄参加，不能不让俄感到格外恼火。

二 由俄朝关系引发的进一步思考

增进俄朝关系是俄罗斯出于自身战略安全而做出的务实选择。朝鲜是俄罗斯牵制美国的一张"王牌"，俄罗斯与朝鲜保持的这种"特殊友好关系"是美国及其盟国可望而不可即的，这对美国来说无疑是一种威胁；而对俄罗斯而言，正可凭此加大与美国就维护全球战略稳定问题讨价还价的砝码。俄罗斯加强与朝鲜的合作关系同时也是为了恢复和增强俄罗斯对朝鲜半岛事务的影响力和发言权。近年来，俄朝间不论是首脑会谈，还是两国外长磋商，其着重点均放在了朝鲜半岛和平进程上。两国在双方签署的《莫斯科宣言》中表示，要继续推动朝鲜半岛的和平统一，反对外来势力影响朝鲜半岛的和平统一进程。随着朝鲜半岛南北双方自主意识的增强，美国在半岛和平进程中的作用正在下降。俄罗斯加强与朝鲜的关系，正是其在朝鲜半岛和平进程中发挥更大作用的良好时机。从另一个角度来说，俄罗斯改善与伊朗、伊拉克和朝鲜关系的举动表明，俄罗斯反对美国目前所推行的自我中心主义的反恐战略。美国从2002年2月以来开始推行第二阶段的反恐战略，核心是打击所谓的"恐怖国家"，将防止和消除大规模杀伤性武器技术的扩散作为美国在阿富汗战争之后进行反恐军事行动的重点目标，其标志性的产物，就是将伊拉克、伊朗和朝鲜宣布为"邪恶轴心"国家。俄罗斯近期改善与所谓"邪恶轴心"国家的关系，说明俄罗斯在反恐问题上有自己的选择和主张。在触及俄自身国家利益这一底线时，俄罗斯不可能跟着美国跑。美俄之间在反恐问题上的合作也是有限度的。俄罗斯与伊朗的核能合作，关系到20亿美元的合同金额。俄伊密切合作不仅可以加强双方在石油，特别是里海石油开发和输出问题上的合作，对稳定对俄罗斯来说利益重大的外高加索地区也意义重大。伊拉克虽然自海湾战争以来在国际社会受到普遍孤立，俄罗斯却一直维持着和伊拉克之间密切的经贸联系。根据西方媒体的估计，俄罗斯公司"走私"伊拉克石油，一年的金额将近50亿美元。而且，过去伊拉克与苏联一直就保持有良好的合作关系，许多伊拉克的工业设施都是苏联援建的。现在，伊拉克又抛出400亿美元的巨型"大饼"给俄罗斯，这其中包括更新苏联留下的工业项目，俄罗斯自然会当仁不让。

归根结底，俄罗斯近期在伊拉克、伊朗与朝鲜问题上采取新的动作，与2002年5月签署俄美战略新关系声明和《罗马宣言》的俄罗斯并无不同。综合起来看，它们共同反映了普京总统自 2001 年以来做出重大调整的俄罗斯国际新战略，也是俄罗斯现行政策强调一切以国家利益为核心的生动体现。

思考题：

1. 俄朝关系如何达到最终和解并向良性方向发展？
2. 俄罗斯实行东西并举又有所侧重的全方位外交的体现？

参考文献

1. 李静杰、郑羽等：《俄罗斯与当代世界》，世界知识出版社，1998。
2. 〔俄〕库纳泽：《俄罗斯对朝鲜的政策》，《世界经济与国际关系》1999 年第 12 期。
3. 张树华：《过渡时期的俄罗斯》，新华出版社，2001。
4. 汪权：《俄罗斯对朝鲜半岛政策的调整》，《当代亚太》2002 年第 1 期。
5. 朴键一、韩喜爱：《俄罗斯对朝鲜半岛政策评述》，《当代亚太》2001 年第 12 期。
6. 〔俄〕格列里·希罗科夫、谢尔盖·卢尼奥夫：《当代全球化进程中的俄罗斯、中国和印度》，莫斯科社会科学出版社，1998。
7. 孟辉：《朝韩美中四方会谈及我们的对策思考》，《东北亚研究》1997 年第 2 期。

第十三讲
若即若离的韩日关系之评估与展望[*]

目的和要求：

本讲主要是使学生准确把握准联盟理论和冷战后韩日关系的基本特征，了解韩日关系的发展过程，即金大中上台执政与韩日短暂的"蜜月时期"、卢武铉上台执政与韩日关系的退潮和李明博上台执政与韩日关系的乍暖还寒，能够对韩日关系做出准确的评估与展望。

重　　点：

把握准联盟理论和冷战后韩日关系的基本特征

难　　点：

对韩日关系做出准确的评估与展望

关　键　词：

韩日关系　准联盟　评估　展望

　　冷战后韩国政府的对日外交政策更加务实，韩国在历史问题上不断向日本做出让步，推行对日关系的"新思维"。但是，历史问题和领土争端始终是横亘在韩日之间的最大障碍，由于历史问题和领土问题的掣肘，两国关系时近时远，若即若离。本讲借助准联盟理论对冷战后的韩日关系做出解析，并通过对金大中、卢武铉执政时期及李明博执政一年来韩日关系发展变化的研究与分析，探讨韩日关系中隐含的诸多本质问题，进而对两国关系的现状与未来作以评估与展望。

---

* 本讲为吉林省教育厅重点项目——《合作与交错的中日韩关系的回顾与展望》阶段性成果之一，项目编号：200801，原载于《东疆学刊》2009 年第 2 期，第 21～26 页。

第一节 准联盟理论与冷战后韩日关系的基本特征

"准联盟"（quasi allance）的概念与理论是美国乔治敦大学教授维克多·车（Victor D. Cha）在分析美日韩三角关系时提出的。"准联盟"是指一种两个国家之间互不结盟却同时与另一个国家结盟的关系。[①] 根据这一定义，维克多·车认为，冷战以来的韩日关系具有"准联盟"关系的性质。

国内学界也有人提出并使用过"准联盟"这一概念。学者孙德刚在其文章《国际安全之联盟理论探析》中指出，按照主流联盟理论，联盟可界定为"两个或两个以上国家在军事盟约之上针对特定敌人而形成的安全合作关系"。[②] 但是除联盟以外，国际上还存在不签订军事盟约但同样进行安全合作的模式，其载体是非正式协定。从形式来看，这些国际行为体之间并没有签订军事联盟协定；从法律条文来看，它们也缺乏相互援助、提供情报、共同抗击敌人等具体的承诺条款；但从行为体的表现来看，它们却一直积极地相互提供军事和经济援助、交流军事情报、参与联合军事演习等。它们在军事行动中相互支持，在外交场合也交往频繁。这种非正式的安全合作关系，即双边或多边心照不宣的、未签订正式军事协定的安全合作关系，可界定为"准联盟"。[③] 在《联而不盟：国际安全合作中的准联盟理论》的文章中，孙德刚进一步界定了"准联盟"（Quasi-Alliance）理论的概念："准联盟"即两个或两个以上国际实体在次级安全合作方针之上形成的安全管理模式，次级安全合作方针包括外交公报、联合声明、备忘录、友好合作协定、联合记者招待会宣言、国内法、联合国决议等。准联盟中的"准"是指"半"、"次"和"非正式"。[④]

依据上述"准联盟"的定义，在美日韩三角关系的总体框架中，尽管韩日

---

① Victor. D. Cha, *Alignment despite Antagonism: the United States-Korea-Japan Security Triangle* (Stanford University Press, 1999), p. 36。转引自汪伟民《冷战时期的美日韩安全三角——准联盟理论与联盟困境的视角》，《国际政治研究》2005 年第 4 期，第 117 页。

② 孙德刚：《国际安全之联盟理论探析》，《欧洲研究》2004 年第 4 期，第 52 页。

③ 孙德刚：《国际安全之联盟理论探析》，《欧洲研究》2004 年第 4 期，第 52 页；孙德刚：《联盟、准联盟与合作关系——国际安全理论的重要命题》，《亚洲论坛》2003 年第 3 期，第 75 页；孙德刚：《联而不盟：国际安全合作中的准联盟理论》，《外交评论》2007 年第 6 期，第 61 页。

④ 孙德刚：《联而不盟：国际安全合作中的准联盟理论》，《外交评论》2007 年第 6 期，第 61 页。

关系只是三角关系中的"短腿",但韩日关系也无疑具有"准联盟"的性质。作为冷战时期美国东亚联盟体系中的两个核心成员国,韩日两国由于地理上的邻近、共同的安全威胁及它们与美国之间的双边安全安排,两国关系大体上具有联盟性质的特征,形成了事实上的安全关系。如驻韩美军实质上是日本防御前线的延伸,而驻日美军事实上也是韩国防御前线的延伸。韩日之间除了进行非正式的防务官员的交流和安全政策的讨论外,还分享某些情报和技术。这种非正式的防务联系首次公开出现于 1969 年尼克松与佐藤荣首相的会谈之中。这次峰会后发表的联合公报载入了著名的"韩国条款"(Korea clause),即"韩国的安全对日本自身的安全是至关必要的(essential)","承认韩国是朝鲜半岛的唯一合法政府"。[①]

"佐藤—克松"联合声明的发表决定了日后日本对朝鲜半岛政策的基本方向。在与"韩国条款"一起签署的《冲绳基地协定》中,日本承诺"在朝鲜发动第二次进攻性行动时,出于防卫的目的,日本将无条件地允许美国进入冲绳基地"。这两个协定在某种程度上间接地构建了日韩之间近乎军事同盟的关系。[②] 尽管两项协定都是在美日首脑峰会中产生的,但意图却是加强美日韩安全三角的"第三条边",即韩日关系。

冷战后,在美国东亚战略的影响下,美日、美韩同盟非但没有解体,反而有进一步加强的趋势。在强有力的双边同盟关系的影响和作用下,韩日准联盟关系在其运行过程中主要表现出以下特征:一是,韩日准联盟关系始终局限于美日韩三国协调体制框架内。韩日两国作为美国在亚太战略体系中的重要军事盟国,双方在防止朝鲜核开发和阻止中国成为地区大国等方面有共同的安全利益。随着日本加快走向政治大国、军事大国的步伐,日本日益重视并积极开展同韩国的军事外交活动,双方军事交流和合作亦悄然起步,但韩日两国尚难形成"直接的"同盟关系和安全合作关系,其准联盟关系也无法超出美日韩三国协调体制的框架。二是,韩国对日本的外交政策表现得更加务实,在历史问题上不断向日本做出"让步",然而日本却没有如韩国所愿地投桃报李,经常在历史问题上退一步进两步,使得两国关系始终摩擦丛生、龃龉不断。三是,

① 〔日〕石丸和人:《战后日本外交史》(第 6 卷),三省堂,1983,第 120 页。
② 汪伟民:《冷战时期的美日韩安全三角——准联盟理论与联盟困境的视角》,《国际政治研究》2005 年第 4 期,第 118 页。

基于上述两方面因素的影响，加之两国民众的对立情绪远未得到消除，韩日关系在发展过程中表现得时近时远，若即若离。

第二节　金大中上台执政与韩日短暂的"蜜月时期"

冷战结束前后韩日双方首脑频繁互访，双方均以发展新形势下的新型双边关系作为其外交政策的重要组成部分。卢泰愚总统所做的《世界中的新韩日关系》演说和金泳三总统所主张的建立"面向 21 世纪的韩日关系"，正是在新的对日政策脉络上提出的。但是，两国关系发展并不顺利。90 年代中期以后，日本政治右倾化日益严重，阁僚接连在历史问题上大放厥词，美化侵略战争，进一步损害了原本脆弱的两国关系。1996 年 2 月，两国就"独岛"（日本称"竹岛"）归属问题所发生的严重争执，又给两国关系带来了新的裂痕。翌年，亚洲金融危机爆发，到 1998 年初，韩国的金融危机发展为全面的经济危机，韩国正经历着"朝鲜战争以来最大的一次国难"。①

在韩国面临历史上空前严重的金融危机的非常时刻，1998 年 2 月金大中上台执政。金大中接管政权以后，在内政、外交方面实行了一系列的改革，而修复"荒废了的韩日关系"则是金大中对外政策的核心课题之一。

在金大中政府初期，韩日双方在解决渔业纠纷、加强经济和安全合作方面都有了实质性的发展。为了进一步发展两国关系，1998 年 10 月，金大中总统对日本进行了为期 4 天的正式访问。在访问期间，双方签署了《21 世纪日韩合作伙伴关系共同宣言》。② 在《共同宣言》中，日本就过去的殖民统治向韩国做书面反省和道歉，金大中总统则表示今后不再提历史问题，从而使两国首次以文件的形式"清算"了过去的历史，"翻开了韩日关系史新的一页"，"标志着两国关系迎来了一个转折点"。③ 至此，韩日关系终于迎来了历史的和解。

这次金大中调整对日政策的幅度较大，尤其是韩国解除实行了 53 年的对日本大众文化的禁令，开始分阶段对日开放文化市场，允许日本歌曲、电影等通俗文化产品进口，并在官方文件中取消"日帝"、"日王"等称呼而改成

---

① 〔日〕《每日新闻》1998 年 2 月 27 日。
② 全文分 11 个部分，详见〔韩〕《朝鲜日报》1998 年 10 月 9 日。
③ 新华社东京，1998 年 10 月 10 日。

"天皇",这对韩日关系的改善将产生积极影响。但也应看到,历史的成见在韩国国民心中已根深蒂固。与此同时,在日本某些人的头脑中,歪曲历史的右翼思潮仍是顽症。而且,历史认识问题不是凭着政治家的协议或者一纸文字就能"了结"并贴上封条的。① 何况日语中的"owabi"(即表示歉意)和"syazai"(即表示谢罪)在内涵上有天壤之别,因此,这有可能成为韩日未来摩擦的另一根源。

2001 年 4 月,日本文部科学省审查并通过了右翼团体"新编历史教科书编撰会"成员撰写的中学历史教科书(以下简称"新历史教科书"),此举在韩国激起了极大的愤怒,韩日关系急转直下。5 月 8 日,韩国政府向日本递交了要求重新修改"新历史教科书"的备忘录。然而,日本政府不仅对韩国的强烈要求置之不理,甚至还反控韩国政府的行为是"干涉内政",并且这种责难的腔调越来越高。

在"历史问题"的阴影下,韩日关系的发展严重受阻。2001 年 4 月 8 日,韩国政府宣布暂停与日本的军事交流,国防部也宣布"无限期"推迟原定于 6 月初在济州岛举行的韩日联合军事演习。同年 7 月 12 日,韩国政府公布了停止向日本大众文化开放国内市场的对抗措施,包括停止引进日本文化的进程,禁止销售日语歌曲唱片,暂停两国间学生、教师交流。为了抗议日本政府在历史问题上出尔反尔的恶劣行径,韩国政府还召回了驻日大使,两国关系出现了严重的倒退。② 与此同时,小泉纯一郎上台执政后连续参拜靖国神社,从而把韩日关系进一步推向了围绕历史问题不断摩擦的深渊。

2002 年 6 月,韩日共同举办世界杯足球赛事,这不仅是世界杯历史上的首创,同时,对于改善两国关系来说也是千载难逢的机会。为了促进韩日关系迅速恢复和发展,在世界杯开幕期间两国政府刻意安排日本天皇的弟弟高元宫夫妇访问韩国、小泉首相前往汉城观看开幕式以及金大中总统访日并参加世界杯闭幕式等高层互访活动,展开积极的"足球外交"。在金大中访日期间,双

---

① 日本明治大学教授海野福寿在一篇题为《"日韩联合宣言"与今后留下的历史认识鸿沟》的文章中指出:"针对联合宣言,据说内阁官房长官野中曾发表'两国间历史认识问题至此了结'的谈话,这是不对的。因为,历史认识问题并不能凭着政治家的协议或者一纸文字就能'了结'而贴上封条。"参照〔新加坡〕卓南生《日本外交》,《卓南生日本时论文集》,世界知识出版社,2006,第 344 ~ 345 页。

② 金熙德:《21 世纪的日本政治与外交》,世界知识出版社,2006,第 299 页。

方决定尽早启动关于两国缔结自由贸易协定的谈判。同时，金大中表示将考虑进一步缩减对日本流行文化的限制，而小泉则表示日方愿通过协商最终免除韩国人入境的签证。双方认为，本次共同举办世界杯是 21 世纪韩日关系中具有理程碑意义的事件，其最大的成果是韩日两国增进了友好睦邻关系。①

金大中执政的五年来，韩日关系取得了一定的进展，但仍然存在不少问题。可以说，进展与矛盾并存，韩日两国需要合作，也需要越过历史积怨等合作的障碍。

第三节　卢武铉上台执政与韩日关系的退潮

2003 年 2 月，卢武铉就任韩国总统，将"和平繁荣的东北亚时代"作为三大施政目标之一。在对外政策上，将"做东北亚的均衡者"作为战略目标，并推行了务实均衡的外交政策。

同年 6 月，上任刚过百天的卢武铉总统对日本进行了为期 4 天的正式访问，这是他继美国之行后的第二次出访，显示了日本在韩国外交战略中的重要地位。卢武铉此次访日，最根本的目的是推动韩日两国建立新型的伙伴关系。在访日的主要行程中，卢武铉突出强调韩日两国建立新型合作伙伴关系的重要性和必要性，得到了日方的回应。两国领导人将今后的韩日关系定位为旨在建立和平与繁荣的东北亚时代的伙伴关系。《韩日首脑共同声明》显示，韩日两国超越了政治上的障碍，为今后韩日关系的发展确定了新的基调。②

2004 年 7 月，日本首相小泉纯一郎对韩国进行了为期两天的访问，通过谈判，两国领导人就朝核问题、韩日首脑建立不定期会晤机制及两国尽快签署自由贸易协定等问题达成了共识。值得注意的是，在此次首脑会谈中卢武铉表示："在本政府任期内不从政府角度提及历史问题。"③ 然而余音未消，便在国内引起轩然大波，韩国媒体以"屈辱外交"等措辞对卢武铉表示谴责。在强大的舆论批判压力下，卢武铉立即改变口吻，敦促小泉妥善处理"历史问题"，并且希望小泉在其任期内解决日本与东北亚各国之间的"历史问题"。

---

① 管克江：《日韩开展足球外交》，http://www.people.com.cn/GB/guoji/24/20020702/766514.html。

② 张锦芳：《卢武铉推行对日务实外交》，新华社汉城，2003 年 6 月 8 日。

③ 姜宅九：《"静观政策"未能使日本改变对韩恶意》，《世界知识》2005 年第 11 期，第 32 页。

同年 12 月，卢武铉再次访问日本。鉴于 7 月份小泉访韩时因不提历史问题的表态而遭到媒体的猛烈批判，卢武铉在这次峰会上又谈到了历史问题。他谈到小泉参拜靖国神社时说，"希望日本自己能判断"。虽然很委婉，但日本方面非常尴尬。在对朝制裁问题上，卢武铉警告日本不要轻易地挥动制裁大棒，否则后果严重，从而牵制了日本的过激行动。

2005 年恰逢韩日建交 40 周年，为了使韩日关系能获得进一步发展的契机，双方确定把 2005 年定为"韩日友好年"，并安排了一系列的双边交流活动。然而，韩日关系却急转直下，这场危机的导火索是"独岛"领土争端的爆发。3 月 16 日，岛根县议会不顾韩国方面的强烈抗议强行通过"竹岛日"条例。3 月 23 日，韩国总统卢武铉发表了《就韩日关系告国民书》，呼吁国民要不惜经济代价准备同日本打一场"持久战"。他说，这场纷争"还会导致两国经济、社会以及文化交流等各方面的倒退，我们也要做好在经济上蒙受损失的准备"。① 但是，日本方面步步紧逼，两国关系急剧恶化。4 月 5 日，日本文部科学省召开记者招待会，公布了下一年度春季开始使用的新教科书的"鉴定"结果，并宣称日本对"独岛"拥有主权。4 月和 7 月，韩日在有争议岛屿及其周边海域进行捕鱼和勘测问题上出现两次剑拔弩张的紧张局面，甚至出现了日本巡逻艇追捕韩国渔船而两国警备艇对峙的严重事件，韩日关系陷入建交 40 年来的最低点。

面对日本咄咄逼人的进攻态势，韩国政府别无选择，只能做出强硬回应。2006 年 4 月 25 日，卢武铉再次就韩日关系发表"特别讲话"，指出"独岛问题不仅仅是一个小岛的主权问题，而是象征着清算对日关系中的错误历史和完全确立国家主权的问题"。面对可能出现的武力挑衅行为，他说"我们将强硬、坚决地予以应对"。至于日本领导人的道歉问题，他"正告日本国民及其领导人：我们不会再要求日本做出新的道歉，我们要求日本拿出实际行动"。② 这表明，捍卫"独岛"已不仅仅是单纯捍卫独岛本身的问题，而是捍卫整个朝鲜半岛的民族历史和韩国国家主权的问题。

2006 年 10 月 9 日，刚刚上任不到两周的安倍首相对中韩两国进行了堪称

---

① 《韩总统卢武铉就有关韩日关系告全国国民书》，http://www.ce.cn/xwzx/gjss/gdxw/200503/24/t20050324_3417221.shtml。

② 《卢武铉总统就韩日关系发表特别讲话》，《当代韩国》，2006 年夏季号，第 2 页。

"破冰之旅"的闪电式访问。但是，安倍访韩后，韩日首脑每年定期会晤机制并未恢复。不仅如此，在卢武铉总统的主持下，韩国国会还通过了《关于查明日占时期亲日反民族行为真相的特别法》，并决定成立专门机构。截至 2007 年 9 月，韩国总统府直属的"亲日反民族行为真相查明委员会"分两批查明李完用、宋秉畯等共 308 人。[①] 同时，韩国已没收 22 名亲日派成员的地产，共 543 处，面积达 329.3610 万平方米，市价为 730 亿韩元。[②] 可见，韩国国内的反日情绪是根深蒂固的。

卢武铉执政期间，韩日之间由于领土问题（独岛/竹岛）、历史问题（教科书歪曲历史）等分歧而关系恶化，韩日首脑进行互访的穿梭外交也受到影响，自 2005 年独岛争端爆发后，卢武铉再也没有访问过日本。

第四节　李明博上台执政与韩日关系的乍暖还寒

2007 年 12 月 19 日，韩国总统大选结束，在野的大国家党候选人李明博以较大优势胜出，当选第 17 届韩国总统。在外交方针上，李明博奉行"有原则的实用外交"，开创了韩国实用主义外交的新时代。

李明博当选总统后多次公开表明，他将寻求与日本建立一种"成熟的关系"，并向日本表示了积极改善两国关系的态度。在韩国反抗日本殖民统治的"三一运动"纪念大会上，李明博强调，"韩日关系必须以实用主义为基础，开启面向未来的新时代。我们不能回避历史，但我们更不能固步自封地局限于过去"。[③] 对于长期困扰两国关系的历史问题采取淡化处理的姿态，预示着韩日关系的接近和交好。

2008 年 2 月 25 日，日本首相福田康夫亲自出席李明博总统的就职仪式，福田也是东北亚四强国家中唯一到访的政府首脑，并在青瓦台同李明博举行了就职后的首次韩日首脑会谈。李明博总统提出了"实用主义"外交战略，将韩日关系放到仅次于韩美战略同盟关系的重要地位，韩日两国就恢复两国首脑

① 《韩国：清算历史 202 人被列入亲日派第二批名》，http：//world.people.com.cn/BIG5/1029/42354/6276060.html，

② 《韩国没收皇族李海升等亲日派 410 亿韩元财产》，http：//world.people.com.cn/BIG5/1029/42354/6565488.html。

③ 方秀玉：《李明博想超越韩日关系历史》，《世界知识》2008 年第 4 期，第 39 页。

每年互访一次的"韩日穿梭外交"达成协议，作为恢复穿梭外交的第一步，福田邀请李明博早日访问日本。

2008 年 4 月 21 日，作为践行"实用主义"四强外交的第二站，李明博结束访美后访问了日本，这是韩国总统近四年来首次访问日本。李明博对日本的访问取得了三点成果：政治上，为构筑"韩日新时代"，将两国关系提升为"成熟的伙伴关系"；经济上，两国决定重启自 2004 年 11 月以来一直处于停滞状态的韩日自由贸易协定（FTA）谈判，2007 年韩国对日贸易逆差将近 300 亿美元，为了改善这种状况，两国就扩大日本对韩投资、在韩设立零部件和原材料产业园、减轻韩日贸易逆差等问题达成共识，争取经济上的"共赢"；在历史问题上，李明博一再强调"不能被过去束缚，也不会让它影响我们走向未来"、"虽然有过荣辱的历史，但应该面向未来"。[①]

韩日成熟伙伴关系的建立，标志着近几年来因为独岛和历史问题而疏远的韩日两国恢复了关系，韩日关系给人以"韩日新时代"到来的印象。日本右翼媒体也"大喜过望"，称赞李明博是多年来难得的"第一位亲日的韩国总统"，并预料他将务实推进韩日外交，韩日关系可望"由冷转暖"等。然而，历任韩国总统都曾在执政初期承诺超越韩日历史问题，结果都不成功，这几乎成为两国关系的规律。[②] 果不出所料，独岛争端再次阻碍了李明博改善韩日关系的步伐。

2008 年 7 月 14 日，日本内阁官房长官町村信孝和文部科学省大臣渡海纪三郎正式宣布，将在 2012 年开始实施的初中新学习指导纲要手册中记述有关竹岛主权的内容。日本 NHK 电视台当天报道称："与北方领土问题相同，（日本政府）决定在手册中加入使学生加深对日本领土及领域的了解的内容。"[③] 这实际上就是间接将竹岛称为其固有领土。日本政府此举，对执政后一直积极寻求改善韩日关系的韩国总统李明博来讲，无疑是当头一棒，韩国上下齐声声讨。李明博政府在对日本的这一做法深表遗憾的同时，采取了外交抗议、临时召回驻日大使、追加独岛的开发和管理经费、在独岛增设中央政府派出机构并在独岛周边海域举行海空联合防卫演习等强硬对策，以展示"守护独岛"的

---

① 朱庸中：《韩日两国面向未来建立成熟伙伴关系》，《朝鲜日报》2008 年 4 月 22 日。

② 《美日韩：若即若离的铁三角》，《中国新闻周刊》2008 年 4 月 28 日。

③ 《日本悄悄提前"领土教育"，韩动用一切手段"抗日"》，http：//news. xinhuanet. com/world/2008 - 07/25/content_ 8765989. htm。

强烈意志和充分准备。① 与此同时，韩国民众也展开了声势浩大的示威和抵制日货运动。由于独岛问题涉及领土主权、经济利益和韩日历史纠葛，目前作为独岛实际控制方的韩国很难做出让步，而日本也不会轻易放弃对该岛的主权要求。7 月 15 日，日本强硬派一致主张竹岛是日本领土。日本的媒体也纷纷拥护政府的主张，日本 NHK 电视台当天报道称，日本政府决定向各所学校下达要求，在原计划适用新教科书的 2012 年以前，将从明年起提前加强领土教育。② 由于韩日关系迅速恶化，两国多项交流活动被取消、延期或缩小规模。韩国政府拒绝了日本在东盟论坛期间举行韩日外长会谈的提议，而正在进行中的自贸磋商也遭无限期推迟。曾经因历史问题而矛盾重重的两国关系再起龃龉，李明博执政后刚刚回暖的韩日关系再遇严寒。

2008 年 8 月 15 日，韩国总统李明博在纪念韩国光复 63 周年暨建国 60 周年的活动上发表演讲，再次强调"日本应正视历史，绝不能再做出重演不幸历史的愚蠢举动"。③ 这表明李明博政府想超越韩日关系的历史，并不希望让历史问题和领土问题影响整个双边关系。

2008 年 9 月 1 日，就任首相不到一年的福田闪电般辞职，由麻生太郎接任首相。面对全球金融危机的爆发、朝核问题等共同挑战，两国开始谋求加强合作。10 月 24 日，在北京举行亚欧首脑会议（ASEM）之际，李明博和麻生太郎举行了首次首脑会谈，双方决定恢复 2008 年 7 月份以来因独岛问题而中断的首脑穿梭外交。李明博表示："不只是首脑，两国议员和相关部门长官也应该随时会晤。"④ 这意味着因独岛问题面临崩溃的韩日关系重新恢复正常。12 月 1 日，李明博在接见前日本首相、政坛元老中曾根康弘等组成的日本代表团时进一步表示，"关系渊源的韩日两国时常会发生矛盾，时近时远。但今后有必要发展为亲密的睦邻，两国都应为此进行不懈的努力。"⑤

---

① 《国际观察：韩日岛屿之争向何处去》，http：//world. huanqiu. com/roll/2008 – 07/177651. html。

② 《日本悄悄提前"领土教育"，韩动用一切手段"抗日"》，http：//news. xinhuanet. com/world/ 2008 –07/25/content_ 8765989. htm。

③ 《李明博发表建国 60 周年演讲，劝诫日本正视历史》，http：//world. people. com. cn/GB/ 7677075. html。

④ 朱庸中：《韩日首脑北京会晤决定恢复穿梭外交》，《朝鲜日报》2008 年 10 月 25 日。

⑤ 《李明博称韩日应成为关系亲密的近邻》，http：//chinese. yonhapnews. co. kr/n_ international/ 2008/12/01/8000000000ACK20081201004100881. HTML。

尽管李明博政府基于"实用主义",一再"淡化"历史问题,强调两国"亲密的睦邻",但是,历史问题和领土问题依然是横亘在韩日之间的最大障碍。因此,韩日要建立成熟的关系,要成为亲密的睦邻,还要取决于韩日两国能否超越历史问题和领土纠纷而向前迈进。

第五节 评估与展望

近年来,日本刻意制造"韩国已不再提历史问题"、"日韩历史问题已经了结"的舆论。然而,周而复始的"教科书事件"、小泉任期内多达6次参拜靖国神社、日本政要不时发表美化侵略历史的"妄言",以及在领土问题上的正面挑战行为,已经严重伤害了韩国国民的感情,给韩日关系蒙上了浓重的阴影,并使两国国民之间的感情呈明显恶化趋势。据2007年5月的民调显示,"八成韩国人不信任日本,多数人认为韩日关系恶化"。[1]

尽管如此,日本仍想以所谓的"共同价值观"画线,刻意采取"拉韩抑中"策略,试图向中国打起"韩国牌"。但是,近年来随着日本政治加速右倾化,军国主义势力不断扩张,在领土和历史问题上频频挑战韩国,韩国对未来国家威胁的定位,已不再是传统的"共产主义威胁",日本已逐渐成为韩国的首要军事威胁。[2] 日本以其雄厚的经济实力为后盾,正在做着远远超越昔日"大东亚共荣圈"的美梦。日本野心一旦膨胀,首当其冲的受害者也许还是韩国。

再则,日本并不"看重"韩国,日本人对韩国人有一种心理优势。日本始终认为,能与其在亚洲争夺主导权的国家只有中国。中国的快速发展无论在心理上还是在现实上都给日本造成了巨大压力。大部分日本人认为,中国超过日本只是时间问题。所以,日本对中国的一举一动都十分敏感,"拉韩抑中"也成了日本的战略选择。[3]

日本对韩国的拉拢难以成功的一个重要的原因是,日本对朝鲜半岛的战略设想,与朝鲜半岛两个国家的整体意愿明显对立。日本不希望看到朝鲜半岛统

---

① 《八成韩国人不信任日本,多数认为韩日关系恶化》,http://gb.chinareviewnews.com/doc/1003/7/9/0/100379044.html?coluid=7&kindid=0&docid=100379044。

② 李敦球:《卢武铉做东北亚的"均衡者"》,《世界知识》2005年第11期,第32页。

③ 徐宝康:《韩日关系:韩国不忘新仇旧恨,日本假装格外宽容》,《环球时报》2005年3月9日。

一，似乎试图使朝鲜半岛分裂永久化。在关乎民族大义与国家未来前途的大是大非问题上，韩国没有向日本妥协的余地。另外，日本蓄意炒作朝核问题，意图通过宣扬朝鲜威胁而为日本自身的军事化寻找借口，也引来韩国的警觉，这在日本"入常"问题上表现得十分突出。韩国一开始对日本"入常"不予正面表态，显得比较"暧昧"或"消极"，但在关键时刻还是表现出了明朗和坚决的态度。2005 年 1 月 28 日，韩国代表在联合国大会非正式会议上明确表示，反对增设安理会常任理事国。这无疑是对日本"入常梦"的否定。

历史问题与战略利益上的冲撞，构成了韩日关系的常量，不可能因为一些策略上的改变而发生大的变化。在两国关系长远的结构性因素影响下，韩日关系难以有实质性改善。李明博上台之初，着力改善韩日关系，在历史问题上，李明博大谈"面向未来"，反而招致日本在独岛问题上得寸进尺，加剧了韩国的反日情绪，使刚刚回暖的韩日关系再历严寒。与此同时，日本"拉韩抑中"的策略，也不可能阻止中韩不断发展的友好合作关系。中国与韩国在朝鲜半岛统一、东北亚稳定和中韩两国经济互惠等问题上，存在着广泛的共同利益，在许多问题上也看法相近。2008 年 5 月，以李明博总统访华为契机，两国领导人决定将中韩此前的"全面合作伙伴关系"提升为"战略合作伙伴关系"，标志着中韩关系发展到新的阶段。事实证明，李明博没有疏远中国，中韩友好符合双方的国家利益和现实需要，友好合作成了规范未来中韩关系的一个常量。

2009 年是韩日两国商定的"发展面向未来的成熟的伙伴关系"的元年。①

1 月 11 日，麻生对韩国进行了为期两天的正式访问，这是麻生就任首相后首次访韩。在韩日首脑会谈中，两国达成了如下协议：一是，主张改善韩日关系，为发展面向未来的、成熟的伙伴关系，两国决定扩大文化和人员交流、加深相互理解；二是，恢复自由贸易协定谈判，并同意通过密切合作共同克服当前的世界经济危机；三是，商定在六方会谈框架内推动朝鲜半岛无核化进程。

但值得引起注意的是，在此次韩日首脑会谈中，双方没有直接讨论历史和领土等两国存在争议的问题。李明博和麻生太郎在会谈后举行的联合记者会上说，韩日在领土和历史问题上的分歧不会影响两国为克服经济危机而进

---

① 〔韩〕李明博：《韩日两国需在直视过去的平台上展望未来》，http：//chinese. yonhapnews. co. kr/ n_ international/2009/01/12/8000000000ACK20090112000100881. HTML。

行的合作。① 可见，双方在历史问题、领土争端上的矛盾并没有解决，只是暂时被低调处理而已。2月22日，日本岛根县照例进行了"独岛日"纪念活动，韩国政府在对此深表遗憾的同时，提出了抗议。由于两国首脑都不可能在这一问题上做出妥协，因此，独岛和历史问题随时会因日本政府的态度和日本政界人士的发言而爆发，致使韩日关系再度受挫。此外，李明博和麻生在国内支持率都很低，双方达成的共识能在多大程度上得到执行还是未知数。

纵观冷战后近二十年的韩日关系我们不难发现，两国关系一直处于时近时远，若即若离的状态。地理上，韩国是日本的邻国，都曾是在东西方冷战下具有共同战略利益的"西方"阵营中的一员，但从民族感情角度而论，两国不能算是"睦邻"；军事上，韩日两国不是同盟，但却是一对不得不携手的"安保伙伴"。韩日关系的发展受历史问题、领土问题、民族情感和经济摩擦等诸多因素的影响，将不会一帆风顺，而且还要准备几经波折历经"严寒"。韩日要发展成为真正亲密的睦邻，关键在于作为加害者的日本能否真正反省对韩国殖民统治的历史，以取得韩国国民的信赖。同时我们应该看到，韩日作为在亚洲最先实现"现代化"的两个国家，在经济发展水平、政治体制、价值观以及语言文化观念等方面也比较接近，而且两国都是美国的"同盟"。因此，维系和发展同美国的同盟关系，进而维持美日韩三国协调体制，仍是韩日两国对外战略的核心和首要目标。对于韩国来讲，维持韩美同盟和美日韩三国协调体制仍是目前最能保证其国家安全的唯一选择。而在日本东北亚安全战略当中，韩国一直被视为"准联盟"。日本前防卫厅长官石破茂曾表示"应将韩国视做同盟国"，并提出当韩国受到朝鲜武力进攻时，日本应考虑行使集体自卫权。② 可见，在美日韩三国协调体制的影响和作用下，韩日准联盟关系不会走向决裂。

思考题：

1. 准联盟理论和冷战后韩日关系的基本特征是什么？
2. 简述韩日关系的发展过程。
3. 根据当前局势，对韩日关系进行评估与展望。

---

① 《韩国总统李明博与日本首相麻生太郎举行会谈》，http://gb. cri. cn/19224/2009/01/12/3785s2391315. htm。

② 〔日〕山本一太：《如果我是日本首相》，当代世界出版社，2004，第35页。

参考文献

1. 〔日〕石丸和人：《战后日本外交史》（第 6 卷），三省堂，1983。

2. 〔日〕山本一太：《如果我是日本首相》，当代世界出版社，2004。

3. 金熙德：《21 世纪的日本政治与外交》，世界知识出版社，2006。

4. 孙德刚：《联盟、准联盟与合作关系——国际安全理论的重要命题》，《亚洲论坛》2003 年第 3 期，

5. 孙德刚：《国际安全之联盟理论探析》，《欧洲研究》2004 年第 4 期。

6. 汪伟民：《冷战时期的美日韩安全三角——准联盟理论与联盟困境的视角》，《国际政治研究》2005 年第 4 期。

7. 姜宅九：《"静观政策"未能使日本改变对韩恶意》，《世界知识》2005 年第 11 期。

8. 李敦球：《卢武铉做东北亚的"均衡者"》，《世界知识》2005 年第 11 期。

9. 孙德刚：《联而不盟：国际安全合作中的准联盟理论》，《外交评论》2007 年第 6 期。

10. 方秀玉：《李明博想超越韩日关系历史》，《世界知识》2008 年第 4 期。

第十四讲
"后金正日时代"的朝鲜对外政策
与朝日关系[*]

目的和要求：

> 本讲主要围绕着后金正日时代的朝鲜外交以及日本民主党政府的对朝政策进行探讨，同时展望了朝日关系的发展趋势。学习本讲，主要要准确了解和掌握"后金正日时代"朝鲜对周边国家的外交政策尤其是对日外交政策，了解日本民主党政府的对朝政策，能够对"后金正日时代"朝日关系的发展趋势做出科学预测。

重　　　点：

> "后金正日时代"朝鲜对周边国家的外交政策及对日外交政策

难　　　点：

> "后金正日时代"朝日关系的发展趋势

关 键 词：

> 后金正日时代　朝鲜对外政策　朝日关系

　　朝鲜领导人金正日的突然逝世，给原本就跌宕起伏的朝鲜半岛局势进一步增添了不确定因素。东北亚地区局势的变动，从长期来看，将取决于中国的崛起及其引发的地区内权力结构与地缘政治环境的改变；从中期来看，将主要受到美国"回归亚太"这一战略行为的影响；而从短期来看，则是由"后金正

　　* 本讲原载于《国际观察》2012 年第 3 期，第 66 ~ 72 页。

日时代"的朝鲜半岛局势变化来决定的。① 除此之外，美国、中国、俄罗斯、日本及韩国等地区内国家，在 2012 年陆续展开国家领导人换届，也给东北亚地区局势的未来增添了不少变数。目前，以朝鲜半岛局势为核心的东北亚区域国际政治环境正处于重要的转折期，区域内各主要国家新任领导人所推行的各种"新政"又预示着地区国际政治格局将有可能迎来历史性的变革。

从当前来看，朝鲜半岛局势依然处于相对稳定的状态。金正恩已经顺利接班，并开始推行较为积极的内外政策。金正日逝世后，周边各国出于自身利益的考虑，均采取了承认金正恩接班地位以及维持朝鲜半岛局势稳定的方针政策。本讲以东北亚地区国际局势转变为背景，结合朝日两国内政的变动，通过对朝鲜政府也对外政策的分析与总结，进一步探讨"后金正日时代"朝日关系的发展与走向。

第一节 "后金正日时代"朝鲜对周边国家的外交政策

金正日去世以后，作为新一代领导人，年轻的金正恩开始了领导朝鲜的历程。2011 年 12 月 19 日，朝鲜政府五大核心权力机构②共同发表了《告全体党员、人民军官兵和人民书》，要求全体党员、军人和民众忠于"尊敬的金正恩同志"。2012 年 1 月 1 日，朝鲜《劳动新闻》、《朝鲜人民军报》、《青年前卫》三大报纸共同发表新年社论，再一次强调了金正恩领导体制的正当性。③ 在 2010 年 9 月 28 日举行的第三次朝鲜劳动党代表会议上，金正恩被推举为劳动党中央委员和中央军事委员会副委员长，随后又在 2011 年 12 月 30 日召开的朝鲜劳动党中央政治局会议上，遵照金正日的遗训被拥戴为人民军最高司令官，从而逐步确立了以金正恩为首的新的领导体制。2012 年 2 月 15 日，金正恩发布了第三号命令，晋升一批人民军高级指挥官的军衔，以提高自己在军队内的影响。④ 这些都预示着朝鲜的"金正恩时代"已经开启。2012 年 1 月 28

---

① 金灿荣：《东北亚新变局与后金正日时代的朝鲜半岛》，《现代国际关系》2012 年第 1 期，第 3 页。

② 这五大权力机构分别为：朝鲜劳动党中央委员会，朝鲜劳动党中央军委，朝鲜国防委员会，朝鲜最高人民会议常任委员会，朝鲜内阁。

③ 韩国 KBS WORLD 网中文频道：《北韩新年共同社论的内容和意义》，http：//world. kbs. co. kr/chinese/program/program_ koreatoday_ detail. htm？No＝1216。

④ 《视察子弹厂　金正恩亲自射击》，《广州日报》2012 年 2 月 25 日。

日，朝鲜国家电视台报道称，金正恩向就金正日逝世致唁电的多国领导人表示感谢，并强调愿与这些国家加强联系与合作。此举被视为金正恩继任后在外交领域的首次正式亮相，标志着朝鲜新领导人正式登上了外交舞台。

在对华关系上，朝鲜新领导人推行了以注重经济合作与积极寻求政治支持为核心内容的外交政策。从 2010 年 5 月到 2011 年 8 月，金正日四度访华，巩固了朝中两国关系。金正日逝世后，中国以最快的速度向朝鲜发出唁电，而且率先表达了对朝鲜新领导人的支持。胡锦涛等党和国家领导人，还前往朝鲜驻华使馆进行了吊唁。不仅如此，中国政府还向朝鲜紧急援助了 50 万吨粮食和 25 万吨燃油，以解朝鲜的燃眉之急。① 朝鲜政府也以开放稀土矿资源市场②等方式表达了对中国的感谢。双方还积极推进了 2011 年底签署的总价值 30 亿美元的《中国对罗先地区基础设施投资协议》的实施。③ 为了吸引更多的中国企业来朝鲜投资，朝鲜中央通讯社还从 2011 年 12 月起用中文进行文字、图片和视频的报道。④

在与俄罗斯的交往中，朝鲜政府摆出了加强友好关系、促进全面合作的姿态。朝鲜不仅邀请俄罗斯副总理参加了 2011 年 12 月 28 日举行的金正日委员长的葬礼，还通过国家电视台对俄罗斯政府的支持表示了感谢，并强调愿意与俄进行更广泛的交流。2012 年 2 月，普京在《莫斯科新闻》发表的一篇文章中写道："不能容忍考验朝鲜新领导人地位是否坚固的任何企图"，借此表达了俄罗斯对朝鲜新领导人的支持。⑤ 2012 年 3 月 6 日，金正恩致贺信给再次当选总统的普京称："希望您在建设强大俄罗斯的道路上取得成功，希望朝俄两国传统的双边友好合作关系得到巩固和加强。"⑥ 金正日生前访俄时，曾签订了有关向韩国输送天然气的协议，还约定 2012 年在俄罗斯远东地区举行水上

① 中国评论新闻：《金正恩执政以来的明显偏差》，2012 年 3 月 2 日，http：//gb. chinareviewnews. com/doc/1020/2/8/0/102028035. html？coluid = 126&kindid = 3973&docid = 102028035&mdate = 0302163141。

② 环球网：《韩媒称朝鲜为援助将稀土矿无偿向中国开放》，2011 年 8 月 17 日，http：// world. huanqiu. com/roll/2011 – 08/1916888. html。

③ 《中，北'라선특구'8년간30억달러들여개발키로》，《朝鲜日报》2012 年 2 月 16 日。

④ 中国新闻网：《朝鲜中央通讯社首次开设中文服务》，2011 年 12 月 1 日，http：//www. chinanews. com/gj/2011/12 – 01/3502018. shtml。

⑤ 〔俄〕普京：《俄罗斯与正在变化的世界》，《莫斯科新闻》2012 年 2 月 28 日。

⑥ 中国新闻网：《金正恩祝普京在建设强大俄罗斯的道路上取得成功》，2012 年 3 月 9 日，http：//www. chinanews. com/gj/2012/03 – 09/3732704. shtml。

救援演习。① 而 2012 年正是履行这些协议的关键一年,预计今后朝俄关系在诸多领域内都将会有更深入的发展。

在对美外交上,朝鲜政府采取了"软硬兼施"的政策。2012 年 2 月 19 日,朝鲜祖国和平统一委员会书记局就韩美联合军演发布新闻公报进行谴责。该新闻公报称:韩美军事演习是对朝鲜的"公然宣战"。朝鲜人民军前线西部地区司令部在同日也公开发布通告给予类似的谴责,并声称将会用武力还击任何越界的"军事挑衅"。② 除了展现强硬的一面,朝鲜也对美国传达了缓和两国对抗关系的意愿。在 2012 年的新年共同社论中,朝鲜并没有像过去那样严厉地抨击美国政府。而且朝鲜还努力促成了于 2012 年 2 月 23 日在北京举行的朝美第三次高层对话。这次朝美对话是自 2011 年 10 月 26 日在日内瓦举行第二次对话后,时隔四个月再度举行。朝鲜在金正日去世仅两个月后就决定重启与美国的高层对话,充分表明了朝鲜新领导人对朝美关系的重视。面临 2012 年 11 月大选的奥巴马总统也采取了改善美朝关系的措施,试图通过对朝外交的成果来赢得更多的选票。在美国看来,此次对话是确认朝鲜新领导人对无核化措施立场的平台。在第三轮美朝高层对话中,美国重申将不再敌视朝鲜,愿意采取措施扩大两国在文化、教育和体育等领域的交流,并同意向朝鲜提供 24 万吨的营养食品。③ 2012 年 1 月 16 日,美联社驻平壤代理分社成立仪式在朝中社举行。这是金正日去世后西方国家在平壤开设的首家新闻代理机构。④ 这在某种程度上展现了朝美关系有所松动。

在南北关系领域,朝鲜仍坚持强硬姿态,不仅强烈抨击了李明博政府在金正日去世后所实施的对朝政策,还通过国防委员会与祖国和平统一委员会发表声明表示:将永远不与李明博政府交往。朝鲜之所以仍旧保持对韩强硬,其目的是试图对即将举行的韩国国会议员选举和年底的总统选举施加影响,进而营造对自身有利的政治环境。韩国国内的保守势力在金正日去世后积极主张对朝"促变",并用气球向朝鲜散发传单,鼓动朝鲜民众对政府发起挑战,但却遭到了国内进步势力和舆论的质疑。考虑到金正日去世后可能出现的局势动荡,更多的韩国民众还是表现出了维持半岛局势稳定的愿望。面对即将进行的国会

---

① 《寻更多投资援助金正日乘专列访俄》,《广州日报》2011 年 8 月 21 日。

② 《조선인민군 전선서부지구사령부 공개통고장》,朝鲜中央通讯社,2012 年 2 月 19 日电。

③ 《朝美为何能够达成共识》,《台州新闻》,2012 年 3 月 2 日。

④ 《金正恩的辅佐者》,《长江商报》2012 年 2 月 26 日。

选举，李明博政府也不得不依照民意选择可以维持局势稳定的对朝政策。

2012 年 3 月 16 日，朝鲜高调宣布将于 4 月发射"光明星 3 号"，以迎接金日成主席诞辰 100 周年。朝鲜的这一举动，引起了国际社会的普遍关注，美、日、韩及欧盟等都指责朝鲜"此举明显违反联合国安理会决议"，日本甚至宣称将实施拦截。中国多次表达了"关切和忧虑"，俄罗斯也表示了"严重担忧"。面对国际社会的压力，朝鲜宣称发射卫星不仅是主权国家的合法权利，也是促进经济发展的必要条件，所以绝不会放弃卫星发射计划。毫无疑问，朝鲜发射卫星事件将给半岛局势增添诸多不确定因素。但是在笔者看来，这一事件不会导致总体缓和的半岛局势发生全面逆转。从朝鲜发射卫星的时间节点来看，其象征意义大于实际意义，外交的需要大于内政的需要。对于这一事件所能带来的"严重后果"，应是早已在朝鲜的预料之中。预计这一事件的冲击波消退之后，国际社会的关注点还将会回到重启六方会谈上。真正验证朝鲜对外政策及新领导人无核化意志的博弈，在未来的六方会谈框架内仍将继续。

第二节　朝鲜新领导人的对日外交政策

从当前的情况来看，朝鲜政府的对日外交更接近于其对美外交，同样也对日本实施了对话与强硬相结合的外交政策。

2012 年初，日本政府否决了在日朝鲜人总联合会责任副议长许崇万的访朝及再入国申请。2012 年 1 月 3 日，朝鲜中央通讯社就此事向日本政府提出了抗议。这是朝鲜政府在新领导人继任后发表的第一次对日评论。1 月 20 日，朝鲜《劳动新闻》则对日本民主党政府提出批评，表示如果日本继续纠缠绑架问题，将会导致两国关系的进一步倒退。2 月 1 日，《劳动新闻》《民主朝鲜》等媒体一致向野田内阁提出了早日清算历史的要求。另一方面，朝鲜政府对日本表现出调整两国关系以及通过谈判解决悬案的意愿。2012 年初，朝鲜政府在金日成诞辰 100 周年之际向 60 多名日本人士提出了访朝邀请。日本 NHK 的分析认为，朝鲜领导层可能打算在日朝关系因"绑架日本人"等问题陷入僵局的情况下，将此举作为改善两国政治关系的突破口。① 2012 年 1 月 22

---

① NK 日报网：《北、太陽節に日本人 60 人を招待"》，2012 年 1 月 20 日，http：//japan. dailynk. com/japanese/read. php？catalId = nk00400&num = 15983。

日，朝鲜方面释放了 2011 年 3 月份因涉及贩毒和制造假币而遭逮捕的两名日本籍嫌疑犯。① 日本国家公安委员会委员长松原仁认为这一举动可以被理解为是来自朝鲜高层的对日积极信号。朝鲜政府还积极促成了宋日昊代表与日本前绑架问题担当相中井洽之间在 2012 年 1 月和 3 月的两次会谈。自 2012 年 2 月 20 日开始，朝日两国政府还开启了返还日本兵遗骨问题的非正式谈判。可以说，朝鲜政府旨在缓和两国关系的举动，得到了来自日本政府方面的积极响应。朝鲜与日本保持接触的主要意图，首先是想通过与日本接触来促进朝美会谈顺利进行；其次是想提前抑制日韩之间过分接近，借此来避免日韩联手共同对朝鲜施压；再次，朝鲜还希望通过与日本接触，在外交领域进一步孤立李明博政府，弱化美日、美韩同盟和美、日、韩三国协调体制。此外，由于内外因素的限制，朝鲜经济发展长期处于停滞状态。2009 年的货币改革未能达到预期目标，国内经济状况反而进一步恶化。面对经济压力，金正恩在继任后随即正式表示："国民经济要在 3 年内恢复到上世纪 60 年代到 70 年代的水准，让朝鲜人民过上吃米饭、喝肉汤、住瓦房、穿绸缎的生活。"② 但是，朝鲜国民经济的恢复缺乏有利的国际环境，以日本为代表的西方国家至今仍坚持对朝经济制裁。为促进国民经济尽快恢复，朝鲜迫切希望日本的对朝政策能有所松动，以利于国际社会尽早解除对朝经济制裁。

综上所述，笔者认为朝鲜政府的对日外交政策并非应时的权宜之计，更不是孤立的，而是与其内外政策的整体战略考量密切相关。换言之，在朝鲜政府看来，对日关系可能是促进与美国关系缓和，同时孤立南方保守政治势力的一个突破口。与日本关系的缓和与改善，可能会起到同时促进朝美、朝韩关系向良性发展的积极作用。

第三节 日本民主党政府的对朝政策

自 1998 年 8 月朝鲜发射卫星以来，日本民主党一直主张对朝强硬。在民主党的积极推动下，日本国会于 2004 年通过了《外汇和外国贸易法修正案》《禁止特定船只入港的特别措施法》等制裁朝鲜的法案。民主党还于 2005 年

① 《朝鲜释放两名日本贩毒嫌疑人被视为积极信号》，《京华时报》2012 年 1 月 22 日。
② 《3 年以内に肉のスープ正恩氏が経済目標》，《读卖新闻》，2011 年 12 月 21 日。

向国会提交了《北朝鲜人权救济法案》。2006 年 7 月，日本政府以朝鲜向日本海域试射导弹为由开始单独对朝鲜实施制裁，禁止朝鲜轮船在日本港口停靠，并限制朝鲜官员入境。同年 9 月，根据联合国安理会就朝鲜试射导弹问题而通过的决议，日本政府对朝鲜实行了金融制裁。这一系列由自民党政府实行的对朝强硬政策，都得到了来自当时在野的民主党的全力支持与推动。

2009 年 9 月日本民主党执政以后，鸠山由纪夫首相提出 "重视亚洲" 的外交方针，曾给一直陷于僵局的日朝关系带来一丝曙光。当时甚至有消息传出，鸠山首相准备仿效前首相小泉纯一郎，通过访问平壤来改善同朝鲜的关系。对此，朝鲜政府也做出了积极的回应。但由于日美同盟关系的掣肘，从 2010 年初开始，鸠山内阁的对朝政策却逐渐由对话转向施压。尤其是在 "天安舰事件" 发生以后，鸠山内阁一方面加强了与美、韩的军事合作，另一方面还加大了对朝金融制裁。菅直人就任首相之后，日本政府的对朝政策更趋于强硬。奉行 "实用主义外交" 的菅直人，依然坚持要通过一揽子解决 "绑架、核、建交" 的方法，来谋求日朝关系的正常化。"延坪岛事件" 发生后，菅直人内阁更是坚定地实施了对朝强硬政策。朝鲜也加大了与菅直人内阁的对抗力度。在菅直人执政期间，日朝两国之间的接触中断，对抗频发，两国关系也随之陷入低谷。

2011 年 9 月野田佳彦就任首相以后，开始重新审视日朝关系，打算缓和两国关系，并有意重启自 2008 年 8 月以来一直中断的日朝谈判。2011 年 9 月 17 日，野田内阁做出决定，将不再对朝鲜采取新的制裁措施，其理由便是对朝制裁措施效果有限，以此向朝鲜抛出了改善两国关系的 "橄榄枝"。2011 年 10 月 11 日，野田内阁批准日本广岛医师会的 8 名医生对朝鲜进行为期四天的访问。这次访问是广岛医师会自 2008 年 9 月以来第二次访朝。2011 年 12 月 15 日，日本政府还破例允许本国球迷前往朝鲜，为参加世界杯亚洲区预选赛的日本国家女子足球队加油。野田内阁对朝政策的调整，不但得到了阁僚的认可，① 同时也得到了鸠山由纪夫等人的支持。2011 年 11 月 1 日，鸠山前首相在首尔与大国家党前代表朴槿惠会谈时表示，愿意为朝韩两国关系的改善做出

---

① 변진일：《냉랭한북일관계변화의조짐보인다》，http：//jpnews.kr/sub ＿ read.html？uid ＝ 11877&section ＝ sc2&section2 ＝변진일。

努力。① 2011 年 7 月 28 日，美朝两国在纽约重开高层对话，两国关系出现了可能缓和的迹象，这也对民主党政府对朝政策的转换起到了推动作用。然而，野田内阁的对朝"新政"实施还不到 3 个月，就发生了金正日突然病逝的紧急事态。为了有效应对金正日的突然病逝，野田内阁紧急设置危机管理中心，并立即召开安全保障会议，下达了"加强收集朝鲜的信息，与中、美、韩等国实现情报共享，做好应对意外事态发生的准备"的三项命令。② 日本安全部队以及海上保安厅随即加强了沿海一带的警备，开始为朝鲜局势突变可能引发的难民潮做好相应准备。③ 为了更准确地把握朝鲜政局的走向，野田内阁积极实行了"与国际社会共享信息、追求共同利益、维持朝鲜半岛稳定"的外交政策。2011 年 12 月 25 日野田首相访华，不仅向中国表达了共同维护朝鲜半岛和平稳定的意愿，同时还要求与中国政府实现信息共享。2012 年 1 月 17 日，美、日、韩三国在华盛顿就朝鲜局势举行高官磋商，并就六方会谈有关各方有必要进行紧密合作达成了共识。④ 在与国际社会达成共识之后，野田内阁更为积极地开展了同朝鲜政府的接触。2012 年 1 月 9 日，日本政府以外交大局为重，将乘坐木船漂流到日本岛根县附近海域的 3 名朝鲜人经由中国送回到朝鲜。与此同时，两国重新启动了有关"绑架问题"的谈判。就此，日本新任"绑架问题"担当大臣松原仁评价道"要解决绑架问题最终还得靠谈判，不然不会有进展"，展现出日本政府愿意与朝鲜继续对话的积极姿态。⑤ 可见，日本政府对于朝鲜新领导人还是抱有一定期待的。金正日去世之后，日本国内开始出现重新评估朝日《平壤宣言》的新动向。东京大学名誉教授、著名的朝鲜问题专家和田春树在《世界》杂志发表文章，强调日朝邦交正常化的重要性。⑥《月刊日本》杂志社还出版了"现在正是推进日朝邦交化的最佳时机"的特刊，剖析了两国邦交正常化谈判的必要性。前首相小泉纯一郎对金正日去世表示悼念，并呼吁民主党政府不要仅靠对抗来解决问题。⑦ 石坂浩一、清水澄子等社会精英还以"日朝邦交正常化联络会"为窗口，向日本政

---

① 《하토야마"남북관계개선역할하고싶다》，《한국경제신문》，2011 年 11 月 1 日。

② 《政権、安保会議を招集　金総書記死去を受け》，《朝日新聞》，2011 年 12 月 19 日。

③ 《防衛相「北朝鮮軍の動きない」、海保は警戒強化》，《読売新聞》，2011 年 12 月 19 日。

④ 韩国联合通讯社，2012 年 1 月 16 日电。

⑤ 《日方称朝鲜向日发出积极信号》，《新闻晨报》2012 年 01 月 20 日。

⑥ 〔日〕和田春树：《金正日与日朝邦交正常化》，《世界》，2012 年 3 月。

⑦ 《拉致を解決し、国際社会へ》，《朝日新聞》，2011 年 12 月 20 日。

府和社会舆论施加积极的影响。① 野田内阁的对朝政策，正是迎合了日本国内改善对朝关系的良好愿望。

第四节 "后金正日时代"朝日关系的发展趋势

无论对于朝鲜，还是对于周边其他国家，金正日的逝世无疑标志着一个时代的结束。而对于东北亚各国而言，金正日的逝世同时又意味着围绕朝鲜半岛的地区安全环境将发生某种变化。六方会谈各方都不愿意看到朝鲜半岛局势出现剧烈动荡，朝日两国政府也确立了通过谈判解决分歧的外交方针。尽管如此，由于长期的敌对，朝日两国关系的僵局在短时间内还难以打破，尤其在清算历史和绑架等重大问题上，两国都不大可能做出实质性的让步。

对于朝日双方来讲，当前最为迫切的是减少相互间的猜疑与不信任，促使两国政府重新回到朝日《平壤宣言》的精神上来。金正日曾两度与日本首相小泉纯一郎会面，在历史遗留问题和绑架问题上都取得了重要成果，为两国邦交正常化迈出了可喜的一步。实践证明，首脑会谈是打破两国关系僵局和解决问题的最佳方式。在某种意义上，朝鲜最高权力的更替也为两国关系的改善带来了机遇。况且，两国政府都已经表示出改善关系的意愿，并且日本国内要求改善对朝关系的呼声也在不断高涨。因此，两国政府应该珍惜这来之不易的机遇，通过对话解决历史和现实问题。

目前，日本仍坚持"绑架、核、建交"三大课题"捆绑解决"。这种做法给原本就矛盾重重的朝日关系增添了新的不确定因素。而朝鲜则主张两国关系的症结在于日本如何反省历史，并对过去的殖民统治进行彻底清算。笔者认为，彻底清算历史是实现朝日邦交正常化的首要前提，而"核·导弹问题"和"绑架问题"则是当前横亘在两国关系中的主要障碍。这些问题不能以"捆绑"模式一揽子解决，而应以"分开"的方式逐一加以处理。"核·导弹问题"与"绑架问题"不应成为日本向朝鲜彻底清算侵略历史的现实筹码。

第二次朝核危机爆发之后，"朝核问题"俨然成为日本对朝政策的重大课题之一。日本政府采取了各种强硬手段，欲迫使朝鲜放弃核武器和弹道导弹开

---

① 日朝国交正常化を求める連絡会：《日本政府への緊急の要請》，《フォーラム平和·人権·環境》，2011 年 12 月 26 日，http://www.peace-forum.com/seimei/20111226.html。

发计划。与此同时，日本政治家又把"朝核危机"视为参与东北亚地区事务，进而实现自身"政治大国化"战略的机遇。而朝鲜则把"核武装"视为保证国家安全的利器，同时又视其为能换得经济援助的重要筹码。在朝鲜政府看来，日本并不是解决核问题的当事者和主要的谈判对手。朝鲜自然不愿意，也不可能与日本围绕核问题进行直接的谈判。日本外交从属于美国地区战略的实质，决定了日本在地区事务中的影响力极为有限。因而在笔者看来，如果日本继续在核问题上纠缠不清，则有可能起到适得其反的作用。核问题也极有可能会变成迟滞朝日关系正常化，甚至是恶化未来两国关系的不可逾越的现实障碍。

历史上曾多次遭受对方侵略的痛苦记忆，结合两国关系并未实现正常化的现实，朝鲜将日本视为安全威胁的做法是自然的，也是可以理解的。从国土面积、人口数量、经济实力、科技水平以及军事能力等多方面来看，无论是现在的朝鲜还是统一后的朝鲜半岛国家，都不大可能对日本构成直接的现实威胁。因此，日本政府应当理解并正视朝鲜对自身安全的关切，并以这种理解为基础来对朝鲜试射导弹的动机做出理性判断。同时，日本政府也应当尊重朝鲜发展本国科技的权利，对朝鲜发射卫星的尝试保持彼此间的良性沟通，从而避免因曲解事实与自身反应过激等导致问题复杂化。只有这样，朝日两国政府才能在导弹问题上走出存在于两国之间的持续的恶性循环。

在双方的共同努力之下，"绑架问题"实际上目前已经得到了部分解决。日本政府及其国内舆论应当承认并接受这一阶段性成果。但是在"绑架问题"的演变过程中，日本政府及其国内保守势力有意扩大这一问题的影响，并试图将"绑架问题"与"历史问题"一同解决，以此来减轻自身背负的沉重的"历史包袱"。这是极其不负责任的表现。对此，朝鲜政府也是坚决抵制的。当年，朝鲜领导人金正日抱着极大的诚意，主动承认并积极推动"绑架问题"的解决，是希望借此来推动朝日两国关系的和解与正常化。这种明显的让步具有实质意义，同时也接近了朝鲜的底线。因而在"绑架问题"上，朝鲜政府也已很难再做出更大的让步。

日本领导人需要对此有一个理性的认识。无论是过去还是现在，"彻底清算侵略历史"无疑都被认为是朝鲜的核心国家利益。在这一问题上，朝鲜新领导人不大可能做出任何实质性的让步。因而，日本政府坚持将"绑架、核、建交"三大课题"捆绑解决"的做法，无异于将简单的问题复杂化，实际上根本不利于诸问题的解决。如若真心想要推动两国关系的正常化，日本领导人的确需要拿出一定的勇气，顶住国内保守势力的压力，尽量控制国内舆论导向来避免其向过激化发展，进而以务实的态度与朝鲜方面协商解决"绑架问题"。只有这样，"绑架问题"的解决过程才有可能真正地成为促进朝日两国关系正常化的历史契机。

除上述因素之外，美、韩的存在也必然会影响朝日双边关系的走向。日本政府坚持在对朝政策上与美、韩步调保持一致的立场，使日朝关系的发展在实际上长期受制于朝美、朝韩两对关系的变化。从历史的发展进程来看，日本不可能突破日美同盟的现有框架，实施"越顶外交"。而围绕对朝政策的变化与调整，日本确与美国、韩国出现过"温度差"。由于美国政府的从中作梗，小泉首相推行的积极对朝政策最终归于失败。再则，朝鲜政府在短期内也不会大幅调整金正日时期确立的对日外交方针及政策，也还将会利用核武器来巧妙地推行制衡地区安全的平衡战略。

在当今时代，国家间对抗与冲突的结果往往是没有任何一方能够成为最终的赢家。朝日两国政府只有以《平壤宣言》的精神为基础，对于两国间的诸多悬案通过对话和谈判逐步达成妥协，才有可能最终获得双赢的结果。朝日关系若能实现正常化，不仅可以极大地增强日本在东亚地区的影响力，而且也会使其在经济领域受益匪浅。朝日关系的改善对于双方来说都具有极其重要的意义，而其改善的过程仍将是漫长而曲折的。

思考题：

1. "后金正日时代"朝鲜对周边国家的外交政策是什么？

2. 朝鲜新领导人的对日外交政策有哪些？

3. 日本民主党政府的对朝政策主要内容。

4. 根据目前局势预测"后金正日时代"朝日关系的发展趋势。

参考文献

1.《하토야마"남북관계개선역할하고싶다》,《한국경제신문》2011年11月1日。

2.《防衛相「北朝鮮軍の動きない」、海保は警戒強化》,《读卖新闻》2011年12月

19 日。

3. 《政権、安保会議を招集　金総書記死去を受け》,《朝日新闻》2011 年 12 月 19 日。

4. 《3 年以内に肉のスープ正恩氏が経済目標》,《读卖新闻》2011 年 12 月 21 日。

5. 《日方称朝鲜向日发出积极信号》,《新闻晨报》2012 年 01 月 20 日。

6. 《朝鲜释放两名日本贩毒嫌疑人被视为积极信号》,《京华时报》2012 年 1 月 22 日。

7. 金灿荣:《东北亚新变局与后金正日时代的朝鲜半岛》,《现代国际关系》2012 年第 1 期。

8. 〔俄〕普京:《俄罗斯与正在变化的世界》,《莫斯科新闻》2012 年 2 月 28 日。

9. 〔日〕和田春树:《金正日与日朝邦交正常化》,《世界》2012 年 3 月。

第十五讲
朝鲜半岛南北关系的发展过程和主要课题

教学目的和要求：

> 本讲主要叙述了朝鲜半岛南北关系的曲折发展过程，提出了现实中南北关系的主要课题及其成因，并就其解决前景进行了预测。学习本讲主要要了解朝鲜半岛分裂及南北关系的曲折发展过程，探寻其自身规律，重点把握当前朝鲜半岛南北关系中的主要课题以及成因，进而就朝鲜半岛南北关系的发展前景进行预测。

重　　点：

> 把握当前朝鲜半岛南北关系中的主要课题以及成因

难　　点：

> 就朝鲜半岛南北关系的发展前景进行预测

关　键　词：

> 朝鲜半岛　南北关系　发展过程　主要课题　成因

冷战结束后，朝鲜半岛作为冷战的"活化石"，"冷战的冰块"和"亚洲的巴尔干半岛"[①]，一直成为威胁东北亚地区和平、发展与繁荣的重大隐患。朝鲜半岛南北关系的发展，始终牵动着国际社会的敏感神经。那么，朝鲜半岛南北关系是如何曲折发展的？当前朝鲜半岛南北关系的主要课题有哪些？其成

---

① 关于朝鲜半岛被称为是冷战遗留下来的"活化石"，参见宋国涛、金歌著《中国国际形势问题报告》，中国社会科学出版社，2002，第38页；"冷战的冰块"，参见陈峰君著《当代亚太政治与经济析论》，北京大学出版社，2001，第91页；"亚洲的巴尔干半岛"，参见〔韩〕金大中著《金大中哲学与对话集：建设和平与民主》，冯世则等译，世界知识出版社，1991，第173页。

因及解决前景如何？本讲在梳理和考察朝鲜半岛分裂及朝鲜半岛南北关系的曲折发展过程中探寻其自身规律，明晰朝鲜半岛南北关系的主要课题以及形成原因，以便就朝鲜半岛南北关系的发展前景进行预测。

第一节　朝鲜半岛南北关系的曲折发展过程

朝鲜与韩国是朝鲜半岛上同一民族、不同社会制度的两个国家。朝鲜全称"朝鲜民主主义人民共和国"，寓"朝日鲜明"之意，即"清晨"之国，象征着朝鲜人民向往光明。位于朝鲜半岛北部，国土面积为122762平方公里，约占朝鲜半岛总面积的55%，首都为平壤市。韩国全称"大韩民国"，位于朝鲜半岛南部，国土面积99262平方公里，约占朝鲜半岛总面积的45%，首都为首尔。1910年8月22日，日本驻朝鲜"统监"寺内正毅勾结当时朝鲜李朝政府总理大臣李完用秘密缔结了《日韩合并条约》，并于同年8月29日公布于世。日本根据条约中"韩国皇帝陛下将关于韩国全部之一切统治权完全永久让予日本天皇陛下"的条款，正式将李氏朝鲜吞并，直到1945年8月15日日本战败投降，朝鲜半岛才获得"光复"，结束了日本对朝鲜长达36年的殖民统治。朝鲜半岛南北关系是指朝鲜民主主义人民共和国（简称朝鲜）与大韩民国（简称韩国）之间的政治、外交、军事等方面的关系，简称"朝韩关系"，也称"两韩关系"。

一　朝鲜半岛南北关系分裂的形成（1948～1953年）

朝鲜半岛的分裂始于"二战"期间，是冷战的产物。由于外部大国的干预和朝鲜半岛民族内部矛盾，特别是朝鲜战争的同族相残，朝鲜半岛南北分裂事实形成。

1945年初，美苏商定战后由中苏美三国对朝鲜实行"20年或30年"联合托管的"托管朝鲜"的方案。美苏以北纬38°线为在朝鲜半岛接受日军投降的分界线，即"三八线"。1945年8月中下旬，苏军进入朝鲜北部接受日军投降。9月8日，美军在仁川登陆，控制了三八线以南地区，朝鲜半岛形成了美苏两个占领区。在美苏两大国的影响下，朝鲜半岛朝着分裂的方向发展。1948年5月，朝鲜半岛南部举行"国民议会"选举，7月公布了大韩民国宪法，8月15日正式成立了"大韩民国"，李承晚任首届总统。8月25日，朝鲜半岛北部举行最高人民会议选举，9月2日通过了朝鲜民主主义人民共和国宪法，选举金日成为国家元首兼内阁首相。9月9日，朝鲜民主主义人民共和国宣告成立。朝鲜半岛南北分裂的雏形形成。

1950年6月25日，朝鲜战争爆发，即"6·25战争"。在美国的操纵下，联合国安理会在7月7日通过了"联合国军"干涉朝鲜内战的决议，任命麦克阿瑟为"联合国军"总司令，进一步扩大侵朝战争。朝鲜战争爆发后，朝鲜人民军进展顺利，6月28日解放汉城，到8月上旬，朝鲜人民军已解放了南朝鲜90%以上的地区，把"联合国军"和南朝鲜军队压缩在以大邱、釜山为中心的东南海岸一带。为了挽救败局，9月15日，美军在朝鲜半岛中部的仁川登陆，切断了朝鲜人民军南进部队的后路。仁川登陆战役后，美军先后占领汉城、平壤，并将战火烧到了中朝边境鸭绿江畔，严重威胁到中国的安全。10月7日，联合国又在美国操纵下，通过了所谓"统一"朝鲜的决议。应朝鲜邀请，中国人民高举"抗美援朝，保家卫国"的旗帜，组织了中国人民志愿军，于1950年10月25日跨过鸭绿江与朝鲜人民并肩作战。自1950年10月至1951年5月，中国人民志愿军同朝鲜人民军协同作战发动五次攻势，五战五捷，歼敌22万余人，把以美军为首的"联合国军"及其李承晚南朝鲜军赶回三八线附近。4月11日，麦克阿瑟被免职，由李奇微接任。1951年7月10日，在苏联的建议下，朝鲜停战谈判在开城（10月8日起移至板门店）开始。从此，朝鲜战争进入边谈边打，打打停停的新阶段。1952年10月，美军发动大规模进攻，中国人民志愿军在上甘岭同敌展开激战，挫败敌人攻势。1953年5月，中朝部队发动强大夏季攻势，取得重大胜利，终于迫使美国侵略者于1953年7月27日在板门店签订了《朝鲜人民军最高司令官及中国人民志愿军司令员一方与联合国军总司令另一方关于朝鲜军事停战的协定》，即"停战协定"①。《停战协定》的签订，标志着历时三年多的朝鲜战争以中朝人民的胜利和美国的失败而告结束，至今对维护朝鲜半岛和平稳定具有重要作

---

① 《停战协定》全文共分5条，63款，主要内容为：确定以三八线附近的实际控制线为军事分界线，双方各自由此线后退两公里，以建立非军事区；自协定签订后12小时起，双方停止一切敌对行动，停止自朝鲜境外进入增援的军队和武器；协定生效后60天内，双方应将一切坚持遣返的战俘分批直接遣返，将其余未直接遣返的战俘交中立国遣返委员会处理；双方军事司令官向有关各国政府建议，在停战协定生效后3个月内，召开双方高一级的政治会议，协商从朝鲜撤退一切外国军队以及和平解决朝鲜问题。

用。但美韩于 1953 年 10 月 1 日签订了《美韩共同防御条约》，使美国继续在
韩国保留驻军。1954 年 4 月，在为了和平解决朝鲜问题和恢复印度支那和平
问题召开的日内瓦会议上，未能就从朝鲜撤出一切外国军队及和平解决朝鲜问
题达成协议。经中朝两国政府协商同意，中国人民志愿军于 1958 年底全部撤
离朝鲜，表明了中朝两国执行停战协定及和平解决朝鲜问题的诚意。但停战并
没有带来统一，也并不意味着朝鲜半岛问题的和平解决。朝鲜半岛南北之间至
今隔着一条 4 公里宽、249 公里长的非军事区，38 度军事分界线使朝鲜半岛的
分裂局面固定下来，朝鲜半岛南北关系雏形形成。

二　朝鲜半岛南北关系的曲折发展

朝鲜战争、即"6·25 战争"使朝鲜半岛在事实上分裂后，朝鲜半岛南北
关系 60 多年来经历了曲折的发展过程，大体包括冷战和冷战结束后两个时期。
总体特点是"对抗、缓和、对抗"周而复始的循环往复。

1. 冷战时期南北关系：对抗到缓和（1953～1990 年）

朝鲜半岛南北关系作为冷战的产物，自《停战协定》签订后，朝鲜坚持
"解放南朝鲜"，韩国坚持"北进统一"和"胜共统一"的政策。"南北双方
都谋求以吞并的方式战胜对方，以便达到实现国家和民族统一的目的。"① 南
北关系充满了紧张、敌视、对抗甚至新的战争的危险。期间，虽然有 1960 年
8 月金日成主席提出的实行"南北联邦制"② 和韩国政府的"主张根据双方政
府协商和在联合国监督下进行南北双方普选，共同组成国会"的提议。特别
是 1961 年，以军事政变推翻民选政府上台的朴正熙执政后，进一步主张通过
南北体制竞争，即经济实力竞争来实现国家统一。但是，由于 1968 年 1 月的
"青瓦台事件"③，双方刺杀对方首脑的计划，南北关系的严重对峙进一步加
剧。同时，美韩根据《美韩共同防御条约》开始的至今规模越来越大、品种

---

① 〔韩〕尹大奎：《冷战后朝鲜半岛南北关系的变化及发展前景》，《韩国研究论丛》2001 年第
00 期。

② "南北联邦制"：即保存南北朝鲜的现有政治制度，保持两国政府的独立活动，组成两个政府
的等额代表参加的最高民族委员会，主要统一调整南北朝鲜的经济和文化发展的倡议。

③ "青瓦台事件"，即 1968 年 1 月底，朝鲜派 31 名武装特工越过军事分界线潜入汉城（今首
尔），直至青瓦台总统官邸企图刺杀韩国总统朴正熙的事件。又称"一二一事件"或"金新朝
事件"。

越来越多的"美韩军演"①，也成为朝鲜半岛南北关系紧张和对峙的一个主要
因素之一。

进入 70 年代后，由于美苏、美中和解气氛的刺激和影响，以朝鲜半岛南
北双方红十字会举行的"南北离散家庭问题会谈"为开端，朝鲜半岛两国开
始了自朝鲜战争后长期断绝的政府间接触和关系的改善。双方接触一经开始，
进展迅速，并取得《"七·四"南北联合声明》等重要成果。

1971 年 8 月 6 日，金日成主席在平壤市欢迎西哈努克亲王的群众大会上
表示，我们愿意在任何时候同包括南方的民主共和党在内的所有政党、社会团
体和个别人士进行接触。8 月 20 日，朝鲜和韩国红十字会人员在板门店举行
了首次会晤，商讨离散家属团聚问题，开始了半岛南北接触。1972 年 5 月 2
日至 5 日，韩国中央情报部部长李厚洛访问平壤，与朝鲜劳动党中央组织指导
部部长金永柱举行了北南双方高级政治会谈。金日成主席在接见南方代表时提
出了和平统一朝鲜的"三项原则"。金日成主席说："我认为，我国的统一问
题，必须在没有外来势力干涉的情况下，自主地、本着谋求民族大团结的原
则、用和平的方法加以解决。"即"自主、和平统一、民族大团结"的祖国统
一"三项原则"。② 北南双方本着上述原则就有关事项达成协议，通过了北南
联合声明，并同意于 7 月 4 日在平壤和汉城同时发表。5 月 29 日至 6 月 1 日，

---

① 美韩军演：自 1961 年以来，美韩两国根据《美韩共同防御条约》，每年举行联合军事演习。
其中，大规模的联合军事演习有七个，目前已有部分合并，但规模越来越大，成为朝鲜半岛
局势紧张的又一个主要因素。七大军演分别是：①"己支"军事演习：1968 年 6 月 21 日，朝
鲜人民军突击队差一点成功袭击了韩国总统府，这被称为"青瓦台事件"。韩国军方立即策划
了专门针对特种战的演习，取名为"己支"。②"焦点透镜"特种战演习：1954 年开始，起
初是美军为应对特种部队作战举行的演习。1976 年，美韩双方将两个特种战演习合二为一，
举行每年一度的"己支—焦点透镜演习"。③"环太平洋演习"：每两年举行一次，由美国海
军第三舰队主持，始于 1971 年。该演习是一个多国参加的海上机动综合军演。演习的目的是
加强美国海军与太平洋环形圈各国海军的联合作战能力，确保海上重要交通线的安全，提高
应对海上冲突事件的能力。④"阿姆诺克河演习"：韩国参联会主持的韩军指挥所大演习。该
演习始于 1996 年，演习的目的是加强韩军司令部指挥能力。⑤"保卫祖国演习"：韩国参联
会主持的大规模实战演习，韩国各军兵种均参加，主要针对韩国海岸和内陆同时遭到袭击的
情况。⑥"鹞鹰"演习：始于 1961 年，是美韩两国特种部队共同参与的特种作战演习。2001
年并入"己支—焦点透镜"演习，2002 年 2 月又并入"阿尔索伊"演习。⑦"联合战时增
援"演习，即"阿尔索伊"演习，以"朝鲜人民军入侵韩国，美军前来支援"为假想背景，
集接收、集结、前运和整合为一体的美韩联合指挥协调作战演习，以"计算机模拟作战为
主"。

② 金日成：《关于建立高丽民主联邦共和国的方案》，朝鲜外文出版社，1990，第 3～13 页。

朝鲜内阁第二副首相朴成哲访问汉城。值得一提的是，1972 年 7 月 4 日，朝韩双方发表的《南北联合声明》，即《"七·四"南北联合声明》，① 确认了祖国统一的三项原则，并组成了以金英柱和李厚洛为两主席的北南协调委员会。虽然后来该联合声明并未得到履行，但是它成了北南双方和海外全体朝鲜人争取实现祖国统一的旗帜。这是朝鲜半岛分裂后南北间达成的第一个正式协议，标志着南北双方已经把对方看作独立的政治实体，是南北双方对话取得的重要阶段性成果。8 月 30 日，北南红十字会在平壤举行首次正式会谈，就双方因战争离散家属及亲属间自由通讯、探访、团聚等达成了协议。11 月，南北协调委员会开始工作并持续工作至 1973 年 6 月。

1973 年 6 月 25 日，金日成主席在朝鲜劳动党中央委员会政治委员扩大会议上，重申了 6 月 23 日向国内外阐明的自主和平统一祖国的"五大方针"②。其核心是保留双方现存的两种制度，实行南北联邦，建立高丽联邦共和国。同时，朴正熙发表"6·23 和平宣言"，宣布实行"北方政策"，即与苏联、中国、朝鲜等社会主义国家改善关系，还提出与朝鲜同时加入联合国。1974 年 8 月，朴正熙建议，南北双方缔结互不侵犯条约，双方进行对话，按人口比例举行南北普选。但是，8 月 15 日的"文世光事件"③ 以及 1976 年 8 月 18 日的"斧头杀人事件"④，使本来脆弱的南北关系又跌入低谷。

1977 年 1 月 25 日，为进一步促进半岛统一，朝鲜提出了召开北南双方政治协商会议等四点救国方案。1979 年，朴正熙被韩国情报部部长金载圭开枪

① "七·四"北南联合声明的主要内容：第一，统一问题必须在不依赖外来势力和没有外来势力干涉的情况下，自主地加以解决；第二，统一必须用和平的方法加以实现，而不依靠互相反对对方的武装行动；第三，必须超越思想、理念和制度的差别，首先作为同一个民族谋求民族大团结。

② "五大方针"，即消除双方军事对峙状态，缓和紧张局势；实现双方多方面合作和交流；召开双方各阶层人民和各政党、社会团体代表组成的大民族会议；实行以高丽联邦共和国为单一口号的南北联邦制；以单一的高丽联邦共和国国号加入联合国。《金日成著作集》（第 6 卷），朝鲜外文出版社，1975，第 367 页。

③ "文世光事件"：是指 1974 年 8 月 15 日，韩国举行光复节庆祝大会，总统朴正熙进行演讲时，侨居日本的韩国人文世光冲上前向主席台开枪，打死了第一夫人陆英修的事件。

④ "斧头杀人事件"：是指 1976 年 8 月 18 日，美军在板门店附近"共同警备区域"（JSA）里进行砍伐杨树时，遭到朝鲜军人的攻击，两名美军军官被斧头砍死的事件，即"板门店事件"。韩方称"板门店斧头暴行事件"、朝鲜称"8.18 板门店斧头杀人事件"。

刺杀后，全斗焕夺权。为了进一步推进祖国统一大业，金日成于 1980 年 10 月 10 日指出 "高丽民主联邦共和国作为统辖我们国家的整个领土和全民族的统一国家，应当实行符合全体朝鲜人民的根本利益和要求的政策" 和 "高丽民主联邦的具体十条施政方针"。① 1981 年 1 月 12 日，全斗焕在新年国政演说中首次使用了 "金日成主席" 这一正式称呼，并提议举行南北首脑会谈，以缓和半岛紧张局势、共同研究统一方案，此外全斗焕分别于 1981 年 6 月、1982 年、1983 年建议举行南北首脑会谈，但均遭金日成予以拒绝。1983 年 10 月 9 日发生的 "仰光事件"② 又一次考验着南北关系。1984 年 10 月，为改善南北关系，朝鲜红十字会负责人发表谈话，希望南北双方就经济合作问题进行会谈。同月，韩国方面予以积极回应。同年 11 月，南北经济会谈第一次会谈在板门店举行，双方就贸易项目、经济合作领域和进行合作的程序达成协议，南北关系未予中断。

80 年代中期以后，世界范围内的冷战走向终结，南北接触再次趋于密切。为促进半岛统一事业，金日成主席于 1985 年表示赞同全斗焕的建议，并邀请全斗焕访问平壤。于是，南北双方为举行首脑会谈不断进行接触磋商。同年 5 月 17 日、6 月 20 日，双方举行了两次经济会谈，同意组成以副总理为委员长的北南经济合作共同委员会。7 月 23 日、9 月 25 日，双方在板门店举行了两次有关召开双方国会会谈的预备性会谈，但未能达成共识。9 月，朝鲜的密使、外务相许锬访问汉城。9 月 20 日至 23 日，双方的艺术团和故乡访问团分别访问了汉城和平壤。虽然互访的规模有限，但它是断断续续进行了十五年之久的南北对话取得的第一个实际成果。10 月，韩国的特使、安全部部长张世东访问平壤，并向金日成转交全斗焕的亲笔信，南北双方达成全斗焕访朝，与金日成举行首脑会谈的秘密协议。

但是，天有不测风云。1986 年 1 月 18 日，韩美宣布从 2 月 10 日起，在韩国举行联合军事演习。朝鲜宣布因韩美联合军事演习严重破坏南北经济会谈气氛，决定取消预定于 1 月 22 日举行的南北经济会谈第六次会谈。为期近两年的南北经济会谈中断。紧接着发生了 "大韩航空 858 号班机空

---

① 《金日成著作集》（第 35 卷）。朝鲜外文出版社，1989，第 308 ~ 315 页。

② "仰光事件"：是指 1983 年 10 月 9 日发生的时任韩国总统全斗焕在兰贡（即现在的仰光）进行国事访问时，在缅甸旧首都仰光的昂山将军墓地发生的导致一名副总理和三名部长在内的 21 名韩国政府人士和缅甸人被炸死，数十人受伤的暗杀事件。

难事件"①，美国政府将这次事件认定为恐怖主义袭击，并在韩国的要求下，宣布朝鲜为"支持恐怖主义的国家"。朝鲜半岛南北关系再度陷入紧张。

2. 冷战结束后的南北关系：缓和与对抗并存（1990 年至今）

80 年代末 90 年代初，随着东西方关系的改善以及以雅尔塔体制为基础的美苏两极冷战格局的逐渐崩溃和苏联的解体，冷战结束。朝鲜半岛南北关系也发生了重大的变化，开始进入缓和、交流、紧张和对抗相互转换的新阶段。

1988 年 2 月，韩国第一任民选总统卢泰愚执政，7 月 7 日发表了《争取民族自尊和统一繁荣的特别宣言》，正式推出北方政策，即"七·七特别宣言"。这是韩国政府为解决民族问题提出的第一个对朝柔和政策，正式宣布朝鲜不再是敌对的对象，而是和平统一问题上的伙伴。此外还提出了"自主、和平、民主、福利"的四大统一原则和六项具体政策。1989 年 9 月，卢泰愚进一步提出"韩民族共同统一方案"和"半岛统一的三个阶段"② 说，指出，南北的统一要经过南北联合的阶段成立单一的国家，而不是联邦制，统一后的国家应该实行自由民主制度。该方案的中心内容是凭借韩国的经济实力和国际地位，通过实施"北方政策"，逐渐地对朝鲜施加影响，促进朝鲜的内外政策发生变化，待条件成熟后，以和平手段实现朝鲜半岛的统一。北方拒绝了这个方案。1990 年 1 月 1 日，金日成在新年贺词中指出："40 年代形成的民族分裂，一直持续到跨入 90 年代，无论从民族自主性还是从世界自主化的角度上看，都是绝对不能容忍的历史悲剧。""我们有北南双方达成协议并作了宣布的统一祖国纲领——民主、和平统一、民族大团结三项原则，有体现这三项原则的合理的统一方案。我们提出的建立高丽民主联邦共和国方案，是北南双方都能接受的最光明正大而切实的方案，得到了全体朝鲜人民和世界进步人民的支持。"③ 这表明朝鲜政府一直将民族统一问题视为一个时代的迫切任务。1990 年 9 月 5 日至 7 日，朝鲜总理延亨默与韩国总理姜英勋在汉城举行第一次总理

---

① "大韩航空 858 号班机空难事件"：是指 1987 年 11 月 29 日发生的，大韩航空 858 号班机在安达曼海上空突然发生爆炸，机上 104 名乘客和 11 名机组人员全部遇难的事件。

② "半岛统一的三个阶段"是指，第一阶段被称作"一个民族，两个国家"或"两个政府和两种制度"、第二阶段被称为"一个民族，一个政府，两种制度"、第三阶段被称为"一个民族，一个政府，一个制度"。

③ 《金日成著作集》（第 42 卷）朝鲜外文出版社，1997，第 186～188 页。

会谈，双方开启了以总理为首的"南北高级会谈"，交换了旨在结束 40 多年来敌对状态的建议。特别是南北方于 1991 年 9 月 17 日双双加入联合国表明双方已默认并接受对方政权的存在，为南北双方政治对话创造了良好的氛围。在这种背景下，1991 年 12 月 11 日至 13 日，第五次总理会谈在汉城举行，朝鲜总理延亨默和韩国总理郑元植签署了《北南和解互不侵略和合作交流协议书》。12 月 31 日，朝韩双方代表在板门店草签《朝鲜半岛无核化共同宣言》。这两个重要文件的签署，对维护朝鲜半岛的和平稳定具有重要意义，成为打开朝鲜半岛和平统一局面的划时代事件，朝鲜半岛南北关系进入一个新的阶段。1992 年 2 月 19 至 20 日，第六次"南北高级会谈"在平壤举行，双方互换文本后宣布这两个文件生效。协议正文共二十五条，分"和解"、"互不侵犯"、"交流与合作"等部分。该协议是对《"七·四"南北联合声明》的继承，但比《"七·四"南北联合声明》更具体。1993 年，金泳三首次提出"民族优先论"。6 月 28 日，双方代表在板门店接触，确定朝鲜国家主席金日成和韩国总统金泳三于当年 7 月 25 至 27 日在平壤会晤。但是，7 月 8 日，朝鲜国家主席金日成的突然逝世使首脑会晤夭折，南北和解的推进也因此停顿。1994 年 8 月 15 日，韩国总统金泳三在光复节总统贺词中提出了"建立韩民族共同体的三个阶段统一方案"①，为进一步缓和南北关系起了重要作用。

1996 年 4 月，美韩两国联合提出了由中、美、韩、朝四方参加的旨在解决朝鲜半岛问题的"四方会谈"的新倡议，得到朝方的响应。以"四方会谈"为契机，朝鲜半岛南北关系又出现了一个新转机。如朝鲜允许韩国核专家参与检查核反应堆；金正日提出在"经济与政治分离的原则"下进行双方经济合作；朝鲜接受了韩国的粮食援助以及允许大宇集团在朝鲜南浦工业区投资；韩国政府在 1996 年 4 月 27 日批准三星等大公司在朝鲜投资建厂，投资额达 19200 万美元，以推动"四方会谈"等，这为南北关系的进一步缓和营造了一个良好氛围。1997 年 3 月 6 日，韩、朝、美三方在纽约举行会谈，商讨合作事宜，南北关系进一步走向缓和。12 月 10 日，关于朝核问

---

① "建立韩民族共同体的三个阶段统一方案"：第一阶段是和解和合作；第二阶段是南北联合，即建立南北联邦；第三阶段是建立统一的民族国家。金光根：《韩国总统金泳三》，时事出版社，1997，第 321 页。

题的中、美、韩、朝"四方会谈"第一次正式会议在日内瓦召开。会议主要议题是寻求取代现有停战协定的方案，建立新的和平机制。但由于主要谈判方朝、韩立场分歧很大，未达到预期目的。但是，南北双方必定坐到了一起，并进行了交流，这是建立朝鲜半岛和平机制的第一步，因此，对东北亚局势产生了深远影响。

1998 年 2 月 25 日，韩国新任总统金大中宣誓就职，建议南北双方互派特使和举行南北首脑会晤，并提出"南方不对北方进行吸收统一，也不允许北方对南方进行武力挑衅，南北要向着和解与合作迈进"的和平共处三大原则，即"阳光政策"。3 月 16 日至 21 日，中、美、韩、朝在日内瓦举行关于朝鲜半岛问题的第二次四方会谈。4 月 11 日，朝韩双方在北京举行近四年来的首次副部长级会谈。1999 年 6 月至 7 月，朝韩双方副部长级会谈再次在北京举行。

新千年之际，朝鲜半岛南北关系发展达到高峰。2000 年 6 月 13 至 15 日，朝鲜国防委员会委员长金正日和韩国总统金大中在平壤举行了朝鲜半岛分裂 55 年后朝韩最高领导人的首次历史性会晤，被称为"破冰之旅"[1]。金大中也由此赢得了当年的诺贝尔和平奖。此次会晤的意义在于"标志着朝鲜北南高层对话机制将逐步开启；突出了民族自主意识；将加速推动半岛冷战格局的早日结束；对东北亚地区的战略格局将产生重大影响；将带动美、日加快与朝实现关系正常化的步伐"。[2] 金正日和金大中签署并发表了《北南共同宣言》[3]。《北南共同宣言》也成为具有划时代意义的里程碑。在这一背景下，朝鲜半岛南北双方的交流与合作进入了一个崭新的阶段。8 月 15 日，各 100 人的离散家属访问团分别访问平壤和汉城，与他们离别 50 多年的亲人重逢，这

---

① 陈龙山：《朝鲜半岛南北关系的新进展》，《亚非纵横》2007 年第 6 期。

② 程玉洁：《朝韩首脑会谈与朝鲜关系》，《现代国际关系》2000 年第 7 期。

③ 《北南共同宣言》的主要内容：①北南双方决定，国家统一问题要由国家的主人——我们民族相互联合的力量自主地加以解决；②北南双方认为，南方提出的旨在实现统一的联邦制方案和北方提出的初级阶段联邦制方案互有共同性，双方决定今后将朝着这一方向推进统一的进程；③北南双方决定，在今年 8·15 之际交换离散家属访问团，并尽早解决未转变思想的长期在押犯等人道主义问题；④北南双方决定，通过经济合作均衡地发展民族经济，并加强社会、文化、体育、卫生、环境等各个领域的合作与交流，以增进相互间的信任；⑤北南双方为早日将上述协议事项付诸实践，决定在近期开始当局间的对话。

是自 1985 年以来朝鲜半岛南北双方第一次举行大规模的离散家属互访。9 月，双方运动员打着半岛旗共同出现在悉尼奥运会上。这一时期，双方前后举行了 6 次部长级会谈，交换了 3 批离散家属访问团，大大推动了朝鲜半岛的缓和进程。韩国总统金大中特使、总统外交安全统一特别助理林东源 4 月 3 日至 5 日访朝期间，受到朝鲜国防委员会委员长金正日的接见，金正日接受了他转交的金大中亲笔信。朝鲜劳动党中央书记金容淳与林东源举行了会谈，双方深入讨论了朝鲜半岛和民族面临的局势以及两国关系中的问题，决定全面恢复中断的关系，积极促进双方的对话与合作，举行多渠道的当局对话，在经济、人道主义和军事等领域开展合作。可惜，好景不长，朝韩之间因长期对抗所形成的隔阂始终难以在短期内消解，国际形势的急剧变化也使朝鲜半岛的和平进程放缓。特别是随着美朝关系的急转直下，朝鲜半岛南北关系也是乍暖还寒。2001 年 1 月的朝韩第六次部长级会谈无果而终，双方的对话与交流中断，关系再度倒退到严冬的状态。6 月 29 日，朝鲜半岛西海的延坪岛附近发生了 4 名韩军士兵被打死，1 人失踪，18 人受伤和一艘高速快艇被击沉的朝韩交火事件，这也是 1998 年以来南北双方舰艇发生的最惨烈的冲突。8 月 14 日，第六次部长级会谈结束后双方发表了联合新闻公报，达成十项协议，几乎囊括了南北之间所有悬而未决的问题。

2003 年 2 月 25 日，卢武铉正式就任韩国第 16 届总统，在前任总统金大中的"阳光政策"基础上，继承和发展，提出了"和平与繁荣政策"①。其意义在于"'阳光政策'的最大功绩是启动了南北双方的'和解与合作'进程。而'和平繁荣政策'则以结束朝鲜半岛不稳定的'停战状态'，使之走向稳定的和平发展道路为目标"。② 6 月 30 日，南北双方开始合作建设开城工业区，为朝鲜半岛南北双方的共同繁荣架起一座桥梁，并从 6 月 15 日开始，南北双方停止了针锋相对的宣传和广播活动。

---

① "和平繁荣政策"的主要内容包括三个方面：一要与周边国家密切合作，和平解决朝核问题；二要推动南北双方以互利、平等为基础的实质性合作，通过增进合作，加强交往，建立相互信任和军事信任，同时，支持朝美、朝日关系正常化，使朝鲜半岛在停战协定签署 50 年之后，能摆脱"冷战"状态走向"和平合作"；三要坚持南北双方共同繁荣的原则，支持朝鲜走发展经济的道路。

② 方祥生：《从"阳光政策"到"和平繁荣政策"》，《光明日报》2003 年 7 月 7 日。

2003 年 8 月 27 日，朝核问题"六方会谈"① 在北京举行。从 1950 年朝鲜战争爆发，朝鲜半岛的紧张局势已延续了半个多世纪。"六方会谈"及其相关协议，对亚洲地区消除一个孕育严重战争危险的热点，对该地区的国际政治生态环境，特别是对朝鲜半岛南北双方之间的进一步和解与合作以及消除美韩关系带来的消极影响等具有重要意义。其成果包括 2005 年 6 月 15 日，朝鲜半岛南北双方以及海外民间代表团在平壤举行朝韩首脑会晤五周年的纪念活动，并宣布将 6 月 15 日定为"民族之日"以及同年 12 月，南北之间第一条直通电话线路开通等。

2006 年 10 月 9 日朝鲜第一次"核试验"② 和同年 7 月的导弹发射，使朝

---

① 六方会谈是指：由朝鲜、韩国、中国、美国、俄罗斯和日本六国共同参与的旨在解决朝鲜核问题的一系列谈判。会谈从 2003 年 8 月 27 日至 2007 年 9 月 30 日，共举行过六轮会谈。第一轮六方会谈（2003 年 8 月 27 日至 29 日，北京）与会各方达成了重要共识，确认了朝核问题应通过谈判和平解决的原则。第二轮六方会谈（2004 年 2 月 25 日至 28 日，北京）美方要求朝鲜以"完全的、可核查的和不可逆转的方式"放弃核计划，美方向朝鲜提供安全保证。朝方认为只有美国放弃对朝敌对政策，朝鲜才能放弃核计划。在此基础上，朝鲜提出"口头对口头"原则作为第一阶段行动措施，即朝鲜冻结核武器计划，美国相应放弃对朝敌对政策。第三轮六方会谈（2004 年 6 月 23 日至 26 日，北京）各方强调，以循序渐进的方式，按照"口头对口头、行动对行动"的原则，寻求核问题的和平解决。2005 年 2 月 10 日，朝鲜正式宣布拥有核武器。第四轮六方会谈（2005 年 6 月至 9 月，北京）达成六项共识：①以和平方式、可核查地实现朝鲜半岛无核化；②根据《联合国宪章》等处理相互关系；③促进能源、贸易及投资领域的经济合作；④共同致力于东北亚地区的持久和平与稳定；⑤根据"承诺对承诺、行动对行动"原则，采取协调一致步骤，分阶段落实上述共识。⑥决定 2005 年 11 月上旬在北京举行第五轮六方会谈。第五轮六方会谈（2005 年 11 月 9 日，北京）本轮会谈中心任务：将围绕弃核步骤等具体方法，制定落实共同声明的细则、方法和步骤，并有可能拿出一个履行共同声明的实际方案。落实"共同声明"是本轮会谈焦点。第六轮六方会谈（2007 年 3 月，北京）2007 年 3 月 19 日上午，在北京钓鱼台国宾馆开幕。中国、朝鲜、美国、韩国、日本和俄罗斯等国与会代表将就继续落实上月第五轮会谈通过的《落实共同声明起步行动》文件进行深入讨论，并对已举行的所有工作组的相关工作进行评估。2009 年 4 月 23 日，朝鲜退出六方会谈，称六方会谈已永远结束。

② 朝鲜"核试验"：朝鲜在 20 世纪 50 年代开发核技术，走有核道路被确立为国家战略。其核武计划经历了"只做不说"、"谈判周旋"、"公开宣示"等几个阶段之后，2006 年进行第一次核试，2008 年退出六方会谈，2009 年第二次核试验。2013 年 2 月朝鲜进行第三次核试后，公开声明其核武器已实现"小型化、轻型化"，并已于 2012 年 12 月成功地利用弹道导弹技术发射了一颗"卫星"，其远程导弹射程理论上已达 10000 公里，故这次核试后朝鲜宣称它已拥有了可以实用的核武器，成为"拥核国"。这样，其坚持数十年的核计划至此已臻于完成。于是，2013 年 3 月底，朝鲜提出了"发展核武器和经济建设"并举方针，4 月初通过"关于进一步巩固核国地位"法律，从此朝鲜的核计划由"闯关研制阶段"转入"常态生产"阶段。2013 年 3 月 5 日，朝鲜借韩美军演，正式宣布"停战协定"作废，朝鲜半岛重回战争状 （转下页注）

鲜半岛地区紧张局势进一步恶化。10 月 14 日，安理会一致通过第 1718 号决议，要求朝鲜放弃所有核武器和现有核计划，立即无条件重返六方会谈，并决定对朝鲜采取相关制裁措施，再一次引发朝鲜半岛南北关系的紧张

2007 年是朝鲜半岛南北关系发展成果丰硕的一年。朝鲜把 2007 年定为"建设经济强国的转折之年"，朝鲜半岛南北关系随着六方会谈的进展不断升温。2 月，第五轮六方会谈第三阶段会议通过了《2·13 共同文件》。"《2·13 共同文件》对于南北关系改善而言，起到的不是催化剂而是雷管作用。"① 朝鲜提议重启中断 7 个月之久的北南部长级会谈。2 月 20 日，韩国统一部制定了"实现和平共存与共荣的南北关系"的"四大原则及六大战略目标"②。3 月 2 日，韩朝第 20 次部长级会谈在平壤结束，双方一致表示"尽快实现关系正常化"。4 月 18 日至 22 日，朝鲜半岛南北双方召开第 13 次经济合作促进委员会会议，签署 10 项协议。5 月 9 日，双方举行了第 15 次离散家属团聚活动，共有 198 个家庭参加。11 日至 14 日，双方举行第 5 次将军级会谈，签署了包括为 5 月 17 日铁路试运行提供一次性军事保障在内的 5 项协议。17 日，双方同时举行连接朝鲜半岛南北方的京义线铁路和东海线铁路试运行仪式。来自朝鲜半岛南北方的列车分别从韩国汶山站和朝鲜金刚山站出发，进行 56 年来首次跨越朝鲜半岛南北军事分界线的列车运行，它结束了朝鲜战争以来朝鲜半岛南北铁路交通断绝的历史。8 月，朝鲜半岛南北双方就举行第 2 次韩朝首脑会晤达成协议。

具有划时代意义的是 2007 年 10 月 4 日，时任韩国总统卢武铉步行跨越军

（接上页注②）态。此后还宣布，首尔和华盛顿是朝鲜核打击目标，目的是显示它已拥有发动核攻击的能力，强化世界特别是美国对其"拥核国"的印象。3 月 16 日，其外务省发言人表示："朝鲜拥核不是谈判对象。"3 月 31 日，劳动党中央全会发布公报称：朝鲜核武器"不是对话场合和谈判桌上的政治筹码和交易品"，以杜绝此后有人再提谈判弃核问题。

① 〔韩〕南成旭：《为推动南北关系阶段性地向前发展，需要做出冷静判断》，《统一韩国》，2007 年 3 月刊，第 11 页。

② "四大原则及六大战略目标"："四大原则"是指促朝弃核；确保南北关系中的可持续发展领域；确立原则与共建互信；构筑可持续推进"对朝和平繁荣"政策之基础。"六大战略目标"是指确立构建半岛和平机制的基础；促进南北经济合作协调发展，以形成南北经济共同体；稳步开发开城工业园区；实质性解决人道主义问题，包括扩大离散家属团聚规模、推动解决韩国战俘及被绑架者问题等；促进南北社会文化交流多元化、制度化；加强推进对朝政策的基础建设，如南北会谈制度化、加强统一教育与国民的沟通、加强与国际社会合作等。

事分界线，由陆路前往朝鲜平壤访问，被称为"和平之旅"。① 朝鲜最高领导人金正日和韩国总统卢武铉在朝鲜首都平壤举行朝韩首脑第 2 次历史性会晤，并亲自签署了《北南关系发展与和平繁荣宣言》（即《10·4 共同宣言》）。其内容涉及民族和解、半岛和平、经济合作、文化科技交流与合作、人道主义合作、国际事务合作等多个领域，具体内容多达几十项。尤其是其中第 3 项，明确宣布"南北双方决定，不互相敌视，缓和军事上的紧张局势，通过对话和协商解决纠纷；反对在朝鲜半岛进行任何战争，确实遵守互不侵犯义务"。双方再次确认了《6·15 共同宣言》的精神，并为发展南北关系，实现朝鲜半岛和平以及民族共同繁荣与统一，就诸多问题进行了开诚布公的协商。双方一致确信只要全民族齐心协力，一定能开辟民族繁荣、自主统一的新时代。双方还宣布将在 2000 年的《南北共同宣言》基础上，本着"民族互助"精神自主解决统一问题，推动建立朝鲜半岛和平机制，通过扩大经济合作实现共同繁荣。《10·4 共同宣言》被称为一个"和平宣言"、"和解宣言"、"合作宣言"和"务实的宣言"。② 此次会晤也是朝鲜难得的"转向"，同年 11 月 14 日至 16 日，朝鲜总理金英日赴首尔同韩国总理韩德洙举行南北总理会谈，这是 1992 年以来，时隔 15 年后南北总理首次会晤，标志着朝鲜半岛南北关系进入了新的发展阶段，成为朝鲜半岛南北关系史上又一座里程碑。

　　然而，随着 2008 年 2 月 25 日李明博就任韩国第 17 届总统，其对朝政策进行了重大调整，导致朝鲜半岛南北政府间对话全部中断，南北关系和半岛局势再一次陷入紧张状态。

　　李明博提出了"无核、开放、3000"③ 政策，朝鲜对李明博政府的这一"新政"表示不满。它完全推翻了上两届政府所推行的和解合作、民族共助政策，尤其是否定了朝韩首脑在 2000 年和 2007 年签署的两个《宣言》，并且宣称"要实现以自由民主为基础的统一"，表示要重新考虑韩朝业已达成的一系列协议。同时，李明博政府在军事上重新把朝鲜确定为"主要敌人"，不断与驻韩美军举行各种针对朝鲜的联合军事演习；在外交上推行"亲美日，远同

①　陈龙山：《朝鲜半岛南北关系的新进展》，《亚非纵横》2007 年第 6 期。
②　陈龙山：《朝鲜半岛南北关系的新进展》，《亚非纵横》2007 年第 6 期。
③　"无核、开放、3000"政策，即在朝鲜弃核和开放前提下，帮助朝 10 年内将人均国民收入提高至 3000 美元。这一对朝政策"三部曲"首先是必须解决朝核问题，第二是朝鲜要开放。第三是在此基础上对朝提供援助，并在 10 年内使朝鲜人均收入达到 3000 美元。

胞"的政策；在经济合作问题上采取"实用主义"和"相互主义"政策，停止对朝提供化肥和粮食援助；在"人权"问题上，韩国不断对朝鲜发难，2008 年曾主动作为共同提案国，向联合国大会提交朝鲜的"人权决议案"。韩国一些反朝团体也在当局的"支持和怂恿下"不断利用大型气球在军事分界线一带向朝鲜境内散发传单，攻击朝鲜的社会制度。尤其令朝鲜不能容忍的是，韩国媒体利用国际上的一些流言蜚语，对朝鲜最高领导人金正日的健康问题说三道四。韩国军方甚至宣称要应对朝鲜出现的"突发事态"。而朝鲜的对应措施也随着事态的发展而逐步强硬起来，全面否定韩新政府的对朝政策，点名抨击李明博，限制双方官方往来，在西海岸发射多枚短程导弹。3 月，朝鲜借韩国官员金夏中、金泰荣讲话之机，以传统的"战争边缘政策"开始了"反击"。3 月 29 日，由于韩国参谋长联席会议主席金泰荣称"关键是确定敌方可能藏有核武器的地点，并实施攻击"，朝鲜军方要求韩方"收回这一先发制人狂言，澄清立场，并为此道歉"，称韩国军方的上述言论是"迄今在朝韩关系历史上从未有过的最严重挑战"，"这种不计后果的挑衅行为无异于向朝鲜公开宣战"。3 月 30 日，朝中社发表文章称，会"以自己的方式发动更具威力的先发制人的打击，那不仅将让一切陷入火海，更会让一切化为灰烬"。朝鲜劳动党总书记、国防委员会委员长金正日也视察了军队，并发表讲话称朝鲜军队的战斗力足以打败任何敌人的进攻，朝鲜人民军已经成为一股不可战胜的力量。7 月，一名韩国游客在金刚山旅游区遭朝哨兵枪击身亡，金刚山旅游项目暂停。7 月底，韩国政府提出"相生共荣"政策，呼吁南北建立"和平、经济、幸福共同体"，朝对此予以猛烈抨击。11 月，朝方关闭朝红十字会驻板门店联络处，切断南北红十字会直通电话，中断开城旅游项目，严格管制南北陆路交通，驱逐开城工业园区部分韩方人员。从 2008 年 4 月 1 日发表《劳动新闻》评论员文章开始，朝鲜接连在 5 月 30 日、10 月 6 日发表了《劳动新闻》评论员文章，逐一批驳李明博政府的对朝政策，并对韩国政府发出了警告。面对依然我行我素的韩国李明博政府，朝鲜不得不一步步加大应对措施的强度，朝韩关系进一步趋紧，遭遇了"倒春寒"。11 月 12 日。朝韩将军级会谈朝方代表团团长向韩国军方发出通知书，正式通告韩方将采取关闭通过军事分界线的所有陆路通道，严格限制通行的"第一阶段措施"。对于朝鲜的这些措施，韩国政府并不为之所动，而是采取了"坚持原则"、"等待也是一种战略"的态度。这迫使朝鲜不得不再次提高应对措施的级别和强度。2008 年，朝方主要以朝韩将军级会谈朝方代表团团长的名义发表对应措施，而 2009 年，这一级别提高到了人民军总参谋部。1 月 17 日，人民军总参谋部发言人发表声明说，鉴于李明博政府继续执行对朝敌视政策，朝鲜将进入针对韩国的"全面对抗状态"，并将采取强有力的军事应对措施，这种军事对应措施是"无限度的、无情的，是世界上任何尖端手段都无法估量的果敢行动"。与之相配合，朝鲜祖国和平统一委员会也于 1 月 30 日发表声明，宣布北南双方签署的有关消除政治军事对抗状态的所有协议"无效"，同时废除 1991 年签署的《北南方和解、互不侵犯和合作交流协议书》。2 月 1 日，朝鲜发出警告，朝韩关系可能引发"一场不可避免的军事冲突甚至战争"。特别是同年 5 月 25 日朝鲜进行第二次核试验后，宣布退出朝鲜战争停战协议。面对联合国 1874 号决议，朝鲜也不甘示弱，宣布永远退出六方会谈，并多次试射短程导弹，朝鲜半岛南北关系的紧张程度由此进一步加剧。5 月 27 日，朝鲜人民军驻板门店代表部发表声明说，韩国正式加入"防扩散安全倡议"把朝鲜半岛局势"拖入了战争状态"，朝鲜为此将采取三项措施，其中一项为，鉴于美国纵容韩国加入"防扩散安全倡议"，违反了《朝鲜停战协定》，抛弃了停战协定签字国的责任，朝鲜也将不再受停战协定的约束，在停战协定失去效力，朝鲜半岛即将重新回到战争状态的情况下，朝鲜军队将采取相应的军事行动。朝鲜半岛南北上述言行，导致朝鲜半岛危机四伏，朝鲜半岛南北关系变得"剧冷"。

2009 年，朝鲜半岛南北关系经历了从"剧冷"至"渐温"的转折。朝鲜向韩国发出的积极信号起始于韩国现代集团会长玄贞恩 8 月 10 日对朝鲜的访问，朝方在她访问时释放了被扣押 4 个多月的该集团职工。朝鲜最高领导人金正日又于 16 日会见了玄贞恩，并满足了她提出的所有要求。访问期间，朝鲜亚太和平委员会和现代集团还发表了联合新闻公报，宣布达成了 5 项协议。18 日，韩国前总统金大中去世。朝鲜最高领导人金正日很快发出唁电表示"深切哀悼"，并高度评价金大中"为实现民族和解和统一事业所做出的贡献"。接着，金正日委派朝鲜党中央书记金己男率领"特使吊唁团"前往首尔吊唁金大中，这是多年来朝鲜采取的罕见之举。9 月 26 日至 10 月 1 日，数百名韩朝离散家属在金刚山地区举行了 2007 年 10 月以来的首次会面。但令人遗憾的是，双方的主张和建议并未形成明显的交集，韩朝关系虽有所缓和，但仍未走出困局。11 月 10 日，朝、韩海军在西部海域发生交火事件和

2010 年"天安舰"① 和"延坪岛"② 事件，以及受美日、美韩密集军演等热点事件的强力冲击和影响，朝鲜半岛南北关系剑拔弩张，战争一触即发，朝鲜半岛南北关系逐渐跌落低谷而始终难以自拔。

2010 年 3 月，韩方多次表示正考虑全面加入"防扩散安全倡议"，朝方表示韩国加入这一倡议是对朝鲜"宣战布告"，朝鲜将采取坚决应对措施。3 月 26 日，"天安舰事件"爆发，韩国"天安"号警戒舰在西部海域值勤时因发生爆炸而沉没。韩国认为"天安"号是遭到朝鲜小型潜水艇发射的鱼雷攻击而沉没的。朝鲜国防委员会发表"控告书"，指责韩国把"天安"号沉没事件与朝鲜联系在一起是对朝鲜的"严重挑衅"，是"把局势引向严重危机的行动"。5 月 24 日，韩国总统李明博发表讲话，要求朝鲜就"天安"号事件道歉，表示将禁止朝鲜船只进入韩国领海，中断朝韩经贸合作和交流，并将在与有关国家协商后把这一事件提交联合国安理会。韩国政府还对朝鲜采取了严厉的"5·24 经济制裁措施"。③ 6 月 4 日，韩国将天安号事件调查结果提交联合国安理会，但 7 月 9 日安理会通过的《主席声明》并未明确指责朝鲜为"肇事者"。之后李明博多次宣称"以南统北"为期不远，韩国应做好应对措施。5 月 25 日，朝鲜祖国和平统一委员会发言人在平壤发表讲话，宣布对韩国的八项措施，并称将从现在开始全面冻结朝韩关系，废除朝韩互不侵犯协议，全面停止朝韩合作，并进行了地下核试验。5 月 26 日，韩方宣布即日起正式全面加入"防扩散安全倡议"。5 月 27 日，朝方宣布不再遵守停火协定。朝鲜人民军总参谋部宣布了七项措施，以应对韩国就"天安舰"沉没事件对朝鲜采取的制裁措施。7 月下旬和 8 月中下旬，美韩先后在日本海和黄海举行了"不屈意志"和"乙支自由卫士"大规模联合军演。朝鲜半岛南北关系事实上已回到了制定《南北交流合作法》的 1989 年之前的冷战状态。

---

① "天安舰事件"即"天安号"沉没事件，是指 2010 年 3 月 26 日晚间，载着韩国海军 104 人的天安号护卫舰，在黄海海域白翎岛和大青岛之间巡逻时，突然沉入海底的事件，沉船导致 46 名舰上官兵死亡的事件。

② "延坪岛事件"又称朝鲜延坪岛炮击事件，是指发生在 2010 年 11 月 23 日 14：30 左右的军事冲突。韩国在年度例行军事演习中发射数十枚炮弹后，朝鲜随即炮击韩国的延坪岛炮兵阵地，韩国亦还击了 80 多炮，双方开始进行互射。朝鲜发射的炮弹共计 170 余枚其中 60 枚命中延坪岛。延坪岛上平民陆续撤离，韩国出动 F-16 战斗机前往延坪岛海空进行巡逻的事件。

③ "5·24 经济制裁措施"，即 2010 年 5 月 24 日韩统一部宣布，除开城工业园区项目、针对婴幼儿、孕产妇等弱势群体的人道主义援助之外，全面中断南北经济交流与合作。

　　雪上加霜的是，2010 年 11 月 23 日，朝鲜半岛南北方又在有争议的"北方界线"① 附近的延坪岛地区发生互相炮击的"延坪岛事件"。双方都指责对方首先开炮。韩军方因回击无力饱受国内舆论抨击。刚刚结束 G20 首尔峰会的李明博称，韩国不会屈服于"屈辱的和平"，随后改组军事当局。韩国新任国防部长金宽镇称，若再遭袭击，将空袭朝鲜。11 月 28 日开始，韩美在韩国西部海域举行为期四天的大规模联合军事演习。"天安舰"沉没和"延坪岛"炮击事件后，朝鲜半岛南北关系更趋紧张，双方濒临战争边缘。

　　然而，2011 年初的朝鲜半岛似乎又突然暖风劲吹。朝鲜提出了"北南以及海外全民族齐心协力，开创自主统一新局面！"的口号。1 月 5 日，朝鲜就促进北南对话、改善北南关系发表了声明，声明中提出了"四点建议"②，并通过朝鲜祖国和平统一委员会、亚太和平委员会、朝鲜红十字中央委员会委员长、北南经济合作协议事务所北方所长的名义以及宗教团体和媒体力量，呼吁韩当局尽快回应朝鲜的对话要求。10 日，韩国统一部发言人千成海回应称，韩国政府认为朝鲜的对话提议缺乏诚意。2 月 5 日发生"朝鲜渔民误入韩境，少数人滞留不归"事件，朝鲜一开始要求韩方立即无条件将 31 名渔民及渔船全部按越界时的原路线送还朝方，后来同意在 3 月 27 日先接收 27 名渔民，但强烈要求同韩方接触讨论另外 4 名渔民的问题。这表明朝鲜不肯放过任何接触谈判的机会，并得到韩国的积极回应。在同年的"三一节"纪念仪式上，李明博总统表示："当下正是开启朝鲜半岛新未来的最佳时机。随时准备与朝进行开诚布公的对话。"③ 4 月份，朝中社发表评论称"独岛是朝鲜神圣领土"。

―――――――――

①　"北方界线"：是指朝鲜战争结束以后，由时任联合国军司令部总司令、美军上将马克·克拉克在 1953 年 8 月设立，旨在避免韩朝双方在西部海域发生武力冲突，在朝鲜半岛中部划定了一条全长 246 公里的军事分界线，但朝鲜自 1973 年起对此不予承认。当时韩国方面控制的白翎岛、大青岛、小青岛、延坪岛和隅岛等 5 个岛屿（简称"西海 5 岛"）与朝鲜西部沿海之间设定了一条"北方警戒线"，（简称 NLL），即"北方界线"，将其作为一条海上分界线。1976 年朝鲜以黄海道与京畿道陆上分界线的海上延长线为标准，自行划定了一条海上"南方警戒线"，而这条朝方划定的界限超越了韩美划定的"北方分界线"将部分水域化为自己的管辖范围，并以 12 海里宽度主张在西海海域的领海管辖权，自此朝韩双方便开始在西海海域这片重叠区内不断出现冲突和对抗。

②　"四点建议"是：①朝鲜愿与韩国各界广泛对话，无论是当局还是民间，无论是执政党还是在野党，无论是进步势力还是保守势力，朝鲜都愿与其积极对话，特别强调"拥有实权和责任的双方当局"尽快无条件会谈；②朝鲜愿在任何时间、任何地点与任何人会面；③朝鲜愿在对话、协商和接触中，讨论、解决"民族重大问题"；④朝鲜提议双方停止相互诽谤中伤和刺激对方的行动，以营造南北关系改善的气氛。

③　《李总统表示随时以开放的心态与朝进行对话》，《首尔新闻》2011 年 3 月 2 日。

这一给人以"兄弟阋于墙，而外御其辱"的举动，被外界分析是在打统一牌，谋求可能的南北和谈空间。但是，朝鲜的这些举动没能得到韩国积极响应。于是，5月30日，朝鲜国防委员会发言人发表声明称："鉴于韩国政府反朝活动日益加剧，朝鲜军队和人民同李明博政府'将不再接触'，并将切断朝韩东部地区的军事通信线路，关闭金刚山地区的通信联络所。"① 6月28日，朝鲜又称"以坚决的惩罚来回应挑衅，以无情的报复来回应战争"②。9月30日，韩国执政党大国家党代表洪准杓访问朝鲜开城工业园区。此行是历史上韩国执政党领导人首次访问朝鲜，也是朝韩关系因"天安舰"和"延坪岛"炮击事件陷入僵局以来，韩方访朝的最高级别政治人物。但朝鲜半岛南北关系仍未有所突破。

2011年12月17日，朝鲜最高领导人金正日逝世。消息传出，各国政府纷纷做出反应。韩国李明博政府以防范"朝鲜体制变化"为名，当天在青瓦台召开紧急国家安保会议和国务会议，讨论金正日逝世后应对朝鲜的措施。韩国联合参谋本部宣布韩国军队进入"紧急戒备状态"。金正恩于12月30日，通过朝鲜国防委员会发表首份声明说，朝鲜最高领导人金正日逝世后，李明博政府不顾同一民族情谊，以"区别对待领导人和居民"等理由阻挡韩方人士赴朝吊唁，对李明博政府犯下的"千古罪孽"，表示"朝鲜将永远不再同李明博政府'逆贼败贼'打交道"。在金正日的逝世和朝鲜半岛南北关系趋紧的情况下，朝鲜半岛迎来了2012年。

2012年，朝鲜半岛南北双方又剑拔弩张。李明博在"新年特别国政演说"中称，"此刻最重要的目标就是朝鲜半岛的和平与稳定，我们正打开机会之窗，"③ 此举被视为韩方向朝方示好。但是，韩国的《中央日报》、《东亚日报》、《韩联社》等媒体上的"北韩很可能陷入极度混乱"、"北韩内部权力争夺加剧"等猜测和宣传却随处可见。1月26日，韩国海军陆战队在白翎岛和延坪岛等西北岛屿附近海域进行射击训练。这是2012年韩国军方首次在靠近朝鲜的前线地区进行射击训练。4月19日，李明博在国防科学研究所发表了，韩国具有"立刻打击"朝鲜任何地区的精密度和威力，甚至可以"通过办公室窗户精确打击朝鲜最高首脑头部"的极具挑衅性言辞。4月20日，李明博还指出"目前，北方不但需要面包，而且需要个人的自由和人权"，矛头直指

---

① 《朝鲜民主主义人民共和国国防委员会发言人声明》，《劳动新闻》2011年5月31日。

② 《朝鲜民主主义人民共和国政府发言人声明》，《民主朝鲜》2011年6月29日。

③ 《李明博称愿与朝鲜改善关系如遇挑衅将强硬应对》，《新京报》2012年1月3日。

朝鲜内部事务。对此，朝鲜宣布将对韩国立即开启特别行动，并史无前例地指出具体时间与效果。"一旦开始特别行动，将在 3～4 分钟或更短暂时间内，以前所未有的特异手段和朝鲜式的方法，闪电般地把所有鼠群和挑衅据点焦土化。"① 针对韩美 8 月 20 日至 31 日展开的"乙支自由卫士"联合军演，8 月 18 日，作为朝鲜人民军最高司令官、劳动党第一书记、劳动党中央军事委员会委员长和朝鲜国防委员会第一委员长的金正恩视察了位于朝鲜西南前线最南端地区的岛屿防御部队，命令部队进入决战状态。25 日，金正恩通过公开演说指出："已经向全军下达命令，敌人一旦侵犯我国神圣的领土和领海，就立即歼灭、开展全面反击。"这也是金正恩第一次亲自在公开演说中警告韩国。韩国也于 29 日在《国防改革基本计划（2012～2030）》中，将对朝"遏制"变为"积极遏制"，把重点由过去以防御为主的军事建设调整为非常时期可立即给予攻击的军事体制，对朝军事政策逐渐从防御性走向进攻性。10 月 7 日，韩国政府宣布，韩国与美国已经商定将韩国弹道导弹射程从 300 公里增至 800 公里。这意味着从韩国中部地区发射的弹道导弹能够覆盖朝鲜全境。这意味着朝鲜半岛南北关系进一步紧张，甚至会因突发事件而使半岛面临极大风险。

　　通过以上梳理可见，朝鲜半岛南北关系是冷战的产物。"6·25 战争"使朝鲜半岛南北分裂，朝鲜半岛南北关系 60 多年来经历了一个曲折的发展过程，大体经历了冷战和冷战结束后两个时期。总体特点是"对抗、缓和、对抗"的周而复始、循环往复。期间，经历了严重的军事对峙、关系缓和和曲折发展，以及交流、紧张和对抗相互转换的不同阶段。既有 1972 年的《"七·四"南北联合声明》，又有 1991 年的《北南和解互不侵略和合作交流协议书》和《朝鲜半岛无核化共同宣言》，既有 2000 年金正日和金大中签署的具有划时代意义的《北南共同宣言》，更有 2007 年金正日和卢武铉签署的《10·4 共同宣言》等成果。同时，既有朝鲜半岛南北关系缓和，又有朝鲜半岛南北间交流的中断和关系的紧张。特别是"天安舰"和"延坪岛"事件，以及美日、美韩密集联合军演，朝鲜核问题，特别是受朝鲜的三次核试验等热点事件的强力冲击和影响，朝鲜半岛南北关系剑拔弩张，近乎跌落低谷而难以自拔，甚至濒临战争边缘。面对朝鲜半岛南北关系的这种曲

---

① 《朝鲜军方发通告称将对李明博政府开启特别行动》，《新华网》，2012 年 4 月 23 日，http：//news. xinhuanet. com/mil/2012－04/23/c_ 123023320. htm。

折发展和反复无常，目前的关键问题不再是又达成了多少共识，取得了多少成果，而是在于双方究竟有多少诚意和决心来信守诺言，已有的共识和成果能否得到真正地落实，以及后续行动的效果。为此，人们把改善朝鲜半岛南北关系的希望寄托在朝鲜最高领导人金正恩和韩国新任总统朴槿惠身上。

第二节　朴槿惠执政后的南北关系现状

2013 年，朝鲜半岛南北关系经历了从冰点到回暖，再重回冰点的历程，南北双方依旧未能在提升互信程度方面取得实质性的进展。

2013 年伊始，朝鲜最高领导人金正恩在新年贺词中呼吁缓和朝韩紧张关系。金正恩表示，为结束分裂状态，进而实现统一，朝韩摆脱对决状态是非常重要的。尊重和履行"朝韩共同宣言"是朝韩关系向前发展、早日实现统一最基本的前提条件。[1] 2 月 25 日朴槿惠宣誓就职以来，韩国政府对朝外交战略出现了显著变化。朴槿惠上台伊始提出了以"朝鲜半岛信赖进程"为核心的对朝政策，主要表现在朴槿惠政府调整了李明博时期的对朝强硬政策，谋求韩朝关系的改善，又不过分回溯至金大中与卢武铉时期对朝的"阳光政策"与"和平繁荣政策"，而是吸收这两条道路的经验教训，采取了"施压 + 对话"的"双轨制"[2] 外交新路径。但是，1 月 23 日，联合国安理会就朝鲜 2012 年 12 月 12 日发射"光明星 3 号"卫星通过了第 2087 号决议，要求朝鲜不得再使用弹道导弹技术进行发射。1 月 24 日，朝鲜国防委员会谴责安理会决议，称将进行更高水平的核试验。2013 年 2 月 12 日，朝鲜在咸镜北道吉州郡进行了地下核试验。这是继 2006 年和 2009 年之后朝鲜进行的"第三次核试验"[3]。

---

① 《金正恩新年贺词呼吁缓和朝韩紧张关系》，http：//news. sina. com. cn/w/2013 – 01 – 01/ 115725939437. shtml。

② 所谓"双轨制"对朝外交，是指韩国政府一方面将针对朝方的军事挑衅和威胁行径施以压力，另一方面则积极促进南北对话与交流，以构建韩朝互信，缓解半岛紧张局势。参见刘勃然、黄凤志著《韩国朴槿惠政府东北亚外交战略的调整及其影响》，《国际论坛》2014 年第 3 期。

③ 2006 年 10 月 9 日上午 10 点 36 分左右，朝鲜进行了首次地下核试验。地点位于咸镜北道花台郡舞水端里一座 360 米高的山的地下水平坑道内。2009 年 5 月 25 日，朝鲜再次进行了地下核试验。这次核试验在爆炸力和操纵技术方面有了新的提高，进一步加强了核武器的威力，解决了不断发展核技术的科技问题。2013 年 2 月 12 日，朝鲜在北部地下核试验场成功举行了第三次地下核试验，此次核试验使用爆发力大、小型化、轻量化的原子弹，在高度水平上安全而完美地举行。

朝鲜官方表示，此次试验实现了原子弹的小型化和轻型化，"水平高、安全、完美"，并且对生态环境没有造成负面影响。朝鲜再次进行地下核试验震惊全世界。联合国安理会于当地时间 2 月 12 日召开紧急会议并发表媒体声明，对朝鲜的做法表示强烈谴责，也引起国际社会强烈反应。3 月 1 日，韩国和美国启动"秃鹫"和"关键决断"大规模联合军演，涉及数以万计韩美军人，同时，美军 B—2 隐形战略轰炸机等可携核装备参演，引起朝方强烈不满。3 月 6 日，朝鲜侦查总局局长金英哲发表声明称，针对美韩的对朝敌视行为，朝鲜军队将采取"重大措施"。[①] 3 月 7 日，安理会通过第 2094 号决议，要求朝鲜不再进行核试验并放弃核武器计划，同时承诺采取和平、外交和政治方式应对局势，呼吁重启六方会谈。8 日，针对联合国安理会通过涉朝决议以及韩美举行海上联合军演，朝鲜方面采取强硬举措予以应对。朝鲜祖国和平统一委员会宣布，从 11 日开始朝鲜将全面废除关于朝韩之间互不侵犯的所有协议，宣布《朝鲜半岛无核化共同宣言》完全无效，并关闭朝韩板门店联络渠道。11 日，朝鲜按照此前宣称，如期切断了板门店的朝韩热线电话。12 日，韩国外交通商部发言人赵泰永称，朝鲜单方面宣布废除《朝鲜停战协定》无效。14 日，朝鲜外务省发言人表示，《朝鲜停战协定》同其他协定不同，如有一方不遵守协定即自动失效。3 月 26 日，朝鲜人民军最高司令部宣布，朝鲜战略导弹部队进入"战斗工作状态"。27 日，朝鲜切断与韩国最后一条联络渠道，即军事通信热线。3 月 30 日，朝鲜政府、政党以及团体发布"特别声明"[②]，称朝鲜从此刻开始进入战时状态。如果美韩发起任何军事挑衅，都将引发一场全面战争和核战争。4 月 2 日，朝鲜原子能总局重启宁边 5 兆瓦石墨减速反应堆。4 月 8 日，朝鲜宣布从开城工业园区撤出全部朝方工人，暂时中断园区运营。这前后，美、韩、日推测朝鲜可能发射"舞水端"

---

① "重大措施"包括："第一，朝鲜人民军最高司令部按照之前所阐明的立场，将针对美国等各种敌对势力的敌对行为采取更加强有力的第二次、第三次应对措施；第二，朝鲜将从美韩正式展开联合军演的 11 日开始，宣布《朝鲜停战协定》'完全无效'；第三，朝鲜人民军最高司令部将全面停止人民军板门店代表部的活动，同时将切断板门店朝美军事联络电话。"

② 《特别声明》共有三点内容：一是朝韩关系从此刻开始进入战时状态，朝韩之间的所有问题将按照战时条件处理，朝鲜革命武装力量已进入实际性军事行动。朝鲜半岛不和不战的状态结束。二是如果美韩发起任何军事挑衅，都将引发一场全面战争和核战争。美国本土、美军太平洋军事基地以及韩国总统府青瓦台等地都将被夷为平地。三是朝鲜绝不错过来之不易的天赐良机，一定要赢取祖国统一大战的最后胜利。

中程导弹，提高了监测和警戒水平。4月18日，朝鲜称半岛无核化将在美国销毁核武后开始。4月26日，韩国政府宣布，鉴于朝鲜方面拒绝就恢复园区经营问题进行对话，韩方决定撤回全部人员。开城工业园区由此陷入建成以来首次全面停工状态，123家韩国入驻企业全部停产，造成朝鲜方面超过5万工人失去收入。4月30日，韩美"秃鹫"联合野外机动演习结束。5月6日，美国媒体报道，朝鲜从东海岸发射场撤走两枚"舞水端"导弹。5月7日，访美的韩国总统朴槿惠与美国总统贝拉克·奥巴马会晤，表示不会容忍朝方威胁和挑衅，呼吁朝鲜为恢复同国际社会接触以及获取援助采取有意义行动。5月18日至20日，韩国指称朝鲜先后发射6枚疑似短程导弹，朝鲜称该发射为"常规军事演练"。5月20日，朝方回应韩国就开城工业园区进行对话的提议，要求韩国明确立场，表明是否愿意解决导致园区关闭的"根本问题"，即韩国与美国年度联合军演。5月22日至24日，朝鲜人民军总政治局长崔龙海作为朝鲜最高领导人金正恩特使访问中国，期间表示朝方愿意"通过六方会谈等多种形式的对话协商妥善解决相关问题"。5月22日，落实"6·15"共同宣言朝方委员会向相应的韩方委员会发去传真，提议在开城或金刚山地区共同庆祝这一宣言发表13周年。朝方邀请韩国企业代表访问开城，但韩国政府以"政府级会谈应该先行"为由禁止韩国公民赴朝。进入6月，南北关系开始出现缓和迹象。6月6日，朝鲜和平统一委员会呼吁韩国对话，韩方提议12日在韩国首都首尔举行部长级会谈。6月7日，朝方重启板门店红十字会朝韩联络热线，提议9日先在开城展开较低级别接触工作。韩方通过热线告知朝方，希望把"预接触"地点改在板门店。6月8日，韩国统一部官员说，朝鲜方面由热线告知韩方，同意9日在板门店会谈，以为后续部长级政府会谈作准备。7月，韩朝双方开始就开城工业园区问题进行多轮工作会谈，8月，朴槿惠政府正式阐述了"朝鲜半岛信任进程"① 的内涵。朴槿惠政府对朝外交路径的调整凸显了其力图改善朝鲜半岛安全现状的战略指向。8月14日，就开城工业园区解决方案达成协议，协议内容包括成立南北共同委员会。28日，双方签订了关于成立和运营开城工业园区南北共同委员会的协议。9月11日，韩朝双方举行了开城工业园区南北共同委员会第二次会议，最终决定16日开始通

---

① "朝鲜半岛信任进程"的内涵，即以坚固的安保为基石，通过建立韩朝互信，维护朝鲜半岛的持续和平，实现韩朝关系正常化，进而打下统一的基础。

过试运行重启开城工业园区。然而局势缓和的态势未能持续。19日韩美联合军演期间，在青瓦台危机情况管理室召开的国家安全保障会议（NSC）上朴槿惠总统强调"希望和平就需准备战争"，这一发言立即遭到朝鲜方面的强烈谴责，接下来舆论上的相互攻防又进一步破坏了政治对话的氛围。21日，朝鲜方面在距离原定离散家属团聚活动日期只有3天的时候突然宣布推迟活动。10月1日，韩国在举办建军65周年纪念活动时举行大规模阅兵，并展示新型弹道导弹。韩国总统朴槿惠当天表示，韩国要保持强有力的对朝威慑力，直到朝鲜放弃核武器。"当前朝鲜半岛和东北亚安全局势十分严峻，朝鲜坚持开发核武器并试图将其进一步发展。我们应具备强有力的对朝威慑力，直到朝鲜放弃核武器，为朝鲜居民和朝鲜半岛的和平做出正确的选择。"① 朴槿惠的讲话引起朝鲜方面强烈批评。朝鲜国防委员会政策局发言人发表声明称，朝鲜将坚持"经济发展与核开发并行路线"，同时首次点名批评韩国总统朴槿惠及其对朝政策。韩国方面则随后要求朝鲜停止威胁韩国公民和侮辱韩国总统的发言。南北关系随之再度降至冰点。进入12月，朝鲜国内政局变化引起全世界关注。12月8日，朝鲜劳动党中央政治局扩大会议宣布，朝鲜国防委员会副委员长张成泽有反党反革命行为，解除其一切职务并开除出党。12月12日，张成泽被判处死刑。"张成泽事件"② 使得朝鲜半岛局势紧张态势进一步提升。韩国总统朴槿惠表示，当前半岛和韩国面临的安全局势极其严峻，韩国必须做好完全准备。

　　纵观2013年，朝鲜半岛南北关系曲曲折折。但是，维护半岛和平稳定符合南北双方利益，也是双方共同的责任，国际社会都希望南北双方保持冷静克制，避免采取导致半岛紧张局势升级的言行。2014年，既是朝鲜最高领导人金正恩执政的第三年，又是韩国朴槿惠政府执政的第二年。未来朝鲜半岛南北关系能否走向真正的缓和，仍然需要等待契机。

---

① 朴槿惠出席韩阅兵式致辞要求具备对朝威慑力，http：//news. sohu. com/20131001/n387557029. shtml。

② "张成泽事件"：是指2013年12月8日，朝鲜劳动党在平壤举行中央政治局扩大会议，会议宣布张成泽一伙有反党反革命行为，解除其一切职务并开除出党。这是自从金正恩上台以来朝鲜政坛发生的最大动荡。朝鲜中央电视台9日下午在报道8日举行的朝鲜劳动党中央政治局扩大会议的消息时，播出了朝鲜国防委员会副委员长张成泽在会上被当众带走的画面。朝鲜公开高层人士被当众逮捕的画面极为罕见，是20世纪70年代以来的首次。2013年12月12日，以从事颠覆国家阴谋活动依照朝鲜刑法第60条对张成泽判处死刑，并已于当天执行。

第三节　朝鲜半岛南北关系中的主要课题及成因

朝鲜半岛自分裂以来，国际社会和朝鲜半岛南北双方为改善南北关系进行了不懈的努力。虽然 2000 年金正日和金大中的首次历史性会晤及《6·15 北南共同宣言》和 2007 年金正日和卢武铉第二次历史性会晤及《10·4 共同宣言》，使南北关系向前推进了一大步，但朝鲜半岛南北关系仍存在诸多问题，其形成原因复杂多样。目前，金正恩继任朝鲜最高领导人和朴槿惠当选新一届韩国总统，虽然承载了国际社会对半岛南北关系和东北亚地区局势转圜的期待，但改善南北关系依旧困难重重。那么，现存的主要问题有哪些？成因如何呢？

一　主要课题

中国外交部亚洲司司长罗照辉 2 月 28 日表示，"冷战残余和有关各方严重缺乏互信是朝鲜半岛问题的主要症结"，① 也是朝鲜半岛南北关系中的核心障碍所在。其表现主要包括以下几个方面。

1. 统一方案上的分歧

朝鲜半岛南北双方虽然都把统一问题视为其共同面对的一项最紧迫和最艰巨的民族任务，都主张统一的进程必须也应当由南北双方自主和平推进且奉行自主、和平统一和民族大团结的和解统一方针。但是，现实中南北双方正面临着许多新的自主统一难题。主要包括朝鲜半岛按照何种方案实现统一，南北双方谁将在国际社会中代表朝鲜半岛和整个民族的问题。统一问题是摆在国际社会分裂国家面前的一个现实难题，现已有的统一方案有：德国模式（经济上吸收统一模式）、越南模式（武力统一模式）和中国"一国两制"模式（即"两种社会制度并存"模式，或曰"中国模式"）。朝鲜半岛南北双方也曾分别提出高丽"联邦制"和"邦联制"等统一设想，由此引发了南北双方谁将在国际社会中代表朝鲜半岛和整个民族的问题，即以谁为主实现统一的问题。由于各自的利益使然，在这一极其敏感的问题上，双方分歧较大。南方根据朝鲜

---

① 《外交部官员：冷战残余和互信缺失是朝鲜半岛问题主要症结》，http://news. xinhuanet. com/world/2013 - 02/28/c_ 114842372. htm。

目前所面临的国际国内困局，寄希望于"朝鲜突发事变可能导致统一不期而至"，朝鲜"崩溃论"甚嚣尘上，越来越主张"吸收统一"。甚至在李明博总统执政时期，不仅韩国统一部设立了为朝鲜半岛统一筹备财源的"统一缸"基金，而且李明博总统还亲自将自己的工资捐给"统一缸"。而朝鲜也依据历史经验和自身核武等优势，屡屡宣称"将首尔变成火海"，"将歼灭性地攻占"和"赢得祖国统一大战历史性胜利"等，"武力统一"意味明显。由此又引发了"吸收统一"统一经费支出昂贵问题和"武力统一"白衣民族同族相残和自我毁灭等问题，以及统一后的朝鲜半岛国家是否需要秉持"无核化"和"中立化"的立场问题和朝鲜半岛上美军去留问题等一系列问题。这一冷战残余引发了彼此的不信任。

2. 意识形态上冷战思维依然作祟

朝鲜半岛风云时起时伏，南北关系发展坎坷曲折，其症结在于长达半个多世纪的彼此对抗，当事双方迟迟不能跳出冷战思维，摆脱冷战的阴影，结束敌对状态。双方都有改善关系的意愿，但良好的意愿及努力并未使双边关系的改善走得更远，就在于韩国仰仗美国在冷战后取得发展的"自得情绪"和"力量优越感"，以及朝鲜根深蒂固的不安全感产生的"拥核自保"敌视心理和强烈的民族自尊心。因此，要从根本上改善朝鲜半岛南北关系就要下决心结束冷战对抗，实现真正的和解，这是最符合双方自身和东北亚地区利益的。

韩国要摒弃力量优势感，形成以平等的心态与朝鲜交往的新思维。不要动辄挥舞经济大棒或炫耀武力。冷战结束至今，美韩军演每年进行，"天安舰"事件和"延坪岛"炮击事件都发生在美韩军演期间。历史的经验证明武力不仅吓不倒也压不垮朝鲜，反而会使朝鲜在"拥核"的路上越走越远。朝鲜面对冷战结束后盟国的疏远、美国的强势、南北力量对比差距的拉大，也应该在安全环境的认知和国家的发展战略上有新的思维。朝鲜应通过与国际社会积极交往，遵守国际规范，发展与各国的互利合作，推进南北和解，来改善其安全环境，化解不利因素。同时，朝鲜还应清楚经济繁荣、民生改善、百姓安居乐业，才是维护政权稳定和国家长治久安的根本。"拥核"固然是维护国家安全的利器，但"拥核自保"也是一把"双刃剑"。"6·25"战争、"天安舰"事件和"延坪岛"炮声提醒南北双方，军事不是万能的，应跳出冷战思维，结束冷战对抗。

3. 经济上的不对称和大规模交流与合作严重受阻

朝韩经济发展不对称引发的负面影响，首先是经济实力相差悬殊，引发朝鲜的危机感上升、防范心理加重。朝鲜一是担心与韩国开展大规模交流与合作引发内部不稳定，危及政权安全，二是担心受制于韩国，削弱其在半岛的"正统"地位，进而增大韩国对半岛事务的影响力。其次是双方在交流与合作上互信度减弱，难以深化与扩大。双方经济合作的三大代表项目，即南北铁路公路连接开通、金刚山旅游和开城工业园区建设等，一路坎坷，曲折发展，以致双方合作规模非常有限，甚至中断。不仅原有的韩国对朝鲜援助几乎全面中断，政府间协商窗口和红十字对话关停，而且南北社会经济的融合进程也随之被推迟。

特别是"天安舰"和"延坪岛"等事件的发生，美韩反复的联合军演，以及如"5·24"等对朝鲜制裁措施的实施，使朝韩民间的交流也受到重创。

4. 军事上双方的对峙和对抗

朝韩间的敌视与军事对抗自半岛分裂以来就一直存在。但是，大规模、高频率和多种多样的"韩美军演"，朝鲜核武器的开发和导弹试射，尤其是朝鲜的三次"核试验"，使半岛局势多次走向空前紧张。双方不仅在语言上威胁、恐吓对方，甚至还引发了"天安舰"和"延坪岛"局部军事冲突事件的爆发。并且韩国将朝鲜就"天安舰"和"延坪岛"事件道歉，作为改善南北关系和重启南北对话的前提条件。由于韩国认定天安舰事件是朝鲜所为，所以就一再渲染朝鲜的"挑衅"和"威胁"与"必须为此付出的代价"，朝韩间相互敌对仇视空前深重。朝韩双方针锋相对、互不相让，大有擦枪走火、战争一触即发之势。两国在军事分界线上不仅进行相互攻击性宣传，特别是韩国针对朝鲜的各种心理战，包括民间团体对朝鲜投放传单、恢复在与朝鲜相望的爱姬峰点燃圣诞灯塔等活动年年不断升级，而且修暗道、开枪事件等小规模的冲突不断，弥漫着大战前的紧张气氛。

5. 朝核问题凸显

安全与和平始终是贯穿南北关系的一根主线，也成为贯穿朝鲜半岛问题中最难解决的症结所在。近年来，朝鲜为维护自身安全不顾国际社会的一再强烈反对，先后实施了3次地下核试验。其理由就是美国对朝的"敌视"政策使朝鲜半岛徘徊在战争边缘。因此，朝鲜制定了"政治上自主、经济上自立、国防上自卫、统一上自决", 坚持"先军政治"和"强盛大国"的路线方针, 以此保证政权安全和国家发展, 实现民族统一。不断推进核力量等大规模杀伤性武器的研发已成为其重要撒手锏之一。朝鲜采取"以核换和"、"对决促对话"、"超强硬对强硬"等方针, 强调以"核和导弹"为中心的国防自卫能力建设, 就是对外清楚地表明"武力拥核保安全"的决心。朝韩之间对立冲突的导火线复杂多样, 其中危险最大的是朝鲜核武器与导弹研发计划。在朴槿惠正式就任总统前后, 朝鲜接连发射人造卫星、进行核试验, 更将韩国新政府的对朝政策推向尴尬境地, 迫使朴槿惠在其总统就任仪式讲话中未对其对朝政策做具体阐述, 却发出"朝鲜必须放弃核武器计划"的强硬而明确的声音。在朝鲜不顾国际社会反对, 明确表示"将不再讨论朝鲜半岛无核化, 并继续发射各类卫星和远程火箭以及进行高水平核试验"的情况下, 韩国新政府采取措施重启朝韩对话的政策余地显然缩小, 甚至在相当长一段时间内难以推进。不仅如此, 朝鲜核试验和导弹发射还导致韩国作为直接相关方在对朝制裁行动中坚持强硬姿态, 南北关系改善更加步履维艰。目前的主要压力在朝鲜。确保国家生存是朝鲜国家战略的鲜明主题, 且已经上升成为朝鲜国家主导意志, 这势必加倍推进朝鲜核武器的研发速度和进程, 一旦朝鲜半岛的战略平衡被打破, 将会引发"多米诺骨牌"效应, 其后果不堪设想。

此外, 朝鲜半岛双方政策及国际社会对朝鲜半岛和"朝核问题"的政策应对, 既是朝鲜半岛南北关系改善过程中的重要问题, 又是时刻对南北关系产生巨大影响的重要因素, 将在下文中重点阐述。

总之, 在互信严重缺失、统一方案分歧、冷战思维作祟、军事对峙、朝核问题凸显和大规模经济交流与合作无法开展的情况下, 如何推动朝韩的和解合作进程, 如何促进南北关系取得重大进展或突破是当前朝韩双方共同面临的课题, 为此, 必须探讨其产生的深刻原因。

二 形成的原因

朝鲜半岛南北关系问题之所以扑朔迷离, 错综复杂, 始终成为人们关注的一个热点, 就是因为其形成的原因复杂多样性, 既有内部因素, 又有外部影响。一方面是由半岛内部南北关系的因素所决定; 另一方面也受半岛外部因素, 即美、日、中、俄等大国的影响。"大国博弈、意识形态、地缘格局、国家利益、民族统一等不同性质和层次的因素与矛盾相互作用，历史恩怨与现实利益互相交织，致使朝鲜半岛局势一直处于'高烧难退'的危险境地"①，成为威胁地区和平、发展与繁荣的重大隐患。

内因是导引事物变化的根本。朝鲜半岛南北关系中朝韩双方自身的变化是一个根本性的变量。包括南北分裂后各自的政治、经济、社会制度，国民的一般倾向，领导人的价值观和行为方式等。中国外交部亚洲司司长罗照辉曾表示："冷战残余和有关各方严重缺乏互信是朝鲜半岛问题的主要症结。解决半岛问题，必须要标本兼治。"② 而要根除半岛南北人民内心深处半个多世纪的敌对情绪和不信任感绝非易事。由于南北的政治体制、思想路线、经济政策和社会习惯等是几十年形成的，双方的敌对情绪和意识形态的差异之大，经济发展水平差距之悬殊决定了双方在各领域中的分歧很难在短期内缩小。而且，随着南北关系的发展，许多新的领域、新的问题又不断涌现，历史与现实问题交织更增加了解决问题的难度。

同时，外部因素的作用和影响又使南北关系的发展路途崎岖，使之成为影响南北关系发展的重要变量。主要包括周边四大强国（中、美、日、俄）对南北双方及其相互关系的影响。

朝鲜半岛地处亚欧大陆与太平洋之间的"边缘地带"，独特的地理位置使其历来是陆海两大权势较量和争夺的对象。美国著名的地缘战略学家尼古拉斯·斯皮克曼指出："欧亚大陆的边缘地区处在大陆心脏地带和边缘海之间……在海上势力和陆上势力的冲突中，起着一个广大缓冲地带的作用。"③ 冷战时期，朝鲜半岛作为美、日、苏、中四国利益的交汇处，是东西方之间对峙的缩影。冷战结束后，随着中国崛起，中国国际地位和影响力日益提高，美国为巩固其在东亚地区的控制力，提出了"重返亚太"战略，力图逐渐形成对中国的新型战略包围圈。朝鲜半岛就成为美国打入亚太地区的"楔子"和插手东北亚事务的主要"借口"，是美国牵制和影响中国的关键要素之一，并成为各大国进行战略博弈的重要战场。

---

① 郭锐、苏红红：《朝鲜半岛问题的主题转换、历史根源与民族因素》，《辽东学院学报》（社会科学版）2013 年第 4 期。

② 《外交部官员：冷战残余和互信缺失是朝鲜半岛问题主要症结》，http://news.xinhuanet.com/world/2013-02/28/c_114842372.htm。

③ 斯皮克曼：《和平地理学》，刘愈之译，商务印书馆，1965，第 76 页。

美国奥巴马政府对朝鲜采取"战略忍耐"政策,希望朝鲜半岛保持"适度紧张",以保证驻韩美军的合法性和对朝鲜半岛局势的控制力,加强美韩、美日同盟并形成互动,离间和分化中朝关系,拖垮或更换朝鲜政权,发挥"围堵和遏制中国崛起"的作用,保持其在亚太地区的主导地位和作用并实现其东北亚战略的多重目标。

日本希望维护朝鲜半岛分裂现状,推进半岛无核化,充分利用自身经济优势提升其在半岛的地位和作用,谋求在东北亚的主导地位。朝鲜半岛问题成为日本发展军备、加强美日军事同盟、增强自身防卫力量、实现"普通国家"战略目标的绝佳借口。

俄罗斯采取"双头鹰"战略,为避免被挤出东北亚地区安全体系,在亚太地区热点问题的解决上让世界听到"俄罗斯的声音",在朝鲜半岛推行平衡外交,企图恢复其在半岛事务上的发言权和影响力,所以,俄罗斯对朝鲜半岛的政策体现为"务实、经济效益至上",朝、韩双方都非常重视俄罗斯的作用。

中国是朝鲜半岛的友好邻邦,其对朝鲜半岛的政策践行了王毅外长所言的三个坚持,即"中方的立场坚定不移,那就是不管出现什么情况,都必须坚持半岛无核化,坚持维护半岛和平,坚持对话解决问题"[1]。中国一贯主张朝鲜半岛南北双方在没有外来干涉的情况下,实现自主和平统一。中国在朝鲜半岛问题的解决进程中发挥着不可替代的建设性作用。"朝鲜半岛是中国近邻。我们反对任何一方在这一地区的挑衅言行,不允许在中国的家门口生事。中方敦促各方保持冷静克制,推动局势缓和。中方呼吁恢复六方会谈进程,使问题重回对话轨道。"[2] 朝鲜半岛的和平与稳定,直接关系到中国周边环境的安定,关系到中国在"战略机遇期"内能否全力提高以经济为核心的综合国力,是对中国维系"战略机遇期"的重大保障。如果朝韩领导人将发展南北关系与发展同中国的友好关系同步推进,将有益于东北亚的和平、稳定与繁荣。

总之,朝鲜半岛南北双方是内因,它是南北关系发展变化的根据,外因是南北关系变化的条件,起促进和阻碍作用。但是矛盾的双方是可以转变的,能否抓住机遇,不仅考验着朝鲜半岛的民族凝聚力,更考验着朝韩领导人的战略

---

① 《中国外长王毅:朝鲜问题秉持三个"坚持"立场》,http://news.qq.com/a/20130413/000808.htm。

② 《王毅谈朝鲜半岛局势:不允许在中国家门口生事》,http://world.huanqiu.com/regions/2013-04/3800685.html。

胆识。在一定条件下，外因也起决定性作用。挑战大于机遇，这也正是朝鲜领导人"拥核保安全"发展核武器的真正原因所在。

结 论

纵观朝鲜半岛南北关系的发展历史，朝鲜半岛南北关系曾出现过缓和、和解、合作的景象：举行了两次首脑会谈，发表了两个《宣言》；进行了部长级会谈等多渠道、全方位的接触；举行了离散家属团聚和视频会面；开展了金刚山旅游和开城工业园区的合作等。但是，也存在紧张、对峙，甚至导致擦枪走火的局部冲突："延坪岛"、"天安舰"事件及美韩各种明目下的联合军演等。尽管朝鲜半岛南北关系时常暗流涌动，也遭遇过"寒流"，但这并不意味着双方的僵硬关系会一直恶化。朝韩关系的改善需要双方领导人的睿智和国际社会的配合。朝鲜正在做"对抗和对话"两手准备，而韩国朴槿惠政府也在一定程度上开始调整对朝政策。加之，国际社会希望维护半岛和平与稳定的大环境等积极因素决定了朝韩关系解冻的可能性充分存在，"半岛生乱生战不符合任何一方的利益。只有坚持对话接触，不断增加了解，化解敌意，培育信任，才能最终实现半岛和东北亚地区的长治久安。"① 不过朝鲜半岛南北关系的改善尚需要一定时日，我们必须对南北双方历史积怨的化解和实现半岛的和平与稳定抱有信心和决心。

思考题：

1. 试述朝鲜半岛南北关系的曲折发展过程、特点及主要成果。
2. 当前朝鲜半岛南北关系中的主要课题以及成因。
3. 你对朝鲜半岛南北关系的发展前景如何预测？

参考文献

1. 斯皮克曼：《和平地理学》，刘愈之译，商务印书馆，1965。

---

① 《外交部官员：冷战残余和互信缺失是朝鲜半岛问题主要症结》，http：//news. xinhuanet. com/world/2013 - 02/28/c_ 114842372. htm。

2. 《金日成著作集》（第 35 卷），朝鲜外文出版社，1989。

3. 〔韩〕金大中：《金大中哲学与对话集：建设和平与民主》，冯世则等译，世界知识
　　出版社，1991。

4. 《金日成著作集》（第 42 卷），朝鲜外文出版社，1997。

5. 陈峰君：《当代亚太政治与经济析论》，北京大学出版社，2001。

6. 宋国涛、金歌：《中国国际形势问题报告》，中国社会科学出版社，2002。

7. 程玉洁：《朝韩首脑会谈与朝韩关系》，《现代国际关系》2000 年第 7 期。

8. 〔韩〕尹大奎：《冷战后朝鲜半岛南北关系的变化及发展前景》，《韩国研究论丛》
　　2001 年第 00 期。

9. 陈龙山：《朝鲜半岛南北关系的新进展》，《亚非纵横》2007 年第 6 期。

10. 〔韩〕南成旭：《为推动南北关系阶段性地向前发展，需要做出冷静判断》，《统一
　　韩国》2007 年 3 月刊。

11. 郭锐、苏红红：《朝鲜半岛问题的主题转换、历史根源与民族因素》，《辽东学院学
　　报》（社会科学版）2013 年第 4 期。

参考文献

译著：

〔日〕日本外务省编撰《日本外交文书》第十八卷"杂件"，日本国际联合协会发行，东京，1950年12月31日。

〔日〕日本外务省编撰《有关八重山群岛鱼钓岛所辖决定之件》，《日本外交文书》第二十三卷，日本国际联合协会发行，东京，1952年3月31日。

〔苏〕尼·尼·巴朗斯基：《苏联经济地理》，财政经济出版社，1956。

吉田茂：《十年回忆》（第二卷），世界知识出版社，1964。

斯皮克曼：《和平地理学》，刘愈之，译，商务印书馆，1965。

〔日〕井上清著《"尖阁"列岛——鱼钓诸屿的历史解明》，日本现代评论社，1972。

〔美〕A.保罗（Paul）：《美国海外军事义务》，拉特格斯大学出版社，1973。

〔美〕哈里·杜鲁门：《杜鲁门回忆录—考验和希望的年代》，李石译，三联出版社，1974。

〔日〕岸信介，伊藤隆：《官场政界六十年——岸信介回忆录》，商务印书馆，1981。

罗伯特·A.斯卡拉皮诺：《亚洲及其前途》，新华出版社，1983。

〔日〕石丸和人：《战后日本外交史》（第六卷），三省堂，1983。

〔日〕中曾根康弘：《新的保守理论》，世界知识出版社，1984。

斋藤荣三郎：《中曾根首相的思想与行动》，商务印书馆，1984。

《金日成著作集》（35），朝鲜外文出版社，1989。

〔美〕汉斯·J.摩根索著《国家间政治：寻求权力斗争与和平的斗争》，徐昕、郝望、李保平译，中国人民公安大学出版社，1990。

金大中：《金大中哲学与对话集：建设和平与民主》，冯世则等译，世界知识出版社，1991。

信夫清三郎：《日本外交史》，商务印书馆，1992。

大韩民国国防部：《国防百科全书》（1996～1997）。

《金日成著作集》（42）朝鲜外文出版社，1997。

〔日〕升味准之辅：《日本政治史》，商务印书馆，1997。

〔美〕亨利·基新格：《大外交》，海南出版社，1998。

〔美〕布热津斯基：《大棋局》，上海人民出版社，1998。

〔俄〕格列里·希罗科夫．谢尔盖·卢尼奥夫：《当代全球化进程中的俄罗斯、中国和印度》，莫斯科社会科学出版社，1998。

克尔·H. 阿马科斯特：《朋友还是对手—前美驻日大使说》，新华社出版社，1998。

五十岚武士：《日美关系和东亚》，东京大学出版社，1999。

迈克尔·格林、帕特里克·克罗宁：《美日联盟：过去、现在与将来》，新华出版社，2000。

〔韩〕宋永佑：《韩国外交》，平民社，2000。

〔韩〕洪献益：《东北亚多边安全合作和周边四强》，世宗研究所，2001。

〔美〕詹姆斯·曼：《布什战争内阁史》，韩红、田军、肖宏宇译，北京大学出版社，2001。

〔美〕马汉：《海军战略》，商务印书馆，2003。

〔日〕石井明、朱建荣、添谷秀芳、林晓光编：《记录与考证日中邦交正常化、日中和平友好条约缔结谈判》，东京岩波书店，2003。

〔英〕伊恩·布朗利：《国际公法原理》，曾令良、余民友译，法律出版社：2003。

〔美〕卡伦·明斯特：《国际关系精要》，上海世纪出版集团，2004。

杉原高岭：《现代国际法讲义》，有斐阁，2004。

〔日〕山本一太：《如果我是日本首相》，当代世界出版社，2004。

〔美〕本尼迪克特·安德森：《想象的共同体——民族主义的起源与散布》，吴叡人译，上海人民出版社，2005。

松井芳郎编《基本条约集》，东信堂，2006。

〔美〕罗伯特·吉尔平著《世界政治中的战争与变革》，宋新宁、杜建平译，上海人民出版社，2007。

〔韩〕金明基：《独岛领有权和实效的支配》，我们的领土，2007。

〔澳〕加文·麦考马克：《附庸国：美国怀抱中的日本》，丁占杰、许春山译，社会科学文献出版社，2008。

约瑟夫·泰恩特：《复杂社会的崩溃》，海南出版社，2010。

〔美〕布热津斯基：《大棋局——美国的首要地位及其地缘战略》，中国国际问题研究所译，上海人民出版社，2010。

布热津斯基：《大博弈——全球政治觉醒对美国的挑战》，新华出版社，2011。

〔日〕村田忠禧：《日中领土争端的起源：从历史档案看钓鱼岛问题》，社会科学文献出版社，2013。

专著：

王铁崖：《中外旧约章汇编》第 3 册，生活·读书·新知三联书店，1962。

谭健等：《日本政治概况》，中国社会科学院，1982。

资中筠：《美国外交史》，世界知识出版社，1984。

《简明不列颠百科全书》（中文版），第 6 卷，中国大百科全书出版社，1986。

孙平化：《中日友好随想录》，世界知识出版社，1986。

魏敏主编《海洋法》，法律出版社，1987。

韩念龙：《当代中国外交》，中国社会科学出版社，1988。

王中书：《美苏争霸战略问题》，国防大学出版社，1988。

《周恩来外交文选》，中央文献出版社，1990。

《毛泽东选集》，第 4 卷，人民出版社，1991。

崔丕：《东北亚国际关系史》，吉林人出版社出版，1991。

邓小平：《邓小平文选》（第二卷），人民出版社，1993。

《毛泽东外交文选》，中央文献出版社，世界知识出版社，1994。

吴廷璆：《日本史》，南开大学出版社，1994。

宋成有：《战后日外交史》，世界知识出版社，1994。

王铁崖：《国际法》，法律出版社，1995。

赵理海：《海洋法问题研究》，北京大学出版社，1996。

冯昭奎等：《战后日本外交 1945～1995》，中国社会科学出版，1996。

田桓：《战后中日关系文献集》（1945～1970），中国社会科学出版社，

1996。

赵理海：《海洋法问题研究》，北京大学出版社，1996。

于群：《美国对日政策》，东北师范大学出版社，1996。

俞正梁：《大国战略研究》，中央编译出版社，1998。

王逸舟：《西方国际政治学：历史与理论》，上海人民出版社，1998。

李静杰、郑羽等：《俄罗斯与当代世界》，世界知识出版社，1998。

刘金质：《当代中韩关系》，中国社会科学出版社，1998。

王太平：《中华人民共和国外交史》第二卷，世界知识出版社，1998。

米庆余：《日本百年外交论》，中国社会科学出版社，1998。

金熙德：《日美基轴与经济外交》，中国社会科学出版社，1998。

王泰平：《新中国外交50年》，北京出版社，1999。

金正昆：《现代外交学概论》，中国人民大学出版社，1999。

李宝俊：《当代中国外交概论》，中国人民大学出版社，1999。

米庆余、肖伟：《战后日本国家安全战略》，新华出版社，2000。

张平：《钓鱼岛风云》，国际文化出版公司，2000。

张蕴岭：《伙伴还是对手——调整中的中美日俄关系》，社会科学文献出版社，2001。

陈峰君：《当代亚太政治与经济析论》，北京大学出版社，2001。

倪世雄等：《当代西方国际关系理论》，复旦大学出版社，2001。

石源华：《冷战以来的朝鲜半岛问题》，高句丽出版社，2001。

翁里：《国际移民法理论与实践》，法律出版社，2001。

张树华：《过渡时期的俄罗斯》，新华出版社，2001。

国家海洋局政策法规办公室编《中华人民共和国海洋法规选编》（第三版），海洋出版社，2001。

单体瑞、路宝春编著《韩国研究》，军事译文出版社，2001。

张蕴岭：《探求变化中的世界》，社会科学文献出版社，2002。

宋国涛、金歌：《中国国际形势问题报告》，中国社会科学出版社，2002。

李五一：《大国关系与未来中国》，中国社会科学出版社，2002。

朱听昌：《中国周边安全环境与安全战略》，时事出版社，2002。

蔡拓：《全球问题与当代国际关系》，天津人民出版社，2002。

高连福主编《东北亚国家对外战略》，社会科学文献出版社，2002。

金熙德:《中日关系——复交30周年的思考》,世界知识出版社,2002。

陈峰君、王传剑:《亚太大国与朝鲜半岛》,北京大学出版社,2002。

李少军:《国际政治学概论》,上海人民出版社,2002。

薛君度、陆南泉:《俄罗斯西伯利亚与远东》,世界知识出版社,2002。

王联:《世界民族主义论》,北京大学出版社,2002。

张蕴岭:《未来10～15年中国与亚太地区面临的国际环境》,中国社会科学出版社,2003。

钱其琛:《外交十记》,世界知识出版社。2003。

陆忠伟:《非传统安全论》,时事出版社,2003。

王传剑:《双重规制—冷战后美国的朝鲜半岛政策》,世界知识出版社,2003。

李晓岗:《难民政策与美国外交》,世界知识出版社,2004。

鲁毅、黄金祺:《外交学概论》,世界知识出版社,2004。

徐显明:《国际人权法》,法律出版社,2004。

盛红生:《当代国际关系中的"第三者"——非政府组织问题研究》,时事出版社,2004。

刘天纯等:《日本对华政策与中日关系》,人民出版社,2004。

资中筠主编、冯绍雷、刘靖华、陈乐民著《冷眼向洋——百年风云启示录》(下),三联书店,2004。

刘清才:《21世纪初东北亚地缘政治》,吉林大学出版社,2004。

乐山:《潜流:对狭隘民族主义的批判与反思》,华东师范大学出版社,2004。

冯绍雷、相蓝欣:《普京外交》,上海人民出版社,2004。

方连庆、王炳元、刘金质:《国际关系史》(现代卷),北京大学出版社,2005。

冯绍雷、相蓝欣:《俄罗斯与大国及周边关系》,上海人民出版社,2005。

李少军:《国际战略报告》,中国社会科学出版社,2005。

王树春:《冷战后的中俄关系》,时事出版社,2005。

孙承:《日本与东亚:一个变化的时代》,世界知识出版牡,2005。

曹中屏、张琏瑰:《当代韩国史(1945～2000)》,南开大学出版社,2005。

徐迅：《民族主义》，中国社会科学出版社，2005。

吴广义：《解析日本的历史认识问题》，广东人民出版社，2005。

李凡：《日苏关系史》，人民出版社，2005。

王虎华：《国际公法学》，北京大学出版社，2005。

子杉：《国家的选择与安全》，三联书店，2005。

袁胜育：《转型中的俄美关系》，社会科学文献出版社，2006。

赵传君：《东北亚三大关系研究：经贸·政治·安全》，社会科学文献出版社，2006。

金熙德：《21世纪初的日本政治与外交》，世界知识出版社，2006。

鲁义：《中日相互理解还有多远？——关于两国民众相互认识的比较研究》，世界知识出版社，2006。

刘雪莲、许琳：《中国东北亚地缘战略研究》，吉林人民出版社，2006。

朴键一、朴光姬：《中韩关系与东北亚经济共同体》，中国社会科学出版社，2006。

中国国际问题研究所：《国际形势与中国外交蓝皮书》（2005~2006），当代世界出版社，2006。

刘青才、高科等：《东北亚地缘政治与中国地缘战略》，天津人民出版社，2007。

陈先才：《朝鲜核危机管理：模式、前景及影响》，《韩国研究论丛》（第十六辑），世界知识出版社，2007。

沈丁立：《朝美弃核政治与前景》，《韩国研究论丛》（第十五辑），世界知识出版社，2007。

姜毅：《新世纪的中俄关系》，世界知识出版社，2007。

纪廷许：《现代日本社会与社会思潮》，中国社会科学出版社，2007年。

徐文吉：《朝鲜半岛时局与对策研究》，山东大学出版社，2007。

刘长敏：《论朝鲜核问题解决中的国际斡旋与调停》，中国政法大学出版社，2007。

朱锋：《国际关系理论与东亚安全》，中国人民大学出版社，2007。

刘江永：《中国与日本：变化中的"政冷经热"的关系》，人民出版社，2007。

汪伟民：《联盟理论与美国的联盟战略》，世界知识出版社，2007。

阮宗泽:《中国崛起与东亚国际秩序的转型》,北京大学出版社,2007。

中国国际问题研究所:《国际形势与中国外交蓝皮书》(2006~2007),当代世界出版社,2007。

中华人民共和国外交部政策研究局:《中国外交》(2007),世界知识出版社,2007。

中国国际问题研究所:《国际形势与中国外交蓝皮书》(2007~2008),世界知识出版社,2008。

中华人民共和国外交部政策研究司:《中国外交》(2008),世界知识出版社,2008。

陈波:《冷战同盟及其困境——李承晚时期美韩同盟关系研究》,上海人民出版社,2008。

武心波:《"一元"与"二元"的历史变奏:对日本"国家主义"的再认识》,上海三联书店,2008。

沈定昌:《韩国外交与美国》,社会科学文献出版社,2008。

罗贤佑:《中国民族史纲要》,中国社会科学出版社,2009。

中国国际问题研究所:《国际形势与中国外交蓝皮书》(2008~2009),世界知识出版社,2009。

中华人民共和国外交部政策规划司:《中国外交》(2009),世界知识出版社,2009。

孙岩:《台湾问题与中美关系》,北京大学出版社,2009。

孙茹:《朝核问题地区合作进程研究》,时事出版社,2009。

秦亚青:《国际体系与中国外交》,世界知识出版社,2009。

郑仁桥:《东亚细亚经济统合——主要国家的立场及统合关联议题》,首尔经济经营出版社,2009。

牛军:《后冷战时代的中国外交》,北京大学出版社,2009。

刘建军:《当代中国政治思潮》,复旦大学出版社,2010。

中华人民共和国外交部政策规划司:《中国外交》(2010),世界知识出版社,2010。

中国国际问题研究所:《国际形势与中国外交蓝皮书》(2009~2010),世界知识出版社,2010。

吴寄南:《新世纪日本对外战略研究》,时事出版社,2010。

王晓波：《布什政府的朝鲜政策》，社会科学文献出版社，2011。

梁超：《中亚博弈新视角》，社会科学文献出版社，2011。

赵常庆：《"颜色革命"在中亚》，社会科学文献出版社，2011。

陈琪：《中国崛起与世界秩序》，社会科学文献出版社，2011。

秦亚青：《大国关系与中国外交》，世界知识出版社，2011。

丛鹏、张颖：《战略视角下的中俄关系》，时事出版社，2011。

郭树勇：《中国软实力战略》，时事出版社，2012。

李寒梅：《日本民族主义形态研究》，商务印书馆，2012。

李兴、刘军等：《俄美博弈的国内政治分析》，时事出版社，2012。

郑羽：《新普京时代》（2000~2012），经济管理出版社，2012。

李永全：《俄罗斯发展报告》（2013），社会科学文献出版社，2013。

期刊论文：

冯昭奎：《日本东亚战略初探》，《日本问题资料》1991年第1期。

冯特君、蒲傅：《东北亚新形势下的韩国外交走向》，《韩国东北亚论集》1996年第2期。

田培良：《日本政局的演变及对外政策趋向》，《世界经济与政治》1996年第4期。

刘江永：《论钓鱼岛的主权归属问题》，《日本学刊》1996年第6期。

宫力：《中美关系中的台湾问题》，《党史天地》1996年第7~12期。

〔韩〕南雄雨：《以独岛问题为契机的航空电力》，《韩国军事》1996年8月号。

韩玉贵：《中美关系中的台湾问题》，《山东师大学报（社会科学版）》1997年第2期。

孟辉：《朝韩美中四方会谈及我们的对策思考》，《东北亚研究》1997年第2期。

朱松柏：《金正日与北朝鲜政局展望》，《问题与研究》1997年第12期。

顾春太：《新形势下中日关系探析》，《日本学刊》1999年第2期。

高民政：《1949~1979：中美围绕台湾问题的军事政治较量及其影响》，《军事历史研究》1999年第3期。

〔俄〕库纳泽：《俄罗斯对朝鲜的政策》，《世界经济与国际关系》1999年第12期。

谢郁:《中美关系中的台湾问题》,《世界知识》1999 年第 16 期。

〔韩〕河相植:《韩国对俄罗斯外交十年》,《岭南国际政治学报》2000 年第 3 期。

李勇慧、平战国:《新时代的俄日关系》,《东欧中亚研究》2000 年第 4 期。

苏格:《中美关系与台湾问题》,《世界知识》2000 年第 5 期。

程玉洁:《朝韩首脑会谈与朝韩关系》,《现代国际关系》2000 年第 7 期。

任东来:《中美关系中的台湾问题》,《北美行》2000 年第 35 期。

〔韩〕尹大奎:《冷战后朝鲜半岛南北关系的变化及发展前景》,《韩国研究论丛》2001 年第 1 期。

郭力:《日俄关系的发展及趋势分析》,《西伯利亚研究》2001 年第 2 期。

吴辉:《从国际法论中日钓鱼岛争端及其解决前景》,《中国边疆史地研究》2001 年第 3 期。

朴键一、韩喜爱:《俄罗斯对朝鲜半岛政策评述》,《当代亚太》2001 年第 12 期。

汪权:《俄罗斯对朝鲜半岛政策的调整》,《当代亚太》2002 年第 1 期。

刘爽:《当代俄日关系及其前景展望》,《黑龙江社会科学》2002 年第 1 期。

王逸舟:《国家利益再思考》,《中国社会科学》2002 年第 2 期。

赵国刚:《地缘关系对美日俄亚太战略的影响》,《现代军事》2002 年第 2 期。

王春亮:《关于苏联占去中国领土黑瞎子岛的历史》,《延边大学学报（社会科学版）》2002 年第 4 期。

王传剑:《美国亚太安全战略中的美韩军事同盟》,《现代国际关系》2002 年第 5 期。

陈池:《从朝鲜"革新"内外政策看半岛形势》,《社会观察》2003 年第 1 期。

巴殿君:《日本与朝鲜半岛国家的战略选择》,《东北亚论坛》2003 年第 1 期。

郑泽民:《朝美核危机韩国发挥"主导作用"原因之探析》,《东北亚论坛》2003 年第 2 期。

周定国：《韩日独岛（竹岛）归属之争》，《纵横故事》2003年第5期。

孙德刚：《联盟、准联盟与合作关系——国际安全理论的重要命题》，《亚洲论坛》2003年第3期，

刘桂玲：《俄日关系的历史回顾》，《国际资料信息》，2003年第4期。

陆钢：《九一一事件后俄日关系的发展趋势》，《当代亚太》2003年第4期。

张业亮：《布什政府对朝政策与朝核危机》，《美国研究》2004年第1期。

金强一：《论中国的东北亚区域战略》，《延边大学学报（社会科学版）》2004年第2期。

陈洁华：《艰难调整中的俄日关系》，《俄罗斯研究》2004年第3期。

李勇慧：《普京执政以来的俄日关系》，《俄罗斯中亚东欧研究》2004年第3期。

〔韩〕苏俊燮：《韩美同盟的非对称性析论》，《上海交通大学学报（哲学社会科学版）》2004年第4期。

〔韩〕苏俊燮：《韩美同盟的非对称性析论》，《上海交通大学学报》2004年第4期。

孙德刚：《国际安全之联盟理论探析》，《欧洲研究》2004年第4期。

陆洋：《俄国人奔忙朝鲜半岛》，《瞭望东方周刊》2004年第35期。

沈海涛：《从战略的高度看东亚合作与中日安全关系》，《东北亚论坛》2005年第1期。

高科：《2004年美、日、韩3国的军事发展动向与东北亚政局》，《东北亚论坛》2005年第1期。

姜联军、匡国栋：《东北亚多边安全机制的构建》，《国际关系学院学报》2005年第1期。

张景全：《关于中日钓鱼群岛争端的几点认识》，《东北亚论坛》2005年第2期。

汪伟民：《冷战时期的美日韩安全三角—准联盟理论与联盟困境的视角》，《国际政治研究》2005年第4期。

秦克铸：《日韩独岛问题由来》，《中国社会报》2005年第6期。

姜宅九：《"静观政策"未能使日本改变对韩恶意》，《世界知识》2005年第11期。

李敦球：《卢武铉做东北亚的"均衡者"》，《世界知识》2005年第11期。

刘桂玲：《冷战结束以来俄日关系的新变化》，《现代国际关系》2005年第11期。

宋德星、董庆安：《观念视角下的美朝关系——美朝关系的建构主义解读及其缺陷》，《军备控制与安全》2006年第1期。

〔韩〕南成旭：《为推动南北关系阶段性地向前发展，需要做出冷静判断》，《统一韩国》，2007年3月刊。

张英：《评21世纪的韩美关系》，《东北亚研究》2007年第2期。

郭震远：《中美关系中的台湾问题：变化与影响》，《国际问题研究》2007年第2期。

俞遂：《论中俄战略协作伙伴关系》，《国际问题研究》2007年第3期。

姜龙范：《朝核问题与中国的战略选择》，《东疆学刊》2007年第3期。

孙向丽：《朝核问题实质与发展前景》，《现代国际关系》2007年第6期。

孙德刚：《联而不盟：国际安全合作中的准联盟理论》，《外交评论》2007年第6期。

陈龙山：《朝鲜半岛南北关系的新进展》，《亚非纵横》2007年第6期。

韩景云：《当今日本政治右倾化评析》，《湖南师范大学社会科学学报》2007年第36期。

何志工、安小平：《朝核六方会谈：从应对危机到东北亚安全机制》，《和平与发展》2008年第3期。

方秀玉：《李明博想超越韩日关系历史》，《世界知识》2008年第4期。

陈刚华，《韩日独岛（竹岛）之争与美国的关系》，《学术探索》2008年第4期。

王子昌：《新马岛屿争端之判决：依据与启示》，《东南亚研究》2009年第1期。

李凡：《美国"冷战"政策与日苏领土问题的形成》，《南开学报（哲学社会科学版）》2009年第3期。

黄登学：《梅德韦杰夫外交初探》，《外交评论》2009年第4期。

胡明远：《以朝核问题为视角探析布什政府的对朝政策》，《学理论》2009年第14期。

虞少华：《朝核问题：出路在哪里?》，《世界知识》2009年第18期。

〔美〕约翰·米勒:《对核武器的重新思考》,《外交政策》2010 年 1～2 月号。

曲波:《有效控制原则在解决岛屿争端中的适用》,《当代法学》2010 年第 1 期。

吕桂霞:《俄日关系中的"北方四岛"问题及其深层原因》,《华东师范大学学报(哲学社会科学版)》2010 年第 1 期。

韩献栋:《利益差异、战略分歧和美韩同盟关系的再调整》,《东北亚论坛》2010 年第 1 期。

王伟男:《试论新形势下台湾问题在中美关系中的核心地位》,《太平洋学报》2010 年第 4 期。

刘雪莲、李家成:《冷战后美韩同盟不断强化的深层动因解析》,《吉林大学社会科学学报》2010 年第 6 期。

汪伟民、李辛:《美韩同盟再定义与韩国的战略选择:进程与争论》,《当代亚太》2011 年第 2 期。

张丽:《梅德韦杰夫执政以来俄罗斯对外政策的转变》,《国际关系学院学报》2011 年第 3 期。

王晓波:《朝核问题:内在逻辑与中国的外交政策选择》,《国际观察》2011 年第 3 期。

金灿荣:《东北亚新变局与后金正日时代的朝鲜半岛》,《现代国际关系》2012 年第 1 期。

田春树:《金正日与日朝邦交正常化》,《世界》2012 年 3 月。

于洪洋、巴殿君:《论中朝关系及中国的作用》,《辽东学院学报(社会科学版)》2012 年第 5 期。

袁鹏:《关于构建中美新型大国关系的战略思考》,《现代国际关系》2012 年第 5 期。

包霞琴、贺蔚:《中日关系中钓鱼岛问题的缘起》,《太平洋学报》2012 年第 12 期。

郭锐、苏红红:《朝鲜半岛问题的主题转换、历史根源与民族因素》,《辽东学院学报(社会科学版)》2013 年第 4 期。

金灿荣、段皓文:《当前中美关系的困境与出路》,《国际观察》2014 年第 1 期。

外文资料：

Arnold Wolfers. "Alliance", International Encyclopedia of the Social Science. NewYork: Macmillan Company & The Free Press, Vol. 1, 1974, pp. 268 – 269.

Small, Melvin and J. David Singer. Formal Alliances, 1816 – 1965: An Extension of Basic ata. Journal of peace Research Vol. 3, 1969, pp. 257 – 282.

Glenn H. Snyder, "The Security Dilemma nAlliance Politics", World Politics, Vol. 34, No. 3, July 1984, pp. 461 – 495.

Foreign Relations of the United Statet（简称 FRUS）, 1952 – 1954, Vol. 15, Korea, Washington D. C. : U. S. Government Printing office, 1984, pp938 – 940.

Seigen miyasaio, JF. Dulles and the Peace Settlement with Japan, RH. immerman ed, John Foster dulles and the Diplomary of the Cold war, Prinston Univ. p, 1990, pp. 189 – 212.

Kennan, George: Memoirs1925 – 1950, Vol. 1 Little Brown and Company, 1967。

〔韩〕郑秉峻：《解放後韓国の独島に対する認識と政策》（1945～51）。

〔韩〕李汉基：《独岛（竹岛）关系资料集—往复外交文书》（1952～76）。

〔韩〕송세풍：《한일외교관겨에 관한 고찰 —독도를 중심으로—》，2000년 6월。

〔韩〕홍성룡：《독도영유권분쟁에관한실태분석과대응방안》，한양대학교,석사학위논문.2010년8월。

其他：

学位论文：

沈斌：《非传统安全问题对中国外交的挑战——以脱北者为例》，2006 年复旦大学硕士学位论文。

国华文：《地缘政治视角下的中俄安全合作战略研究——以黑瞎子岛为例》，2009 年贵州师范大学硕士论文，第 32 页。

报纸：

中华人民共和国中央人民政府外交部部长周恩来《关于美国及其仆从国家签订旧金山对日和约的声明》，《人民日报》1951 年 9 月 19 日。

《闯日本驻沈阳领馆的5人身份曝光》,《环球时报》2002年5月16日。

《什么是"非法移民"》,《人民日报》2002年9月3日。

安替、平安夜:《朝鲜偷渡者在延边》,《21世纪环球报道》2002年12月31日。

安替:《非政府组织参与——去年1500朝鲜人经中国偷渡韩国》,《21世纪环球报道》2003年1月27日。

王逸舟:《重视非传统安全研究》(上),《人民日报》2003年5月21日。

《社论:绑架问题有所进展吗?》,〔日〕《东奥日报》2004年2月29日。

《谁在策动闯馆——前台是非政府组织幕后是政府支持》,《中国青年报》2004年10月29日。

沈林:《中国将严惩闯馆"蛇头"》,《环球时报》2004年11月1日。

《中日东海争端全景》,《国际先驱导报》2005年7月25日。

杨东:《朝鲜正为改革开放提速》,《中国商报》2006年1月14日。

《小泉剧场最后一幕,通常国会闭幕遗留问题众多》,〔日〕《中文导报》2006年6月22日。

王宜胜:《美韩同盟关系转变的背后》,《人民日报》2007年3月2日。

〔朝〕《朝鲜民主主义人民共和国外务省声明》,《劳动新闻》2009年4月15日。

盛世良、詹德斌、周彪、贾都强:《全球岛屿争端不断 部分通过国际仲裁解决》,《环球》2010年11月。

《中朝经贸概况》,中华人民共和国驻朝鲜民主主义人民共和国大使馆2011年7月4日。

《하토야마남북관계개선역할하고싶다》,《한국경제신문》2011年11月1日。

《防衛相「北朝鮮軍の動きない」、海保は警戒強化》,《读卖新闻》2011年12月19日。

《政権、安保会議を招集 金総書記死去を受け》,《朝日新闻》2011年12月19日。

《3年以内に肉のスープ正恩氏が経済目標》,《读卖新闻》2011年12月21日。

《日方称朝鲜向日发出积极信号》,《新闻晨报》2012年1月20日。

《朝鲜释放两名日本贩毒嫌疑人被视为积极信号》,《京华时报》2012 年 1 月 22 日。

〔俄〕普京:《俄罗斯与正在变化的世界》,《莫斯科新闻》2012 年 2 月 28 日。

《台湾问题与中美关系》,《联合早报》2012 年 9 月 1 日

网站:

王文香:《韩国国会议员在京搞非法入境者记者会被制止》,http://news. 163. com/50114/1/1A17VCPT0001124L. Html。

《联合国海洋法公约》第八部分"岛屿制度"第 121 条规定,http://www. un. org/zh/law/sea/los/article8. shtml。

赵镇熙:《论韩日独岛(竹岛)之争》,http://www. sis. pku. edu. cn/pub/chenfengjun/korea/histroy. htm。

刘宏:《中美关系中的台湾问题》,http://www. china. com. cn/chinese/2002/Jul/176118. htm。

《共同社:俄罗斯反对六方会谈中谈论"绑架"问题》,http://news. sina. com. cn,2004 年 2 月 26 日。

《朝鲜称如日本再提绑架将拒绝日本参加六方会谈》,http://news. qq. com,2004 年 2 月 14 日。

〔日〕河野洋平:2004 年 4 月 28 日的国会演讲,http://china. kyodo. co. jp/2004/sekai/20040429 - 204. Html。

《外交部谈韩国会议员开关于"脱北者"记者会等》,http://news3. xinhuanet, com/newsoenter/2005. 01/13/eoatent 2456776. hlm。

《第四轮六方会谈共同声明》,http://news. xinhuanet. com/world/2005 - 09/19/content_ 3511768. htm。

莫乃倩:《凤凰专报:美国考虑给予朝鲜难民政治庇护》,《凤凰卫视》,2005 年 5 月 12 日。http://www. phoenixtv, com/phoenixtv/7263 1543436148736/200505 13/549228. shtml。

《台湾问题》,http://www. gov. cn/test/2006 - 02/28/content_ 213151. htm。

《横田惠的丈夫是如何找到的?》,http://www. nhk. or. jp,2006 年 4 月 15 日。

《安倍官房长官的历史观比小泉还要深刻》，http：//www. chosunon-line. com，2006 年 4 月 20 日。

《日对朝鲜制裁再出招，仿效美通过朝鲜人权法案》，http：//news. china. com，2006 年 6 月 19 日。

《第五轮六方会谈第三阶段闭幕　通过共同文件》，http：//news. sina. com. cn/w/2007 - 02 - 13/173512309075. shtml。

《韩反感日本搅局，称抓着绑架问题不利于六方会谈》，http：//www. chinanews. com. cn，2007 年 4 月 6 日。

张宝仁、徐咏梅：《近代日韩经贸合作关系的问题和策略》，http：//www. lwxz8. com/jjx/gj/201004/14471_ 6. html。

中共中央台办、国务院台办：《历年两岸人员往来与交流统计表》，http：// www. gwytb. gov. cn/lajlwl/rywltj/201101/t20110120_ 1715616. htm。

商务部台港澳司，《2010 年 1 ~ 12 月大陆与台湾贸易、投资情况》，http：// www. gwytb. gov. cn/lajm/lajm/201101/t20110128_ 1737103. htm。

《俄罗斯总统梅德韦杰夫登上北方四岛日本表示抗议》，http：//china. cnr. cn/gdgg/201011/t20101101_ 507252590. shtml。

《俄总统登争议岛屿：俄风景秀美之地如此之多》，http：//news. 163. com/10/1102/04/6KF664K500014JB5. html。

《日俄领土争端升级》，http：//finance. ifeng. com/forex/whyw/20101103/ 2819042. shtml。

《台湾问题与中美关系》，《联合早报》2012 年 9 月 1 日，http：//www. zaobao. com/special/forum/pages5/forum_ us070505. html。

《奥巴马首次公开宣布钓鱼岛适用美日安保条约》，http：//news. xinhuanet. com/photo/2014 - 04/24/c_ 126429508. htm。

图书在版编目（CIP）数据

东北亚各国关系概论/王晓波等著. —北京：社会科学文献出版社，
2015.2

ISBN 978 - 7 - 5097 - 6937 - 9

Ⅰ.①东…　Ⅱ.①王…　Ⅲ.①国际关系 – 东亚 – 高等学校 – 教材
Ⅳ.①D831

中国版本图书馆 CIP 数据核字（2014）第 297607 号

东北亚各国关系概论

著　　者／王晓波　赵立新 等

出 版 人／谢寿光
项目统筹／冯立君　董风云
责任编辑／冯立君　刘俊艳

出　　版／社会科学文献出版社·全球与地区问题出版中心（010）59367004
　　　　　　地址：北京市北三环中路甲 29 号院华龙大厦　邮编：100029
　　　　　　网址：www. ssap. com. cn
发　　行／市场营销中心（010）59367081　59367090
　　　　　　读者服务中心（010）59367028
印　　装／三河市东方印刷有限公司

规　　格／开 本：787mm × 1092mm　1/16
　　　　　　印 张：19.25　字 数：336 千字
版　　次／2015 年 2 月第 1 版　2015 年 2 月第 1 次印刷
书　　号／ISBN 978 - 7 - 5097 - 6937 - 9
定　　价／69.00 元